本书研究工作得到了

考古中国·吉林东部长白山地区古人类遗址考察与研究
（2021~2025）

日本住友基金（The Sumitomo Foundation）
"2010年度日本促进亚洲各国关联研究项目"
（项目编号：108016）

韩国POSCO青岩财团亚洲社科基金
（POSCO TJ Park Foundation）

的资助

吉林东部旧石器考古遗存新发现与研究

陈全家 王春雪 著

科学出版社
北京

内 容 简 介

本书汇总了2000年以来吉林东部地区旧石器考古调查及发掘的科研成果，运用现代旧石器考古学的理论与方法，从多个方面对这一地区的旧石器文化进行了深入分析与研究，勾画出该地区旧石器时代晚期文化的发展脉络。

本书可作为国内外科研机构、大专院校、博物馆行业从事古人类学、史前考古学、第四纪地质学和古环境学诸领域的科研、教学和科普工作者的参考资料，可供相关专业的师生学习参考。

图书在版编目（CIP）数据

吉林东部旧石器考古遗存新发现与研究 / 陈全家，王春雪著. —北京：科学出版社，2024.2
ISBN 978-7-03-078099-7

Ⅰ. ①吉⋯　Ⅱ. ①陈⋯ ②王⋯　Ⅲ. ①旧石器时代考古–研究–吉林　Ⅳ. ①K871.114

中国国家版本馆CIP数据核字（2024）第044292号

责任编辑：赵　越 / 责任校对：邹慧卿
责任印制：肖　兴 / 封面设计：北京美光设计制版有限公司

科学出版社 出版
北京东黄城根北街16号
邮政编码：100717
http://www.sciencep.com
北京中科印刷有限公司印刷
科学出版社发行　各地新华书店经销

*

2024年2月第 一 版　开本：787×1092　1/16
2024年2月第一次印刷　印张：24 1/4　插页：4
字数：580 000

定价：**268.00元**
（如有印装质量问题，我社负责调换）

序

陈全家是吉林大学考古学专业1975级学生，1976年到易县燕下都遗址田野实习时，和我在同一个探方。他实际操作能力很强，当时有不少探工在这个遗址进行钻探，他是唯一学会独立操作洛阳铲的学生。在工地上开始编写《工农考古手册》，到组织学生描绘插图时，他是被挑选出来的七位学生之一。后在1978年和杨建华同时被选中留校任教。转年他便和许伟一起到刘观民先生主持的张家口玉皇庙文化墓地辅导吉林大学学生实习，又应呼盟文管站邀请，到呼盟调查多处细石器遗址，并于1980年参加嘎仙洞遗址试掘，发掘出鲜卑陶罐一个。因此，他是吉林大学考古学专业所培养的、独立从事旧石器时代考古的理想人才，并于1980年8月被送到北京大学考古系进修旧石器时代考古，师从中国科学院古脊椎动物与古人类研究所（以下简称"中科院双古所"）的张森水先生研习旧石器时代考古。

当时，各大学原有和陆续新办的考古学专业，除了北京大学吕遵谔先生有旧石器时代的考古实践经验外，开设旧石器时代课程的教师本身都不曾从事旧石器时代考古，上课只能照本宣科，学生也没有实际体验。由于中国考古发展史的特殊性，中国科学院考古研究所的研究人员没有一个是从事旧石器时代考古的。从事旧石器时代考古的专家都在中科院双古所。然而，从事旧石器时代考古需要具备的基础知识和操作方式都有自身的特点，所以一般高校考古专业培养的学生，并不适应中科院双古所的人才需求，因此在世界考古学中作为一门显学的旧石器时代考古，在中国发展得很慢，人才奇缺，发现遗址较少。

针对这种情况，我在1987年担任吉林大学考古学系系主任后，在学科建设方面就把建设旧石器时代考古作为一个重点。在本书第三章第一节所述的吉林省桦甸仙人洞地点，就是陈全家开始独立带领本科生田野调查时发现并进行试掘的。我为了支持他开展旧石器时代考古，为该地点的发掘，向校方专门申请了5000元经费。该地点的发掘还带动了吉林省文物考古研究所和区、市、县文物部门的工作人员参加旧石器时代考古，并请他的导师张森水先生现场指导。从此，他对东北三省、河北省和天津市等广大地区陆续开展旧石器考古这项长期而持续的工作。在这一过程中，他使得一部分学生受到旧石器时代考古的实际训练，而且积累了丰富的教学所需石器和古生物标本，并努力自力更生扩充动物骨骼标本，开始对学生进行打制石器和辨识动物骨骼标本的初步训练。因此我们的毕业生从1983年就开始输送到中科院双古所。后来，每年都有1~2人到中科院双古所读硕士或读博士。其中最突出的是侯亚梅，她分别于1990年和2000年于中国科学院获得硕士和博士学位，已成为国际知名的旧石器时代考古专家，是联合国国际史前及原史科学协会常务理事。陈全家本人也培养出很多旧石器时代考古的重要人才，比如本书的合作者——王春雪，1999~2006年毕业于吉林大学本科、硕士，2010年在中科院双古所古生物学与地层学专业上获理学博士，又回到吉林大学攻读博士后并留校任教；他就是一个功底深厚的旧石器时代考古后起之秀，擅长作综合深入的分析。除此之外，陈全家还给各地研究机构和高校培养了骨干，如李有骞、赵海龙、王法岗等。而他本人也成为中国古生物学会古脊椎动物学会常务理事、中国考古学会旧石器时代专业委员会副主任、中国考古学会动物考古学专业委员会副主任。

1989年，苏秉琦先生在中国考古学会第七次年会上提出中国考古要认清形势，走向世界的任务。我认为，旧石器时代考古是考古学各分支中最有利于不受国界限制走向世界的学问。2003年，还只是副教授的陈全家便已应斯洛文尼亚共和国卢布尔雅那大学考古系主任Mihael Budja邀请参加该校举办的"第十届国际旧石器时代研讨会"，并作大会发言。这说明他多年的工作已经受到国际学界的注意。特别值得提到的是，2006年7月9~15日，由吉林大学边疆考古研究中心、中科院双古所、吉林省文物考古研究所共同举办的"2006年吉林大学考古国际学术论坛——东亚旧石器"在吉林大学召开，有中、俄、韩、日学者到会，俄方参会的有国际著名的旧石器时代考古专家、俄罗斯考古学会主席杰列维扬科院士。会后学者参观考察了桦甸寿山仙人洞等遗址，此次会议大大提高了吉林大学旧石器时代考古的国际声誉。

陈全家从24岁的小伙留校任教，到50岁成为旧石器时代考古的知名教授，又到54岁成为有国际声望的博士生导师，如今到了退休年龄，终于在他发现的150多处旧石器地点中，选取吉林东部地区的多处地点，和他的得意弟子王春雪一起，完成一部综合分析研究的著作，百尺竿头，更上一步，实在是可喜可贺！可惜，我在旧石器时代考古方面完全是门外汉，对此书的分析和结论，不能置一词。只是在翻检旧稿时，见到2006年在我校召开的东亚旧石器国际论坛的开幕式上致辞的底稿，想借此机会充作一种贺礼，以志纪念吧。

各位专家、各位来宾：

我代表吉林大学边疆考古研究中心的全体同仁，向参加这次盛会的国内外专家学者表示热烈的欢迎，并衷心预祝这次国际学术会议圆满成功！

就世界范围说，从事旧石器考古的人很多，在考古学中算得上是一门显学，但在中国，从事旧石器考古的人在考古学界还很少，像我就不是搞旧石器时代考古的。一辈子和旧石器考古发生关系只有两次。第一次是1958年在北京大学头一回参加考古实习，到周口店发掘中国猿人化石产地。是在座的吕遵谔教授带队（那时吕先生还是年青小伙），裴文中、贾兰坡领导发掘。郭沫若先生来参观，吟出两句诗："青天是屋顶，岩石是课堂"。这是我学考古的第一课。第二次是1989年应在座的阿那托利·邦捷里耶维奇（即杰列维扬科院士）邀请，到俄罗斯的阿尔泰地区，考察了正在发掘的捷尼索伐亚洞穴这个著名的旧石器时代遗址。还有附近的卡拉可尔露天遗址等旧石器地点，大大开阔了学术视野。

不过，我在主持吉林大学考古系的工作时，一贯是强调要发展旧石器时代考古的。因为我觉得中国的旧石器考古在考古学中占的份额和世界上旧石器考古在考古学中占的份额，太不相称了。我主张，在吉林大学一定要培养出自己能独立从事旧石器田野考古的青年教师，并能为中国旧石器考古的发展输送有用的人才。这方面，今天在座的双古所的张森水研究员，是我校陈全家教授的好老师、亲老师，而且多年来一直关心着陈全家以及他的研究生的成长。是吉林大学旧石器考古学科名符其实、当之无愧的祖师爷。今天双古所年青一代的高星、刘武等研究员，仍然和吉林大学紧密合作，全力帮助我们培养旧石器乃至人类学方面的研究生。所以双古所真可以说是吉林大学发展旧石器考古的坚强后盾。借此机会，我，并代表我的吉大同事们，向张森水先生和双古所的各位专家深表谢意。

还应该指出，这些年来，吉林大学的旧石器考古很多是在吉林省内进行的，这些工作，没有吉林省文物考古研究所历届领导的协助和各地政府部门和文物机构的支持，是不可能顺利进行的，在此，我们要一并致谢！

今天，来自全国各地，来自俄罗斯、日本、韩国的这么多专家能够到吉林大学来参加这次国际学术会议，标志着吉林大学旧石器时代的考古上了一个新台阶，在二十多年前我们刚刚在旧石器考古上起步的时候，真是没有想到会有这一天！昨天晚上的酒会上，我对张森水先生说，这个会对吉林大学的考古专业是一件大喜事，对你这位祖师爷来说，一定心里也非常的高兴吧？我相信这次会议一定会对吉林大学旧石器时代考古的进一步发展起很大的推动作用，能有更多的专家学者来参与、协助我们的旧石器时代考古，而且在旧石器时代考古这门最不受国界限制的学问上，进一步开展国际交流和合作，从而为中国旧石器考古和世界旧石器考古作出新的贡献。

再一次预祝会议圆满成功！

2023年12月于长春

目　　录

第一章　地理概况与主要发现 …………………………………………（1）

一、地理位置 …………………………………………………………（1）
二、地貌 ………………………………………………………………（2）
三、长白山区地貌演化历史 …………………………………………（3）

第二章　砾石工业类型 …………………………………………………（5）

第一节　下白龙旧石器地点 …………………………………………（5）

一、地貌与地层 ………………………………………………………（5）
二、石制品分类与描述 ………………………………………………（6）
三、结语 ……………………………………………………………（15）

第二节　延边安图立新旧石器地点 …………………………………（17）

一、地理位置与地层 ………………………………………………（17）
二、石制品分类与描述 ……………………………………………（18）
三、结语 ……………………………………………………………（21）
四、年代分析 ………………………………………………………（23）

第三章　小石器工业类型 ………………………………………………（25）

第一节　桦甸仙人洞旧石器地点 ……………………………………（25）

一、地层堆积与分期 ………………………………………………（26）
二、上文化层 ………………………………………………………（27）
三、下文化层 ………………………………………………………（35）
四、几点认识 ………………………………………………………（41）

第二节　图们岐新B、C旧石器地点 …………………………………（43）

一、地理位置、地貌与地层 ………………………………………（43）
二、石制品分类与描述 ……………………………………………（44）
三、结语 ……………………………………………………………（52）

第三节　龙井后山旧石器地点 …………………………………………（56）

第四章　细石叶工业类型 ……………………………………………（58）

第一节　珲春北山旧石器地点 …………………………………………（58）
一、地貌与地层 ………………………………………………………（58）
二、石制品 ……………………………………………………………（59）
三、结语 ………………………………………………………………（64）

第二节　抚松新屯子西山旧石器地点 …………………………………（66）
一、地貌与地层 ………………………………………………………（66）
二、石圈遗迹 …………………………………………………………（67）
三、石制品 ……………………………………………………………（68）
四、结语 ………………………………………………………………（71）

第三节　延边和龙柳洞旧石器地点 ……………………………………（73）
一、和龙柳洞旧石器地点2002年调查 ………………………………（73）
二、和龙柳洞旧石器地点2004年调查 ………………………………（83）

第四节　和龙石人沟旧石器地点 ………………………………………（94）
一、2004年和龙石人沟旧石器地点调查 ……………………………（94）
二、2005年和龙石人沟旧石器地点试掘 ……………………………（101）
三、2007年和龙石人沟旧石器地点调查 ……………………………（118）

第五节　安图沙金沟旧石器地点 ………………………………………（129）
一、地貌与地层 ………………………………………………………（129）
二、石器类型 …………………………………………………………（130）
三、结语 ………………………………………………………………（138）

第六节　和龙青头旧石器地点 …………………………………………（139）
一、地貌地质与地层 …………………………………………………（139）
二、石器分类与描述 …………………………………………………（140）
三、结语 ………………………………………………………………（149）

第七节　和龙西沟旧石器地点 …………………………………………（151）
一、地貌与地质 ………………………………………………………（151）
二、石器分类与记述 …………………………………………………（152）
三、结语 ………………………………………………………………（159）

第八节　和龙大洞旧石器地点 …………………………………………（161）
一、2007年的调查和试掘 ……………………………………………（161）
二、和龙大洞遗址2007年试掘 ………………………………………（205）

　　第九节　石人沟林场旧石器地点 …………………………………（221）
　　　　一、地理位置、地貌与地层 ………………………………………（221）
　　　　二、石制品分类与描述 ……………………………………………（222）
　　　　三、结语 ……………………………………………………………（232）
　　第十节　枫林旧石器地点 …………………………………………（233）
　　　　一、地理位置、地貌与地层 ………………………………………（234）
　　　　二、石制品分类与描述 ……………………………………………（234）
　　　　三、结语 ……………………………………………………………（238）
　　第十一节　吉林汪清发现一批旧石器时代遗址 …………………（241）
　　第十二节　和龙市新发现的三处旧石器遗址 ……………………（242）
　　　　一、区域背景、调查方法及路线 …………………………………（242）
　　　　二、新发现遗址概要 ………………………………………………（243）
　　　　三、小结与讨论 ……………………………………………………（248）

第五章　相关问题探讨 ………………………………………………（251）

　　第一节　人地关系问题 ……………………………………………（251）
　　　　一、现代地质地貌概况 ……………………………………………（251）
　　　　二、旧石器时代遗址简介 …………………………………………（252）
　　　　三、旧石器石料中的矿物学、岩石学特征 ………………………（252）
　　　　四、旧石器时代遗址与层状地貌之间的关系 ……………………（258）
　　　　五、结论 ……………………………………………………………（259）
　　第二节　吉林和龙石人沟旧石器时代晚期遗址古人类的技术与行为 ………（260）
　　　　一、遗址石器工业概述 ……………………………………………（261）
　　　　二、石器工业技术分析 ……………………………………………（262）
　　　　三、工具类型分析 …………………………………………………（269）
　　　　四、讨论与结语 ……………………………………………………（273）
　　第三节　吉林省东部旧石器晚期大洞遗址黑曜岩石器判源元素特征分析 ……（276）
　　　　一、考古学背景 ……………………………………………………（276）
　　　　二、实验方法 ………………………………………………………（276）
　　　　三、实验结果 ………………………………………………………（278）
　　　　四、结论 ……………………………………………………………（281）
　　第四节　便携式X射线荧光分析仪（PXRF）对吉林东部地区发现的黑曜岩测定
　　　　　　分析的初步研究 ………………………………………………（282）
　　　　一、已知的样品数据测定与分类 …………………………………（284）

二、考古标本的测定与分析 …………………………………（285）
　　三、考古标本与黑曜岩产地标本数据的对比 …………………（287）
　　四、标本数据所处的时空关系 …………………………………（289）
第五节　桦甸仙人洞旧石器遗址的石器技术 ………………………（292）
　　一、遗址石器工业技术分析 ……………………………………（293）
　　二、结语与讨论 …………………………………………………（299）
第六节　桦甸仙人洞遗址出土的动物化石与孢粉分析 ……………（301）
　　一、动物化石 ……………………………………………………（301）
　　二、孢粉分析 ……………………………………………………（311）
　　三、结语 …………………………………………………………（314）
第七节　吉林东部旧石器时代晚期细石叶工业技术分析 …………（314）
　　一、石器工业概述 ………………………………………………（316）
　　二、剥片技术 ……………………………………………………（317）
　　三、工具加工技术 ………………………………………………（319）
　　四、原料的利用 …………………………………………………（320）
　　五、结语与讨论 …………………………………………………（323）
第八节　东北地区东部与朝鲜半岛旧石器时代晚期细石叶工业之间的文化关系
　　　　　………………………………………………………………（325）
　　一、引言 …………………………………………………………（325）
　　二、石器工业概述 ………………………………………………（329）
　　三、石器工业技术分析 …………………………………………（330）
　　四、结语 …………………………………………………………（338）
第九节　朝鲜半岛旧石器的材料及石器工业类型与吉林东部地区旧石器研究
　　　　　之间的关系 …………………………………………………（341）
　　一、引言 …………………………………………………………（341）
　　二、主要遗址 ……………………………………………………（342）
　　三、年代与工业类型 ……………………………………………（357）
　　四、余论 …………………………………………………………（358）
第十节　结语 …………………………………………………………（360）

插图目录

图2-1　下白龙旧石器地点地层剖面图 …………………………………（6）

图2-2　石核 ……………………………………………………………（7）

图2-3　完整石片 ………………………………………………………（9）

图2-4　石片断片 ………………………………………………………（10）

图2-5　使用石片 ………………………………………………………（12）

图2-6　刮削器 …………………………………………………………（13）

图2-7　刮削器 …………………………………………………………（13）

图2-8　砍砸器 …………………………………………………………（14）

图2-9　工具 ……………………………………………………………（15）

图2-10　遗址地貌综合剖面示意图与地层柱状图 ……………………（18）

图2-11　石核 ……………………………………………………………（19）

图2-12　石片和细石叶 …………………………………………………（20）

图2-13　工具 ……………………………………………………………（22）

图3-1　仙人洞的平剖面图及发掘区分布图 …………………………（26）

图3-2　仙人洞遗址地层柱状图 ………………………………………（26）

图3-3　仙人洞遗址A区上文化层遗物平面分布图 …………………（27）

图3-4　仙人洞遗址A区上文化层遗物纵向分布图 …………………（27）

图3-5　上文化层石制品大小统计 ……………………………………（29）

图3-6　第二类工具 ……………………………………………………（31）

图3-7　第三类工具 ……………………………………………………（32）

图3-8　骨器 ……………………………………………………………（33）

图3-9　A区第三层遗物平面分布图 …………………………………（35）

图3-10　A区第三层遗物纵向分布图 …………………………………（35）

图3-11　下文化层石制品大小统计图 …………………………………（37）

图3-12　石核 ……………………………………………………………（37）

图3-13　石片 ……………………………………………………………（38）

图3-14　工具 ……………………………………………………………（39）

图3-15	骨器	（40）
图3-16	图们岐新B、C旧石器地点河谷剖面示意图	（43）
图3-17	图们岐新B、C地点石器原料柱状图	（44）
图3-18	石核、断片、三类工具	（45）
图3-19	石核的剥片流程	（46）
图3-20	断片、二类工具、三类工具	（48）
图3-21	三类工具	（51）
图3-22	石器类型比例图	（53）
图4-1	珲春市北山旧石器地点地层剖面图	（59）
图4-2	石核与石片	（61）
图4-3	工具	（63）
图4-4	单凸刃刮削器	（64）
图4-5	西山遗址南壁地层剖面图	（67）
图4-6	西山遗址石圈居址平面图	（67）
图4-7	石叶石核	（69）
图4-8	西山遗址部分石制品和拼合组	（71）
图4-9	和龙柳洞旧石器地点地层剖面图	（74）
图4-10	和龙柳洞旧石器地点发现的石制品	（78）
图4-11	和龙柳洞旧石器地点石制品	（79）
图4-12	和龙柳洞旧石器地点石制品	（80）
图4-13	和龙柳洞旧石器地点石制品	（81）
图4-14	和龙柳洞旧石器地点地层柱状图	（83）
图4-15	石核	（85）
图4-16	完整石片	（86）
图4-17	断片和细石叶	（87）
图4-18	石砧	（89）
图4-19	第二类工具	（90）
图4-20	砍砸器	（91）
图4-21	刮削器	（91）
图4-22	工具	（92）
图4-23	石人沟地点地层柱状图	（95）
图4-24	双台面石核	（96）
图4-25	石叶石核	（96）
图4-26	石片和细石叶	（97）

插图目录

图4-27	第二类工具	（99）
图4-28	刮削器	（99）
图4-29	工具	（100）
图4-30	遗址试掘布方平面图	（102）
图4-31	石人沟遗址地层柱状图	（102）
图4-32	石人沟遗址B区遗物平面分布图	（104）
图4-33	石人沟遗址B区遗物纵向分布图	（104）
图4-34	石核	（106）
图4-35	石人沟遗址部分石制品	（108）
图4-36	细石叶长宽数值（毫米）比较	（109）
图4-37	工具	（112）
图4-38	石人沟遗址出土的刃状台面石片及实验标本对比	（117）
图4-39	石制品拼对组	（117）
图4-40	石人沟遗址（2004年）地层柱状图	（119）
图4-41	石器重量百分比示意图	（120）
图4-42	细石核、石叶和二类工具	（122）
图4-43	三类工具	（124）
图4-44	三类工具	（126）
图4-45	遗址的地貌综合剖面示意图与地层柱状图	（129）
图4-46	石核与石片	（131）
图4-47	刮削器	（134）
图4-48	雕刻器和使用石片	（136）
图4-49	单凸刃刮削器	（136）
图4-50	双刃刮削器	（136）
图4-51	尖状器	（137）
图4-52	砍砸器	（137）
图4-53	和龙青头旧石器遗址地层剖面示意图	（140）
图4-54	石核	（141）
图4-55	石片	（141）
图4-56	二类工具	（144）
图4-57	二类工具	（145）
图4-58	三类工具	（146）
图4-59	三类工具	（147）
图4-60	三类工具	（149）

图4-61	和龙西沟旧石器地点地貌地层剖面示意图	（151）
图4-62	石核	（152）
图4-63	第二类工具和断片	（154）
图4-64	石锤	（155）
图4-65	第三类工具	（157）
图4-66	第三类工具	（159）
图4-67	图们江大洞遗址段河谷地貌横剖面图	（162）
图4-68	石核	（165）
图4-69	石片类	（166）
图4-70	完整石片长度频数分布图	（167）
图4-71	完整石片宽度频数分布图	（168）
图4-72	完整石片厚度频数分布图	（168）
图4-73	完整石片宽度频数分布图	（169）
图4-74	石片台面形状示意图	（170）
图4-75	石片角频数分布图	（170）
图4-76	石片背缘角频数分布图	（171）
图4-77	修边斜刃雕刻器	（178）
图4-78	角雕刻器	（181）
图4-79	端刮器	（183）
图4-80	工具	（184）
图4-81	工具	（186）
图4-82	大洞遗址石制品长度频数分布图	（187）
图4-83	原料对石器类型的贡献示意图	（190）
图4-84	大洞遗址工具的毛坯	（198）
图4-85	大洞遗址雕刻器流程图	（198）
图4-86	大洞遗址发掘区北壁剖面示意图	（206）
图4-87	细石核	（207）
图4-88	第二类工具	（210）
图4-89	第二类工具	（211）
图4-90	第三类工具	（213）
图4-91	第三类工具	（214）
图4-92	石人沟林场旧石器遗址地层剖面示意图	（222）
图4-93	探方布局及石制品平、剖面分布图	（225）
图4-94	石核	（225）

图4-95	完整石片、细石叶和断片	（227）
图4-96	第二类工具	（229）
图4-97	第三类工具	（231）
图4-98	石核、石片、细石叶	（235）
图4-99	二类工具	（237）
图4-100	三类工具	（238）
图4-101	枫林遗址出土的部分石制品	（239）
图4-102	调查过程中发现部分石制品	（245）
图5-1	石制品重量百分比示意图	（262）
图5-2	石核	（265）
图5-3	石叶石核	（265）
图5-4	石人沟石器工业废片分析示意图	（268）
图5-5	完整石片长度（L）与石片角（A）百分比变化对比图	（269）
图5-6	工具长宽坐标图	（270）
图5-7	工具长宽指数和宽厚指数坐标图	（270）
图5-8	工具重量百分比示意图	（271）
图5-9	二类工具的刃角分布	（271）
图5-10	三类工具的刃角分布	（271）
图5-11	刮削器加工长度指数分布图	（272）
图5-12	三类工具（片状毛坯）加工深度指数分布	（273）
图5-13	应用操作链概念对石人沟遗址石器工业生命流程的动态重建	（274）
图5-14	几组黑曜岩产地的因子分析散点图	（285）
图5-15	考古标本测定时的不同能量输出图	（286）
图5-16	古代标本的因子分析、主成分分析散点图	（286）
图5-17	古代标本与现代产地标本的主成分因子分析	（287）
图5-18	A组与长白山天池组标本之间的主成分因子分析	（288）
图5-19	B组与俄罗斯滨海地区玄武岩玻璃标本之间的主成分因子分析	（288）
图5-20	C组、九台和日本白滝标本的因子分析	（289）
图5-21	石制品重量百分比示意图	（294）
图5-22	刮削器修理方式统计	（297）
图5-23	工具长宽坐标图	（298）
图5-24	工具长宽指数和宽厚指数坐标图	（298）
图5-25	三类工具的刃角分布	（299）
图5-26	仙人洞遗址A区第2层动物化石的分布	（302）

图5-27	仙人洞遗址出土的部分动物化石	（308）
图5-28	仙人洞遗址孢粉图式	（313）
图5-29	各遗址石制品类型和数量百分比	（317）
图5-30	石核	（318）
图5-31	旧石器时代晚期遗址内出土的部分石制品	（321）
图5-32	不同遗址工具毛坯对比	（322）
图5-33	不同遗址石制品原料利用率对比	（322）
图5-34	石制品类型与原料的利用率	（323）
图5-35	东北地区东部旧石器时代晚期细石叶工业各遗址石制品类型和数量百分比	（330）
图5-36	东北地区东部发现的细石叶石核及石叶石核	（333）
图5-37	朝鲜半岛中部（A）及南部（B）发现的细石叶石核	（334）
图5-38	石人沟及柳洞遗址细石叶工业废片分析示意图	（335）
图5-39	东北地区东部发现的部分细石器	（336）
图5-40	韩国垂杨介遗址发现的有柄尖状器	（337）
图5-41	韩国垂杨介遗址发现的细石叶石核	（338）
图5-42	屈浦里遗址上层的石器	（343）
图5-43	龙谷里	（344）
图5-44	全谷里金坡里遗址的石器	（346）
图5-45	上舞龙里、下花溪里遗址的石器	（347）
图5-46	金窟遗址的石器	（348）
图5-47	垂杨介、昌内、鸣梧里遗址的石器	（349）
图5-48	屏山里、坪仓里、三里遗址的石器	（350）
图5-49	石壮里遗址的石器	（351）
图5-50	泉沟、龙湖洞、小鲁里遗址的石器	（353）
图5-51	谷川、竹内里玉果、牟山、大田遗址的石器	（355）
图5-52	古礼里、中洞、佐洞遗址的石器	（356）

插表目录

表2-1	石核观察与测量统计表	（7）
表2-2	石片观察、测量与分类统计表	（8）
表2-3	第二类工具（使用石片）观察、测量统计表	（11）
表2-4	第三类工具观察、测量统计表	（11）
表3-1	上文化层石制品分类统计表	（28）
表3-2	完整石片统计表	（30）
表3-3	下文化层石制品分类统计表	（36）
表3-4	下文化层完整石片统计表	（38）
表3-5	石器大小分类表	（52）
表3-6	C地点石器原料表	（53）
表3-7	石器大小长度分类表	（53）
表3-8	软锤剥片的石器占台面可见石器的百分比统计表	（54）
表3-9	锤击石片统计表	（56）
表4-1	石制品分类测量与统计	（59）
表4-2	黑曜岩微量元素分析表	（68）
表4-3	柳洞旧石器地点石制品分类、测量统计表	（75）
表4-4	黑曜岩微量元素含量分析	（77）
表4-5	石制品分类与分层统计	（103）
表4-6	石制品大小的分类统计	（105）
表4-7	石核统计表	（105）
表4-8	完整石片统计表	（107）
表4-9	断片统计表	（108）
表4-10	细石叶统计表	（109）
表4-11	石叶统计表	（110）
表4-12	使用石片统计表	（111）
表4-13	刮削器统计表	（113）
表4-14	雕刻器统计表	（114）

表4-15	石器大小统计表	（120）
表4-16	原料与石制品类型关系表	（189）
表4-17	大洞遗址原料与石制品类型对原料的要求表	（190）
表4-18	大洞遗址石制品劳动率表	（191）
表4-19	石人沟2005年发掘获得的石制品劳动率表	（191）
表4-20	纵轴形态与台面形状关系表	（193）
表4-21	台面形状与石片相对长度关系表	（194）
表4-22	石片长宽比与背脊情况表	（194）
表4-23	各类石器数量及其百分比	（207）
表4-24	石制品大小分类统计表	（223）
表4-25	石制品分类测量与统计	（224）
表5-1	吉林省东部旧石器时代晚期洞穴遗址一览表	（253）
表5-2	吉林省东部山地旧石器时代田野遗址一览表	（254）
表5-3	莫氏硬度计	（257）
表5-4	石制品分类与分层统计	（261）
表5-5	石制品大小（毫米）的分类统计	（262）
表5-6	三类工具分类统计	（262）
表5-7	雕刻器统计表	（267）
表5-8	三类工具中刮削器统计表	（267）
表5-9	质量控制样品的Zr、Rb、SrPXRF测试数据及Zr/Sr、Rb/Sr值	（277）
表5-10	质量控制样品的标准偏差、平均值、最大值和最小值	（278）
表5-11	大洞遗址黑曜岩制品判源元素Zr、Sr、Rb PXRF测试数据、Zr/Sr、Rb/Sr值及分组结果（节选）	（279）
表5-12	吉林东部地区旧石器时代及新石器时代诸遗址的代码和地理坐标	（290）
表5-13	石制品分类与分层统计	（294）
表5-14	不同石制品种类对原料使用情况统计	（295）
表5-15	遗址石片类型统计	（295）
表5-16	三类工具分类统计	（296）
表5-17	各类石器毛坯分布统计	（297）
表5-18	仙人洞遗址动物化石出土统计	（301）
表5-19	仙人洞遗址可鉴定动物骨骼部位统计	（302）
表5-20	仙人洞遗址动物化石风化程度统计	（303）
表5-21	仙人洞遗址动物化石形态分类统计	（304）
表5-22	骨片断面形状分类统计	（305）

表5-23	吉林东部地区旧石器时代晚期细石叶工业遗址或地点一览表	（315）
表5-24	各遗址工具分类统计	（316）
表5-25	不同遗址石核类型的分类统计	（317）
表5-26	不同遗址石片类型统计	（319）
表5-27	不同遗址工具加工方式统计	（320）
表5-28	东北地区东部发现的旧石器时代晚期细石叶工业遗址一览表	（327）
表5-29	朝鲜半岛发现的旧石器时代晚期细石叶工业遗址一览表	（328）

第一章　地理概况与主要发现

一、地理位置

吉林省位于日本、俄罗斯、朝鲜、韩国、蒙古国与中国东北部组成的东北亚几何中心地带，地跨东经121°38′~131°19′、北纬40°50′~46°19′。东西长769.62千米、南北宽606.57千米，土地面积18.74万平方千米，占中国国土面积的2%。其北接黑龙江省，南邻辽宁省，西接内蒙古自治区，东与俄罗斯接壤，东南部与朝鲜隔江相望。吉林省地处边境近海，边境线总长1438.7千米，其中，中朝边境线1206千米，中俄边境线232.7千米。最东端的珲春市最近处距日本海仅15千米，距俄罗斯的波谢特湾仅4千米。

吉林东部地区主要指长白山—牡丹岭—威虎岭一线以东的山地丘陵地带，该界线为东北—西南向，区域内包括哈尔巴岭、英额岭、南岗岭、老爷岭、嘎呀河、图们江等。相对应在行政区划上，吉林东部地区主要包括延边朝鲜族自治州、白山市的东部大部分以及吉林地区以东的桦甸、蛟河东部地区。

（一）地层分区与地层

吉林省地处欧亚大陆东部，大地构造跨越中朝准地台和天山—兴安地槽褶皱区两大构造单元。中生代以来，地壳运动异常活跃，属于中国东部大陆边缘活动带，除了地质环境的演化，沉积作用、构造运动、岩浆活动和变质作用不断发生，形成了吉林省境内的沉积岩、岩浆岩和变质岩，发育了不同时代、不同规模及不同方向的褶皱和断裂构造，并形成了相应的矿产资源。随着地质历史的推移，各种类型的岩石和不同规模的构造，构成了吉林省现代自然地理环境的地质基础。

吉林省境内的地层，除缺失蓟县系、下泥盆统、上泥盆统和中三叠统以外，自太古界至第四系均有出露。吉林东部地区为山地丘陵地区，以出露坚硬的沉积岩为主，该地区地层出露齐全。东部山区的中生代、新生代地层主要分布在伊舒地堑、辉发河盆地、桦甸盆地、敦化盆地、蛟河盆地、安图盆地、和龙盆地、延吉盆地、珲春盆地和通化盆地等山间谷地中。

根据地层的时代、岩性特征、沉积厚度和解除关系等，将吉林省的地层分为四个地层分区，即辽东分区、吉林—延边分区、松辽平原分区和兴安分区。其中辽东分区仅有浑江小区，吉林—延边分区包括吉林小区和延边小区，松辽平原分区包括农安小区和长岭小区，兴安分区只有白城小区。除辽东分区属于华北地层区外，其余三个地层分区均属于天山—兴安地层区。

辽东分区在吉林省内只有浑江小区，位于吉林省的东南部，即山城镇—红白—白金一线以南的地区，包括通化市、白山市及其邻近的东丰、磐石、桦甸、安图、敦化、和龙等县的一部分，西接辽宁省，南邻朝鲜民主主义人民共和国。浑江小区的地层除缺失上奥陶统至下石炭统和中、下三叠统外，其他各时代的地层均有出露。

吉林—延边分区西邻松辽平原分区，南邻辽东分区，可以分为吉林小区和延边小区。吉林小区，西界为四平—长春—九台—舒兰一线，东界为镜泊湖—敦化—两江一线，南邻浑江小区。主要包括桦甸、永吉、双阳、磐石、伊通、东丰等地，以及敦化市和安图县的一部分。吉林小区缺失寒武系及其以前的地层，奥陶纪以来，各时代的地层均有出露，其中以石炭系和二叠系发育较好，分布广泛，化石丰富。志留系和泥盆系只有零星出露。中生代地层以侏罗系和白垩系的分布较为广泛，化石亦较为丰富。延边小区，南以万宝—白金一线为界，与浑江小区相邻，西邻吉林小区。该小区包括延边地区的大部分市、县。延边小区缺失中石炭纪以前的地层，石炭纪以后的地层均有出露，其中以二叠系的分布最广，厚度较大，化石较丰富。

（二）第四纪地层

吉林东部地区的山间盆地和河谷地区下更新统自下而上为白土山组、平台组，中更新统分为荒山组、东风组，上更新统分为东岗组、诺敏河组等。

吉林东部地区的地层分区主要包括辽东分区的大部分、吉林小区以东及整个延边小区。

二、地　貌

吉林省地貌形态差异明显。地势由东南向西北倾斜，呈现明显的东南高、西北低的特征。以中部大黑山为界，可分为东部山地和中西部平原两大地貌区。东部山地分为长白山中低山区和低山丘陵区，中西部平原分为中部台地平原区和西部草甸、湖泊、湿地、沙地区。地貌类型种类主要由火山地貌、侵蚀剥蚀地貌、冲洪积地貌和冲积平原地貌构成。

东部山地分布有较多中生代和新生代火山，著名的新生代火山有伊通火山群、缸窑火山群、龙岗火山群和长白山火山群，其喷发时代自西向东，由老变新，其绝对年龄从大屯火山距今7000万年，伊通火山群距今3000万～1000万年，龙岗火山群距今300万～200万年到天池火山距今1702年的最后一次喷发。这些火山喷出岩多为玄武岩，也有少量的浮岩和黑曜岩。但中生代火山喷出的火山岩以安山岩为主，夹有流纹岩和厚层的黑曜岩（九台市上河湾镇）。

东部山地大地构造方向为北东向，主要断裂带有：四平—长春断裂带，伊通—舒兰断裂带，辉发河—敦化断裂带。其中分布较大的山间盆地有伊舒地堑盆地、蛟河盆地、桦甸盆地、敦化盆地和延吉盆地。

东部山地还分布有国内最大的一级构造地质单元，中朝准地台和天山—阴山地槽系，其分界就是辉发河深大断裂带，深达地幔超过60千米，形成了位于我国的大型镍矿——磐石红旗岭镍矿。

东部山地分布有五大水系，分别为辽河水系、松花江水系、鸭绿江水系、图们江水系和绥芬河水系。主要河流有饮马河、辉发河、松花江、鸭绿江和图们江等。这些山区河流多发育有Ⅳ级阶地和山区的Ⅱ级夷平面等六级层状地貌，与河流阶地相对应的还有四层洞穴。

上述的山间盆地、河流阶地和洞穴都为古人类活动和栖身提供了良好的场所。

按照李四光教授的地质力学的理论，将亚洲东部列为新华夏构造体系，共分为三个隆起带和三个沉降带。吉林省就处在新华夏系的第二隆起带和第二沉降带内。也是以四平—长春断裂带为界，以西为第二沉降带（含丰富石油），以东为第二隆起带。地貌单元也按其分为西部松辽平原和东部山地两大地貌单元。其中，东部山地又以辉发河深大断裂带为界，以西为长白山低山丘陵区，以东为长白山中低山区。

长白山中低山区，包括张广才岭、龙岗山脉及其以东的广大山区，总面积71000平方千米，占吉林省总面积的38%，海拔在800~1000米，相对高差在500米以上，该区森林茂密，有大面积原始森林分布，建有国家级长白山自然保护区。

长白山低山丘陵区，西以四平—长春断裂带为界，东至辉发河断裂带，总面积41000平方千米，约占吉林省总面积的22%。海拔在400~1000米，相对高差200~800米。

吉林省东部山地属温带湿润—半干旱季风气候区，冬季较长，夏季短促。春秋两季风较大，天气多变，年平均气温-3~7℃，最冷在一月，最热为七月份，全年无霜期120~150天，山区100天以下。年平均降水量为350~1000毫米，尤以长白山天池一带及老爷岭以南地区较多，6~8月份降水量占全年降水量的60%。

三、长白山区地貌演化历史

区域上以山城镇—辉南—桦甸—和龙一线为界，北部为地槽区，南部为地台区，长白山地区位于南部地台区。

该区三叠纪（燕山运动）以来，由于太平洋板块相对欧亚板块的挤压，表现为强烈的断块和褶皱作用，其主体构造以滨太平洋大陆边缘活化阶段的一系列北东向构造为主。深部岩浆到达地表，形成一系列的岩浆岩和火山岩。同时形成了一系列的火山—内陆盆地，并且堆积了各种类型的陆相沉积岩。此期间的燕山构造运动再造了本区的地质构造面貌，同时也奠定了本区地貌的轮廓。

从现代地貌上，本区主要由走向北东的一系列山脉以及山间盆地、断陷盆地等组成，这与本区区域以北东向隆起、凹陷、断裂等构造位置和形式是极其吻合的，反映了地质构造与地貌的统一性。

燕山运动结束后，本区构造活动相对稳定，经过长期的风化剥蚀，部分地区山地夷为平原，接受了第三纪陆相沉积，这种夷平作用在长白山区尤为明显。

第四纪以来，新构造运动在原有的地貌基础上形成了今天的地貌特征。继承性的新构造运动的北北东向—北东向断裂活动直接控制了今天的山地、盆地的格局。例如：北北东向断裂控制了珲春河上游谷地和罗子沟盆地的展布和发育；北东向断裂控制了敦化盆地、安图盆地、珲春河谷地和鸭绿江谷地的展布和发育等。

此期间，该区的火山岩浆活动十分强烈和广泛，形成了独具特色的火山—熔岩地貌景观，即广阔的长白山熔岩台地、熔岩高原以及巨大的复式层状火山锥（长白山、望天鹅）和众多的小型火山锥。最后火山锥中心塌陷形成了破火山口，积水而成天池，在内外动力的统一作用下形成了今天该区的地貌景观。

通过研究表明：区域上太古代至中元古代期间为基底形成阶段；晚元古代至晚古生代期间为地台形成阶段；中生代开始至新生代为大陆活动阶段。在新生代该区经历了造盾阶段、造锥阶段、造席阶段、造池阶段，形成了长白山火山锥——长白山天池。

第二章 砾石工业类型

通过对吉林东部地区旧石器地点石制品的整理分析，我们将其划分为三个工业类型，即砾石工业类型、小石器工业类型和细石叶工业类型。其中，砾石工业以图们下白龙旧石器地点和延边安图立新旧石器地点为代表。

第一节 下白龙旧石器地点

下白龙旧石器地点，位于吉林省延边地区图们市月晴乡南约10千米的图们江左岸的Ⅱ级阶地上。北距"下白龙墓群（渤海）"约250米；南距白龙村二队600米；东距图们江约800米，并与朝鲜的潼关里和山城区隔江相望，而图们至开山屯公路从遗址东侧穿过。地理坐标为东经129°47′57″，北纬42°47′41″。

该地点于2002年5月，由吉林大学边疆考古研究中心的师生在图们市博物馆同志的陪同下，对图们江流域进行旧石器考古调查时发现，并获得石制品31件，未见动物化石等其他遗物。

一、地貌与地层

（一）地貌概况

吉林省东南高西北低，东部山地（长白山地）属新华夏系隆起带，构造与山脉走向均为北北东—南南西和北东—南西向，普遍存在2~3级夷平面和发育多级河流阶地。该地点位于长白山地东部的图们江中游Ⅱ级阶地的后缘上，图们江在该段由南向北流过，但由于在中国和朝鲜的两岸都有较高的山峰而形成了较窄的河谷，宽约1000米。而左岸有发育的漫滩和Ⅰ、Ⅱ级阶地，Ⅰ级阶地高出江面约7米，而Ⅱ级阶地高出江面约25米，其海拔为135.8米。该地点面向图们江，背靠南岗山，南北是开阔的河谷走廊。

（二）地层

阶地的前、后缘分别有一处水冲沟，我们对水冲沟的剖面进行了详细的观察，该地点的地层大致可分四层（图2-1）。

第1层为耕土层：黑色，厚薄不均，厚度在5～20厘米，地表不见陶片。第2层为黄色亚黏土层：厚30～40厘米，土质紧实。根据采集到的石器所分布区域内的地表土颜色分析，推测石制品可能出于该层。第3层为角砾层：以小砂砾为主，厚20～25厘米。小的砾径约1厘米，个别较大的约20厘米，形状均为扁形，小砾径的砂砾磨圆度较好，个别也有带棱角的，中间杂有黄色黏土。第4层为棕黄色亚黏土层：土质较黏，厚约50厘米，未见底。

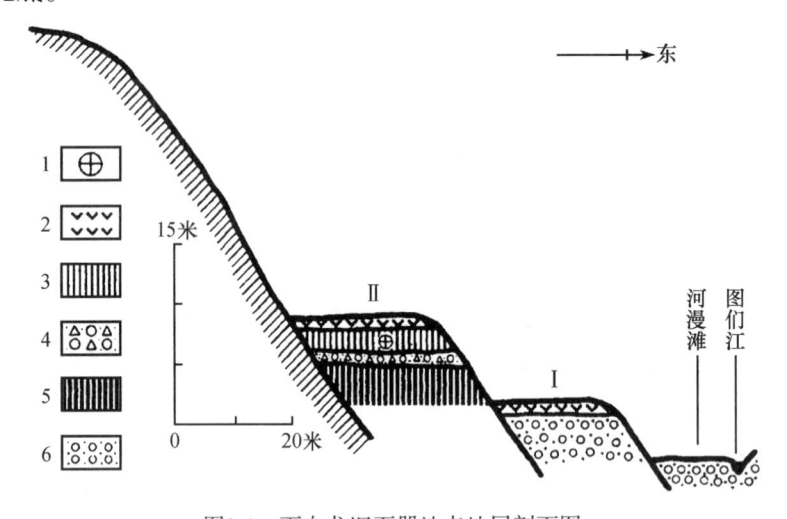

图2-1 下白龙旧石器地点地层剖面图
1. 石制品 2. 耕土 3. 黄色亚黏土 4. 角砾 5. 棕黄色亚黏土 6. 沙砾石层

二、石制品分类与描述

通过对调查所获的31件石制品进行整理与分析，将石制品分为石核、石片、工具三类，并对其进行了详细的观察研究。现将具体情况介绍如下。

（一）原料

本次调查所获的石制品的原料种类较多，有板岩、安山岩、流纹岩、玄武岩、砂岩、石灰岩、角岩，其中板岩最多，占58%，安山岩和砂岩分别占9.7%，石灰岩和角岩分别占6.5%；其他原料较少。板岩、砂岩多用于制作工具，砂岩多用于制作大型石器。石制品的优质原料比例较高，石材硬度较高，多在莫氏硬度6以上，适宜制作工具。从部分石制品的表面保留的砾石面分析，原料应来源于江边的漫滩上。

（二）石核

3件。原料有玄武岩、板岩、角岩三种。单台面，多以不规则的石块为素材，因此石核形状多为不规则的块状，台面以打制台面为主。石核除TXP.0204外，均保留有部分石皮。石核的剥片方式为锤击法，剥片面上的石片疤比较浅，形状也不甚规则（表2-1）。

表2-1　石核观察与测量统计表

器号 （TXP.）	石料	打片方法	长（毫米）	宽（毫米）	厚（毫米）	台角	台面	重量（克）
0201	玄武岩	锤击法	82.5	122	75.5	89°～117°	打制	885
0204	板岩	锤击法	33.8	77.5	34.2	83.5°	打制	119.3
0227	角岩	锤击法	33	42.6	10.8	63°～121°	自然	19.1

标本TXP.0204，多台面石核。板岩。形状不规则。台面均为打制，石核表面已不见自然面，核体上有两处打击点比较集中的剥片疤，共留有剥片痕7处，剥片痕之间相互打破关系复杂，表明该石核经过多次剥片（图2-2）。

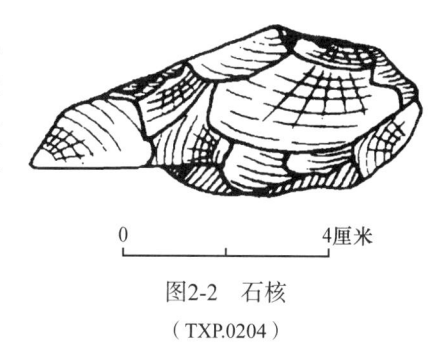

图2-2　石核（TXP.0204）

（三）石片

石片　10件。均为锤击石片。其中完整石片3件，断片7件。原料有硅质灰岩、角岩、板岩、安山岩四种，其中板岩最多，占50%，其次是安山岩和硅质灰岩，角岩最少。石片长27.7～74、宽21.2～76.7、厚3.2～22.6毫米，最大石片74毫米×52.5毫米×22.6毫米，最小石片27.9毫米×21.2毫米×4.5毫米。石片角47°～122.7°，石片角小于80°的仅1件，占总数的10%。石片重2.95～91.3克，以10～50克者为多，其次为10克以下者，二者占总数的90%，重量大于50克的仅1件。石片台面有自然台面和打制台面两种，打制台面又可分为脊状台面和素台面。打击点清楚的石片有5件。石片劈裂面上各项特征明显程度不同，半锥体明显的有4件，放射线明显的有3件。劈裂面上有再次剥片痕的石片有1件，背面有剥片痕的石片有1件。打片方法均为锤击法。石片背面是全疤的占80%（表2-2）。

表2-2 石片观察、测量与分类统计表

器号(TXP.)	石料	打片方法	长(毫米)	宽(毫米)	厚(毫米)	石片角	台面	背	腹	分类	台面长	台面宽	重量(克)
0205	硅质灰岩	锤击法	残60.5	残69.1	10	111°	天然	全疤	较平	Ⅲ	47	9.5	33.7
0210	板岩	锤击法	27.7	76.7	9.8	101°	打制	全疤	浅平	Ⅵ	74	16	16.9
0211	硅质灰岩	锤击法	残44	64	10.5		天然	全疤	较平				21.1
0212	板岩	锤击法	残34.5	59.5	13.5	88.7°	打制	全疤	较平	Ⅲ	54	14	28.9
0225	安山岩	锤击法	74	52.5	22.6	117.3°	天然	半疤	凸起	Ⅴ	40	20	91.3
0219	角岩	锤击法	37	残23	3.2	47°	天然	全疤	微凹	Ⅲ	残13.5	3.2	3.3
0224	板岩	锤击法	残27.5	残37.8	4.5	86°	打制	全疤	浅凹	Ⅵ	25	4	5.3
0216	安山岩	锤击法	51	54.8	21.8	122.7°	打制	半疤	凸起	Ⅴ	43	23.2	46
0226	板岩	锤击法	残27.9	21.2	4.5			全疤	浅凹				2.95
0228	板岩	锤击法	残41.5	残34.5	6.5	83°	天然	全疤	较平	Ⅲ	43.5	6.5	12.3

1. 完整石片

3件。其中长大于宽、宽大于长、长宽相近的各1件。石片台面可分为自然台面和打制台面两种。TXP.0212为自然台面，由于其劈裂面上石片的特征并不多，所以这里对该石片不做介绍。

TXP.0225，素台面。形状呈长方形。安山岩。台面打制平整。劈裂面，半锥体凸起明显，有同心波和放射线。在近端左上方有一剥离石片后形成的阴痕，其打击点位于台面脊的一侧，剥片阴痕浅凹，阴痕长27、宽56毫米。阴痕将石片的半锥体破坏，因此该石片的半锥体仅存留一小部分。背面有1/2为自然的砾石面，其余为剥片疤，共有6个大的剥片痕（图2-3，1）。

TXP.0216，有疤台面。整体近方形。安山岩。台面上有3个由背面向劈裂面打击形成的疤痕。劈裂面上的打击点不集中，半锥体浅凸，有一长条形锥疤。背面有一个同向的剥片疤，其长29、宽36毫米；其余为天然砾石面（图2-3，2）。

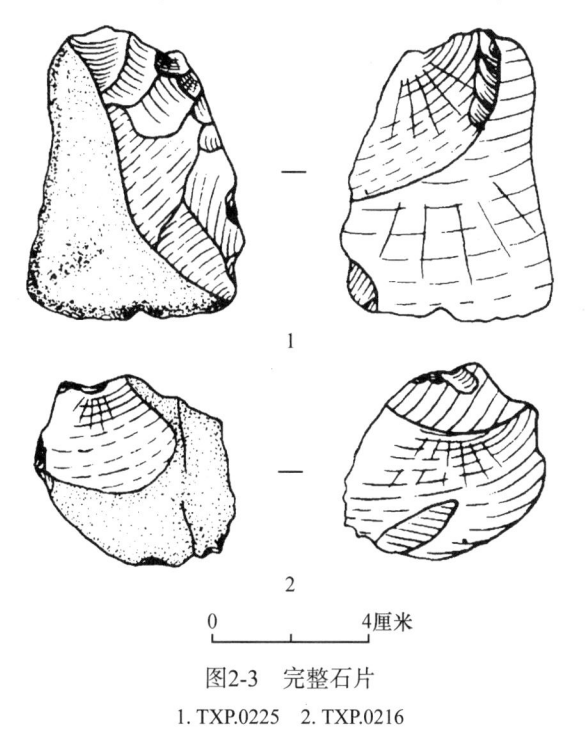

图2-3 完整石片
1. TXP.0225　2. TXP.0216

2. 断片

7件。均为横向断裂。根据石片断裂的部位，可以分为近端、中段、远端断片。这7件断片中有3件近端石片、2件中段石片，其余2件很难进行归类。

近端石片3件。

TXP.0228，自然台面。近长方形。板岩。台面为砾石面。劈裂面上打击点、半锥体、放射线明显，打击点集中，半锥体凸起。背面全疤且较平，石片远端残。

标本TXP.0210，有疤台面。长条形。板岩。台面经人工打制而成。在台面与劈裂面的夹角处有发育的唇面，推测该断片为软锤打击而成。劈裂面上打击点不集中，半锥体浅平，背面全疤，石片远端和两侧皆残（图2-4）。

中段石片2件。标本TXP.0224，近似正方形。板岩。没有打击点和半锥体，劈裂面浅平，背面有3个剥片阴痕，阴痕上隐约可见少量的放射线。石片上下两端断口明显。

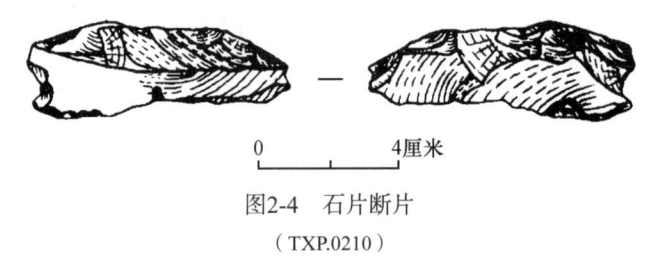

图2-4　石片断片
（TXP.0210）

（四）工具

该地点共发现工具18件，不见第一类工具（天然工具）。

第二类工具（使用石片）　共3件。石片基本完整。石片原料除1件为安山岩外，余者皆为板岩。其中2件器形较小，另1件则较大。石片角都大于90°。从石片劈裂面的特征分析，剥片方式均为锤击法。在石片的远端，均有使用时崩裂的痕迹，其痕迹断断续续、大大小小，部分相连，但有别于第三类工具（表2-3）。TXP.0217，安山岩。双脊台面。台面在剥片前经过人工修理，其上放射线、同心波明显。双脊明显向上凸起，且几乎平行。在剥制该石片时，打击点几乎位于脊上。劈裂面上打击点集中半锥体凸，无锥疤和同心波，可见有少量的放射线。背面有3个大的同向剥片阴痕，石片远端有使用时崩裂的痕迹，多位于背缘上（图2-5，2）。TXP.0223，板岩。单脊台面。台面经人工修理。在台面与劈裂面的夹角处有明显的唇面，为软锤打击的石片。劈裂面微凸，同心波明显。背面除保留有小部分的砾石面外，还有明显的同向剥片阴痕，石片远端有使用时崩裂的痕迹（图2-5，1）。

第三类工具　共15件。可以分为刮削器、砍砸器、尖状器、矛形器和钻五大类（表2-4）。

表2-3 第二类工具（使用石片）观察、测量统计表

器号(TXP.)	石料	打片方法	长(毫米)	宽(毫米)	厚(毫米)	石片角	台面	背	腹	分类	台面长(毫米)	台面宽(毫米)	重量(克)
0213	板岩	锤击法	26.5	31.5	8	93°	自然	全疤	凸起	Ⅲ	26	8	5.7
0217	安山岩	锤击法	86.8	104.5	22.5	101°	打制（双脊）	全疤	浅凸	Ⅵ	104.5	21.3	206.3
0223	板岩	锤击法	28.3	48	7.5	133.5°	打制（单脊）	半疤	浅凸	Ⅴ	26	6	9.7

表2-4 第三类工具观察、测量统计表

器号(TXP.)	器名	石料	毛坯	长(毫米)	宽(毫米)	厚(毫米)	边刃角	修理方法	修理方式	刃缘长(毫米)	重量(克)
0202	直刃刮削器	流纹岩	石片	109	68.5	30.8	64°	锤击法	向劈裂面加工	52.5	173.3
0203	圆头刮削器	角岩	石片	88	91.2	28	64°~98°	锤击法	交互	230	275.3
0206	凸刃刮削器	板岩	石片	68	55.5	17.5	72.5°	锤击法	复向	69	59.3
0207	复刃刮削器	板岩	石片	37	66.7	12.8	53°~89°	锤击法	复向	90	28.3
0208	直刃刮削器	板岩	石片断片	49	25.5	7	52.5°~71°	锤击法	向背面加工	33.2	9.8
0209	矛形器	板岩	石片	77	36.3	10.5	71°~80°	锤击法	复向	140	35.5
0214	尖状器	板岩	石片	40.2	46.8	11.9	59°~63°	锤击法	错向	21~25	19.3
0215	直刃刮削器	板岩	石片	56.8	43.5	13	34°~50°	锤击法	向劈裂面加工	42	25.8
0218	圆头刮削器	安山岩	石片	53	54.8	16	80°	锤击法	向背面加工	75	54.7
0220	直刃刮削器	板岩	石片	38	25.3	4.5	58°~62°	锤击法	向背面加工	31	4.1
0221	砍砸器	砂岩	石片	138	108	23.2	55°~86°	锤击法	交互	115.5	409.3
0222	钻	板岩	石块	64.3	47.5	13.5	61°	锤击法	错向		44.6
0229	砍砸器	板岩	石片	119.1	63	22	50°~56°	锤击法	复向	95	139.6
0230	砍砸器	砂岩	石片	146.5	88.7	18.5	52°	锤击法	向背面加工	134.2	249.2
0231	砍砸器	砂岩	砾石	155.5	99	30	64.5°~84°	锤击法	复向	146	675

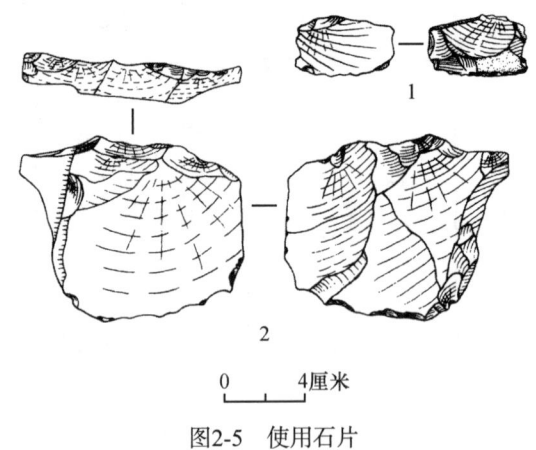

图2-5 使用石片
1. TXP.0223   2. TXP.0217

1. 刮削器

共8件。是下白龙地点发现数量最多、最复杂的工具，其形状多不规则。加工刮削器的素材均为石片，含少量的断片。绝大多数刮削器的刃部选择在素材较钝厚或陡的边缘加工。刮削器的修整多数在素材的远端，少数在其侧边。石料的种类多样化，有流纹岩、角岩、安山岩、板岩四种，其中以板岩最多，占60%。石片修理方法为锤击法，修理方式以向背面加工为主，也有向劈裂面加工、复向和交互。刮削器的尺寸一般都较小，长37～109、宽25.3～91.2、厚4.5～30.8毫米，重4.1～275.3克。最大标本长、宽、厚为88毫米×91.2毫米×28毫米，最小标本长、宽、厚为38毫米×25.3毫米×4.5毫米。刮削器的刃角在30°～100°之间，以50°～80°最多。修疤形态表现为不规则和不稳定状况，大概与其石料有关。修疤形状呈半圆形、扇形等。多数修疤为小型，大型较少。修疤以浅平为主，有少量较深。修疤层数多为2～4层，少量为单层。根据刃口的形状可分为直刃、圆头、凸刃和复刃四种类型。

直刃刮削器，4件。直刃刮削器均为石片加工而成，在石片的远端或两侧边进行刃部修理，修理方法为锤击法，修理方式包括向劈裂面和向背面加工。

标本TXP.0208，板岩。利用石片断片中的远段石片加工而成，劈裂面上不见半锥体、放射线，隐约可见同心波。背面为自然面。其修理方式为向背面加工而成，修疤最多可分3层，浅平，排列较整齐。刃部位于石片远端，有使用时崩裂的痕迹（图2-6，2）。标本TXP.0220，板岩。打制台面。用石片加工而成。台面较小，打击点位于其上。劈裂面上半锥体、放射线明显。背面全疤，有剥片的阴痕4处。其修理方式为由劈裂面向背面加工而成。修疤可分2层，浅平，排列不甚规整。刃部位于石片远端，有少量使用痕迹（图2-6，3）。

圆头刮削器，2件。

TXP.0203，角岩。用断片的远端加工而成。劈裂面平整，不见半锥体、同心波、

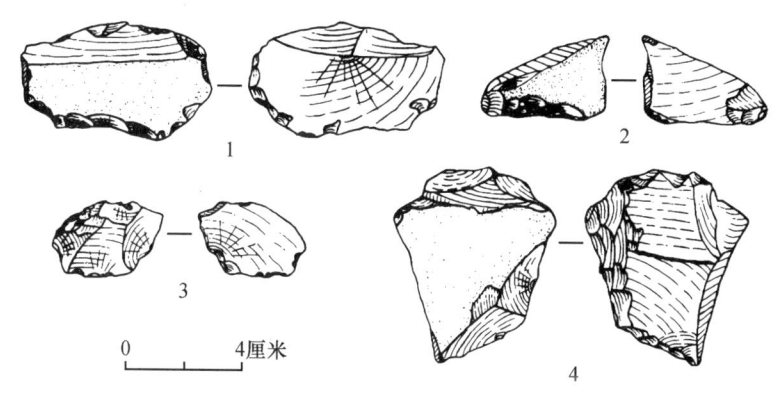

图2-6 刮削器
1. 复刃刮削器（TXP.0207） 2、3. 直刃刮削器（TXP.0208、TXP.0220） 4. 凸刃刮削器（TXP.0206）

放射线等。背面为自然面。交互修理。修疤分布不均，在1～4层之间，排列不规整。刃部加工在石片远端和两侧边（图2-7，1）。TXP.0218，安山岩。用石片加工而成，石片台面为素台面，劈裂面上打击点、放射线明显，半锥体、同心波较明显。背面为砾石面。其修理方式由劈裂面向背面加工。修疤分层较多，多在3层以上，浅平，排列较规整。刃部主要加工于石片的远端，两侧边略微修理，使用痕迹明显（图2-7，2）。

凸刃刮削器，1件。

TXP.0206，板岩。用残石片加工而成。劈裂面上半部平整，下半部凸凹不平，隐约可见同心波。背面保留有自然砾石面。复向加工。修疤最多可分3层，排列较规整。刃部加工于石片远端和一侧边（图2-6，4）。

复刃刮削器，1件。

TXP.0207，板岩。脊状台面。唇面发达，系用软锤打击的石片加工而成。台面上有一棱脊，打击点位于棱脊上，劈裂面上半锥体、同心波、放射线明显。背面上半部分

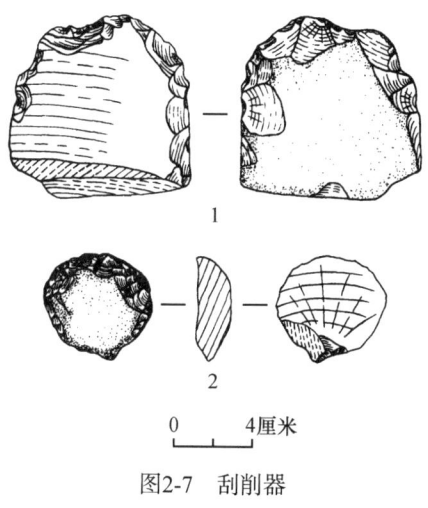

图2-7 刮削器
1. TXP.0203　2. TXP.0218

有人工修理痕迹，下半部为自然面。在石片远端采用锤击法复向修理。修疤为单层，浅平，且排列较规整。刃部位于石片远端和侧边，有少量使用痕迹（图2-6，1）。

2. 砍砸器

4件。素材为石片的有3件，砾石的有1件。标本长119.1~155.5、宽63~108、厚18.5~30毫米，重139.6~675克。刃角50°~86°。4件均为单刃。TXP.0221，砂岩。用石片加工而成。石片两面较平整，没有保留自然面。顶部保留有少量的自然面。修理方式为交互加工。修疤浅平，分层不明显，排列不规整。刃部从侧面观之呈"S"形（图2-8，1）。TXP.0229，板岩。用石片加工而成。劈裂面凹凸不平，其上不见半锥体、放射线等。背面不平整，保留有部分修疤和少量砾石面。复向加工。修疤有的较深，有的浅平。修疤多为单层，个别部位可达2层，排列不很规整。刃部位于石片的一边，较直而锋利（图2-8，2）。TXP.0230，砂岩。用石片加工而成。石片劈裂面平整。背面为自然的砾石面。其修理方式为向背面加工。修疤不规整。刃部平齐而直（图2-8，3）。TXP.0231，砂岩。用扁平的砾石加工而成。石块两面保留有大量的自然面。复向修理。修疤规整。刃部由3段组成，其中2段刃加工方向相同，剩下的一段则与前两段刃的加工方向相反（图2-8，4）。

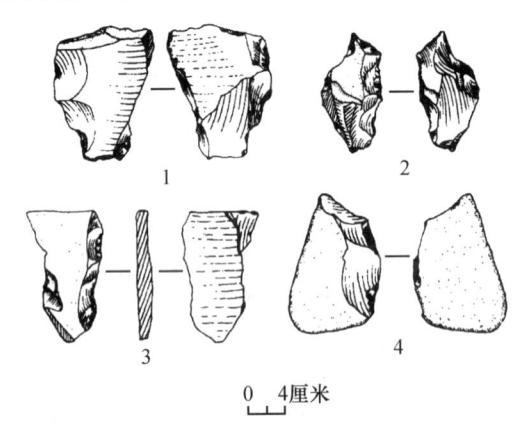

图2-8 砍砸器
1. TXP.0221 2. TXP.0229 3. TXP.0230 4. TXP.0231

3. 尖状器

1件。TXP.0214，板岩。用石片毛坯加工而成。打击点位于台面的一侧。劈裂面上放射线和同心波明显，不见半锥体。背面为自然的砾石面。其修理方式为错向加工，一侧刃由劈裂面向背面加工，另一侧刃由背面向劈裂面加工而成。修疤多为单层，浅平，排列规整。刃角钝，刃部有使用痕迹（图2-9，3）。

4. 矛形器

1件。TXP.0209，板岩。用石片加工而成。劈裂面较平整，不见打击点、半锥体等。背面中央尚保留有少量的自然面外，其余为人工修理的痕迹。采用复向加工修理。修疤排列较规整，工具边缘均加工成刃（图2-9，2）。

5. 钻

1件。TXP.0222，板岩。用石块加工而成。石片的劈裂面有同心波，另有2处修疤痕。背面除中央保留有少量的自然面外，其余均为剥片的阴痕和修理痕迹，剥片阴痕4处，其上打击点、放射线、同心波明显。尖部采用错向加工修理，钻尖较小，长5、宽6、厚约3毫米（图2-9，1）。

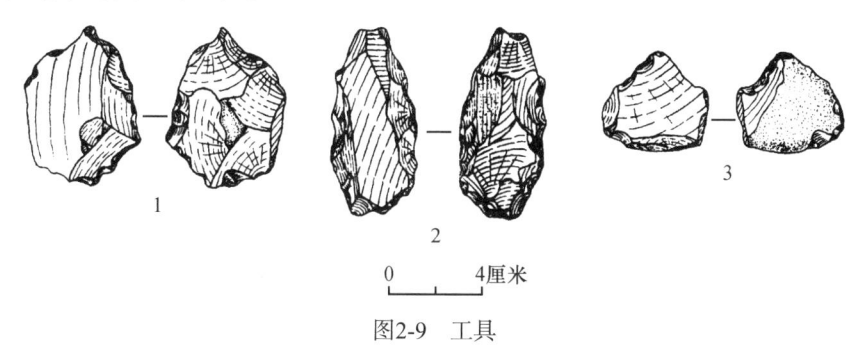

图2-9 工具

1. 钻（TXP.0222） 2. 矛形器（TXP.0209） 3. 尖状器（TXP.0214）

三、结　语

（一）石制品特征

通过对下白龙旧石器地点调查所获的石制品进行研究，可以看出有以下特点：

（1）石制品的原料种类多样化，其中以板岩为主，其他岩类的数量与其相差较多。

（2）石片数量占石制品总数的32.3%，均为锤击石片，形状不甚规整。

（3）该地点的剥片技术均为锤击法，石片有自然台面和打制台面两种，打制台面又可分为脊状台面和素台面。在劈裂面上有较发育的唇面，可能为软锤打击的石片。

（4）该地点的工具修理方法为锤击法；修理方式有向背面加工、向劈裂面加工，还有交互、错向和复向，其中以向背面和复向加工为主。

（5）该地点的大部分工具加工较粗糙，但部分加工精致，修疤浅平，器形规整。

（6）工具类型多样，其中以刮削器和砍砸器数量最多，其次是尖状器和钻。最具特色的工具是圆头刮削器。

（7）工具以大中型者为主，而小型者比较少。

（二）文化年代

调查所获得的石制品均采自下白龙村西北侧Ⅱ级阶地后缘的黄土地表，由于该地点现为农田，并未找到石制品的出土层位，推测石制品应该出于黄土层内，根据延边地区的地质剖面分析，黄土的地质年代属于晚更新世；在石制品采集的区域内不见新石器时代以后的磨制石器和陶片；并且通过与周边旧石器地点文化面貌的比较，与黑龙江饶河小南山和吉林抚松仙人洞遗址的文化面貌更为接近，三者的年代可能相差不远。从以上分析，推测下白龙旧石器地点的地质年代为更新世晚期，属旧石器时代晚期。

（三）遗址性质

从石制品表面未见有水冲磨的任何痕迹分析，应属于原地埋藏类型。石制品中的石核、石片较少，工具种类较多，其数量占石制品总数的58%。而且大多数工具上都有明显的使用痕迹，所以该地点可能是一处人类居住活动的场所。

（四）与以大石器为主体的旧石器地点的比较

通过对东北地区旧石器考古材料的整理和分析[1]，认为在东部山地存在着一种以大石器为主体的石器工业类型，主要地点有本溪庙后山[2]、蛟河新乡砖厂[3]、抚松仙人洞[4]、饶河小南山[5]。其中，本溪庙后山、蛟河新乡砖厂与该地点相比，文化面貌相差较多，可能为年代上的差异所导致。下白龙旧石器地点与饶河小南山、吉林抚松仙人洞遗址的文化面貌相近，通过石制品对比，其相同点有：从石片上的人工痕迹来看，打片技术均采用锤击法；修理方法采用锤击法；石器工具的种类较少，但以刮削器为主；石器的器形比较粗大，若以石器组合来看，这三个地点都属于大工具类型。三个地点也存在着差异，如石制品原料的不同；下白龙地点未发现有骨制品，而抚松仙人洞有骨制品，等等。总体来看，三个地点的文化面貌共同点较多，差异较

---

[1] 张博泉、魏存成：《东北古代民族·考古与疆域》，吉林大学出版社，1998年，第171~201页。

[2] 辽宁省博物馆、本溪市博物馆：《庙后山——辽宁省本溪市旧石器文化遗址》，文物出版社，1986年，第21~30页。

[3] 陈全家：《吉林市地区首次发现的旧石器》，《东北亚旧石器文化》，白山文化出版，1996年，第247~259页。

[4] 姜鹏：《吉林抚松仙人洞旧石器时代遗址》，《东北亚旧石器文化》，白山文化出版，1996年，第205~211页。

[5] 杨大山：《饶河小南山新发现的旧石器地点》，《黑龙江文物丛刊》1981年第1期。

小，这种差异性除反映了年代的相对早晚外，也可能是更多地强调了其地域分布的不同。

该地点的石制品特征与俄罗斯滨海地区旧石器时代晚期奥辛诺夫卡遗址[1]中出土的一些石制品相比较，颇为相近，在文化类型上有某些联系，可能反映文化的传播与影响。

（五）发现的意义

（1）下白龙旧石器地点的发现，填补了延边地区旧石器发现的空白，把延边地区人类活动的历史从距今四五千年追溯到一万年以前。

（2）该遗址的发现为东北亚旧石器文化间的相互联系与传播的深入研究提供了一批宝贵资料。

（3）下白龙、饶河小南山、抚松仙人洞三个旧石器地点文化面貌的一致性，说明东部山地存在以大石器为主体的文化类型，进一步证明可以将东北地区旧石器文化分成三个大的石器工业类型。

第二节　延边安图立新旧石器地点

2006年，吉林大学边疆考古研究中心师生会同吉林省文物考古研究所人员在延边地区进行旧石器考古调查，在安图县永庆乡立新村东北的第Ⅳ级阶地上采集到54件石制品。为弄清石制品的出土层位，在石制品分布区布置了4个1米×1米的探方，从粉砂质黄土地层中发现了6件石制品。同年，张森水等复查了该地点，又采集石制品11件。两次共获得石制品71件。

一、地理位置与地层

（一）地理位置

立新旧石器地点，位于吉林省延边地区安图县永庆乡立新村东北方向约2千米的第Ⅳ级阶地上，地理坐标为东经128°11′15.3″，北纬42°41′37.6″，西距永庆乡至两江镇的公路约1千米，距富尔河约3.5千米。

---

[1]　奥克拉德尼科夫：《从最新考古成就看苏联远东地区》，《历史问题》1964年第1期。

（二）地层

地层堆积自上而下分为3层（图2-10）。

第1层为耕土层：黑色，厚8~10厘米，有现代的瓷片等文化遗物。第2层为粉砂质黄土层：土质较细腻，黄色，厚10~22厘米，含石制品。第3层为黄色细砂层：夹薄层钙质结核，含砾石，深50厘米，未见底。从冲沟断面观测，其深约30米以上。

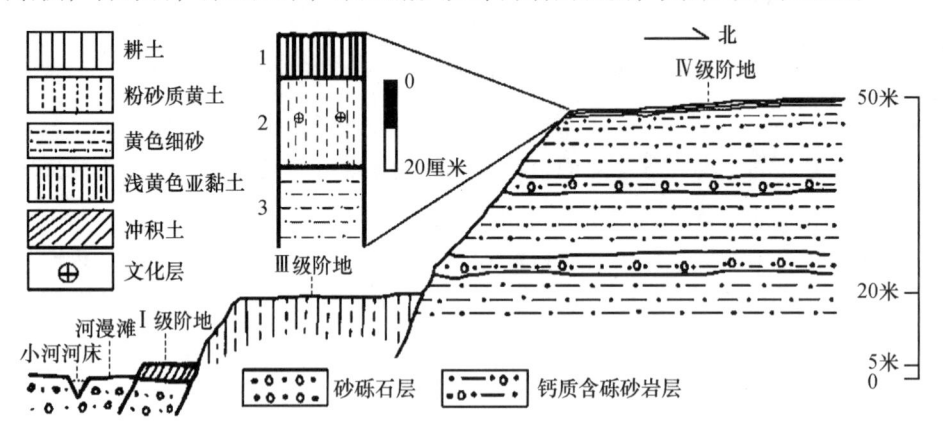

图2-10　遗址地貌综合剖面示意图与地层柱状图

二、石制品分类与描述

石制品种类有石核、石片、细石叶、断块和工具。原料以流纹斑岩为主，占53.5%，其次为黑曜岩21.1%、石英岩18.3%、石英5.6%和砂岩1.4%。

（一）石核

共17件，分为锤击石核和砸击石核两类。

1. 锤击石核

12件。根据台面数量可分为单、双和多台面3种。

单台面　5件。标本06AL.C：16（图2-11，1），呈锥形，重793.1克。台面角74°、78°。

双台面　4件。标本06AL.C：46，呈棱柱状，工作面上均有多次剥片（图2-11，2）。

多台面　3件。标本06AL.C：25，呈多面体形状。从三个不同的方向打片（图2-11，3）。

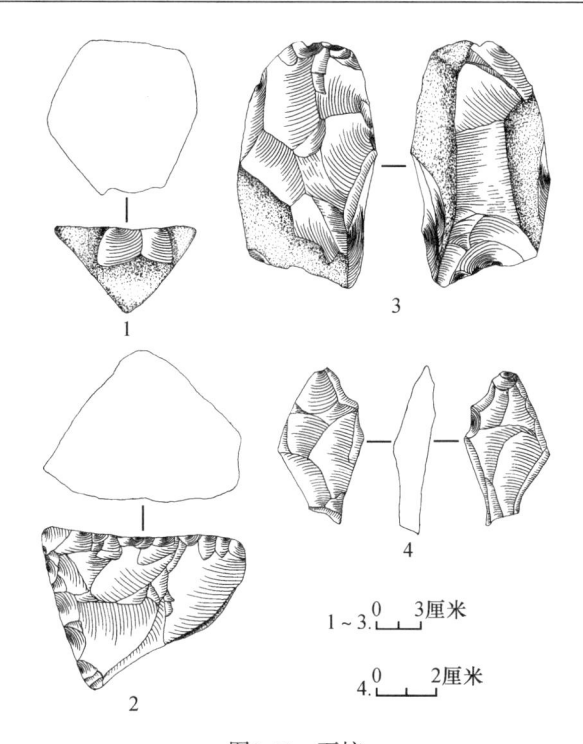

图2-11 石核

1~3.锤击石核（06AL.C∶16、06AL.C∶46、06AL.C∶25） 4.砸击石核（06AL.C∶17）

2. 砸击石核

5件，其中出土2件。标本06AL.C∶17，呈扁枣核状，通体片疤（图2-11，4）。

（二）石片

1. 完整石片

共19件，其中出土3件，皆为锤击石片，长度在12.3~98.6毫米，宽12.4~116毫米。多宽型石片，台面角69°~122°，平均103.7°。

根据台面与背面的性质可以分为5种类型[1]。

Ⅰ型　2件。台面、背面皆为自然面（图2-12，1）。
Ⅱ型　4件。自然台面、背面保留部分砾石面（图2-12，2）。
Ⅳ型　1件。人工台面、背面为砾石面。
Ⅴ型　8件。人工台面、背面由部分砾石面和部分剥片疤组成（图2-12，3、4）。
Ⅵ型　4件。人工台面，背面无自然面（图2-12，5）。

---

[1] 卫奇：《〈西侯度〉石制品之浅见》，《人类学学报》2000年第2期。

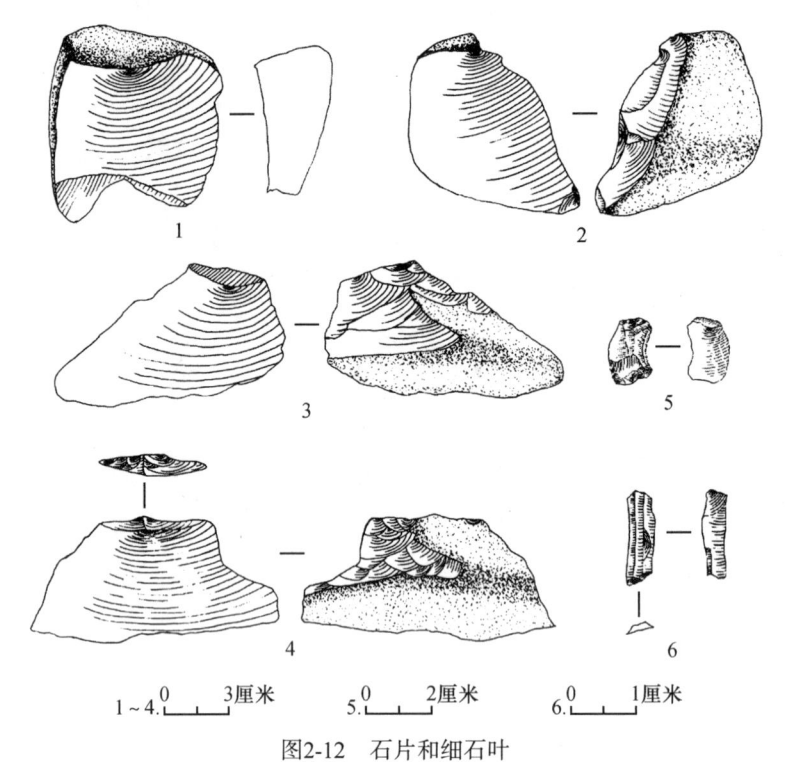

图2-12　石片和细石叶
1～5.石片（06AL.C：21、06AL.C：49、06AL.C：6、06AL.C：8、06AL.C：39）
6.细石叶（06AL.T11：1）

2. 断片

共10件。长13.8～151.7、宽7.2～101.2、厚2.1～30.6毫米，重0.2～459.9克。

3. 细石叶

1件，出自地层，腹面较平，背面有两条脊，截面呈不规则梯形（图2-12，6）。

（三）断块

共5件。多呈不规则多面体状，长80～143.1、宽50.2～101.8、厚22.5～58.2毫米，重733.8～1174克。

(四)工具

可分为三类[1]。

1. 一类工具(天然工具)

3件。分为锤击石锤和复合石锤两类。

锤击石锤　2件。一端石锤和两端石锤(图2-13,1)各1件。

复合石锤　1件。是锤击和砸击合用石锤(图2-13,9)。

2. 二类工具(使用石片)

共3件。按使用刃口数量和形状分为双直刃1件(图2-13,8),单凹刃2件。

3. 三类工具

共13件。分为刮削器、尖状器、手斧和砍砸器4类。

刮削器　3件。均为单刃,按刃口形状可分为直刃2件(图2-13,7)和凸刃1件(图2-13,10)两类。

尖状器　2件(图2-13,3、4)。其加工方法采用压制修理技术。

手斧　1件。采用锤击修理,两面加工,多两层修疤,修疤多宽大,刃缘不平齐(图2-13,2)。

砍砸器　7件。按刃口的数量和形状可分为单凸刃4件(图2-13,5)和单直刃3件(图2-13,6)两类。

三、结　语

本地点石器工业主要有下列特点。

(1)原料以流纹斑岩为主,占53.5%,其次为少量的黑曜岩、石英岩、石英和砂岩。除黑曜岩外,大多数标本皆保留有砾石面,磨圆度好,取材于附近的河漫滩。

(2)石制品的类型多样,包括石核、石片、细石叶、工具和断块。

(3)石核包括锤击和砸击两种,以锤击石核为主。个体多较大,形状不规则。

---

[1] 陈全家:《吉林镇赉丹岱大坎子发现的旧石器》,《北方文物》2001年第2期。本节将工具分为三类:一类,天然砾石未经加工而直接使用者,即石锤、石砧;二类,石片未经加工而直接使用者,即使用石片;三类,片状毛坯经过第二步加工或块状毛坯直接加工成工具者。

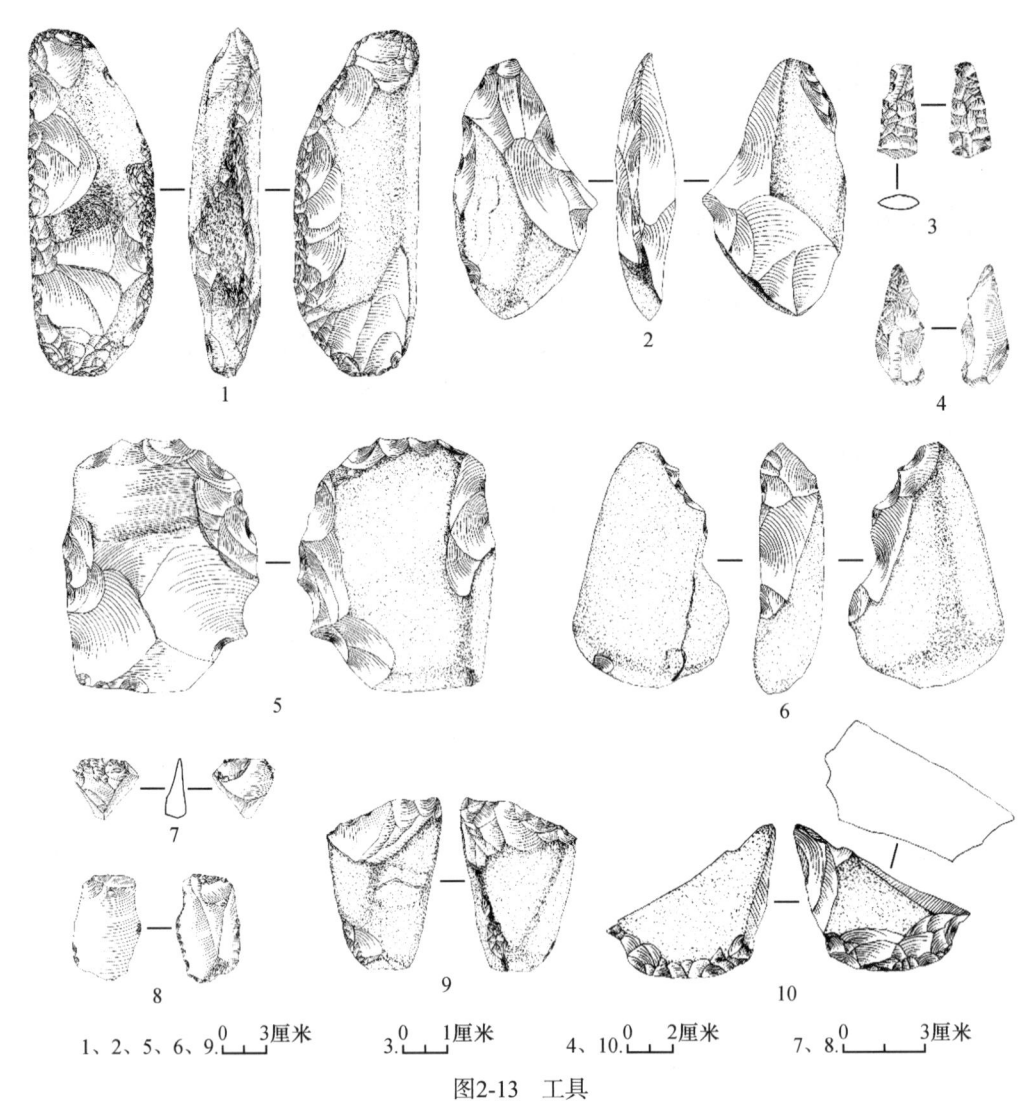

1、2、5、6、9. ⊢──┤ 3厘米   3. ⊢──┤ 1厘米   4、10. ⊢──┤ 2厘米   7、8. ⊢──┤ 3厘米

图2-13 工具

1、9. 石锤（06AL.C：15、06AL.C：5）　2. 手斧（06AL.C：3）　3、4. 尖状器（06AL.C：46、06AL.C：45）
5、6. 砍砸器（06AL.C：1、06AL.C：48）　7、10. 刮削器（06AL.C：65、06AL.C：53）
8. 双直刃石片（06AL.C：38）

（4）一些石片台面经过简单修理。

（5）工具包括一、二、三类。第一类工具由锤击石锤和复合石锤组成，第二类工具由使用石片组成。

（6）第三类工具的类型包括刮削器、尖状器、手斧和砍砸器，占石制品总数的18.3%；其毛坯以砾石为主，占46.2%，其他毛坯为断块和石片等。此类工具以尺寸大型为主，其中大型砍砸器占53.8%。

（7）工具采用锤击法和压制法修理。修理方式以复向为主，其次为单向，另外少量经过通体修理。

该地点石制品主要由砾石工具组成。在国内，砾石工业广泛分布于南方地区，地理坐标为东经104°38′~118°53′，北纬23°39′~33°22′[1]。在东北地区以粗大石制品为主的庙后山工业类型，是以大的石片为坯材，基本器形为宽刃类的砍砸器和刮削器[2]，与本地点的石制品特点存在区别，不属于同一工业类型。而以砾石制品为主的遗址或地点还发现有吉林蛟河新乡砖场遗址一处，该遗址的6件石制品均以砾石为坯材，均为大型工具，器形包括砍砸器和手斧，该手斧在器体的根部和器身的少部保留有砾石面，加工不甚规整[3]，与立新遗址的同类器有相同的特点。另外，在相邻的朝鲜半岛也发现有手斧、砍砸器和多面体石核等砾石工具，并且手斧形状多不规则、器身多保留砾石面[4]，同立新地点和新乡砖场遗址发现的手斧具有很大的相似性。该遗址存在的砸击石核和石锤，以及细石叶表明，它可能与附近的桦甸仙人洞[5]、和龙石人沟遗址[6]、柳洞遗址[7]、青头遗址[8]和珲春北山遗址[9]等有一定的关系。

四、年代分析

发现石制品的粉砂质黄土层在吉林—延边小区属于新黄土，形成于上更新统[10]。

---

[1] 张森水：《管窥新中国旧石器考古学的重大发展》，《步迹录：张森水旧石器考古论文集》，科学出版社，2004年，第312~332页。

[2] 陈全家：《吉林镇赉丹岱大坎子发现的旧石器》，《北方文物》2001年第2期。

[3] 陈全家：《吉林市地区首次发现的旧石器》，《东北亚旧石器文化》，白山文化印刷，1996年，第247~258页。

[4] Lee Hoen-Jong. The Middle to Upper Paleolithic transition and the tradition of flake tool manufacturing on the Korean Peninsular. Archaeology Ethnology and Anthropology of Eurasia, 2003: 65-79; Lee Hoen-Jong. Middle Paleolithic studies on the on the Korean Peninsular. Archaeology Ethnology and Anthropology of Eurasia, 2002 (2): 87-104.

[5] 吉林大学考古学系、桦甸市文物管理所：《吉林桦甸寿山仙人洞旧石器遗址试掘报告》，《人类学学报》1994年第1期。

[6] 陈全家、王春雪、方启、赵海龙：《延边地区和龙石人沟发现的旧石器》，《人类学学报》2006年第2期。

[7] 陈全家、赵海龙、霍东峰：《和龙市柳洞旧石器地点发现的石制品研究》，《华夏考古》2005年第3期；陈全家、王春雪、方启、胡钰、赵海龙：《吉林和龙柳洞2004年发现的旧石器》，《人类学学报》2006年第3期。

[8] 陈全家、张乐：《吉林延边珲春北山发现的旧石器》，《人类学学报》2004年第2期。

[9] 吉林省区域地层表编写组：《东北地区区域地层表·吉林省分册》，地质出版社，1978年，第81~126页。

[10] 吉林省区域地层表编写组：《东北地区区域地层表·吉林省分册》，地质出版社，1978年，第81~126页。

相邻的朝鲜半岛的砾石工具多出现于旧石器时代早、中期，但也有证据显示，其一直延续到3万年前后[1]。由于细石叶的存在，所以本遗址的时代可能为旧石器时代晚期或稍早些。

---

[1] Lee Hoen-Jong. The Middle to Upper Paleolithic transition and the tradition of flake tool manufacturing on the Korean Peninsular. Archaeology Ethnology and Anthropology of Eurasia, 2003 (1): 65-79; Lee Hoen-Jong. Middle Paleolithic studies on the on the Korean Peninsular. Archaeology Ethnology and Anthropology of Eurasia, 2002 (2): 87-104.

第三章　小石器工业类型

第一节　桦甸仙人洞旧石器地点

仙人洞位于吉林省桦甸市西北约23千米的寿山上，西南距榆木桥子镇约2.3千米（山的东北角为北安屯），地理坐标为东经126°37′，北纬43°09′。寿山属于哈达岭山脉，南北走向，海拔510米，山体岩层主要由二叠纪下统范家屯组厚层灰岩构成，周围群山环抱，山峦起伏。东麓为南北走向的寿山河，发源于太平岭的西侧，流经金沙河、辉发河后汇入松花江。仙人洞位于寿山的东坡上部，海拔为460米，距地面高110米。洞口南偏东12°，高2.87、宽3.1米。洞全长约300米，洞内有人类活动堆积的部分可以分为前后两室，前室长约9米，宽敞明亮；后室长约25米，略低于前室，呈甬道形，较阴暗潮湿，洞内总面积约100平方米。从后室向内分成两个支洞，均有各异的洞室、竖井（图3-1）。洞外有3米长的平台，其下为悬崖，由其两侧可攀登入室。

1991年5~6月，吉林大学考古学系在吉林地区进行旧石器野外考古调查时，发现了该遗址，当时在距洞口7米处布了一个横向1米×3米的探沟，出土了较丰富的文化遗物，包括石制品、骨制品及大量的哺乳动物化石和一些鸟类化石[1]。

为进一步了解该遗址的文化内涵，1993年5~6月，吉林大学考古学系与吉林省文物考古研究所，以及区、市、县文物管理部门等单位，对遗址进行了正式发掘。本次发掘共分A、B、C三区，A区位于洞口处，沿1991年试掘区的东壁向洞口布1米×1米的探方14个；B区位于后厅，距A区24米，布1米×1米的探方2个；C区位于A、B两区中间，距A区10米，布1米×1米的探方1个，总发掘面积17平方米（图3-1）。A区是本次发掘的重点，B和C区是试掘部分，主要了解文化遗存的分布及地层堆积情况。通过试掘确知，A区至C区的地层内均有文化遗存分布。

本次发掘共获得石制品197件；打制骨器18件，磨制骨器1件，以及大量的动物化石，为该遗址文化性质的认识以及深入研究提供了宝贵资料。

---

[1] 吉林大学考古学系、桦甸市文物管理所：《吉林桦甸寿山仙人洞旧石器遗址试掘报告》，《人类学学报》1994年第1期。

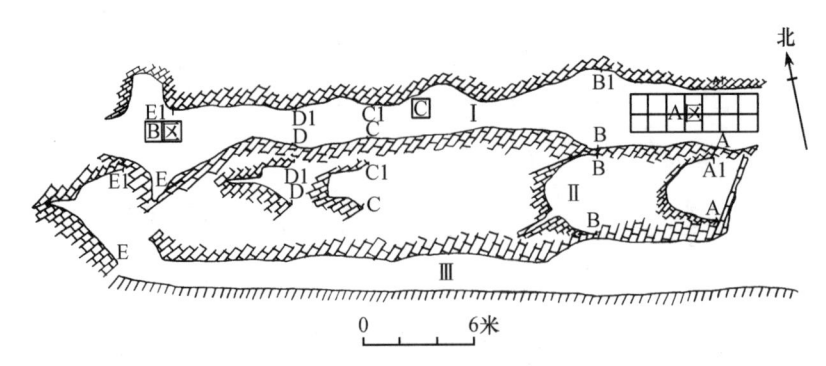

图3-1 仙人洞的平剖面图及发掘区分布图
Ⅰ.平面图 Ⅱ.各处的横剖面图 Ⅲ.纵剖面图

一、地层堆积与分期

该遗址是构造裂隙洞，洞底呈"V"字形，因此，堆积的范围逐渐变小变窄。洞口处堆积较深，在1991年试掘地层的基础上对该遗址的地层有了进一步的认识。现以A区东壁地层柱状图为例介绍文化堆积情况（图3-2），自上而下分为五层。第1层：黑色砂质土。土质坚硬，呈黑色，包含有近现代的瓷片和铁钉等，为近现代的堆积层，厚10～16厘米。第2层：黄色亚黏土。土质坚硬，包含石制品、打制骨器、磨制骨器及大量的动物化石等，还有大量大小不等的石灰岩块。在东南角地层被现代灰坑所打破。地层厚度为44～48、深54～64厘米。第3层：黄褐色亚黏土。土质较硬，内有较多石灰岩块，最大者22厘米×48厘米。该层含有丰富的石制品，打制骨器及动物化石等。文化层厚80、深136～148厘米。第4层：红褐色亚黏土。土质较硬，也存在较多石灰岩块，最大者30厘米×68厘米，出有较少的石制品和较多的动物化石，文化层堆积厚86～92厘米，深度为230厘米。第5层：棕红色亚黏土。土质黏重，含有少量石灰岩块及少量动物化石，未见石制品。文化层堆积厚20～30、深260厘米，已见底。

以上地层因洞内潮湿，有些地方常年积水，化学风化比较严重，所以出土的部分骨片被水溶蚀甚至呈穿孔状，石制品也风化较严重，无水冲磨和搬运现象。

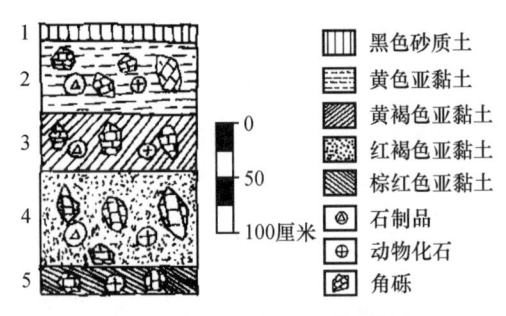

图3-2 仙人洞遗址地层柱状图

依据地层年代测试、出土石制品的原料种类区别、第三类工具种类所占比例多少、磨制骨器的出现等因素,将第二、第三、第四文化层划分为两期,其中第二层为上文化层,第三、四层为下文化层。以下将分期介绍文化遗物。

二、上文化层

本文化层共发现石制品72件,其中A区61件,B区11件;打制骨器9件,其中A区6件,B区3件;磨制骨器1件,见于A区。

(一)文化遗物的空间分布

A区为本次的主要发掘区,文化遗物的平面与纵向分布如图3-3、图3-4所示,从石制品与骨制品的分布来看,从平面上看,在靠近南壁中间的几个探方里有比较多的分布,说明古代人习惯在该区域内从事相关活动。从纵向上看,遗物呈连续分布状态,无明显集中分布层。

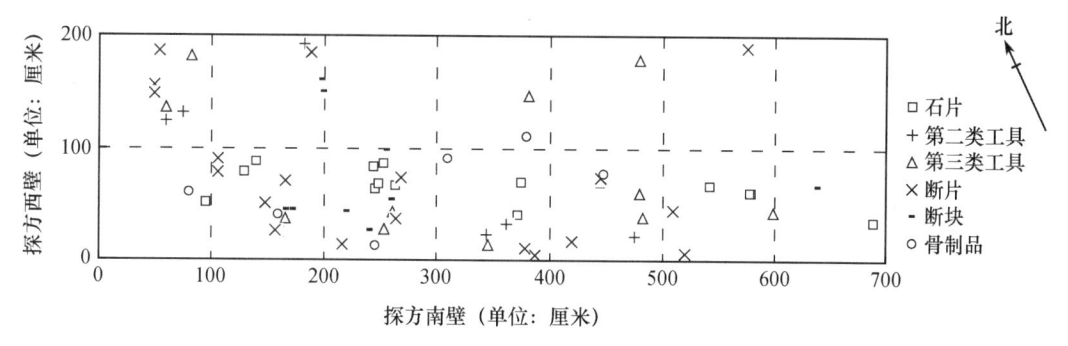

图3-3 仙人洞遗址A区上文化层遗物平面分布图

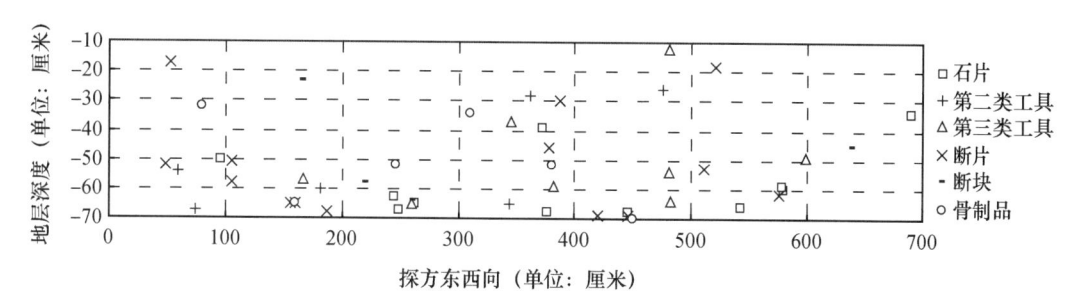

图3-4 仙人洞遗址A区上文化层遗物纵向分布图

（二）石制品

共发现72件，包括完整石片、断片、断块、第二类[1]和第三类工具（表3-1）。

表3-1 上文化层石制品分类统计表

类型\数量\项目	完整石片	断片	断块	第二类工具 刮削器	第二类工具 砍砸器	第二类工具 合计	第三类工具 刮削器 单凸刃	第三类工具 尖状器 长身圆头	第三类工具 尖状器 正尖	第三类工具 尖状器 角尖	第三类工具 雕刻器	第三类工具 锛形器	第三类工具 砍砸器	第三类工具 石钻	第三类工具 合计	总计	百分比（%）
角岩	14	12	5	2	2	4		1	1	2	1	2	1	8	43	59.7
石英	2	5		1		1	1							1	9	12.5
流纹岩	1	1		1		1									3	4.2
流纹斑岩	2	2													4	5.6
板岩	1		1												2	2.8
石英岩		2					2				1			3	5	6.9
硅质灰岩			5												5	6.9
黑曜岩										1				1	1	1.4
总计	20	22	11	4	2	6	3	1	1	2	2	2	1	13	72	100
百分比（%）	27.8	30.6	15.3			8.3								18.1	100	

石制品的原料有角岩、石英、石英岩、流纹岩、流纹斑岩、硅质灰岩、黑曜岩、板岩等，其中以角岩的数量最多，占59.7%，其次为石英、石英岩、硅质灰岩等。除黑曜岩外，其他几种石料均见于寿山河的河漫滩上，并从石材上保留的部分砾石面分析，该遗址的石料来源，应当是就地取材。而用黑曜岩加工的石制品，仅见有一件加工精美的刮削器，推测可能是外来的输入品，其产地还有待进一步研究。

在石制品的组成中，断片的数量最多，占总数的30.6%，其余依次为完整石片、第三类工具、断块和第二类工具。

石制品的大小按照卫奇先生的划分标准[2]，是以小型为主，长度集中在20～50毫米，也有一定数量的中型（50～100毫米），以及少量微型（<20毫米）和大型石制品（>100毫米）（图3-5）。

---

[1] 第二类工具是指第一次剥落的石片，不经过第二步加工，而直接使用者（即使用石片）。

[2] 卫奇：《石制品观察格式探讨》，《第八届中国古脊椎动物学学术年会论文集》，海洋出版社，2001年，第209～218页。

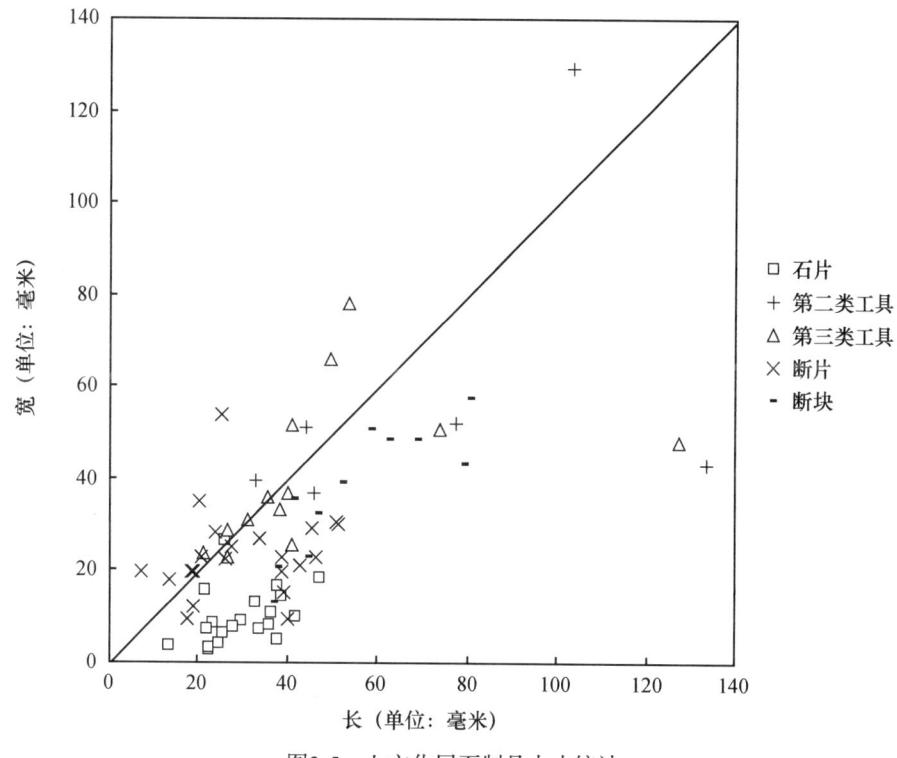

图3-5　上文化层石制品大小统计

1. 完整石片

共20件，占本层石制品总数的27.8%，仅次于断片。均采用锤击法剥片，未发现砸击技术的产品，而第一次试掘也仅发现1件砸击石核[1]，可以说明该遗址是以锤击法剥片为主的。

石片的原料以角岩为主，有14件，占石片总数的70%。其观察、测量结果见表3-2。

台面分为自然台面和人工台面两种。其中，自然台面包括点状、线状和砾石面，占总数的70%；人工台面包括素台面和有疤台面。

背面的形态特征反映出人们的剥片行为，本文将背面分为全疤、全砾和疤砾结合三种，以全疤的数量最多，占总数的65%，疤砾结合的占35%。不见全砾的标本。背疤的数量多于3个以上者占总数的47.4%，其次为2个疤，1个疤的最少。背疤同向者数量最多，占63.2%，而异向者仅占36.8%。

腹面多数较平，因石材和风化等原因，放射线和同心波不是很明显。

石片的形状很不规则，只有少数呈不规则的三角形、梯形，其中2件背部有一脊的较长石片。

---

[1] 陈全家等：《吉林桦甸寿山仙人洞旧石器遗址试掘报告》，《人类学学报》1994年第1期。

表3-2 完整石片统计表

台面特征	点状		线状		砾石台面		素台面		有疤		总计
数量及百分比	3	15%	2	10%	9	45%	5	25%	1	5%	20
背面形态	全疤				疤砾结合				全砾		
数量及百分比	13		65%		7		35%		0		0
石片背面疤方向	同向					异向					
数量及百分比	12		63.2%			7		36.8%			19
背面石片疤	1个				2个				3个以上		
数量及百分比	4		21.1%		6		31.6%		9	47.3%	19
台面角	79°~90°		91°~120°			最大		平均			
数量及百分比	5	33.3%	10	66.7%		119°		100.1°			15
石片重量（克）	0.98~10		10~20		20~30		30以上		最大重	平均重	
数量及百分比	14	70%	3	15%	1	5%	2	10%	43.35	10.77	20
石片厚（毫米）	2.78~10		10~20		20以上				最大厚	平均厚	
数量及百分比	13	65%	6	30%	1	5%			26.5	9.9	20

注：有一件石片的背面为节理面，未列入石片背面项目的统计

2. 断片

22件，占石制品总数的30.6%，在各类石制品中数量最多，其中，横向断裂的石片又分为近端2件、中段3件、远端7件；纵向断裂的石片，又分为左边4件、右边2件；不规则断片（可以辨认部分石片的特征，又无法归入者）4件。多数断片为小型，长度集中在20~50毫米，平均长度为30.3毫米。

3. 断块

11件，占石制品总数的15.3%。难以归类的块状体，没有固定形态，上面保留有或多或少的人工痕迹。石料有角岩、板岩、硅质灰岩等。重量大小不等，最重的130.5克，最轻的6.8克，平均重量54.1克。

4. 第二类工具

共发现6件[1]，占石制品总数的8.3%，可以分为刮削器和砍砸器两类。

刮削器 共4件，均为单刃。标本93HX.AT62②：7，长45.8、宽36.6、厚8.4毫米，是一双阳面石片，石片的一侧为一直刃，上有不连续的使用疤痕（图3-6，1）。

---

[1] 对第二类工具数量的统计，是以肉眼可以观察到的使用痕迹为标准，但是，第二类工具实际的数量要多于统计的数字。

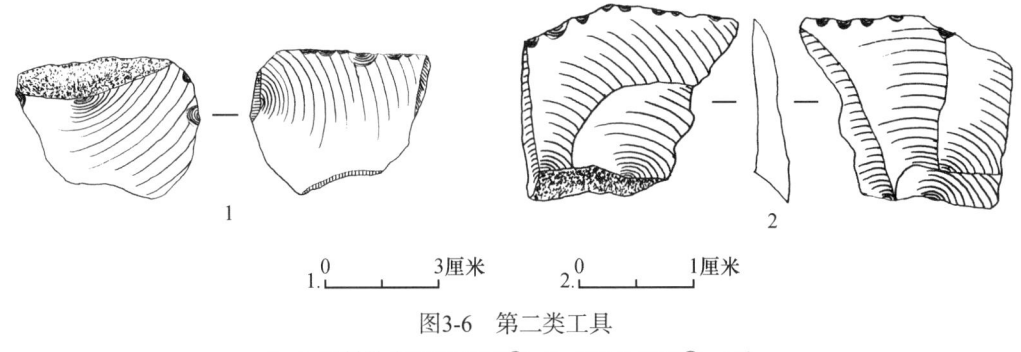

图3-6 第二类工具
1、2. 刮削器（93HX.AT62②：7、93HX.AT72②：10）

砍砸器 共2件，长度在100毫米以上。93HX.AT41②：2，宽10.3、厚12.9厘米，重723.3克，为一半圆形角岩石片，未经修理，在使用的弧刃上留有不规则的石片疤。93HX.AT41②：7，宽13.4、厚43.1厘米，重228.3克，为断片，呈长条形，一端有不规则、不连续的使用疤痕，酷似现代生活中的镢头。

5. 第三类工具

共发现13件，占石制品总数的18.1%，可以分为刮削器、尖状器、雕刻器、锛形器、石钻和砍砸器六类。

刮削器 4件。可以分为单凸刃和长身圆头两种。均由石片加工而成。

单凸刃 3件。原料以石英岩为主，2件向背面修理，1件复向加工，用硬锤在石片远端修理出刃。标本93HX.AT51②：24，不规则形，长26.8、宽22.7、厚9.1毫米，重5.4克，背有一脊，截面呈三角形，在远端向背面修理出凸刃，修疤较小，刃缘不整齐，刃角51°。

长身圆头 1件。标本93HX.AT32②：1，原料为黑曜岩，整体形状呈舌形，长73.9、宽50.8、厚17.3毫米，重62.5克。背面全疤，中有一脊，脊的近端被石片疤所打断，锤击法修理，在远端向背面修理出一圆弧形刃，刃角65°，在两侧边也进行修理，均平直，一侧为复向加工，另一侧向背面修理，整体加工细致，多层修疤，疤痕较浅平，刃缘较平齐。该质料的石制品仅发现1件（图3-7，1）。未见修理的碎屑，可能是一件外来品。

尖状器 2件。皆为角岩石片加工而成，分别为角尖和正尖。标本93HX.AT72②：29，为正尖尖状器，呈三角形，长49.7、宽66、厚14.6毫米，重42.8克，修理刃口较短，集中在尖部，一侧边修疤浅平，刃缘薄锐，另一侧边修疤短深，刃缘较钝，尖角104°（图3-7，5）。

雕刻器 2件。皆为屋脊型雕刻器，石片加工而成。标本93HX.BT11②：5，呈三角形，长26.7、宽28.5、厚3.8毫米，重2.1克，腹、背面比较平整，在毛坯的一侧左右互击一下，形成一个凿子形的刃口，刃角58°（图3-7，3）。

锛形器 2件。93HX.AT31②：10，原料为石英岩，呈梯形，长40.1、宽33、厚21.4毫米，重28.7克，在石片远端复向加工出凸刃，修疤浅平，刃缘平直，刃口较钝，刃角96°，两侧边复向修理出形状，修疤不均匀，比较粗糙（图3-7，2）。93HX.AT21②：3，原料为角岩，以石片为毛坯，器体长31.2、宽30.9、厚7.5毫米，重7.3克，在石片较厚一侧向背面加工，形成一较钝的刃口，刃角65°，相对一端比较薄锐，采用复向加工修理，可能为装柄用（图3-7，6）。

石钻 1件。93HX.AT61②：20，以厚的左边石片为毛坯，长41.1、宽62.9、厚28.8毫米，重58.5克，在背面有一陡坎，向背面连续修理，中间留有一短尖，形成短尖双肩石钻，多层修疤，修疤较深（图3-7，4）。

砍砸器 标本2件。93HX.AT41②：6，以角岩石核为坯料，长53.5、宽78.1、厚44.5毫米，重210克，毛坯较凸一面有多个石片疤，凹凸不平；另一面比较平整，在远端向凸面修理，修疤不均匀，刃缘呈弧形，刃角79°（图3-7，7）。另1件用角岩断块加工而成。

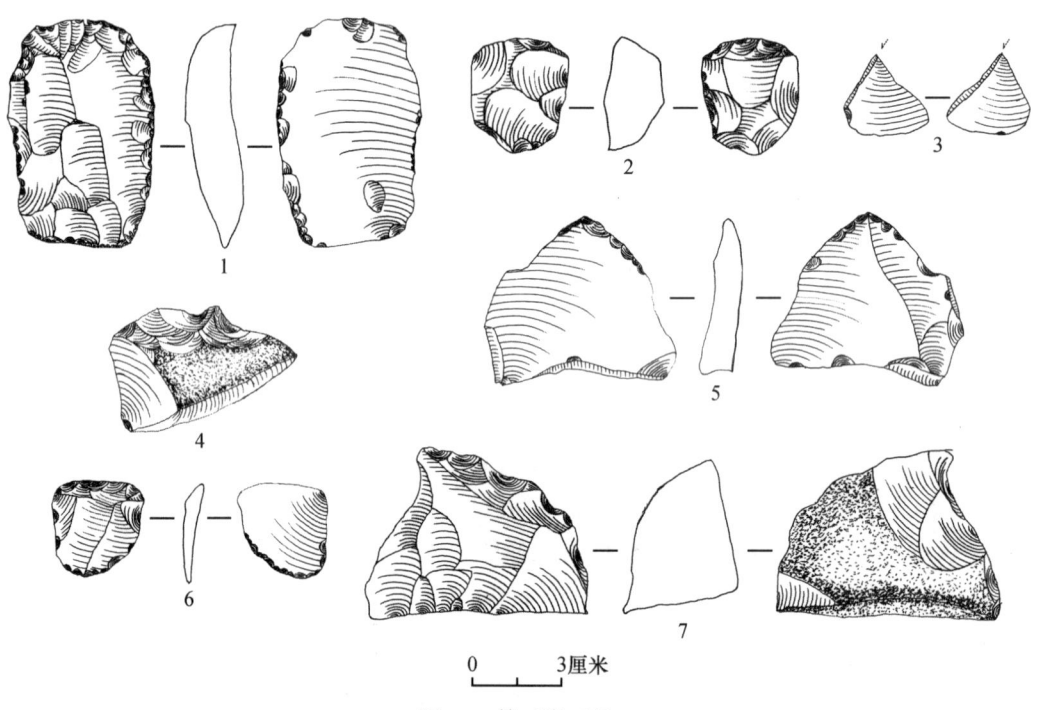

图3-7 第三类工具
1. 刮削器（93HX.AT32②：1） 2、6. 锛形器（93HX.AT31②：10、93HX.AT21②：3）
3. 雕刻器（93HX.BT11②：5） 4. 石钻（93HX.AT61②：20） 5. 尖状器（93HX.AT72②：29）
7. 砍砸器（93HX.AT41②：6）

(三) 骨制品

在发现的大量碎骨中,有一部分具有人工痕迹,其中有敲骨食髓和加工成器者,而成为工具的数量较少,共计10件。其中,磨制骨器1件,打制骨器9件。

1. 磨制骨器

1件。93HX.AT72②:1,两端已断,残长114.4毫米,系用动物肋骨直接磨制而成,截面呈不规则半圆形,一端较粗,向另一端渐细,最大径11.2、最小径8.7毫米,通体磨光,留有数个清楚的磨制平面,平面上有清楚的磨擦痕,是一件骨锥的中间部分(图3-8,1)。

2. 打制骨器

9件。可分为刮削器、尖状器、凿状器三类。

刮削器　5件。分为端刃类和横刃类。

端刃类　4件。在骨片的长轴一端连续打击,形成一个刃口。标本93HX.AT42②:1,长77.6、宽16.3毫米,在长轴一端由骨内壁向外壁连续修理形成斜刃,刃缘锋利(图3-8,2)。

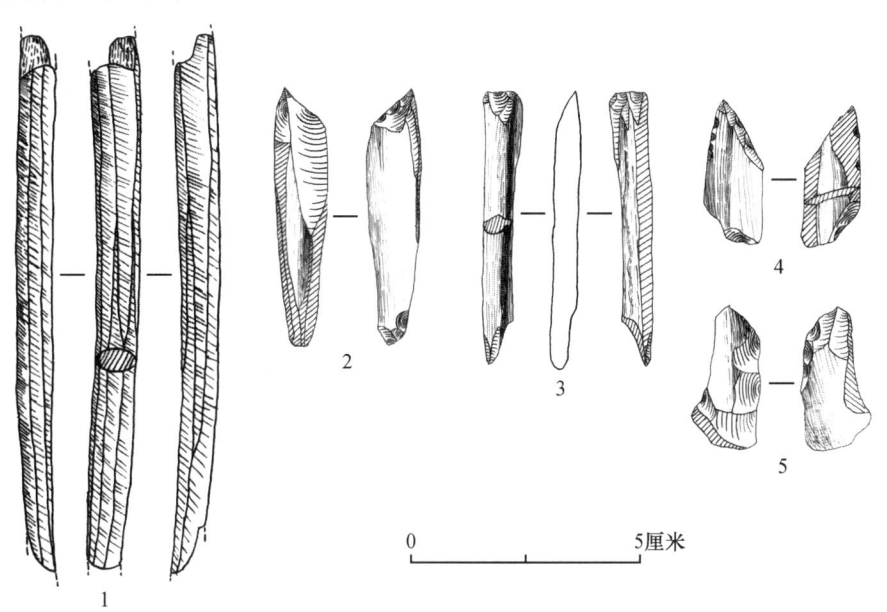

图3-8　骨器
1.磨制骨器(93HX.AT72②:1)　2、5.刮削器(93HX.AT42②:1、93HX.BT11②:16)
3.凿状器(93HX.AT51②:20)　4.尖状器(93HX.BT11②:59)

横刃类　1件。在骨片长轴的侧边加工修理，形成与长轴方向平行的刃口。93HX.BT11②：16，长43.6、宽19.6毫米，沿骨片长轴的侧边复向加工出刃口，刃缘曲折（图3-8，5）。

尖状器　2件。形制基本一致，标本93HX.BT11②：59，长43、宽17.7毫米，以长骨骨片为毛坯，在骨片一端向两侧修理，中间形成一薄锐长尖，比较锋利（图3-8，4）。

凿状器　2件。用厚的长骨骨片加工而成，一端为薄锐的刃口，另一端有劈裂的疤痕。标本93HX.AT51②：20，长82.8、宽12.3毫米，一端为直刃，比较薄锐，多层修疤，并有使用痕迹，另一端较尖，尖部周围也有少量修疤（图3-8，3）。

（四）上文化层的文化特征

（1）石制品的原料以角岩为主，其次是石英、石英岩、硅质灰岩和流纹斑岩，还有少量的流纹岩、板岩和黑曜岩，其中，石英、石英岩、硅质灰岩、流纹斑岩、流纹岩和板岩都可以在遗址附近的河漫滩上找到，应为就地取材。黑曜岩目前在本地区未发现，可能是外来产品。

（2）石制品存有大、中、小型三种，以小型的为主，长度在20～50毫米；其次是中型，长度在50～100毫米；还有少量大于100毫米的大型和小于20毫米的微型石制品。

（3）在石制品组合中，断片所占比重最高，为30.6%，其次为完整石片，为27.8%，第三类工具的比例较低，仅有18.1%，还有15.3%的断块和8.3%的第二类工具。

（4）从石片的特征分析，打片以锤击法为主；以同向剥片为主，有少量的转向打法；并有少量的双阳面石片；石片背面以全疤的为主，其次为疤砾结合的。

（5）第三类工具的组合有刮削器、尖状器、砍砸器、雕刻器、锛形器和石钻，主要以石片为坯料，少量的为断块。其中刮削器的数量最多，占30.8%，多为单刃器，其次为尖状器、砍砸器和锛形器，各占15.4%，雕刻器2件，占15.3%；石钻1件，占7.7%。

（6）第三类工具的加工多比较粗糙，单层修疤，刃缘不整齐，修理采用锤击法，修理方式向背面和复向加工基本相等，各占50%。仅黑曜岩长身圆头刮削器加工比较细致。

（7）存在少量的打制骨器，类型包括刮削器、尖状器和凿状器，并出现了通体磨光的骨器。

三、下文化层

本文化层发现石制品125件,其中A区117件,B区8件;打制骨器9件,皆在A区。

(一)遗物的空间分布

文化遗物的空间分布以A区第三层为例,分布如图3-9、图3-10所示。在平面上,石制品与骨制品在探方的东侧有较多分布,即多分布于洞口的位置;在纵向上,遗物散漫地分散于整个地层,无集中分布层。

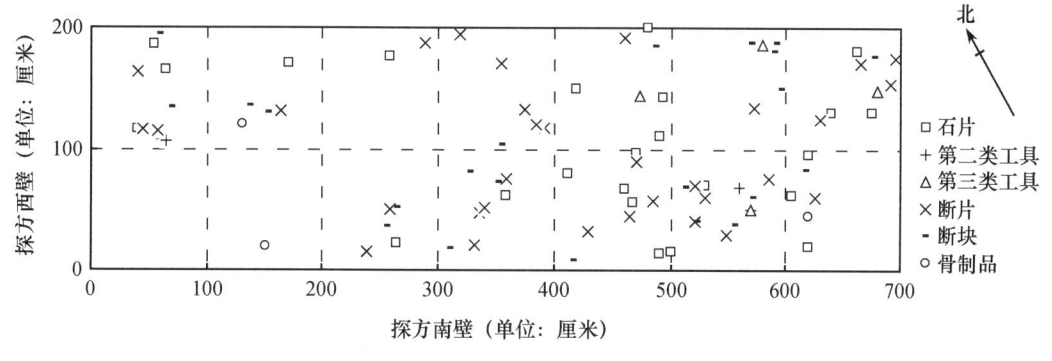

图3-9 A区第三层遗物平面分布图

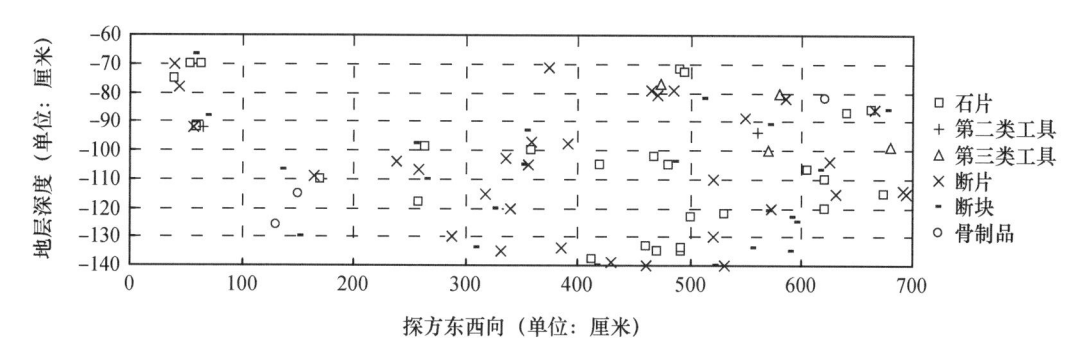

图3-10 A区第三层遗物纵向分布图

(二)石制品

共发现125件,包括石核、完整石片、断片、断块、第二类工具和第三类工具(表3-3)。

表3-3 下文化层石制品分类统计表

类型 数量 项目	石核	完整石片	断片	断块	第二类工具	第三类工具					总计	百分比（%）
						刮削器			琢背小刀	尖状器	合计		
						单凸刃	单凹刃	单直刃					
角岩	1	27	37	8	2	1	2	1			4	79	63.2
流纹斑岩		2	2									4	3.2
石英		7	5	11						1	1	24	19.2
硅质灰岩		2	1	4								7	5.6
石英岩				5		1					1	6	4.8
流纹岩			3		1		1				1	5	4
总计	1	38	48	28	3	2	1	2	1	1	7	125	100
百分比（%）	0.8	30.4	38.4	22.4	2.4						5.6	100	

石制品的原料有角岩、流纹斑岩、石英、石英岩、硅质灰岩、流纹岩几种，其中以角岩的数量最多，占63.2%，其次为石英，还有少量的硅质灰岩、石英岩、流纹岩和流纹斑岩。这几种石料，均为就地取材。

在石制品的组合中，断片的数量最多，占总数的38.4%，其余依次为完整石片、断块、第三类工具、第二类工具和石核。第三类工具的比重仅为5.6%，第二类工具和石核的比重则更低。

石制品以20～50毫米的小型石制品为主，其次为50～100毫米的中型石制品，还有少量的小于20毫米的微型石制品，未见大于100毫米的大型石制品，见图3-11。

1. 石核

1件。93HX.BT11③：20，双台面锤击石核，整体呈不规则锥形，高71.5毫米，两台面呈钝角相交，主台面，呈不规则圆形，最大长95.8、最大宽77.4毫米，通过台面修整来不断调整台面角，有两个工作面，均有多个剥片疤，疤痕多为长型；另一台面位于主台面一侧，呈不规则梯形，最大长84.9、最大宽43.5毫米，上有多个石片疤，石核底部有反向破碎的小疤（图3-12），可能是在剥片时，放置在物体上的结果。

2. 完整石片

共38件，占本层石制品总数的30.4%，仅次于断片。均采用锤击法剥片，原料也以角岩为主。其观察、测量结果见表3-4。

自然台面包含点状、线状、砾石台面三类，所占比重为42.1%；人工台面包括素台面和有疤台面两类，所占比重为57.9%。

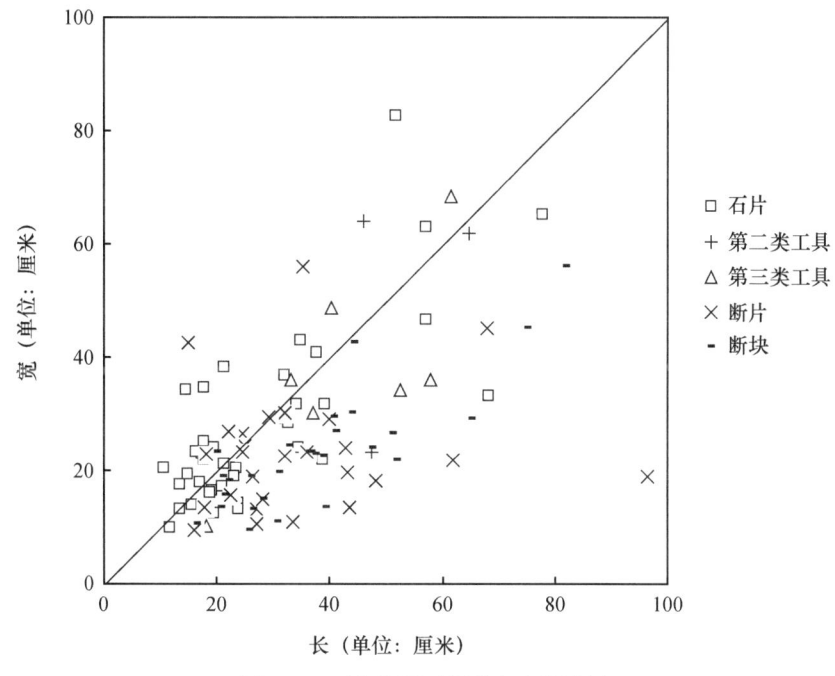

图3-11 下文化层石制品大小统计图

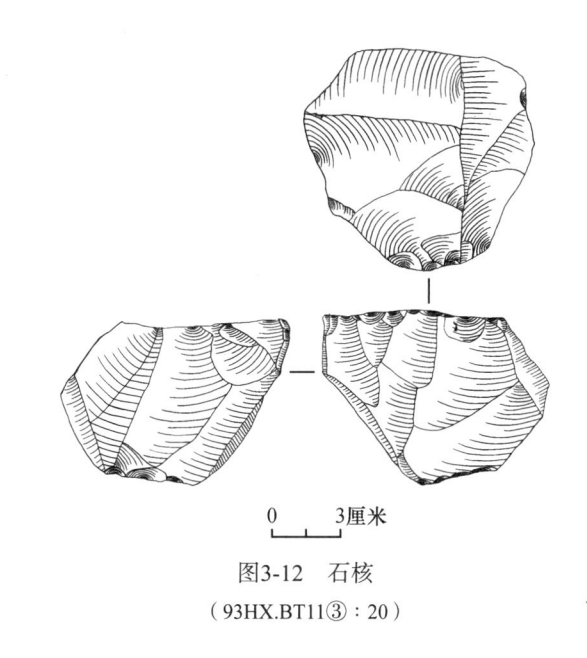

图3-12 石核
（93HX.BT11③:20）

背面为全砾和疤砾结合的各占10.5%，而全疤的高达78.9%。背疤以3个以上者数量最多，占总数的70.6%，其次为2个，1个最少。背疤异向者数量稍多，占58.8%，同向者为41.2%。

腹面多数较平，放射线和同心波不是很明显。石片的形状多不规则（图3-13）。

表3-4　下文化层完整石片统计表

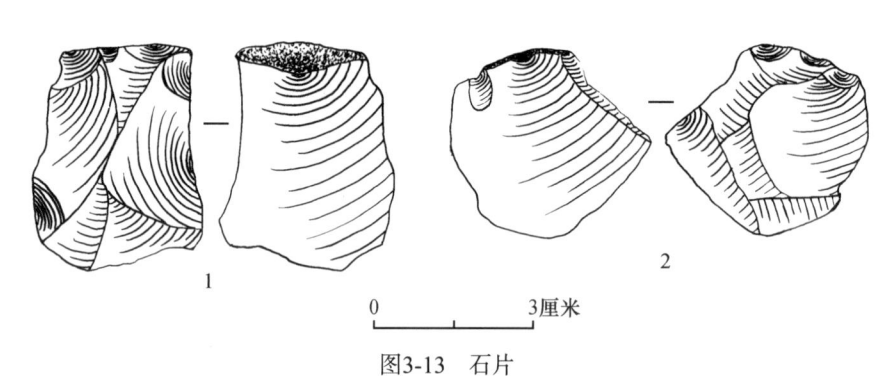

台面特征	点状台面		线状台面		砾石台面		素台面		有疤台面		总计
数量及百分比	4	10.5%	2	5.3%	10	26.3%	13	34.2%	9	23.7%	38
背面形态	全疤			疤砾结合			全砾				
数量及百分比	30	78.9%		4		10.5		4		10.5%	38
背面石片疤方向	同向				异向						
数量及百分比	14		41.2%			20			58.8%		34
背面石片疤数量	1个			2个			3个以上				
数量及百分比	4		11.8%	6		17.6%	24			70.6%	34
台面角	69°～90°		91°～120°		120°以上		最大		平均角		
数量及百分比	5	15.4%	24	73.1%	3	11.5%	125°		104°		32
石片重量（克）	0.47～10		10～20		20～30		30以上		最大重	平均重	
数量及百分比	27	65.5%	5	17.2%	2	3.4%	4	13.8%	50.55	10.3	38
石片厚（毫米）	2.58～10		10～20		20以上		最大厚		平均厚		
数量及百分比	29	72.4%	7	20.7%	2	6.9%	25.56		8.3		38

图3-13　石片
1. 93HX.AT51③：30　2. 93HX.AT32③：27

3. 断片

48件，占石制品总数的38.4%，在各类石制品中数量最多。其中，纵向断裂的左边石片12件，右边石片5件；横向断裂的近端石片4件，远端石片14件；不规则石片13件。多数为小型，长度在20～50毫米，平均30.6毫米。

4. 断块

28件，占石制品总数的22.4%。石料有角岩、硅质灰岩、石英、石英岩，最小的重1.6克，最大的重114.1克，平均重20克。

5. 第二类工具

共3件，占石制品总数的2.4%，皆为刮削器，形状比较规整，刃口比较锋利，有不连续的使用疤痕。标本93HX.AT21③：27，长47.5、宽23.2毫米，原料为流纹岩，呈四边形，背面有一脊，截面呈三角形，一侧刃上有不连续的使用疤痕（图3-14，2）。

6. 第三类工具

共7件，分为刮削器、尖状器和琢背小刀3类。

刮削器　5件。均为单刃，根据刃口形状又分为凸、凹和直刃。

凸刃　2件。以石片为坯料，皆向背面加工。标本93HX.AT12③：24，长40.3、宽48.8、厚12.9毫米，重20.9克，周身为石片疤，在石片的一侧边加工修理，修疤大小不等，刃缘曲折，刃角53°（图3-14，1）。

凹刃　1件。93HX.AT22③：14，以角岩断块为坯料，长57.7、宽35.9、厚26毫米，重39.6克，向断面加工，修疤浅平，刃缘较短，刃角78°。

直刃　2件。皆以角岩断片为坯料，向背面加工。标本93HX.AT32④：35，长52.4、宽34.3毫米，在石片一侧加工修理，单层修疤，排列整齐，刃角49°（图3-14，3）。

尖状器　1件。93HX.AT71④：33，坯料为石英断片，长18.6、宽10.3毫米，为角尖尖状器，一侧刃为向背面加工，修疤浅平，刃缘较直，比较薄锐；另一刃复向加工，修疤比较细小、浅平、连续，尖角108°。

琢背小刀　1件。93HX.AT32③：28，以角岩石片为坯料，长37.3、宽30.3毫米。在石片一侧有一纵向石片疤，形成薄锐的刃口；另一侧采用对向加工，修疤垂直于石片，形成一平面。背面比较凹，劈裂面比较凸，都比较光滑，可以用中指和拇指捏住小刀两侧，食指按于刀背来使用（图3-14，4）。

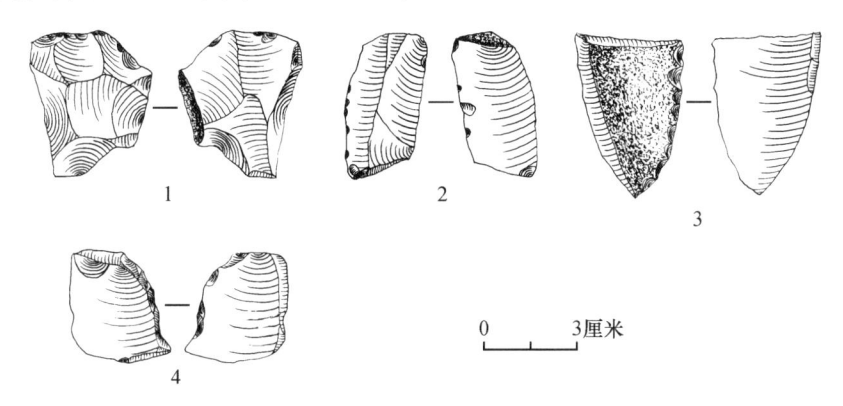

图3-14　工具

1、3. 刮削器（93HX.AT12③：24、93HX.AT32④：35）　2. 第二类工具（93HX.AT21③：27）
4. 琢背小刀（93HX.AT32③：28）

（三）骨器

共8件，分为刮削器和雕刻器打法的骨器两类。

刮削器　6件。以长骨骨片为坯料，在一侧或者一端加工出刃口，分为横刃类5件，端刃类1件。标本93HX.AT21④：48，为端刃类，长47.87、宽17.3毫米，在长骨骨片的一端复向加工出一凸刃，修疤较小（图3-15，1）。93HX.AT21④：45，长58.8、宽20毫米，为横刃类，在与骨片长轴平行的一侧复向加工出一刃，修疤浅平，上有使用痕迹（图3-15，3）。

雕刻器打法的骨器　2件。以骨壁较厚的骨片为坯料，在一端向两侧修理，形成凿子形的刃口。标本93HX.AT11③：8，长46.5、宽26.9、厚7.2毫米。骨片骨壁特别厚，骨质致密，比较坚硬，在骨片一端向两侧互击，形成凿子形刃口，类似屋脊型雕刻器（图3-15，2）。

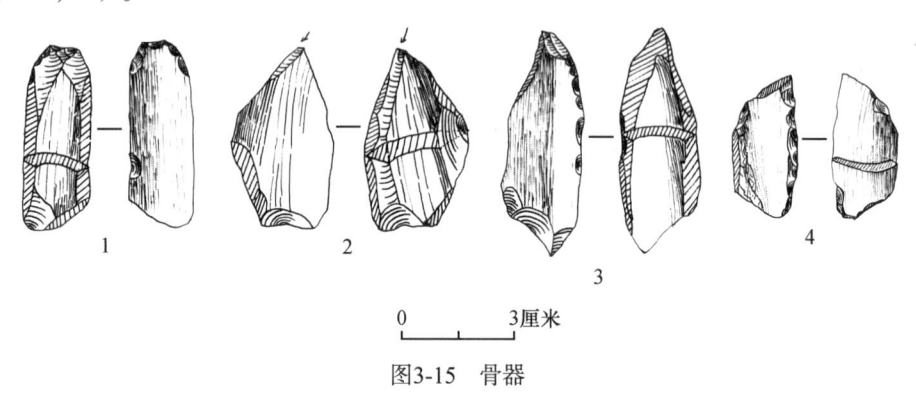

图3-15　骨器

1、3、4.刮削器（93HX.AT21④：48、93HX.AT21④：45、93HX.AT22④：33）　2.雕刻器打法的骨器（93HX.AT11③：8）

（四）下文化层的文化特征

（1）石制品的原料以角岩为主，占总数的63.2%，其次为石英，为19.2%，另有少量的硅质灰岩、石英岩、流纹岩和流纹斑岩等，这些石料在遗址附近的河漫滩上比较常见，为就地取材。

（2）石制品以小型为主，另有少量的中型和微型石制品。

（3）在石制品的组合中，断片的比例最高，为38.4%，其次为完整石片，第三类工具的比例偏低，仅为5.6%，有少量的第二类工具。

（4）打片以锤击法为主，从石核特征分析，已经对石核的台面进行修理，不断调整台面角度；石片背面以全疤的数量最多，占78.9%，背疤异向者稍多，占58.8%，其次为同向。

（5）第三类工具的数量较少，组合比较简单，以刮削器为主，占第三类工具总数的71.4%，且多为单刃器，另有尖状器和琢背小刀。

（6）第三类工具的坯料以石片为主，另有少量的断片、断块，用硬锤直接修理，加工比较粗糙，多为单层修疤，刃缘不平齐，以向背面加工为主，另有少量的复向和向劈裂面加工。

（7）骨制品数量较少，器形简单，主要有刮削器和雕刻器打法的骨器。

四、结　语

（一）遗址的年代及性质

该遗址上文化层的骨化石（93HX.AT21②:4）经北京大学考古系年代测定实验室采用加速器质谱（AMS）^{14}C年代测定（未作树轮年代校正），其年代距今34290年±510年，结合上文化层出现的通体磨制骨器和加工比较细致的黑曜岩长身圆头刮削器及锛形器等分析，其年代为旧石器时代晚期。

下文化层的第四层出土的骨化石（93HX.AT21④:61、93HX.AT21④:65）采用铀系法测定，其年代距今16.21±1.8（1.58）（万年）。下文化层缺少第3层的年代数据，而第3、4层在地层上连续，并且文化特点相同，而与2层存在较大的差异，可以归于同一时期。在旧石器的年代上，张森水教授认为"我国北方地区的旧石器时代早期文化，在时间上，大约从距今100万年开始，一直延续到距今15万年前后"[1]，下文化层有可能开始于旧石器时代的早期之末，但缺少其他方面的证据，暂时将其定为旧石器时代中期，还有待进一步工作。

该遗址的石、骨制品和动物骨骼化石表面未发现冲磨痕迹，应属于原地埋藏。从整体情况分析、遗址年代跨度大、地层堆积的厚度相对较薄、文化遗物相对较少、分布不集中来看，该遗址可能是一处季节性的居住址。从1991年试掘时发现的石锤[2]，以及本次出土的骨、石制品分析，该遗址可能还是一处食物和工具的加工场所。

（二）文化比较、工业传统及其意义

该遗址上、下文化层之间在地层上没有不整合现象，在文化特征上，具有相似

---

[1] 张森水：《中国北方旧石器时代早期文化》，《步迹录：张森水旧石器考古论文集》，科学出版社，2004年，第117页。

[2] 吉林大学考古学系、桦甸市文物管理所：《吉林桦甸寿山仙人洞旧石器遗址试掘报告》，《人类学学报》1994年第1期。

的主要特征：原料主要为角岩、石英岩、石英、流纹岩、流纹斑岩和硅质灰岩等，主要获取方式为就地取材；打片以锤击法为主；石制品以小型为主；石制品的组成中，断片和完整石片的数量很多，而第三类工具的数量较少；第三类工具的毛坯以石片为主，类型比较单一，加工比较粗糙，以向背面加工为主；存在少量的骨制工具等。这些特征表明，该遗址的文化是一脉相承的。

上文化层相对于下文化层有了明显的进步：原料除就地取材外，还出现了新的原料黑曜岩；石制品的组合中，断片的比重从38.4%降低到30.6%，第三类工具的比例从5.6%提高到18.1%；第三类工具的类型变得丰富起来，新出现了雕刻器、锛形器和石钻等，刮削器也出现了周身修理的长身圆头器形；骨制品中除器形增加外，还出现了磨制骨器。

上述研究表明，仙人洞遗址具有以小石器为主体的中国北方主工业[1]的普遍特征。在东北地区，有人将东北旧石器时代的文化遗存分成三个大的工业类型：以庙后山遗址为代表的大石器为主体的石器工业类型，以金牛山遗址为代表的小石器为主体的石器工业类型，以大布苏地点为代表的细石器为主体的石器工业类型[2]，仙人洞遗址属于小石器为主体的工业类型。该遗址下文化层同金牛山遗址早期文化相比具有相似之处：以小石器为主体，打片以锤击法为主，用硬锤修理，加工比较粗糙，加工方向以向背面为主，第三类工具类型比较简单，组合包括刮削器、尖状器等，以刮削器为主[3]，存在少量打制骨器，类型包括刮削器、雕刻器打法的骨器等[4]。而金牛山遗址上文化层C地点第1、2层也发现2件磨制骨器[5]。两遗址具有众多的相似之处，又处于同一地区，在年代上仙人洞稍晚于金牛山遗址的早期，证明两者存在比较密切的联系。

该遗址的发现与发掘为中国北方主工业增加了新的资料，同时为东北地区旧石器时代考古提供了新的资料，丰富了该地区的工业类型，特别是从旧石器时代中期到晚期具有一脉相承的文化在同一遗址内发现具有重要的学术价值。

---

[1] 张森水：《管窥新中国旧石器考古学的重大发展》，《步迹录：张森水旧石器考古论文集》，科学出版社，2004年，第312~332页。

[2] 张博泉、魏存成：《东北古代民族·考古与疆域》，吉林大学出版社，1998年，第196、197页。

[3] 赵宾福：《东北石器时代考古》，吉林大学出版社，2003年，第10页。

[4] 张森水：《中国北方旧石器时代早期文化》，《步迹录：张森水旧石器考古论文集》，科学出版社，2004年，第153、154、117~180页。

[5] 金牛山联合发掘队：《辽宁营口金牛山旧石器文化的研究》，《古脊椎动物与古人类》1978年第2期。

第二节 图们岐新B、C旧石器地点

一、地理位置、地貌与地层

(一) 地理位置

图们岐新B、C旧石器地点位于吉林省延边朝鲜自治州图们市月晴镇的图们江左岸Ⅳ级和Ⅲ级阶地上。北距昌新坪约0.38千米，南距下始建村约1.5千米，东距图们江约0.57千米。地理坐标为东经129°.49′08″，北纬42°.51′36″。

(二) 地貌与地层

吉林省整体呈东南高西北低的地势走向，其东部长白山山地属新华夏系隆起带，普遍存在2~3级夷平面和发育多级的河流阶地。图们江左岸上有发育的河漫滩和Ⅰ、Ⅱ、Ⅲ、Ⅳ级阶地。Ⅰ级阶地高出江面6米；Ⅱ级阶地缺失；Ⅲ级阶地高出江面36米，Ⅳ级阶地高出江面63米，B、C地点的海拔分别约176米和149米。

岐新旧石器B、C地点的地层由上至下可分为3层（图3-16）。第1层为灰黄色耕土层，厚约15厘米，没有石器。第2层为黄色亚黏土层，厚约20厘米，石器皆出于该层。第3层为花岗岩基岩。

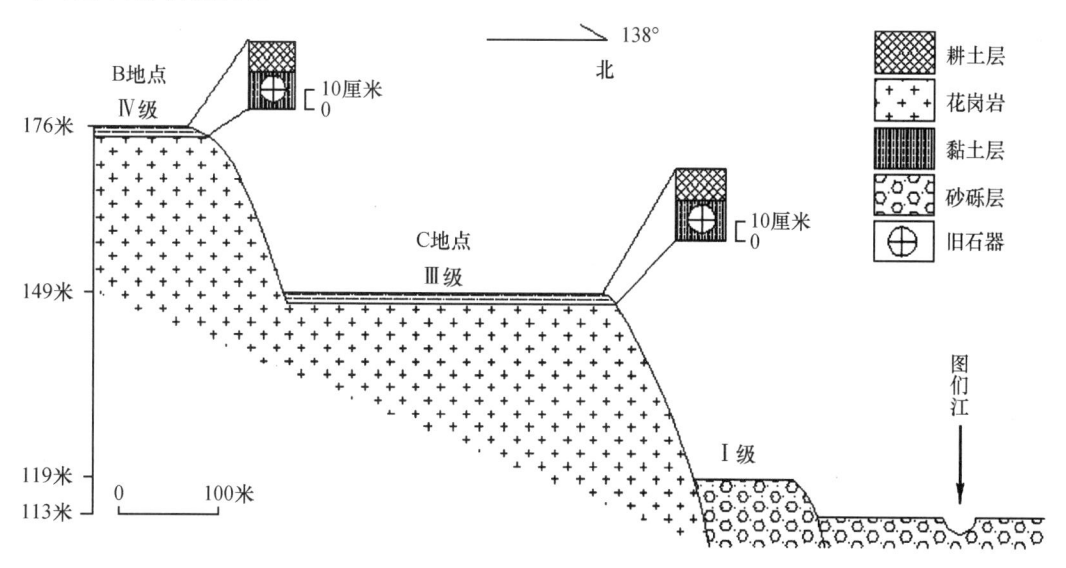

图3-16 图们岐新B、C旧石器地点河谷剖面示意图

二、石制品分类与描述

B、C地点共发现石器31件，包括石核、石片和工具[1]。原料种类较多，包括安山岩、板岩、角岩、流纹岩、硅质角砾岩和玄武岩。以安山岩、板岩和角岩居多，分别占石器总数的38.7%、25.8%和19.4%；流纹岩、硅质角砾岩和玄武岩仅占9.7%、3.2%和3.2%（图3-17）。总的来看，石料比较好，适于制作石器。现将具体情况介绍如下。

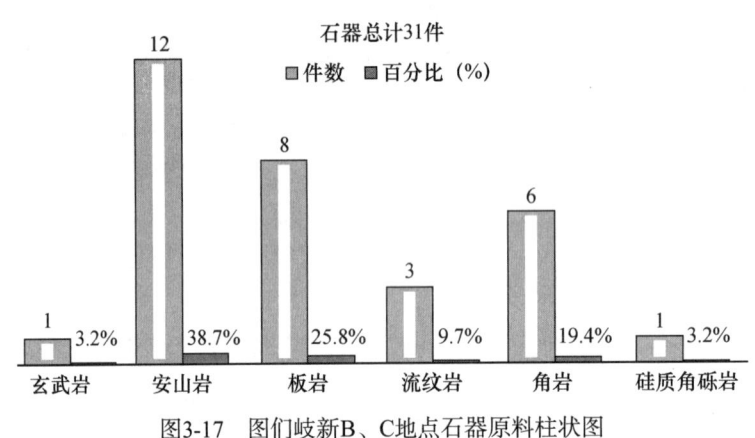

图3-17 图们岐新B、C地点石器原料柱状图

（一）B地点的石制品分类描述

共发现石器5件，包括石核和三类工具。

1.石核

1件，为多台面石核。原料为玄武岩。TQBP：0203，长117.4、宽102.2、厚60.4毫米，重957.3克。形状近似正方体，有7个台面，7个剥片面。A台面，长112.7、宽53毫米，台面角为83.9°；1个剥片面，1个剥片疤，长为32.7、宽22.5毫米。B台面为自然台面，形状为D形，长64.5、宽42.6毫米，产生2个剥片面。BⅠ剥片面即打破A台面，台面角为86.2°，有2个剥片疤，其中1片为石叶的剥片疤，其长94.6、宽23.2毫米；BⅡ剥片面，台面角105.2°，有2个剥片疤，最大剥片疤长17.7、宽31.1毫米。C台面为主台面，打制台面，呈四边形，长64.4、宽40.9毫米，台面角为60.1°。以此台面的一边进行剥片，产生1个剥片面即打破A台面，7个剥片疤，最大的剥片疤被接下来的较小的剥片疤打破而剩下远端部分，但仍是最大的，长67.8、宽27.9毫米。D台面在B和C台面中

---

[1] 陈全家：《吉林镇赉丹岱大坎子发现的旧石器》，《北方文物》2001年第2期。

间，呈三角形，节理面，长76.7、宽68.1毫米，台面角为132.6°；1个剥片面，3个剥片疤，最大剥片疤长53.8、宽57.3毫米。E台面与C台面相邻，在其右侧，打制台面，呈D形，长55.2、宽40.5毫米，有2个剥片面。EⅠ剥片面的台面角为91°，有2个剥片疤，其打击点正好打在C和E台面的链接脊上，但因剥片面大部分为节理面，剥下的石片较小，最大剥片疤长6.9、宽25.1毫米；EⅡ剥片面的台面角为103.8°，有2个剥片疤，最大剥片疤长77、宽42.6毫米。以EⅡ剥片面为F台面，台面角为73.1°，1个剥片面，6个剥片疤，最大剥片疤长23.7、宽21.1毫米。以F台面的剥片面为G台面，长111.6、宽102.2毫米。有3个剥片面，GⅠ剥片面即F台面，台面角为72.8°，有1个剥片疤，长63.7、宽25.2毫米；GⅡ剥片面即E台面，台面角为116.2°，1个剥片疤，长24、宽12.3毫米；GⅢ剥片面即A台面，台面角为94.1°，1个剥片疤，长12.2、宽25.6毫米（图3-18，1）。

整体来看，这件多台面石核用锤击法剥片。有7个台面，对应7个剥片面，但共用2个平面。B、C、D和E台面剥下约有6片较理想的石片，其中还至少有一片石叶；其余台面未剥成理想的石片。但台面之多，可见剥片者想对石核进行多次剥片，且有些是利用脊进行剥片的。部分台面是以剥片面为台面再进行剥片的（图3-19），以调整台面角，从而更好地进行剥片，由于石料质地和节理等原因，并不理想。

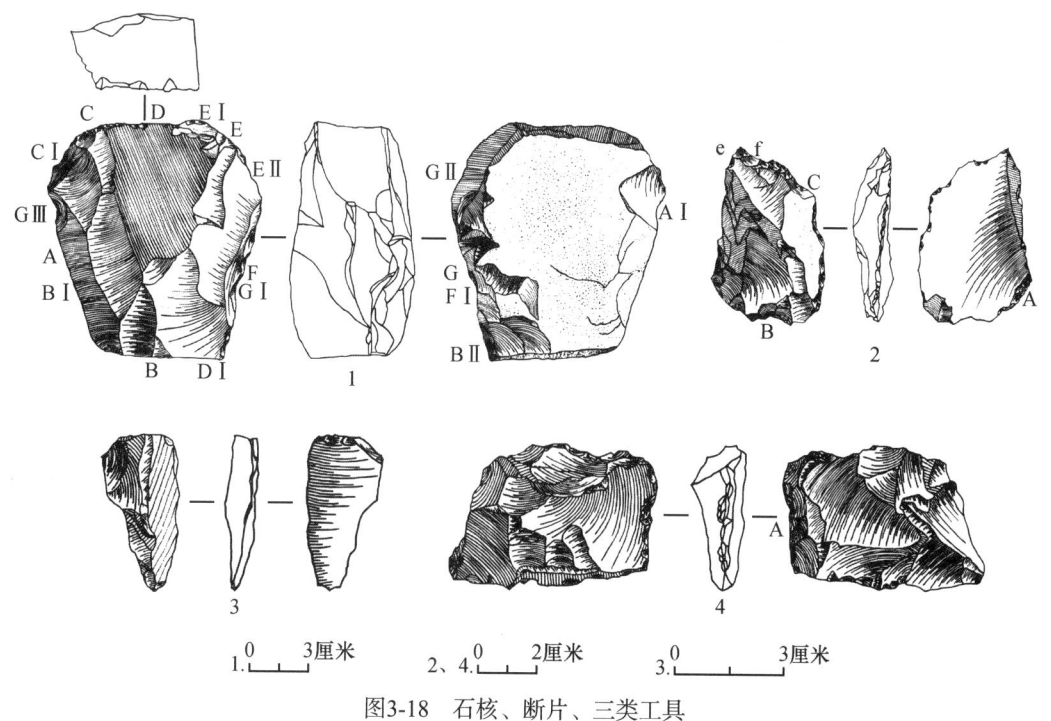

图3-18 石核、断片、三类工具

1. 石核（TQBP：0203） 2. 复刃刮削器（TQBP：0202） 3. 远端断片（TQCP：0204）
4. 单刃刮削器（TQBP：0205）

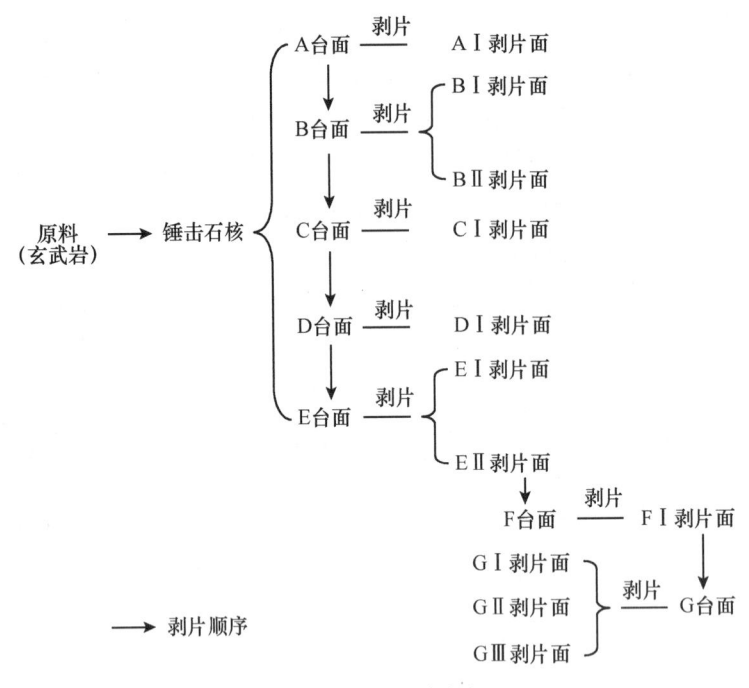

图3-19 石核的剥片流程

2. 三类工具

4件。均为刮削器。根据刃的数量分为单刃和复刃。

单刃 2件。均为直刃。长33.2~82.7毫米，平均长58毫米；宽24.1~74.9毫米，平均宽49.5毫米；厚8.1~24.8毫米，平均厚16.5毫米；重5.9~144.3克，平均重75.1克。1件修理刃缘；1件修理把手，直接使用锋利的边缘为刃缘。原料为板岩和角岩。刃缘长19.2~33.5毫米，刃角38.5°~43.9°。标本TQBP：0205，长33.2、宽24.1、厚8.1毫米，重5.9克。原料为板岩。片状毛坯。A处经两面修理成直刃，修疤深，大小不一，是硬锤复向修理。刃长19.2毫米，刃角为38.5°。总体来看，石料多节理，器形不规整，应是石料所致，修理也不精致（图3-18，4）。

复刃 2件。长56.1~61毫米，平均长58.6毫米；宽40.1~48.1毫米，平均宽44.1毫米；厚10.3~12毫米，平均厚11.2毫米；重23.1~27.4克，平均重25.3克。原料均为安山岩。器形均不规整，有节理。1件为3刃，1件为4刃刮削器。刃长13.6~60.8毫米，刃角为28.9°~90.8°。标本TQBP：0202，长56.1、宽40.1、厚12毫米，重23.1克。石片毛坯。A处为直刃，修疤大且不规则，双层，是硬锤反向修理。刃长20.6毫米，刃角为28.9°。B处为凹刃，修疤大且深，是硬锤正向修理。刃长13.6毫米，刃角为38.9°。C处为锯齿刃，是毛坯远端，背面有部分石皮，可见大而深的修疤，双层，是硬锤正向加工。劈裂面处也有浅且不连续的小疤，应是使用时留下的痕迹。刃长60.8毫米，刃角为39.4°。E处修理刃缘，修疤呈鱼鳞状，硬锤修理，正向加工。刃缘两侧还有不连续的小疤，应是使用疤；F处为锯齿刃的一处大的修疤。E与F处相交于一尖角，尖刃角为90.8°。总体来看，石料多节理，器形不规整，修理粗糙（图3-18，2）。

由上述可知，三类工具根据石器的最大长度的5个等级[1]，B地点的石器包括小型、中型和大型。三类工具皆为锤击石片，均使用硬锤锤击法修理。1件反向加工修理把手，直接使用锋利的边缘为刃部；2件修理刃缘，1件既修理刃缘又修理把手，皆复向加工。修疤皆大、深且明显不规整。

（二）C地点的石制品分类描述

共发现石器26件，包括石片和工具，具体描述如下。

1. 石片

6件。均为断片，根据断裂方式分为近端和远端断片两类。

（1）近端

5件。长16.6~23.4毫米，平均长20毫米；宽20.9~33.9毫米，平均宽26.8毫米；厚3.3~7.2毫米，平均厚4.3毫米；重1.1~5克，平均重2.3克。其中2件是硬锤打击而成，3件是软锤打击。原料为安山岩、板岩、流纹岩。标本TQCP：0224，长16.6、宽24.9、厚3.4毫米，重1.4克。原料为安山岩。打制台面，硬锤打击剥片，石片角52.1°。打击点集中，半锥体微凸，锥疤和同心波清晰，放射线不清晰。背面为人工背面，有5个石片疤，剥片方向向心剥片（图3-20，3）。标本TQCP：0203，长23.4、宽33.9、厚7.2毫米，重5克。原料为流纹岩。台面为线状台面，有唇状物，软锤打击剥片；半锥体平坦，同心波不清晰，放射线清晰。背面除保留部分石皮外，有小而多的石片疤，但片疤间的界限不是很明显，应是石料的原因（图3-20，1）。

（2）远端

1件。标本TQCP：0204，长41.9、宽20.8、厚7.8毫米，重5.9克。原料为板岩。劈裂面微凸，同心波和放射线不清晰。背面有3个石片疤和节理面，石片疤的剥片方向为向心剥片，背面左侧有部分折断，应该是剥片前形成的（图3-18，3）。

由此可见，在石片中，软锤打击剥片为主，硬锤打击剥片次之；同时，并未发现完整石片，多为近端断片，还有1件远端断片。是有意折断，去掉远端卷起部分，获得更规整的毛坯来使用或加工工具[2]。

---

[1] 李炎贤、蔡回阳：《贵州白岩脚洞石器的第二步加工》，《江汉考古》1986年第2期。
[2] 张森水：《中国旧石器文化》，天津科学技术出版社，1987年。

2. 二类工具

8件。均为刮削器。根据刃的数量分为单刃和双刃。

（1）单刃

6件。根据刃的形状分为直刃、凸刃和尖刃。

直刃 2件。长18.6~27.9毫米，平均长23.3毫米；宽25.3~26.5毫米，平均宽25.9毫米；厚2.9~5.2毫米，平均厚4.1毫米；重1~3.7克，平均重2.4克。均为近端断片。硬锤剥片和软锤剥片各1件。原料分别为流纹岩、安山岩。刃缘长15.4~19.1毫米，刃角20.8°~27.9°。TQCP：0226，长18.6、宽26.5、厚2.9毫米，重1克。原料为流纹岩。硬锤剥片。背面有5个小石片疤，节理面约占背面的60%。刃缘背面有使用留下的不连续鱼鳞状疤，应是以劈裂面接触物体形成的。刃长15.4毫米，刃角20.8°（图3-20，8）。TQCP：0216，长27.9、宽25.3、厚5.2毫米，重3.7克。原料为安山岩。软锤剥片。背面有9个石片疤。直接使用石片锋利的边缘，在背面和劈裂面有使用留下的不连续鱼鳞状疤。刃长19.1毫米，刃角27.9°（图3-20，4）。

凸刃 3件。长14.1~25.6毫米，平均长19.1毫米；宽23.4~41.3毫米，平均宽33.2毫米；厚4~9.4毫米，平均厚6.4毫米；重1~6.9克，平均重3.6克。原料分别为角岩、板岩和安山岩。刃缘长17.7~32.9毫米，刃角18.1°~29.9°。标本TQCP：0213，长25.6、宽35、厚9.4毫米，重6.9克。原料为角岩。背面有6个石片疤。刃缘劈裂面和背面都有不连续的鱼鳞状使用疤，但背面疤较大、较深，且是双层。刃长32.9毫米，刃角

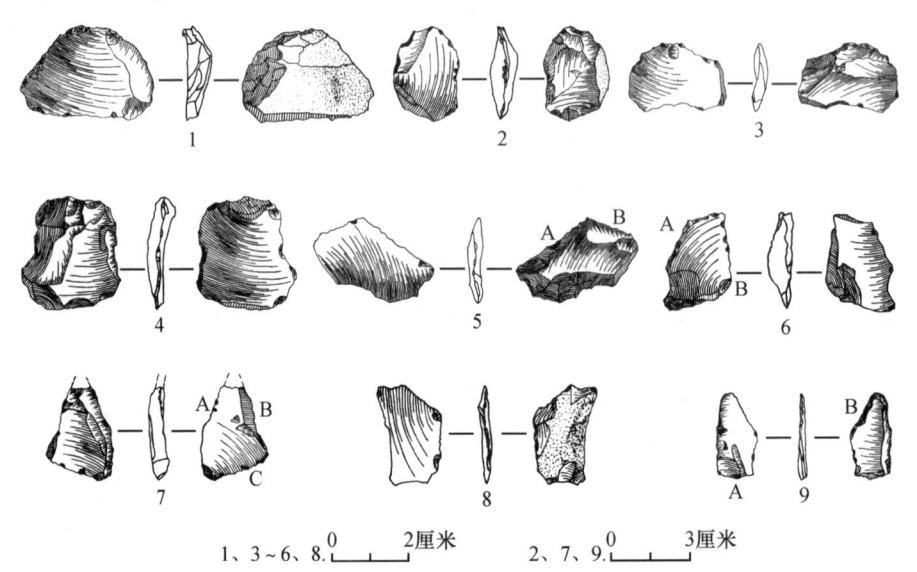

图3-20 断片、二类工具、三类工具

1、3. 近端断片（TQCP：0203、TQCP：0224） 2. 二类单凸刃刮削器（TQCP：0213） 4、8. 二类单直刃刮削器（TQCP：0216、TQCP：0226） 5. 二类尖刃刮削器（TQCP：0211） 6. 二类直凸刃刮削器（TQCP：0222） 7. 二类直尖刃刮削器（TQCP：0209） 9. 三类单直刃刮削器（TQCP：0215）

29°（图3-20，2）。

尖刃　1件。TQCP：0211，长17.8、宽32、厚4.4毫米，重2克。原料为安山岩。背面石片疤呈阶梯状。A处和B处边缘锋利并相交于一钝角，尖刃角129.8°（图3-20，5）。

（2）双刃

2件。根据刃的形状分为直凸刃和直尖刃。

直凸刃　1件。TQCP：0222，长27.5、宽17.6、厚5毫米，重4克。原料为安山岩。A处为直刃，有连续的鱼鳞状使用疤，疤较小且重叠无规律，推测为长时间使用形成，刃长11.2毫米，刃角23.4°。B处为凸刃，有不连续的鱼鳞状使用疤，刃长17.6毫米，刃角46.2°（图3-20，6）。

直尖刃　1件。TQCP：0209，长34.7、宽25.3、厚6.5毫米，重4.9克。原料为硅质角砾岩。为近端断片。A处边缘较锋利，有使用留下的鱼鳞状疤，并和石片远端折断的B处相交于一角，但尖角已折断，断口较新，应为之后使用断裂或非人为原因折断，尖刃角约45°。C处为直刃，劈裂面处有使用时留下的不连续鱼鳞状疤，刃长21.7毫米，刃角27°（图3-20，7）。

二类工具是不经过加工修理而直接使用的石片[1]。根据石器最大长度的五个等级，C地点的二类工具皆属小型，便于使用。刃的形状以直刃居多，凸刃次之。单刃的情况要多于双刃，符合人类的使用习惯，随手即用，用后即弃。可以看出当时的人们在使用二类工具时有一定的选择意识[2]。

3. 三类工具

12件。其类型包括刮削器和钻器。

（1）刮削器

11件。根据刃的数量分为单刃、双刃和复刃。

单刃　8件。根据刃的形状分为直刃、凸刃和尖刃。

直刃　3件。长18.7～79.7毫米，平均长43.4毫米；宽15.4～51.5毫米，平均宽34.6毫米；厚3.7～21毫米，平均厚9.9毫米；重1.6～71.6克，平均重25.5克。原料为板岩和角岩。均为片状毛坯。修疤较深，修理方法应是硬锤修理。2件正向加工，1件复向加工。修疤多为鱼鳞状。刃长18～37.8毫米，刃角22.9°～48.9°。标本TQCP：0215，长31.7、宽15.4、厚3.7毫米，重1.6克。原料为板岩。A处为台面折断处，且将劈裂面的半锥体打掉，是为了修理把手，手握更方便、舒适。B处刃缘较平直，为双层鱼鳞状修疤，修疤较深，是硬锤正向加工修理，刃长18毫米，刃角22.9°。总体来看，此件工具器形规整，小巧，修理精细（图3-20，9）。

---

[1]　陈全家：《吉林镇赉丹岱大坎子发现的旧石器》，《北方文物》2001年第2期。

[2]　陈全家、李霞、王晓阳等：《辽宁桓仁闹枝沟牛鼻子地点发现的旧石器》，《边疆考古研究》（第13辑），科学出版社，2013年。

凸刃　2件。长24.8~28.5毫米，平均长26.7毫米；宽24.3~49.1毫米，平均宽36.7毫米；厚3.3~7毫米，平均厚5.2毫米；重2~9.4克，平均重5.7克。原料为安山岩和板岩。毛坯均为石片，1件硬锤打击石片，修理把手，使用较锋利的侧缘。1件砸击石片，硬锤修理刃缘。刃长25.5~40.6毫米，刃角11.8°~42.8°。标本TQCP：0219，长28.5、宽24.3、厚3.3毫米，重2克。原料为安山岩。A处原为锋利的侧缘，折断侧缘是为了修理把手，便于执握。B处为石片锋利的侧边，直接使用，有不连续的使用疤痕。刃长25.5毫米，刃角11.8°（图3-21，5）。

尖刃　3件。长17.4~54.3毫米，平均长30毫米；宽16.4~26.1毫米，平均宽21.7毫米；厚1.5~7.6毫米，平均厚4.1毫米；重0.4~7.4克，平均重3.1克。原料为安山岩、板岩和角岩。均为片状毛坯。2件正尖尖刃器，1件喙嘴形尖刃器。刃角53.2°~79.8°。标本TQCP：0210，为正尖尖刃刮削器。长54.3、宽22.5、厚7.6毫米，重7.4克。原料为安山岩。毛坯为石叶远端断片，背面有一条纵脊，可知毛坯是按脊的方向打下。背面不是全部修理，在靠近端A处有4个小石片疤，是将背脊靠近近端处的突出部分修理掉，是为了修理把手，使手握方便、舒适。劈裂面满是修疤，呈阶梯状。B侧边缘是修理刃缘，修疤深且双层，多呈鱼鳞状，不规则状较少；应是硬锤修理，正向加工。C侧边是石叶的自然边，不经修理，但有经使用而留下的疤痕。根据留下疤痕的多少，可推测B边为经常使用边，C边偶尔使用。B边和C边相交于一角，成一尖刃，尖刃角为59.2°（图3-21，2）。

双刃　2件。根据刃的形状分为双直刃和直尖刃。

双直刃　1件。TQCP：0205，长41.1、宽20.8、厚5.5毫米，重5.8克。原料为角岩。毛坯为远端断片。A处为远端边缘，较平直，有双层鱼鳞状修疤，疤较深，应是硬锤修理，复向加工。刃长40.7毫米，刃角43.2°。B处为折断处一端，再用正向加工方式修理刃缘，修疤明显，呈鱼鳞状，且为一层，硬锤修理。推测A处刃是做刮、削、割等动作，B处仅是做刮动作[1]。刃长12.4毫米，刃角51.1°（图3-21，3）。

直凸刃　1件。TQCP：0231，长22.9、宽10.9、厚2.4毫米，重0.7克。原料为角岩。毛坯为石片。A处为凸刃，不经修理而直接使用石片锋利的边缘，刃长为12.3毫米，刃角26.6°。B处为直刃，亦为直接使用，刃长为14.3毫米，刃角24.9°。C处经过修理，修疤小而平齐，修理方向为正向加工，属于修形（图3-21，1）。

复刃　1件。TQCP：0202，长40.8、宽29.5、厚4.1毫米，重5克。原料为安山岩。毛坯为石片。有4个刃口。A处为凹刃，修疤较深，呈阶梯状，正向修理，刃长24.5毫米，刃角40°。E、F处分别为A处凹刃的上侧和下侧，有较大的打断痕迹，推测是为了修形，使凹刃能更好地接触物体表面。B处为凹刃，凹进程度不如A处，修疤深而成阶梯状，正向加工，刃长23.3毫米，刃角28.9°。C处为直刃，未经修理而直接使用，留下不连续且不规则的使用疤痕，刃长13.7毫米，刃角28.1°。D处为凹刃，在毛坯台面的旁

---

[1]　高星、沈辰：《石器微痕分析的考古学实验研究》，科学出版社，2008年。

图3-21 三类工具

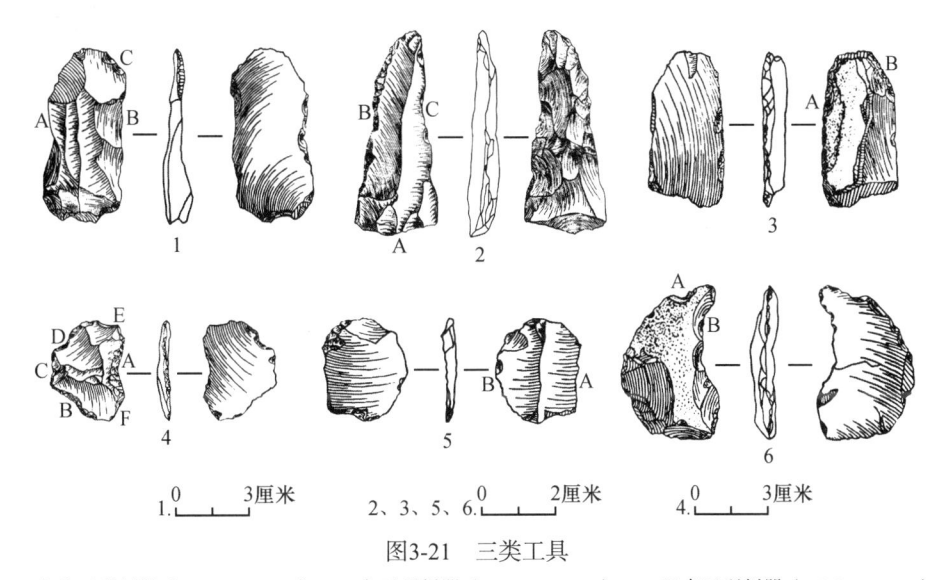

1. 直凸刃刮削器（TQCP：0231） 2. 尖刃刮削器（TQCP：0210） 3. 双直刃刮削器（TQCP：0205）
4. 复刃刮削器（TQCP：0202） 5. 单凸刃刮削器（TQCP：0219） 6. 钻器（TQCP：0208）

侧，修疤深，鱼鳞状，硬锤复向加工，刃长9.2毫米，刃角22.1°（图3-21，4）。

（2）钻器

1件。TQCP：0208，长39.3、宽26.5、厚7.2毫米，重6.9克。原料为流纹岩。片状毛坯，体薄。A处经过单面修理，由劈裂面向石皮加工成一个大的修疤，修出凹边。B处也是由劈裂面向石皮加工成一个大的修疤，修出凹边，且与A处是对向修理，同时还在大的修理疤内有向劈裂面修理的小疤。A、B处分别形成肩部，且相交形成尖锐的尖，长7.7毫米，尖角72.1°，尖刃背面有部分石皮。尖刃有细密的疤痕，应是使用时造成的[1]。此钻器较小，器形规整，器身呈C形，修理较好（图3-21，6）。

由以上分析，可了解到C地点三类工具的特点。

第一，三类工具皆为片状毛坯，其中部分毛坯为断片，且以远端断片为主，仅有一件中段断片。无块状毛坯。由此可见，当时的人类在制作工具时是有选择意识的。

第二，仅有刮削器和钻器两类。但刮削器的类型比较丰富，包括单刃（直、凸刃和尖刃）、双刃（双直刃、直凸刃）和复刃。钻器仅1件。可知当时的人类主要使用的工具是刮削器。

第三，在工具的制作过程中，除了修理刃缘，还有修形，修理把手。修形为规范器形的大小、形状和更好地接触被加工的物体表面；修理把手通常为单面或两面修理出圆钝的边缘，抑或折断一侧锋利的边；三种修理选择其一、其二或三者皆可[2]。

---

[1] 高星、沈辰：《石器微痕分析的考古学实验研究》，科学出版社，2008年。
[2] 陈全家等：《辽宁桓仁闹枝沟牛鼻子地点发现的旧石器》，《边疆考古研究》（第13辑），科学出版社，2013年。

三、结 语

（一）石器工业特征分析

B地点发现石器仅5件，观察其工业特征如下。

（1）石器的原料不集中，分别为玄武岩、板岩、角岩各1件和安山岩2件。

（2）石器的类型比较少，包括石核和三类工具；没有发现石片，一类工具和二类工具。三类工具为单直刃和复刃刮削器。

（3）根据石器的最大长度，大致将此地点的石器划分为小型（20~50毫米）、中型（50~100毫米）和大型（100~200毫米）三个等级[1]。可见石器多集中于中型，占60%；小型和大型最少，皆占20%（表3-5）。

表3-5 石器大小分类表

类型	长度					
	20~50毫米		50~100毫米		100~200毫米	
	数量	%	数量	%	数量	%
石核	0	0	0	0	1	20
三类工具	1	20	3	60	0	0

（4）石核属于大型，台面较多，剥片率较大，但理想的剥片数量不多，使用锤击法剥片。此时的人类，已能熟练使用转向剥片方法，且已能利用背脊控制剥片。观察留下的石片疤，至少有一片石叶产生。三类工具皆为片状毛坯，包括2件单直刃和2件复刃刮削器。单直刃刮削器中，1件修理把手，直接使用石片锋利的边为刃部；1件修理刃缘。复刃刮削器中，3刃刮削器，修理刃缘和把手；4刃刮削器修理刃缘，其中一刃缘为锯齿刃。

（5）加工方法皆为硬锤；修理方向为正向、反向和复向，修疤较深，呈鱼鳞状和不规则状。石器表面有石皮或节理，器形不规整。

C地点发现石器26件，观察其工业特征如下。

（1）石器的原料较多，不集中。安山岩使用最多，占38.46%；板岩次之，占26.92%；角岩和流纹岩较少，分别占19.23%和11.54%；硅质角砾岩最少，仅占3.85%（表3-6）。

---

[1] 李炎贤、蔡回阳：《贵州白岩脚洞石器的第二步加工》，《江汉考古》1986年第2期。

表3-6　C地点石器原料表

原料	数量（N）	百分比（%）
安山岩	10	38.46
板岩	7	26.92
流纹岩	3	11.54
角岩	5	19.23
硅质角砾岩	1	3.85

（2）石器的类型并不丰富，包括石片（皆断片）、二类工具和三类工具；没有发现完整石片、石核和一类工具。三类工具皆为片状毛坯，包括刮削器和钻器，数量最多，占石器总数的46.15%，其中又以刮削器最多，占三类工具的91.7%；二类工具次之，占石器总数的30.77%；石片最少，占23.08%（图3-22）。

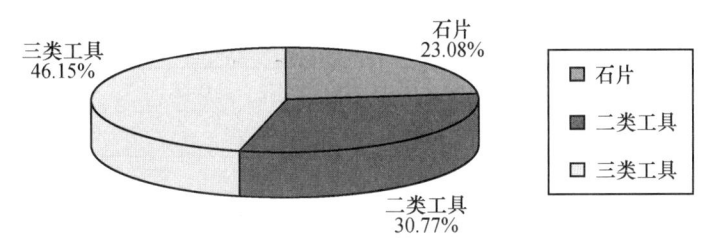

图3-22　石器类型比例图

（3）根据石器的最大长度，大致将此地点的石器划分为微型（≤20毫米）、小型（20~50毫米）和中型（50~100毫米）三个等级[1]。可见石器多集中于小型，占88.5%；中型次之，占7.7%；微型最少，仅占3.8%（表3-7）。

表3-7　石器大小长度分类表

类型	≤20毫米 数量	≤20毫米 %	20~50毫米 数量	20~50毫米 %	50~100毫米 数量	50~100毫米 %
石片	0	0	6	23.1	0	0
二类工具	0	0	8	30.8	0	0
三类工具	1	3.8	9	34.6	2	7.7
总计	1	3.8	23	88.5	2	7.7

---

[1]　李炎贤、蔡回阳：《贵州白岩脚洞石器的第二步加工》，《江汉考古》1986年第2期。

（4）石片皆为近端和远端断片，3件是软锤剥片，2件是硬锤剥片。二类工具皆为刮削器，尺寸为小型。单刃居多，凸刃为主，直刃次之，尖刃最少。根据刃角的五个等级[1]，刮削器刃角的等级为斜，平均39.7°。三类工具皆为片状毛坯，除修理刃缘外还出现修形和修理把手。但仅有1种（修理把手）或2种共存（修刃和修形）。可见当时人类对工具的制作是有意识修理的[2]。

（5）剥片技术有锤击（硬锤、软锤）和砸击技术。其中，软锤剥片的石器数量占台面可见石器的52.9%，可以看出软锤剥片技术是很发达的，这是很有独特性的特征（表3-8）。使用砸击技术剥片的仅有1件石器，为三类单凸刃刮削器，刃状台面，硬锤修理刃缘，局部正向加工。修理方法皆为硬锤修理，修理方向为正向、交互、对向和复向加工；以正向加工为主，占36.3%；交互和复向加工次之，分别占27.3%；对向加工最少，占9.1%。修疤较深且非常明显，呈鱼鳞状和不规则状，有单层、双层和多层修疤。石器总体来看，器形小巧，规整，加工精细。

表3-8　软锤剥片的石器占台面可见石器的百分比统计表

类型	软锤锤击技术（n）	台面可见石器数量（N）	百分比（%）
断片	3	5	60
二类工具	3	8	37.5
三类工具	3	4	75
合计	9	17	52.9

（二）对比分析

根据石器工业的特征分析，B地点石器是以中型为主，小型和大型次之。石器类型简单，多台面石核（至少成功剥下1片石叶）和三类工具（仅有刮削器，且皆为片状毛坯）。用锤击法剥片和修理刃缘，正向、反向和复向修理刃缘。C地点是以小型石器为主，微型和中型次之。石器类型简单，仅有石片、二类工具和三类工具（刮削器和钻器，未发现一类工具）；石片皆为断片；三类工具所占比重最大，其中又以刮削器为主，毛坯皆为片状毛坯。剥片技术以锤击法（软锤技术剥片占了很大的比重，石片中占60%，工具中占50%）为主，砸击法辅之。修理方法为锤击法，修理方向以正向加工为主，反向、交互和复向加工次之，对向加工最少。B、C地点皆属于东北地区的以小型石器为主的工业类型[3]。可以看出，C地点的石器比B地点修理的要规整、精制；

---

[1] 李炎贤、蔡回阳：《贵州白岩脚洞石器的第二步加工》，《江汉考古》1986年第2期。

[2] 陈全家、李霞、王晓阳等：《辽宁桓仁闹枝沟牛鼻子地点发现的旧石器》，《边疆考古研究》（第13辑），科学出版社，2013年。

[3] 陈全家：《（东北）旧石器时代考古》，《东北古代民族·考古与疆域》，吉林大学出版社，1998年。

C地点的石器以软锤技术为主，硬锤技术次之，偶见砸击技术，而B地点仅使用硬锤技术，因此，推测B地点的石器工业较C地点的原始一些。

B、C地点的石器特征与辉南邵家店旧石器地点[1]及周围地区其他旧石器时代晚期的地点相比，极其相似，但剥片技术和修理技术比较单一。同时，两地点又有着自己的特色，石器原料没有发现黑曜岩，这与周围其他以黑曜岩原料为主的旧石器时代晚期地点形成鲜明的对比，C地点的软锤剥片技术占有非常重要的地位。

（三）地点性质

图们岐新B、C地点是2000年以来，吉林大学边疆考古研究中心同吉林省文物考古研究所和遗址所在区、县的文物保护管理所等单位，对图们江流域进行了几次系统的旧石器遗址调查和试掘工作，是新发现的7处旧石器时代晚期遗址之一，其他几处遗址分别是图们下白龙、龙井后山、和龙柳洞、珲春北山遗址、和龙石人沟遗址[2]。两地点发现的石器数量不多，原料种类不集中，但以安山岩为主。由此可见，古人类在制作石器时不仅是就近取材，而且对石料是有选择性的。同时，两地点的石器类型也不丰富。可见，古人类在此进行过短时间的生产活动。

从周围的地理环境上分析，B、C地点位于图们江流域左岸的Ⅳ级和Ⅲ级阶地上，水资源丰富，适合古人类在此地生产活动。再通过对B、C地点的石器工业特征进行分析，其地点性质可能是古人类进行狩猎、采集活动的临时性场所。

（四）年代分析

图们岐新B、C地点的石器皆出土于黄色亚黏土层中，根据吉林省第四纪地层的堆积年代分析，可以确定该层位属于上更新统[3]。由于该层没有发现共存的哺乳动物化石，也未出现磨制石器和陶片。因此，依据地层和石器的工业特征，将岐新B、C地点的年代暂归于旧石器时代晚期。同时，两地点又分别处于海拔差约27米的Ⅳ级和Ⅲ级阶地上，由于阶地是受到河流的侵蚀作用而逐渐形成的，即Ⅳ级阶地要早于Ⅲ级阶地的形成。再通过两地点的石器工业特征分析，B地点原始于C地点。所以，推测B地点旧石器工业的形成要稍早于C地点。

---

[1] 吉林大学边疆考古研究中心：《吉林辉南邵家店地点发现的旧石器》，《北方文物》2006年第1期。

[2] 王春雪、陈全家：《图们江流域旧石器时代晚期黑曜岩遗址人类的适应生存方式》，《边疆考古研究》（第4辑），科学出版社，2006年。

[3] 吉林省区域地层表编写组：《东北地区区域地层表·吉林省分册》，地质出版社，1978年。

第三节　龙井后山旧石器地点

该地点采集石制品19件，原料包括安山岩、黑曜岩、角岩、玛瑙和流纹岩等。石制品类型有石片、断块、使用石片、刮削器、尖状器。

（一）石片

石片共9件，都是锤击石片，详见表3-9。

表3-9　锤击石片统计表

编号	原料	长×宽×厚（毫米）	重（克）	石片角（度）	台面	台面长×宽	背面	腹部	残损
0201	安山岩	84×59×39	165.7	98	素	57×41	全疤	略平尾向内弧	完整
0219	角岩	29×43×12	10.8	133	素	25×5	全疤	微凸	完整
0211	安山岩	22×37×5	2.9	140	节理	18×6	1大2小疤	微凸	完整
0202	安山岩	33×26×7	5.7	72	素	17×6	2大疤1纵脊	有节理，微平	完整
0215	黑曜岩	12×8×3	0.1	107	素	3×1	1大2小疤	平	近端
0210	安山岩	18×21×3	0.8	135	素	6×2	全疤	微凹	完整
0205	黑曜岩	16×18×4	0.9						远端
0206	黑曜岩	13×24×6	2	123	素	24×6	全疤	凸	完整
0216	玛瑙	14×12×2	0.1	92	素	7×1	全疤	凹凸不平	完整

（二）断块

断块3件。LHP.0218以流纹岩为原料，长、宽、厚分别为48、29、18毫米。LHP.0217原料为安山岩，长、宽、厚分别为56、37、13毫米。LHP.0204以黑曜岩为原料，长、宽、厚分别为22、20、9毫米。

（三）使用石片

使用石片4件，其中角岩2件，安山岩1件，黑曜岩1件，毛坯均为锤击石片。LHP.0207，原料为安山岩，长31、宽51、厚7毫米，重9.6克。LHP.0208，原料为角岩，长39、宽22、厚6毫米，重4克。LHP.0214，原料黑曜岩，长18、宽12、厚4毫米，重0.7克。LHP.0213，原料为角岩，长83、宽58、厚15毫米，重62.6克。

（四）刮削器

1. 单边直刃刮削器

1件。LHP.0204，原料为黑曜岩，毛坯为锤击石片，长36、宽20、厚11毫米，重6.5克，刃缘长29、宽4.3毫米，刃角47°。

2. 复刃刮削器

1件。LHP.0212，原料为角岩，毛坯是锤击石片，长39、宽31、厚6毫米，重8.3克。直刃长27毫米，刃角70°；凸刃长23毫米，刃角63°；凹刃长24毫米，刃角40°。

（五）尖状器

1件。LHP.0203，原料为黑曜岩，毛坯为锤击石片，残长24、宽24、厚5毫米，重2.8克。尖部残断，两边刃残长16和21毫米，边刃角分别为71°和75°，尖角59°。

第四章　细石叶工业类型

第一节　珲春北山旧石器地点

2002年5月初，吉林大学边疆考古研究中心的部分师生在珲春市文物管理所同志的协助下，在对图们江流域和珲春河沿岸进行旧石器考古调查时，发现了珲春北山旧石器地点，并进行了小面积的试掘，共获石制品52件。

一、地貌与地层

（一）地貌概况

珲春市位于吉林省的东北部，隶属于延边朝鲜族自治州。它的西面与朝鲜以江相隔，而东侧与俄罗斯接壤，是三国相邻的三角地带。地貌上，吉林东部是构造抬升的长白山区，山高谷深。位于珲春市西侧的图们江由西北向东南流入日本海，而图们江支流的珲春河由东北向西南流经珲春市后注入图们江。珲春市正好坐落在图们江以东、珲春河之北的冲积盆地内。

珲春北山旧石器地点位于珲春市西南郊的北山台地上，西距图们江约4千米，南距珲春—图们公路0.5千米左右，地理坐标为东经130°15′8″，北纬49°8′3″。海拔为114.1米，高出第Ⅰ级阶地约20米。

（二）地层

地层剖面自上而下分3层（图4-1）。第1层为黑垆土层：土质纯净，未见文化遗存，厚30～40厘米。第2层为黄色亚黏土层：含石制品，厚100～120厘米。第3层为棕红色黏土层：呈颗粒状，土质纯净黏重，不见文化遗存，厚180厘米，未见底。

本地点的黄色亚黏土层为文化层，在部分区域已经出露于地表，采集的石制品见于该层的表面，仅少量标本出在地层内。未发现任何动物化石及其他文化遗物。

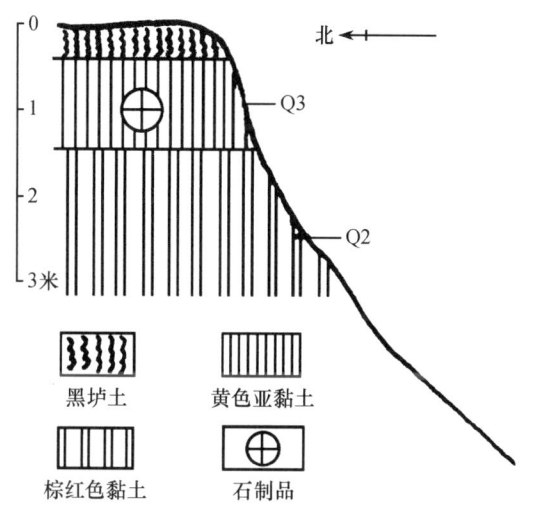

图4-1 珲春市北山旧石器地点地层剖面图

二、石　制　品

本次调查获得石制品52件（表4-1），表面棱脊清晰，未见有水冲磨的痕迹，但表面有不同程度的风化，严重者失去光泽。

表4-1 石制品分类测量与统计

	分类项目	锤击石片 完整	断片 近段	断片 中段	断片 远段	纵向断片	压制石片	细石叶	锤击石核	二类工具 使用石叶	三类工具 刮削器 单刃 凸刃	三类工具 刮削器 单刃 直刃	三类工具 刮削器 双直刃	尖状器	矛形器	分类统计	百分比（%）
原料	黑曜岩	1	16	12	4	2	3	1	2	1	1	1	1			45	86.5
原料	脉石英			1				1						1		3	5.7
原料	流纹岩	1													1	2	3.8
原料	角页岩		1													1	1.9
原料	火山凝灰岩										1					1	1.9
毛坯	石片									2	1	1	1	1		6	85.7
毛坯	石叶									1						1	14.3
修理方法	锤击修理											1		1		2	33.3
修理方法	压制修理										1		1		1	3	50
修理方法	砸击修理											1				1	16.7

续表

分类\项目		锤击石片				纵向断片	压制石片	细石叶	锤击石核	二类工具 使用石叶	三类工具					分类统计	百分比(%)
		完整	断片								刮削器			尖状器	矛形器		
			近段	中段	远段						单刃		双直刃				
											凸刃	直刃					
修理方式	向背面										1		1				
	向劈裂面											1					
	错向													1			
	两面												1		1		
百分比(%)		3.8	33	25	7.6	2.8	5.77	2	5.77	2	3.8	2	2	2	2	100	

（一）石核

3件，均为砸击石核，保存完整。其中原料为黑曜岩者2件，脉石英者1件。石核长略大于宽，平均长宽比差5∶4。3件石核长12.5～23、宽9.6～24、厚5～14毫米，重0.75～6.8克。两端有砸痕与剥片痕迹。标本HBP.0228，近正方形，长25、宽24、厚14毫米，重6.8克。原料为黑曜岩，A背面隆起，中间有一条贯穿两极的纵脊，两端均有崩裂的疤痕；B面较平坦，有较多疤痕，其中右侧有一完整的大疤痕，是锤击法剥片后形成的痕迹。横截面呈三角形。两端较锐，有反复砸击的痕迹，边缘均有向两侧劈裂形成的阶梯状疤痕（图4-2，1）。

（二）石片

石片42件。其中锤击石片38件，石叶1件，压制石片3件。原料为黑曜岩者38件，占90.4%；流纹岩者2件，占4.8%；脉石英和角页岩各1件，分别占2.4%。

1. 锤击石片

38件。可分为完整石片和断片两种。

完整石片　2件。半锥体都很突出，同心波清晰。其中，标本HBP.0204原料为流纹岩，长35、宽31、厚8毫米，重8克，自然台面，石片角105°，远端薄锐，背面有"Y"形脊（图4-2，3）。

断片　36件。根据断裂方向的不同可分为纵向和横向断片。

纵向断片　2件。左右各一，原料均为黑曜岩，都保留有素台面。

横向断片　34件。根据部位的不同又可分为近端、中段和远端。

近端　17件。原料为黑曜岩者16件，占94%，角页岩者1件，占6%。除以角页岩者（HBP.0201）为大型者外，其余标本均属小型，前者长65、宽54、厚30毫米，重99克；后者平均长20、平均宽21、平均厚4.9毫米，平均重2.2克。标本中有一类石片的背面近端（由台面后缘向背面加工）有阶梯状疤痕，可能是便于剥片而特殊修理所形成的。该类标本共8件，占所有可辨明台面的石片（完整石片2件、石片近段17件及纵向断片2件，共21件）的38%。标本中可见台面者6件，占75%，包括点状台面3件、素台面2件、有脊台面1件。不见台面但可见后缘修理痕迹者2件，所占比例为25%。标本HBP.0213，以黑曜岩为原料。呈三角形。残长27、宽31、厚6毫米，重4克；素台面，宽6、厚3毫米；石片角为111°。背面有同向的多层疤痕，是便于剥片而有意修理的。背面全为片疤，左侧有2个大疤。劈裂面半锥体明显，其上有1个大的锥疤，疤长12、宽8毫米，同心波清晰，远端有一断面（图4-2，9）。标本HBP.0243，体积小，长8、宽14、厚2毫米，重0.2克。整体薄锐，为点状台面；背面近端有连续、层叠的浅平疤痕；劈裂面的打击点集中，半锥体凸；该石片可能是压制修理的修片（图4-2，6）。标本HBP.0233，左侧残，长19、宽25.5、厚4毫米，重0.4克。台面为线状台面。背面近端有2块相对较大的疤痕，又有2块较小者叠压在二者之上。劈裂面的半锥体浅平，同心波清晰（图4-2，8）。

中段　13件。原料为黑曜岩者12件，占92%；石英者1件，占8%。断片残长6~34

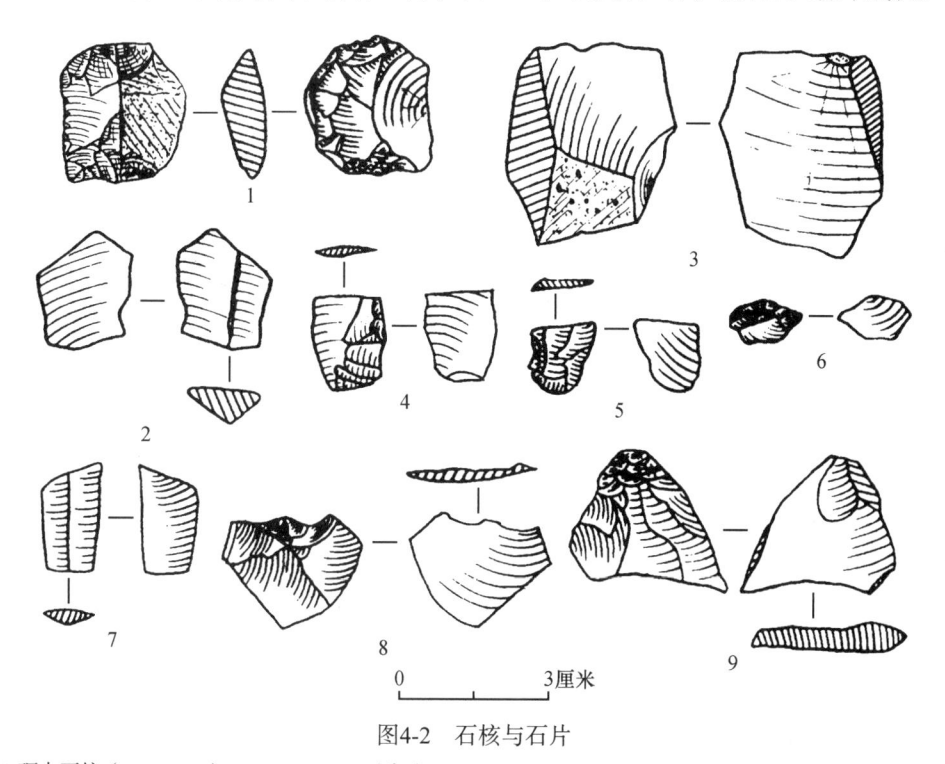

图4-2　石核与石片

1. 砸击石核（HBP.0228）　2~6、8、9. 石片（HBP.0215、HBP.0204、HBP.0225、HBP.0239、HBP.0243、HBP.0233、HBP.0213）　7. 细石叶（HBP.0229）

毫米，平均长17.5毫米；宽7~25毫米，平均宽15.8毫米；厚1~7毫米，平均厚3.3毫米；重0.25~4.1克，平均重1.2克。背面有1条脊的2件，2条脊的有1件，"Y"形脊的有2件，多疤多脊的有3件，平坦无脊的有5件。标本HBP.0215，原料为黑曜岩。近正方形，两端均见有断面，残长20、宽18、厚6毫米，重2克。背面中部有一条隆起的纵脊，石片的右侧缘有缺口。劈裂面较平，可见有同心波，横断面呈三角形（图4-2，2）。标本HBP.0225，较薄，呈长方形。残长17、宽14、厚2毫米，重0.5克。背面右侧有6块并排的细长、浅平的疤痕。劈裂面浅平，可见同心波（图4-2，4）。

远端 4件。原料均为黑曜岩。残长12~29毫米，平均长18.5毫米；宽13~25毫米，平均宽17毫米；厚2~4毫米，平均厚3毫米；重0.2~8.5克，平均重2.4克。劈裂面同心波均很清晰，近端有断面，远端缘锋利。标本HBP.0239，残长12、宽13、厚2毫米，重0.2克。整体呈舌形，远端薄锐，远端向劈裂面方向略弯曲，同心波清晰，石片背面有5块互相叠压的纵向疤痕（图4-2，5）。

2. 细石叶

1件。只保留中段，编号为HBP.0229，原料为黑曜岩，残长19、宽11、厚4毫米，重0.5克。两侧边平直，背后有一条纵脊（图4-2，7）。

3. 压制石片

3件。均是薄锐、细长、背后有脊的黑曜岩石片。长0.7~2.3毫米，平均长1.73毫米；宽0.5~1.1毫米，平均宽0.77毫米；厚0.1~0.15毫米，平均厚0.12毫米；重0.05~0.2克，平均重0.15克。根据其形态与薄锐程度，推测这类标本是采用压制技术生产的石片。

（三）工具

共7件。又可分为第二类工具[1]（使用石叶）和第三类工具，不见第一类工具。

1. 第二类工具（使用石叶）

仅发现1件。HBP.0208，原料为黑曜岩。是石叶的中间断片，形体较大，宽40、残长23、厚9毫米。劈裂面微凸。背面有2条近似平行的纵脊，两条平行的侧边与纵脊也近似平行。左侧边长16、右侧边长9毫米，右侧边有连续的细小疤痕，为使用的刃缘，长7毫米，远端被1块小疤打破，边刃角10°（图4-3，3）。

---

[1] 陈全家：《吉林镇赉丹岱大坎子发现的旧石器》，《北方文物》2001年第2期。

2. 第三类工具

共发现6件，其中原料为黑曜岩者3件，占50%，火山凝灰岩、石英者和流纹岩者各1件，各占16.7%。可分为刮削器、尖状器和矛形器三种。

（1）刮削器

4件。根据刃口的数量可分成单刃和双刃刮削器。

单刃刮削器　3件。根据刃口形状，又可分为单直刃和单凸刃刮削器两种。

单直刃刮削器　1件。HBP.0227，原料是黑曜岩。以石片为毛坯，长19、宽34、厚9毫米，重4.25克，刃角27°。背面有较规则的纵脊。刃口位于打击点相对一端，刃缘薄锐，修理痕迹主要位于劈裂面，疤痕为阶梯状，刃长15毫米，背面也有小的崩疤。与刃缘相对的一端也有向两面崩裂的少量痕迹，疤痕很短，从修疤的特征分析，该工具的修理方法可能是砸击修理而成（图4-3，2）。

单凸刃刮削器　1件。HBP.0212，长19、宽34、厚9毫米，横凸刃刮削器。以石片为毛坯，原料是黑曜岩。背面隆起一条纵脊，在脊的上端布满细长、规整、浅平、并行排列的压制修疤，每块都是从刃缘一直延伸至背脊，整个刃缘呈弧形。劈裂面仅保留少许，其余均为压制修理的痕迹，疤痕很长，有的甚至贯穿整个平面，但排列不规整。刃角为30°，刃缘锋利（图4-3，4）。HBP.0202，原料是火山凝灰岩，1件。长

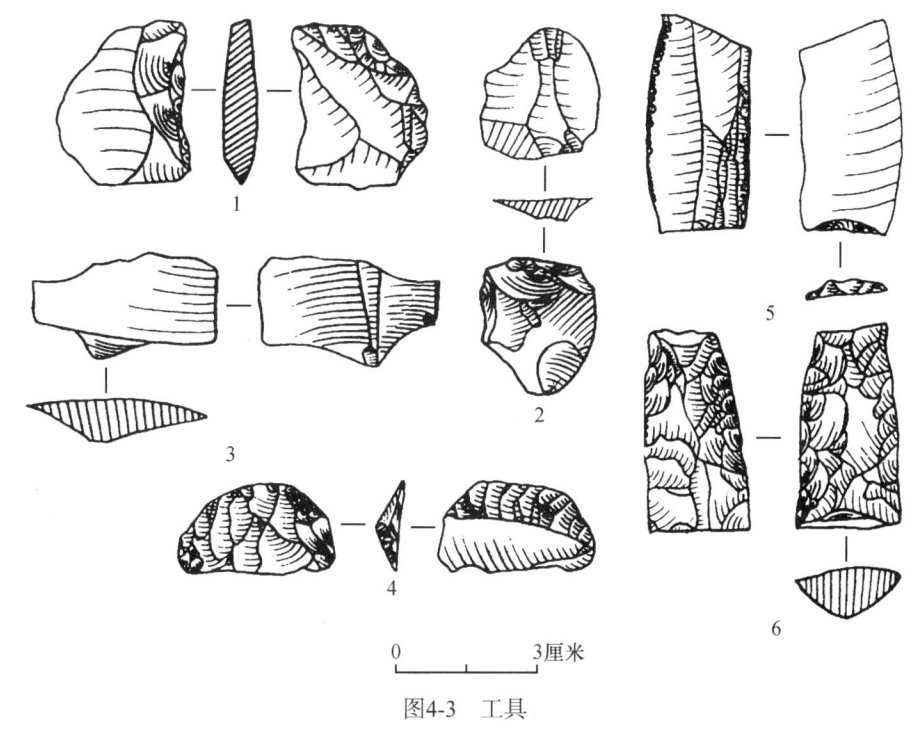

图4-3　工具

1. 尖状器（HBP.0250）　2. 单直刃刮削器（HBP.0227）　3. 使用石叶（HBP.0208）　4. 单凸刃刮削器（HBP.0212）　5. 双刃刮削器（HBP.0205）　6. 矛形器（HBP.0206）

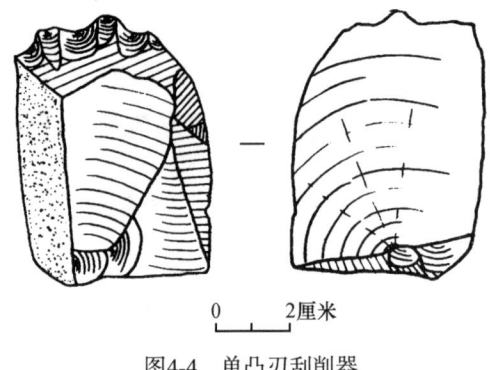

图4-4 单凸刃刮削器
（HBP.0202）

70、宽53、厚18毫米，重83克。标本呈舌形，以断片的远段为毛坯。劈裂面微凸，不见任何修理痕迹。背面近左侧有一条纵脊，在脊的左侧为天然的砾石面，而右侧有3个大的疤痕。刃缘位于石片的远端，采用锤击法向背面加工而成。刃缘呈锯齿状。端刃角为60°（图4-4）。

双刃刮削器 1件。HBP.0205，原料是黑曜岩。以石叶断片为毛坯，整体呈长方形，长46、宽23、厚5毫米，重7克。从毛坯劈裂面的同心波及两端的横断面看，近端已折断，形成断面；而远端则是有意加工使其折断，截取方法是由背面向劈裂面连续打击形成修理的断面。根据背面的疤痕可以推断，在断片的两端均留有对向加工的片疤。在毛坯的两侧边均由劈裂面向背面压制加工而成。刃缘处布满了细小、排列整齐的疤痕，左侧刃微凸，刃缘长46毫米，刃角51°。右侧刃直，有效刃缘长38毫米，修理刃缘长28毫米，刃缘的疤痕相对更小，可能是使用的结果，刃角53°（图4-3，5）。

（2）尖状器

1件。HBP.0250，角尖尖状器。原料为脉石英。以石片为坯材。长34、宽29、厚9毫米。采用锤击法错向修理，背面的右侧刃呈弧形，向背面加工修理，刃角43°；而劈裂面的右刃较直，由背面向劈裂面加工修理，刃角65°，尖刃角82°（图4-3，1）。

（3）矛形器（残器）

1件。HBP.0206，原料是流纹岩，呈黑色。标本的两端均残，残长44、宽23、厚13毫米。通体加工修理，一侧面修理得相对较平，而另一面的中间有一条隆起的纵脊，截面为三角形。底端宽23、厚12毫米。器体向上渐收，可能在顶端相交成尖，但顶端已残。疤痕不规则，但浅平，器形规整，其采用了软锤加工和压制修理。左侧刃角75°，右侧刃角61°（图4-3，6）。

三、结　语

（一）石器工业的主要特征

（1）本地点使用过的石料有黑曜岩、流纹岩、脉石英、角页岩和凝灰岩。其中，黑曜岩占86.5%，脉石英占5.7%，流纹岩占3.8%，角页岩占1.9%，火山凝灰岩占1.9%。优质原料所占比例较大，加工的工具多为"精致"者；非优质原料所占比例较小，

（2）据发现的石制品推测，剥片技术主要使用锤击法，也有砸击法。锤击石片中由台面后缘向背面修理的标本所占比例较高。修片也占一定比例。石叶的出现表明存在着间接剥片技术。

（3）石制品主要为小型，石片的平均大小为22毫米×21毫米×4.8毫米，工具的平均大小为37毫米×26毫米×9毫米。工具以石片为毛坯的占85.7%，以石叶为毛坯的占14.3%。工具类型简单，使用石叶所占比例是14.3%，刮削器所占比例是57%（单刃器占75%，双刃器占25%），尖状器占14.3%，矛形器占14.3%。

（4）工具以压制修理占50%，锤击修理占33.3%，而砸击修理占16.7%。向背面加工占33.3%，双面占33.3%，向劈裂面占16.7%，错向占16.7%。

（二）对比与讨论

依据石制品的特征分析，珲春北山地点的石制品具有旧石器时代晚期细石叶工业传统的特征。从发现的石叶和细石叶可以说明本地点存在着间接剥片技术，而某些工具上存有细长、浅薄而有序的压制修疤，表明压制技术已经相当发达。但是，本地点的石叶形体明显大于典型细石叶，东北亚地区典型细石叶宽度一般在4~6毫米，比如在中国吉林镇赉大坎子、日本湧别川[1]、朝鲜半岛的垂杨介[2]和俄罗斯滨海地区的乌斯季诺夫卡[3]均有小的细石叶，同时与大的石叶共存，可以看出它们之间在文化上有着密切的联系。本地点虽然尚未发现细石叶工业传统中典型的细石叶石核，但是文化面貌也受到了以下川[4]为代表的旧石器时代晚期华北的典型细石叶工业传统影响，同时也有着自己的特色。本地点发现的压制修理的工具，如横刃刮削器、矛形器在各个细石叶工业传统分布区内均可见到，但是以黑曜岩为主要原料的细石叶工业遗存，本地点是国内首例。在日本以黑曜石为原料的遗址数量很多。

（三）年代分析

从石制品的出土情况判断，虽然只有极少数的石制品出于台地内（台地高于Ⅱ级阶地）的黄色亚黏土层中，而其他石制品均采于黄色亚黏土的地表，但是，黄色的亚黏土层也应该是其他石制品的原生层位，根据吉林省第四纪地层的堆积年代分析，可

---

[1] 筑波大学遠間資料研究グル-プ編：《湧別川-遠間栄治採集幌加沢遺跡地点石器図録》，《遠軽町先史資料舘収蔵資料集》，北海道紋別郡遠軽町教育委員会，1990年。

[2] 〔韩〕李隆助著，李占扬、李勇军译，赵志文校：《朝鲜半岛的旧石器文化——主要记述秃鲁峰和垂杨介遗址》，《华夏考古》1992年第2期，第106~112页。

[3] Васильевский Р С, Гладышев С А. ВерхнийПалеолит южного приморья. Наука, сибирское отделение, 1989: 99-106.

[4] 山西省文物工作委员会：《下川文化——山西下川遗址调查报告》，《考古学报》1978年第3期。

以确定其原生层位属于晚（上）更新统[1]。从发现的石制品内不见任何的磨制石器和陶片等分析，其文化遗存的年代不会晚于旧石器时代晚期。从该遗址石制品的文化特征与日本涌别川、朝鲜半岛的垂杨介和俄罗斯滨海地区的乌斯季诺夫卡的文化特征和年代的比较，推测珲春北山旧石器地点的时代应处于旧石器时代晚期。

第二节　抚松新屯子西山旧石器地点

西山地点位于吉林省抚松县新屯子镇的西山上。东距新屯子镇约2.5千米，西距万良约3千米，北距大黄泥河约2千米，南距县城约25千米。地理坐标为东经127°16′11″，北纬42°33′，海拔572米。

1999年秋，新屯子镇村民张春德挖人参地时，发现了一个重17.4千克的黑曜岩石叶石核。2002年9月末，吉林大学边疆考古研究中心、吉林省文物考古研究所、抚松县文物管理所组成联合发掘队对该遗址进行了试掘，揭露面积70平方米，在黄色亚黏土层中发现了用石块围成的椭圆形遗迹1处，以及石制品30件。

一、地貌与地层

（一）地貌概况

抚松县地处长白山腹地，地势东南高，西北低。西山遗址位于抚松县西北隅的盆地内，山间盆地东西宽约4.5、南北宽约15千米；东山海拔最高为725米，西山海拔最高为745.4米。由于长白山区地壳抬升，使大黄泥河切割成很深的河谷，谷深25~30米。大黄泥河由东南向东北流入二道江。

（二）地层堆积

从地表坡度看，由西南向东北倾斜。堆积西厚东薄，自上而下分为3层（图4-5）。第1层为黑土（表土）层，土质松散呈黑色，不见任何遗物，堆积较薄，厚0.15米。第2层为黄色亚黏土层，土质黏，呈黄色，石圈遗迹和石制品均出于此层，该层西厚东薄，最薄处是东北角。该层厚0.1~0.25米。第3层为基岩风化壳，由大小不等的破碎玄武岩组成。厚度不详。

---

[1] 吉林省区域地层表编写组：《东北地区区域地层表·吉林省分册》，地质出版社，1978年，第124~126页。

图4-5　西山遗址南壁地层剖面图

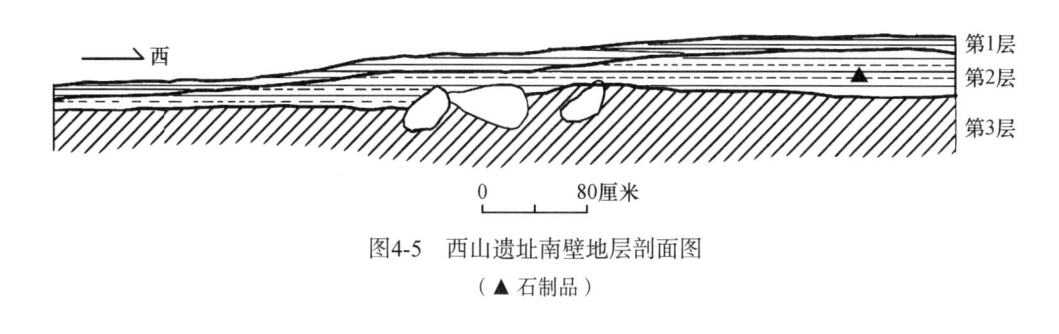

（▲ 石制品）

二、石圈遗迹

　　该遗迹是用石块围成的椭圆形。从石块的摆放来看，分成内外两圈，内圈石块少，主要分布在西北角，外圈石块多而密集，而东部的部分石圈在近代被人为破坏。内外石圈间距为0.3~0.4米。从石圈的性质分析，可能是古人类搭建的建筑遗址，石头推测是用来加固茅草留下的遗迹。石圈遗迹坐北朝南，在其南侧有三块1.2米×1.3米左右的大块岩石并排放置，与地面平齐，从而形成天然路面。遗址内东西内径长5.6、外径长6.5米，南北内径宽3.7、外径宽4.8米。遗址中西部地面平坦，比室外地面略低，推测是人为踩踏的结果；而室内东侧有三块大的岩石相连并高于室内地面，由西向东逐渐高起，其尺寸为东西长2.4、南北宽2.05米（图4-6），石制品主要发现在石圈遗迹内，据此分析，推测当时的古人类在石圈遗迹内剥制石叶或修理工具。

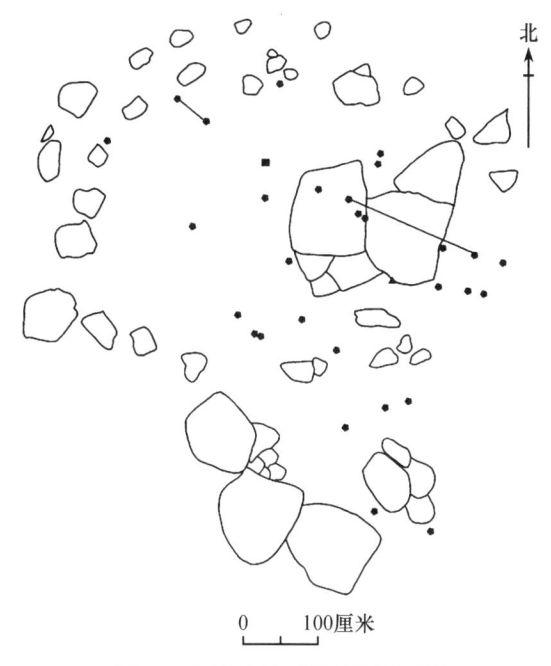

图4-6　西山遗址石圈居址平面图

（● 石片　■ 石叶石核　▲ 细石叶　— 拼接关系）

从上述遗迹分析，遗迹选址的要求还是非常严格的，选择了离水源近，地势高而平，并且存在可利用天然物体（如石圈遗迹内大块岩石和南部的石板等）的地方。从遗迹内出土的石制品数量和性质分析，该遗迹可能属于一处临时活动场所。古人类将17.4千克重的黑曜岩石叶石核放在遗迹内，当需要工具时，来此剥取大的石叶，并且坐在遗迹内进行工具修理。

三、石　制　品

1. 原料

原料单一，仅见黑曜岩，其微量元素测量分析见表4-2。

表4-2　黑曜岩微量元素分析表　　　　　　　　　　　　[$\omega(B)/10^{-6}$]

元素	含量	元素	含量	元素	含量	元素	含量
B	94	P	360	Co	2.1	Sm	12.6
Ba	102	Sr	20	Mo	5.2	Eu	0.75
Ca	3300	Ti	780	Pb	22.8	Gd	12.2
Cr	33	Zn	87	Sb	1.7	Nd	57.8
Fe	11500	Zr	876	Cb	0.37	Tb	1.97
Mg	345	Ag	14.1	La	77.3	Dy	10.3
Mn	891	Au	1.16	Ce	157	Ho	2.01
Ni	6	Bi	1.6	Pr	17.5	Er	5.49
Tm	0.82	As	2.39	C	3700	K	44545
Yb	5.49	Hg	0.061	Cs	6018	Na	30871
Lu	0.72	F	6018	Rb	206	Ca	190
Y	61.3	S	220	Li	42.2		

2. 石叶石核

1件。02FXP.F1：27，整体形状呈楔形。长、宽、厚为412毫米×153毫米×225毫米，重17.4千克（图4-7）。

从石核台面观，台面长215、宽110毫米；台面可分为三部分：①自然台面，位于台面的后端，并向后倾斜，长100毫米；②修理台面，位于台面的中前部，将原自然台面修理成人工台面，是采用锤击的方法，由石核的左右两侧对向加工，修疤大小不等，整个修理台面中间凹；③有效台面，位于台面的前缘，是在修理台面的基础上加工的，由石核的前缘向后打击而成，有2块修疤组成有效台面，有效台面长30毫米。该

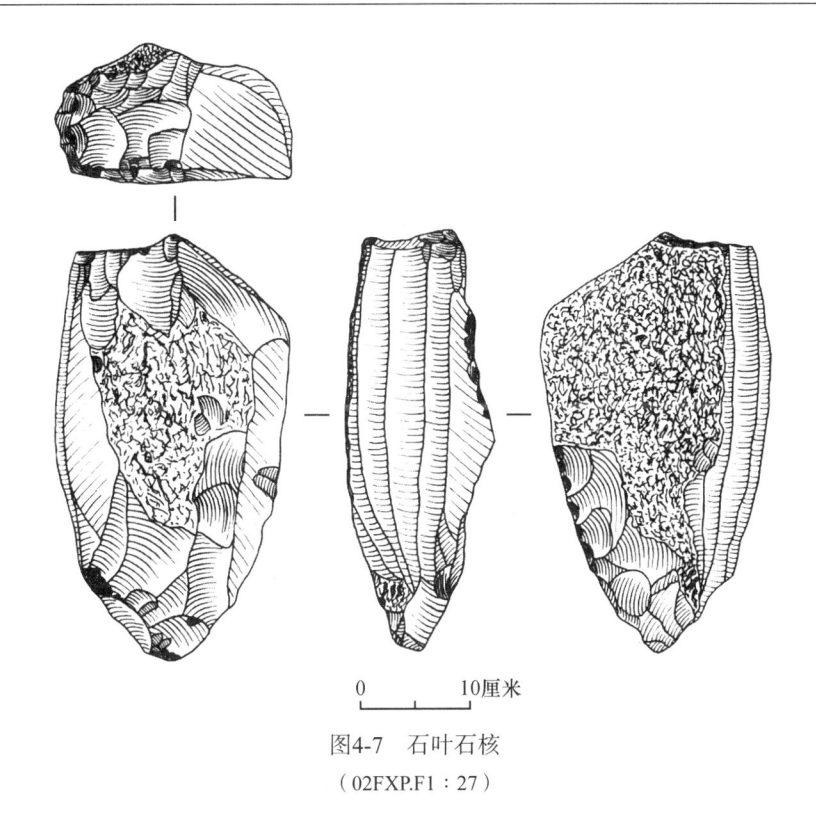

图4-7　石叶石核
（02FXP.F1∶27）

台面是为了调整台面角而有利于剥片的特殊工序，随着工作面的不断剥片，有效台面也在不断的修整后移。

从工作面观察，工作面最大长386毫米，使用工作面长326毫米；工作面最大宽153毫米，使用工作面宽103毫米。在使用工作面上可见有五次剥落石叶后留下的阴痕，最后一次剥落的石叶长322、宽44毫米。在五次剥片中，其中仅有一次剥片是失败的，其余石叶宽而长。在工作面的远端有一个大的凹面，其上有一个从右侧打击形成的小疤痕，该凹面又是向右侧面修理所使用的台面。从完整石叶的阴痕特征观察，打击点集中，半锥体凸，两侧边平齐，从剥落宽而长的石叶分析，加工者已经熟练掌握了这种剥片技术。

从石核的左侧观，该面大部分为岩流与地面相接触时形成的麻面，在石核底端的后缘有修理石核时形成的疤痕，使石核的底部呈锥形。

从石核的右侧观，40%的表面是岩流凝固时形成的流纹，其余为修理痕迹。从修疤痕迹的性质分析，剥片的方法为硬锤加工，其目的一是修理石核，二是为了剥取石片。

从石核的后面观，85%为自然面，仅底端有向上修理时留下的疤痕，使石核的底端变得尖锐，后侧面的宽度与前侧的宽度相等。

综上，可以看出石核的工艺流程：先选择黑曜岩为原料；然后对核体进行简单的修理；再对石核台面进行两步修理，先修理基础台面，然后修理有效台面；接下来是剥取石叶。从台面和工作面合理设计及剥落石叶分析，加工者已经熟练掌握了合理利用石材和剥片技术。

3. 细石叶

1件。02FXP.F1：16，为细石叶近段。残长17.5、宽5.75、厚2.02厘米，重0.3克。台面小而薄，台面宽2.09、厚0.98厘米。腹面打击点集中，半锥体凸，同心波较明显。背面有两条平行纵脊，截面呈梯形。台面后缘的背侧有一个与纵脊同向的小修疤，是剥片前调整台面角时产生的痕迹（图4-8，6）。

4. 石片

28件，占石制品总数的93.33%，其中完整石片9件，不完整石片19件。主要为微型及小型[1]。长5.48～33.37毫米，平均长17.11毫米；宽4.12～33.05毫米，平均宽15.37毫米；厚1.31～8.23毫米，平均长3.43毫米；重0.01～1克，平均重0.44克。依石片台面和背面反映制作过程可将石片划分为不同类型[2]。02FXP.F1：2，完整石片。残长33.37、宽30.7、厚1.83毫米，重1克。形状近似长方形。有脊台面，长11.71、宽5.9毫米，石片角107°。腹面、半锥体凸起明显。背面靠近台面处有一些小的剥片疤（图4-8，2）。标本02FXP.F1：6，近段石片。残长24.09、宽23.27、厚1.44毫米，重0.9克。形状近似三角形。点台面，腹面、半锥体微凸，背面有部分砾石面（图4-8，5）。标本02FXP.F1：22，中段石片。残长16.15、宽13.08、厚2.45毫米，重0.5克。形状近似矩形（图4-8，3）。标本02FXP.F1：15，远端石片。残长18.11、宽10.6、厚3.02毫米，重0.35克。形状近似三角形。腹面半锥体浅平，背面布满石片疤（图4-8，4）。

完整石片均为人工台面，以Ⅰ2-3型为主，Ⅰ2-2型次之，分别为9、2件；台面以点台面为主，线台面、有脊台面较少。不完整石片占石片总数的67.86%。其中中间断片较多，10件，近端和远端断片各有7件和2件。石片类型表明石片主要为非初级剥片产品，石核剥片前对台面进行预制修整，原料利用率较高。石片的剥片方法为锤击法，由于埋藏条件的原因，大多石片表面都有一定的磨蚀，边缘也大多有零星的不连续的小片疤，应该是埋藏过程中碰撞形成的，无法判断为使用痕迹。这些石片应是古人类剥片或者修理工具产生的。

---

[1] 卫奇：《泥河湾盆地半山早更新世旧石器遗址初探》，《人类学学报》1994年第3期。

[2] 卫奇：《〈西侯度〉石制品之浅见》，《人类学学报》2000年第2期。

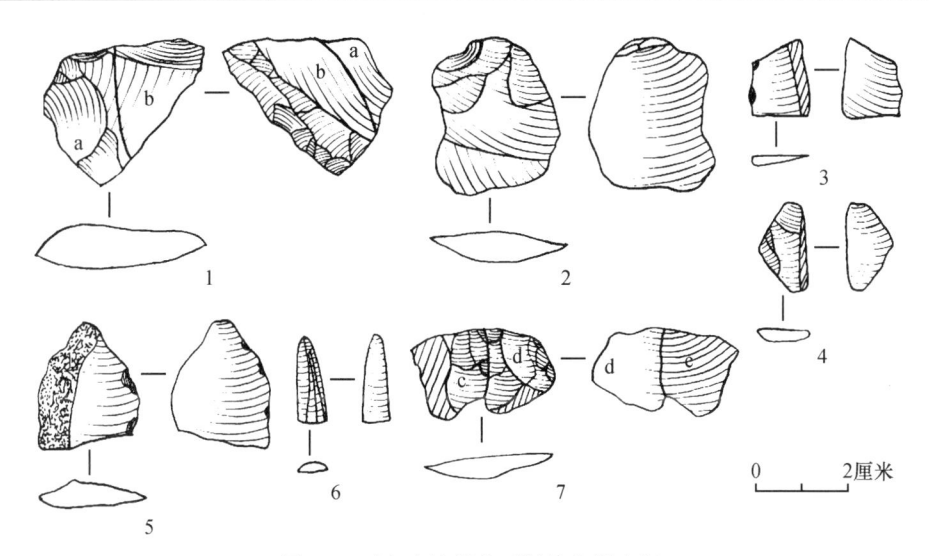

图4-8 西山遗址部分石制品和拼合组

1. 石片（a）—石片（b）拼对组（02FXP.F1：12、02FXP.F1：25） 2. 完整石片（02FXP.F1：2）
3. 中段石片（02FXP.F1：22） 4. 远段石片（02FXP.F1：15） 5. 近段石片（02FXP.F1：6） 6. 细石叶
（02FXP.F1：16） 7. 石片（c）—石片（d）拼对组（02FXP.F1：4、02FXP.F1：5）

四、结　语

（一）遗址性质的讨论

与西山遗址相似的以石块围筑而成的遗址在东北亚地区旧石器时代遗址中屡有发现。在中国黑龙江的阎家岗[1]遗址，西伯利亚安加拉河流域的马耳他[2]、布列奇[3]遗址，以及捷思纳河西南支流苏多斯奇河上游的叶利谢维奇[4]、网泽[5]、莫洛多

---

[1] 黑龙江省文物管理委员会、哈尔滨市文化局、中国科学院古脊椎动物与古人类研究所东北考察队：《阎家岗——旧石器时代晚期古营地遗址》，文物出版社，1987年，第1~133页。

[2] Медведев Г И. Мальтинское палеолитическое местохождение. Иркуск, 1996.

[3] Медведев Г И. Палеолит южного приангарья. Новосибирск, 1983.

[4] 黑龙江省文物管理委员会、哈尔滨市文化局、中国科学院古脊椎动物与古人类研究所东北考察队：《阎家岗——旧石器时代晚期古营地遗址》，文物出版社，1987年，第1~133页。

[5] 黑龙江省文物管理委员会、哈尔滨市文化局、中国科学院古脊椎动物与古人类研究所东北考察队：《阎家岗——旧石器时代晚期古营地遗址》，文物出版社，1987年，第1~133页。

娃[1]、麦津[2]等遗址，都广泛使用石块或兽骨作为建筑住所的材料。有的用猛犸象腿骨做柱子及其支撑物，有的用披毛犀和猛犸象的头骨建筑墙基，屋顶的支架多采用鹿角、象牙或树枝。据推测，遗址的顶部和四周是用兽皮或树枝等铺盖的。

在整个晚更新世，由于全球性冷暖气候交替频繁，海水进退的次数也相应增多，使得这时的中国东北地区气候进一步恶化，出现干冷—温凉—干冷的变化[3]。冰缘植被在这一地区有大面积分布，并且与猛犸象—披毛犀动物群组成了冰缘气候条件下的生物群体。从东北地区出土的旧石器时代晚期动物骨骼遗存来看，主要是猛犸象、披毛犀、野马、野牛和鹿等大型动物的骨骼[4]。而从当时的狩猎水平来看，想成功捕猎或猎取更多的动物，有学者推测，当时的狩猎方式应是以集体围猎为主，体现了当时人类可能在获取食物时具有一定的组织性和计划性。西山遗址内存在石核、石片，可以认为古人类曾经在这里进行过剥片、修理工具等活动，但遗址堆积较薄，且无堆积被后期破坏的迹象，证明了古人类曾在此短暂居住生活，该遗址应是一处古人类的临时生活场所。

在过去的二三十年里，旧石器时代考古学的重心已经从类型和形态学分析转到了对石器技术的系统组织，以及石制品组合内部、不同组合之间的变异成因的探究上[5]，进而探讨遗址在人类迁徙和居住系统中所扮演的角色[6]。Kuhn的技术装备论（technological provisioning）[7]提出了两种相对立的技术方略：装备人员（provisioning individuals）和装备地点（provisioning sites），而从西山遗址内发现的石片和石叶石核来看，古人类不大可能随身携带重达17.4千克的石核活动，故他们在居址内预先放置石核，以备需要时使用，因而该遗址应属于装备地点。

---

[1] 黑龙江省文物管理委员会、哈尔滨市文化局、中国科学院古脊椎动物与古人类研究所东北考察队：《阎家岗——旧石器时代晚期古营地遗址》，文物出版社，1987年，第1～133页；Окладников А П. Древне население Сибири и его культура. Народы Сибири. Москва, 1956.

[2] 黑龙江省文物管理委员会、哈尔滨市文化局、中国科学院古脊椎动物与古人类研究所东北考察队：《阎家岗——旧石器时代晚期古营地遗址》，文物出版社，1987年，第1～133页；Окладников А П. Древне население Сибири и его культура. Народы Сибири. Москва, 1956.

[3] 姜鹏：《东北更新世动物群与生态环境的探讨》，《中国东北平原第四纪自然环境与演化》，哈尔滨地图出版社，1990年。

[4] 姜鹏：《中国东北旧石器时代晚期文化和狩猎生活之研究》，《更新世近期研究》1986年第3期。

[5] 高星：《解析周口店第15地点古人类的技术与行为》，《第八届中国古脊椎动物学学术年会论文集》，海洋出版社，2001年，第183～196页。

[6] Milliken S. The role of raw material availability in technological organization: a case study from the south-east Italian Late Paleolithic. The Organization of Lithic Technology in Late Glacial and Early Postglacial Europe. BAR Internat Ser 700, 1998: 63-82.

[7] Kuhn S L. Mousterian Lithic Technology: An Ecological Perspective. Princeton Univ. Press, 1995.

对考古遗址出土遗物进行拼合研究是探索遗址埋藏和形成过程必不可少的环节之一，能够重建石制品从制作到废弃的"生命"轨迹[1]。对遗址30件标本中获得2个拼合组，涉及4件石制品。拼合率较低，占石制品总数的13.33%。石片（c）—石片（d）拼合组①处于石圈遗迹的西北部，间距为55厘米。石片（a）—石片（b）拼合组②处于石圈遗迹的东部，间距在2米左右（图4-6；图4-8，1、7）。

（二）年代分析

石制品出土于山坡台地内（台地高于Ⅱ级阶地）的黄色亚黏土层中，根据吉林省第四纪地层的堆积年代分析，其原生层位属于上更新统[2]，同时，从遗址内不见任何磨制石器和陶片来看，其时代可能是旧石器时代晚期，也不排除更晚的可能性。

本次试掘虽时间较短，但收获颇丰。特别是17.4千克的黑曜石石叶石核和剥片面上长32.2、宽4.4厘米的石叶阴痕，均属国内罕见。该遗址的发现对探讨古人类在图们江流域的迁徙、适应、开发和改造过程，以及该地区更新世晚期旧石器工艺的演变趋势，具有重要的学术意义。

第三节 延边和龙柳洞旧石器地点

一、和龙柳洞旧石器地点2002年调查

柳洞旧石器地点，位于吉林省延边自治州和龙市南偏东35千米处的Ⅱ级阶地上，地理坐标为东经129°6′23″，北纬42°19′11″。面积约400平方米。地点东距柳洞林场场部及柳洞小学校约300米，东南距柳洞村约500米，南距小河约400米，西距仙景台风景区约4500米。和龙至德化的公路由遗址的南侧穿过。

该地点于2002年5月初，由吉林大学边疆考古研究中心的部分师生及和龙市博物馆的同志在图们江流域进行调查时发现。共获石制品89件，不见其他遗存。

---

[1] Hofman J L. The refitting of chipped stone artifacts as an analytical and interpretative tool. Current Anthropol, 1981, 22: 691-693.

[2] 吉林省区域地层表编写组：《东北地区区域地层表·吉林省分册》，地质出版社，1978年，第124～126页。

（一）地貌与地层

1. 地貌概况

吉林省东南高西北低，东部山地（长白山地）属新华夏系隆起带，构造与山体走向均为北北东—南南西和北东—南西向，普遍存在2~3级夷平面和发育多级河流阶地。该地点位于长白山地东部的图们江中游地区，它的北、西、南三面均为南岗山山脉，有条图们江的支流从遗址的南侧由西向东流过，注入图们江。遗址高出河水面约20米。遗址是背靠高山，面向河流，左右两侧是开阔的河谷地带。从该地点的位置来看，是非常理想的人类生活场所。

2. 地层堆积

从阶地南端的断面观察，地层堆积自上而下分为3层（图4-9）。

第1层为耕土层：土呈黑色，夹有小石块，不见其他遗物。厚10~20厘米。第2层为黄色亚黏土层：土呈黄色，黑曜石的石制品应该出于此层。厚35~40厘米。第3层为角砾石层：夹黄色沙土，不见任何文化遗物。厚100厘米，未见底。

在采集石制品的区域内均为黄色土，而黑色的耕土已被雨水冲刷剥蚀掉，第2层的黄色亚黏土层被暴露出来。从黑色的耕土层内不见石制品来看，认为黄色亚黏土层是石制品的原生层位。

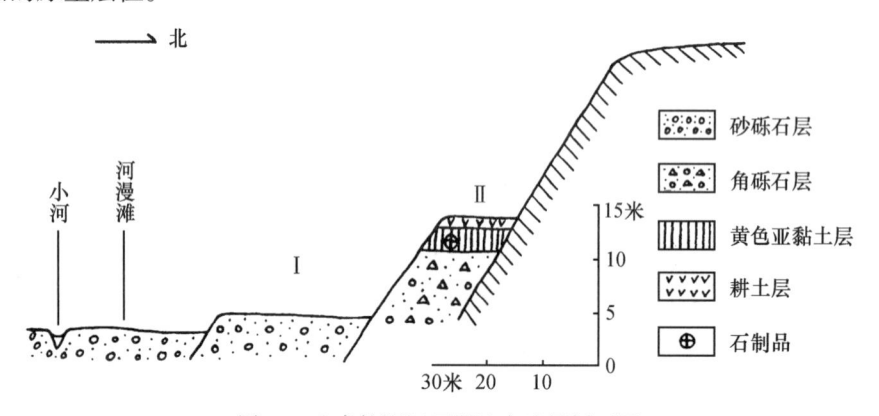

图4-9 和龙柳洞旧石器地点地层剖面图

（二）石制品分类与描述

本次调查采集到石制品89件，原料除1件为石英外，其余均为黑曜岩（表4-3）。黑曜岩的微量元素含量分析（表4-4）。以下将对本次调查的石制品进行分类与描述。

表4-3　柳洞旧石器地点石制品分类、测量统计表

项目		砸击石核	预制楔形石核	石片(完整)	石片(远端断片)	废片	断块	第二类工具(使用石片)	刮削器	雕刻型·屋脊型	雕刻型·喙嘴型	琢背小刀	残矛头	分项统计	百分比(%)
原料	黑曜岩	3	3	21	5	34	13	2	2	1	2	1	1	88	98.9
	石英				1					1				1	1.1
毛坯	石片								2	1	2	1	1	6	85.7
	细石叶											1		1	14.3
加工方法	锤击									1	2			4	57.1
	压制								2				1	3	42.9
加工方式	向背								2					2	40
	对向									1				1	20
	交互											1		1	20
	通体												1	1	20
长度(毫米)	变异	19~28.5	37~43	12~51	10.8~56.5	8.5~20.2	11~35	27~67.3	31.5~34	40	32.6~43	16.7	59.4		
	平均	24.4	40.5	24.6	29.8	12.8		47.15							
宽度(高度)(毫米)	变异	12~22	11.8~29	13.8~37	13.4~34	5~16	12~13.5	20.3~24.5	11.9~14	17	26~27	15.5	40.7		
	平均	16	20.5	22.1	24.9	13.2		22.4							
厚度(毫米)	变异	4.5~10	18~30	4~18	4.1~18	0.9~8	4~16	9~11.2	9.1~10.8	8	7.8~9	5	10.5		
	平均	6.5	20.3	7.4	8.1	3.2		10.1							
台面角(度)	变异														
	平均														

续表

项目		砸击石核	预制楔形石核	石片 完整	石片 远端断片	废片	断块	第二类工具（使用石片）	刮削器	第三类工具 雕刻器 屋脊型	第三类工具 雕刻器 喙嘴型	第三类工具 琢背小刀	第三类工具 残矛头	分项统计	百分比（%）
石片角（度）	变异			105~123				110~115	43~83.5		36~38				
	平均			114				112.5			37.5	58			
边刃角（度）	变异														
	平均														
尖刃角（度）	变异														
	平均														
分类小计		3	3	21	6	34	13	2	2	1	2	1	1	89	
百分比（%）		3.4	3.4	23.5	6.7	38.2	14.6	2.2	2.2	1.1	2.2	1.1	1.1		99.7

表4-4 黑曜岩微量元素含量分析　　　　　　[ω（B）/10⁻⁶]

元素	含量	元素	含量	元素	含量	元素	含量
La	85.5	Yb	6.15	Na	30028	Ti	640
Ce	195	Lu	0.81	B	97.0	Zn	136
Pr	19.3	Y	66.7	Ba	231	Zr	852
Sm	13.5	As	4.22	Ca	3200	Ag	45
Eu	0.99	Hg	0.07	Cr	32	Au	2.2
Gd	13.7	F	1728	Cu	215	Bi	1.6
Nd	62.1	S	460	Fe	12300	Co	2.2
Tb	2.22	C	4300	Mg	680	Mo	7.8
Dy	12.8	Cs	5.45	Mn	897	Pb	24.5
Ho	2.42	Rb	203	Ni	6	Sb	1.8
Er	6.55	Li	37.0	P	560	Cd	0.41
Tm	0.94	K	40439	Sr	32		

注：由吉林大学测试科学实验中心测试

1. 石核

本次采集的石核中仅见砸击石核和细石叶工业中的预制楔形石核，不见其他石核。

砸击石核　3件。形体较小，长19～28.5毫米，平均长24.4毫米；宽12～22毫米，平均宽16毫米；厚4.5～10毫米，平均厚6.5毫米；平均重5.2克。石核两端有砸击痕迹，核体上分布着由两端向中央延伸的多层石片疤。标本HLP.0222，长28.5、宽22、厚10毫米，重6.9克。核体有对向分布的石片疤痕，核体两端经砸击后留下的疤痕排列紧密整齐，疤痕较细小（图4-13，5a、5b；图4-10，4）。

预制楔形石核　共3件（由于本次采集的石制品有限，未见到使用阶段的细石叶石核）。长37～43毫米，平均长40.5毫米；高11.8～29毫米，平均高20.5毫米；厚18～30毫米，平均厚20.3毫米；重8.2～16.4克，平均重13.7克。石核台面和核体均作过修理。HLP.0226，长37、高20.8、厚13毫米，重8.2克。整体呈楔形。台面除一新鲜大疤为后期破坏，其余部分修理较平整。核体上6～7块较平的大疤，底缘有明显的小而连续的修疤（图4-10，1）。HLP.0203，长43、高29、厚18毫米，重16.4克。整体呈楔形。台面修整得较平整，石片疤由台面周围向中部延伸。核体上有几块大疤，周边分布有多块小疤。核体上有两条较直的脊，如进一步修理便可进行细石叶的剥离工作（图4-10，2）。HLP.0201，长41.5、高11.8、厚30毫米，重16.4克。整体亦呈楔形。从台面的特征观察，先由台面的两侧边向中间修理出基础台面，然后由前端向后端打击出两条长疤形成有效台面；对核体两面均进行了细致的修理，留下若干浅平的修疤；底缘呈刃状，两侧有细小的疤痕；前缘已经修理出较直的棱脊。整个细石叶石核的预制阶段已经完成，而下一道工序是剥制细石叶（图4-13，2a、2b；图4-10，3）。

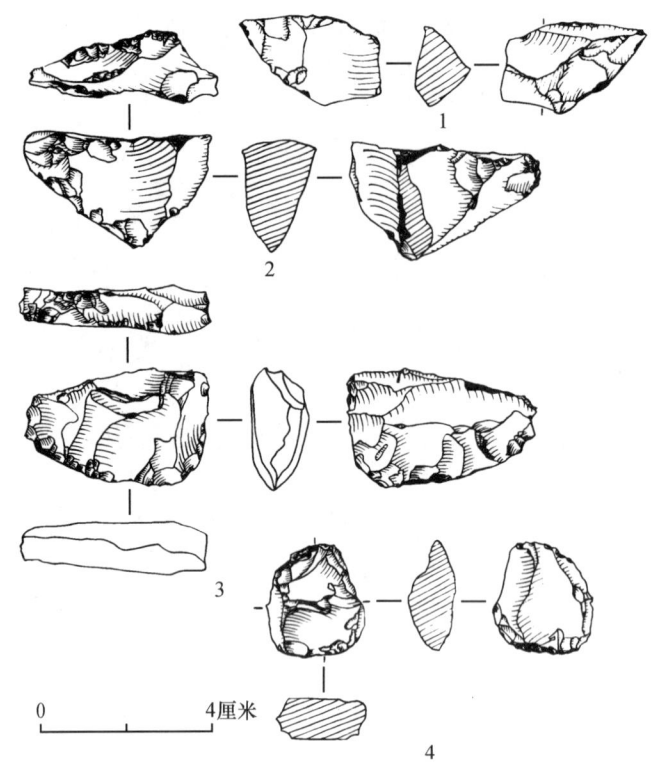

图4-10 和龙柳洞旧石器地点发现的石制品
1~3. 预制楔形石核（HLP.0226、HLP.0203、HLP.0201） 4. 砸击石核（HLP.0222）

2. 石片

共发现61件。除HLP.0242原料为石英以外，其余均为黑曜岩。分为完整石片、远端断片和废片。

完整 共发现21件。长12~51毫米，平均长24.6毫米；宽在13.8~37毫米，平均宽22.1毫米；厚4~18毫米，平均厚7.4毫米；重0.6~31克，平均重4.2克。石片台面以素台面为多，修理台面次之。劈裂面的同心波较明显，有的上面有一到两个锥疤，腹面较平的居多，较凸的占少数。背面多为全疤。石片的边缘有磕碰的新鲜疤痕，应为晚期耕地所致。标本HLP.0204，长51、宽34.5、厚18毫米，重31克。素台面，石片角120°，劈裂面半锥体明显，锥疤较大。背面大部分为砾石面，约占4/5。接近台面处有打石片时产生的疤痕。石片一侧边有几块不连续的、大小不规则的片疤（图4-13，4a、4b；图4-11，4）。标本HLP.0216，长18.8、宽19、厚4.2毫米，重1.4克。素台面，石片角119.8°，劈裂面半锥体明显，两个锥疤，同心波清晰。背面为全疤，3块稍大，接近台面处有若干小疤，疑为剥片之前修理所致（图4-11，3）。

远端断片 共6件。长10.8~56.5毫米，平均长29.8毫米；宽13.4~34毫米，平均宽24.9毫米；厚4.1~18毫米，平均厚8.1毫米；重0.6~10.96克，平均重4.9克。其特征除

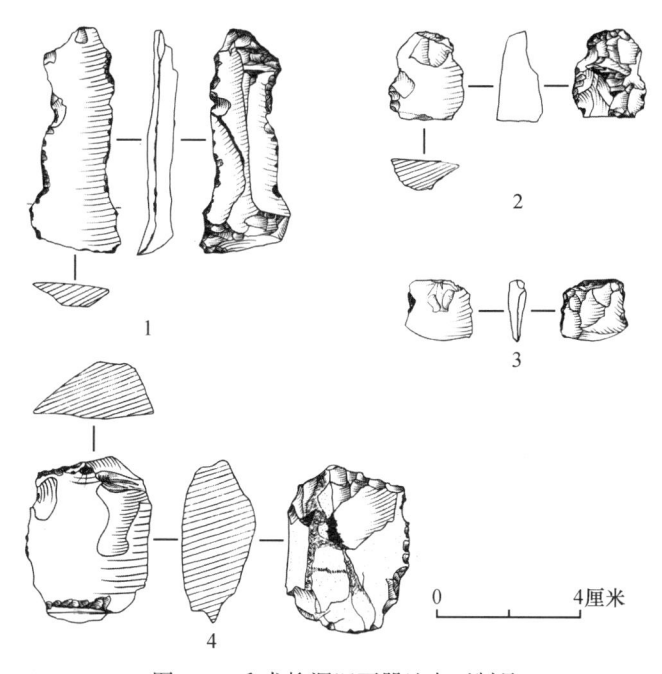

图4-11 和龙柳洞旧石器地点石制品
1、2.使用石片（HLP.0206、HLP.0217） 3、4.锤击石片（HLP.0216、HLP.0204）

无台面和锥疤外，其他与完整石片相同。

废片 该类石片形体较小，是修理工具或石核的过程中产生的。本次采集的废片共34件，长8.5~20.2毫米，平均长12.8毫米；宽5~16毫米，平均宽13.2毫米；厚0.9~8毫米，平均厚3.2毫米。

3. 断块

13件。其中最大块的标本（HLP.0232）长35、宽13.5、厚16毫米，重3.75克；最小块的标本（HLP.0268）长11、宽12、厚4毫米，重0.5克。

4. 工具

仅见有第二和三类工具，而不见第一类工具。

（1）第二类工具（使用石片）

由于黑曜岩原料本身较脆，极易磕碰出疤痕，而采集到的石片上又都或多或少地带有不连续的疤痕，根据疤痕性质分析，有2件标本可确定为该类工具。HLP.0206，长67.3、宽24.5、厚9毫米，重10.05克。采用间接剥片法。台面为点状。劈裂面较平，打击点集中，半锥体上有一小锥疤，同心波明显。背面接近台面部分为剥片之前进行的反复多次修理后留下的疤痕，有一条纵脊贯穿背部中央，截面呈三角形，两侧边不很平行，分布有不连续的片疤，为使用时留下的痕迹（图4-13，1a、1b；图4-11，1）。

HLP.0217，长27、宽20.3、厚11.2毫米，重5.1克。菱形素台面，长9、宽4.5毫米。石片角110°。石片背面近台面处有剥片前修理台面时留下的片疤。片疤较复杂，为多重修疤。石片截面为三角形，两侧边有使用痕迹（图4-11，2）。

（2）第三类工具

该类工具有刮削器、雕刻器、琢背小刀和残矛头。

刮削器 2件。均为单凸刃刮削器，个体较小，刃口修理得较细致，但形体不规整。HLP.0214，长31.5、宽19.1、厚10.8毫米，重4.3克。素材为断片。采用软锤修理，其方式向背面加工。修疤小而浅平，多层叠压。刃缘平齐，刃口长20毫米，刃角43°~83.5°（图4-13，6a、6b；图4-12，6）。HLP.0215，长36、宽14、厚9.1毫米，重4.6克。以石片为素材，从石片的背面可见剥离细石叶后留下的阴痕，可以断定该石片是从细石核的工作面上剥离下来的。素材的背面修疤较复杂，其中一侧修疤稍大但不连续，另一侧两层修疤，最外层连续，稍向外弧凸，该边即为刮削器的刃口，刃缘长33毫米，刃角73°（图4-13，8a、8b；图4-12，4）。

雕刻器 3件。分为啄嘴型雕刻器和屋脊型雕刻器。

屋脊型雕刻器 1件。HLP.0229，素材为石片残片，长40、宽17、厚8毫米，重4.5克。毛坯的一端交叉打下两石片，形成屋脊型雕刻器（图4-12，1）。

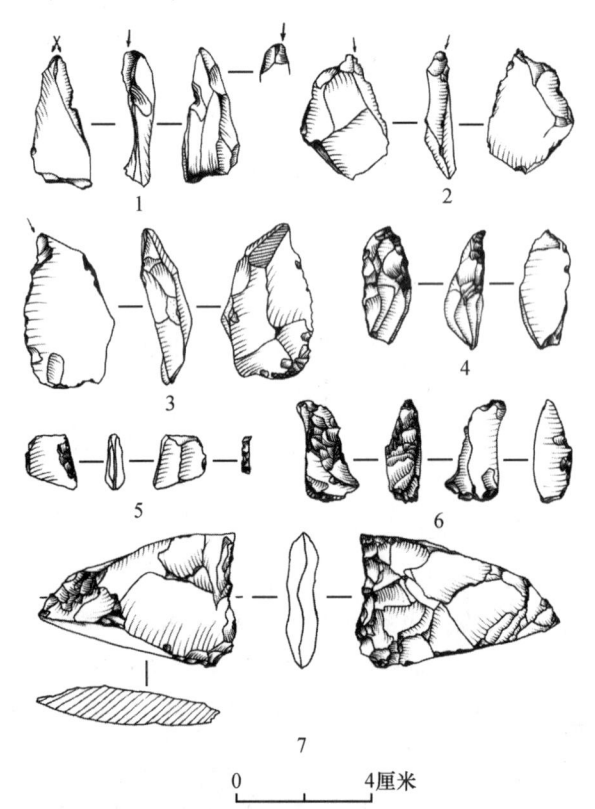

图4-12 和龙柳洞旧石器地点石制品

1~3. 雕刻器（HLP.0229、HLP.0231、HLP.0219） 4、6. 单凸刃刮削器（HLP.0215、HLP.0214）
5. 琢背小刀（HLP.0248） 7. 矛头（残）（HLP.0205）

喙嘴型雕刻器　2件。HLP.0231，以残片为素材，长32.6、宽26、厚7.8毫米，重6.65克。在石片远端的侧边上修去一块石片形成长疤，在此基础上又打下一块小疤，形成尖刃，刃角38°（图4-12，2）。HLP.0219，素材为锤击石片，长43、宽27、厚9毫米，重11.5克。从素材的远端由一侧向台面方向打下一块石片，形成雕刻器的刃部，尖刃角36°（图4-13，3a、3b；图4-12，3）。

琢背小刀　仅发现1件。HLP.0248，素材为细石叶的中段，长16.7、宽15.5、厚5毫米，重0.9克。该石叶的背面有一条纵脊。石叶的一侧边琢出一列疤痕，另一侧为使用过程中产生的使用痕迹。该小刀可能是复合工具上的刃部（图4-12，5）。

矛头（残）　发现1件。HLP.0205，长59.4、宽40.7、厚10.5毫米，重25.3克。整体呈三角形，为通体加工，两端为断面，两侧边为修理的刃缘。器体两面布满浅平的修疤。从修疤特征看，是用软锤加工修理而成的。刃缘采用压制修理。从整个器形分析，原来器物应该是大的矛形器（图4-13，7a、7b；图4-12，7）。

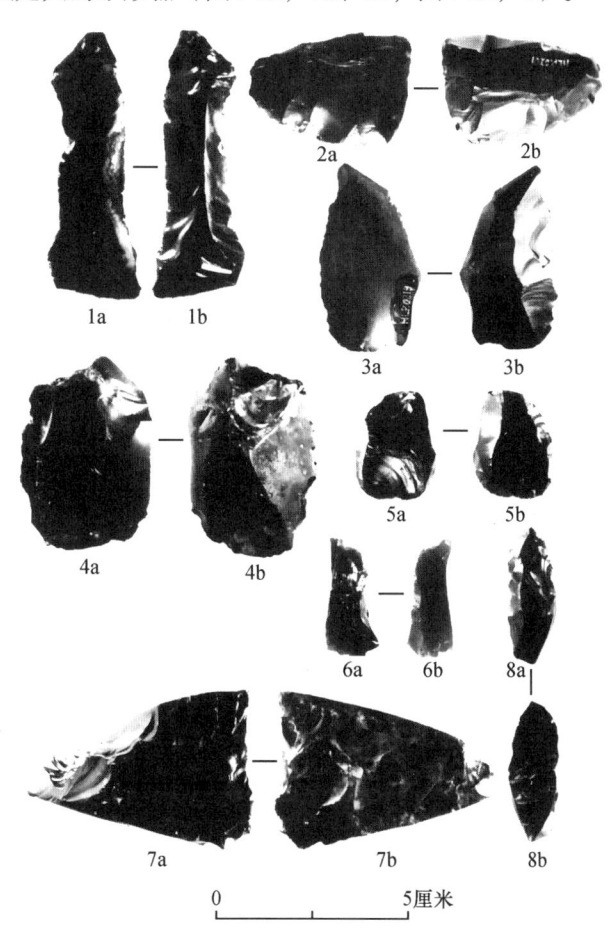

图4-13　和龙柳洞旧石器地点石制品

1a、1b. 石叶（HLP.0206）　2a、2b. 预制楔形石核（HLP.0201）　3a、3b. 雕刻器（HLP.0219）
4a、4b. 锤击石片（HLP.0204）　5a、5b. 砸击石核（HLP.0222）　6a、6b、8a、8b. 单凸刃刮削器
（HLP.0214、HLP.0215）　7a、7b. 矛头（残）（HLP.0205）

（三）结语

本次对该地点的调查，虽然获得石制品的数量有限，但可反映的信息却较多。初步归纳为以下几方面。

1. 石制品的总体特征

（1）石制品的原料以黑曜岩为主，而其他原料的石制品仅见有石英1件。如此集中使用优质的黑曜岩，在我国尚属首例。

（2）石片的剥制方法是以锤击法为主，偶尔使用砸击法。除此之外，还有剥取石叶的间接法。但二者以前者为主。

（3）预制阶段细石核和以石叶为毛坯的工具的获得，证明该地点石叶和细石叶石核（细石叶）两种是共存的。

（4）工具的加工素材均为石片或石叶，不见其他素材。

（5）工具的修理主要采用锤击法，而以软锤修理为主；同时也采用了压制技术。修理方式以向背面加工为主，也有通体加工者。工具修理得比较精致。

（6）工具组合有刮削器、雕刻器、琢背小刀和矛头。以小型工具为主。

（7）在石制品中工具仅占10%，而其他制品占90%（其中石片类占68.6%、石核占6.8%、断块占14.6%）。

2. 年代分析

柳洞旧石器地点的年代，可以从以下几方面的观察研究来断定。

（1）所获得的石制品均采集于Ⅱ级阶地之上的黄色亚黏土出露的地表，而黑色的耕土层内不见任何石制品，推测黄色亚黏土层是石制品的原生层位。根据吉林省第四纪地层的堆积岩性和年代的研究结果，可以确定黄色亚黏土的层位属于晚（上）更新统。

（2）从发现的石制品内不见任何磨制石器和陶片，以及石制品中存在着间接打片和压制修理技术等分析，其文化遗存的年代不会晚于旧石器时代晚期。

（3）根据黑曜岩表面风化的程度分析，其年代不会晚于旧石器时代晚期。

（4）根据该遗址的石制品性质，与日本涌别川、朝鲜半岛的垂杨介和俄罗斯滨海地区的乌斯季诺夫卡的文化特征比较，推测柳洞旧石器地点的地质年代应该属于晚更新世晚期，旧石器时代晚期。

二、和龙柳洞旧石器地点2004年调查

和龙柳洞地点于2002年5月发现[1]。2004年5月初，吉林大学边疆考古研究中心部分师生在和龙市文物管理所同志的协助下，对其进行了复查和小面积试掘，获石制品142件，找到其原生层位，其中，地表采集138件，地层出土4件。

（一）地貌与地层

1. 地貌概况

吉林省东南高西北低，东部山地（长白山地）属新华夏系隆起带，走向均为北北东—南南西和北东—南西向，普遍存在2～3级夷平面和发育的多级河流阶地。该地点位于长白山地东部的图们江中游地区，它的北、西、南三面均为南岗山山脉，图们江支流从地点的南侧由西向东流过。

2. 地层堆积

地层堆积自上到下分为5层（图4-14）。

第1层为黑色耕土，厚100～200毫米，夹杂小石块，不见文化遗存。第2层为浅黄色土，厚120～150毫米，含少量碎石块。第3层为灰黄色土，厚100～150毫米，含石制品和白色腐殖物。第4层为棕色黄土，厚150～200毫米，含少量碎石块。第5层为夹黄

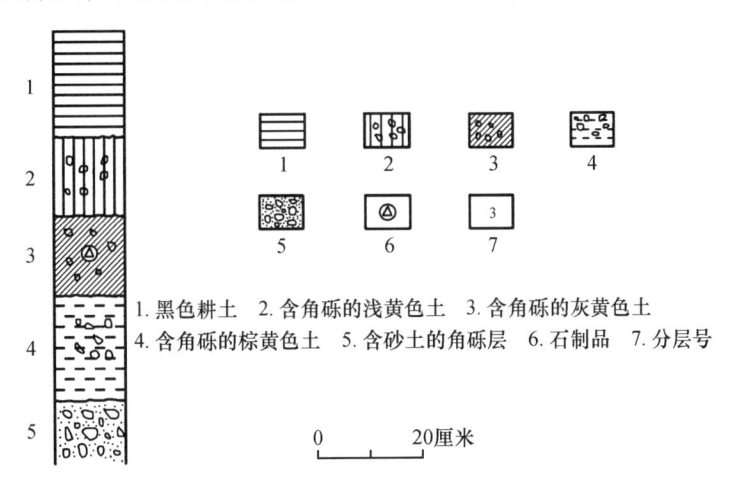

图4-14 和龙柳洞旧石器地点地层柱状图

---

[1] 陈全家、赵海龙、霍东峰：《和龙市柳洞旧石器地点发现的石制品研究》，《华夏考古》2005年第3期。

色砂土的角砾，不见文化遗存，试掘到厚60~120毫米处仍未见底。

采集石制品的区域内均为黄色土，而黑色耕土大部分已被雨水冲刷剥蚀掉，浅黄色土层被暴露出来，138件采集品即从该区域获得，4件标本出在地层内。本次试掘所划分的2~4层与2002年调查所得的黄色亚黏土层相同。未发现动物化石及其他文化遗物。

（二）石制品

本次调查所获石制品142件，包括石核、石片、细石叶和工具。原料以黑曜岩为主，占93.66%。石制品表面棱脊清晰，未见有水冲磨的痕迹，但有不同程度的风化，严重者失去光泽。

1. 石核

10件，可分为砸击石核、锤击石核及楔形细石叶石核三类。

砸击石核　6件。形体较小，其中1件残。原料均为黑曜岩。长15.49~32.69毫米，平均长23.3毫米；宽5.49~25.72毫米，平均宽16.27毫米；厚2.66~9.69毫米，平均厚5.77毫米；重1~8.9克，平均重3.77克。标本HLP.04109，长15.49、宽5.49、厚5.34毫米，重8.9克。核体仍保留部分自然面，两端有明显的砸击产生的对向浅平疤痕及崩裂时产生的小碎疤（图4-15，4）。标本HLP.04008，长28.13、宽25.72、厚5.68毫米，重3.6克。分别从纵、横两个方向进行砸击剥片，分布有对向浅平石片疤（图4-15，5）。

多台面石核　均为锤击石核。黑曜岩、玛瑙各1件。长39.12~56.8毫米，平均长47.96毫米；宽30.77~43.4毫米，平均宽37.09毫米；厚22.01~26.64毫米，平均厚24.33毫米；重37.8~55.4克，平均重46.6克。标本HLP.04007，长56.8、宽43.4、厚26.64毫米，重55.4克。素材为黑曜岩石块，保留部分自然面和节理面，既以砾石面为台面，又以石片疤为台面（图4-15，1）。

楔形细石叶石核　2件。原料均为黑曜岩。长29.68~33.01毫米，平均长31.35毫米；宽16.16~29.38毫米，平均宽22.77毫米；厚6.14~11.69毫米，平均厚8.92毫米；重3.4~12.9克，平均重8.15克。HLP.04001，长33.01、宽29.38、厚11.69毫米，重12.9克。整体呈楔形。石核背缘、底缘经过锤击修理，核身截面呈"D"形。台面由一侧向另一侧横修，呈倾斜状，然后由前向后打击形成，细石叶沿核身纵向剥离，剥片同时进行台面调整，由基础台面前缘斜向外打击而形成有效台面，台面角84°。可见剥离细石叶后留下的4条疤痕，最长27.2、最宽3.1毫米（图4-15，2）。HLP.04027，长29.68、宽16.16、厚6.14毫米，重3.4克。核体背缘、底缘经过修整，修疤连续、浅平。该石核利用率较高，利用核体背缘作为台面进行剥片，台面角58°。可见剥离细石叶留下的4条疤痕，最长31.2、最宽3.1毫米（图4-15，3）。

图4-15 石核

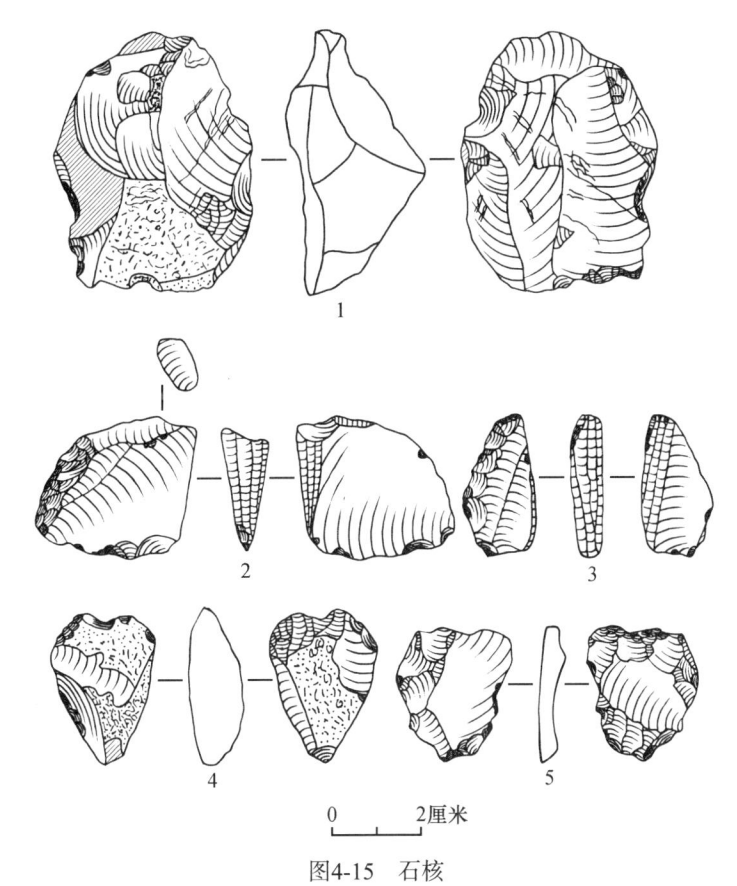

1. 多台面石核（HLP.04007） 2、3. 楔形细石叶石核（HLP.04001、HLP.04027） 4、5. 砸击石核（HLP.04109、HLP.04008）

2. 石片

69件。原料以黑曜岩为主，占97.1%，流纹岩较少，占2.9%。根据其完整程度，分为完整石片、断片和废片。

完整石片　11件。原料均为黑曜岩。其中长大于宽的有7件，宽大于长、长宽相近的各2件。石片台面以素台面为主，占36.4%，点台面、有疤台面次之，各占27.3%，修理台面较少，占9%。腹面的同心波较明显，半锥体上常见1到2个锥疤。腹面较平的居多，较凸的占少数。背面一般较平。

素台面石片　4件。标本HLP.04061，呈椭圆形，长13.1、宽19.51、厚2.41毫米，重0.45克。石片角82°，台面长7.5、宽1.1毫米。腹面半锥体明显。背面均为石片疤，近台面处有打片时产生的疤痕（图4-16，1）。

点状台面石片　3件。标本HLP.04059，呈长方形，长14.07、宽21.13、厚3.16毫米，重0.8克。背面近端有连续的浅平疤痕；腹面打击点集中，半锥体凸（图4-16，4）。

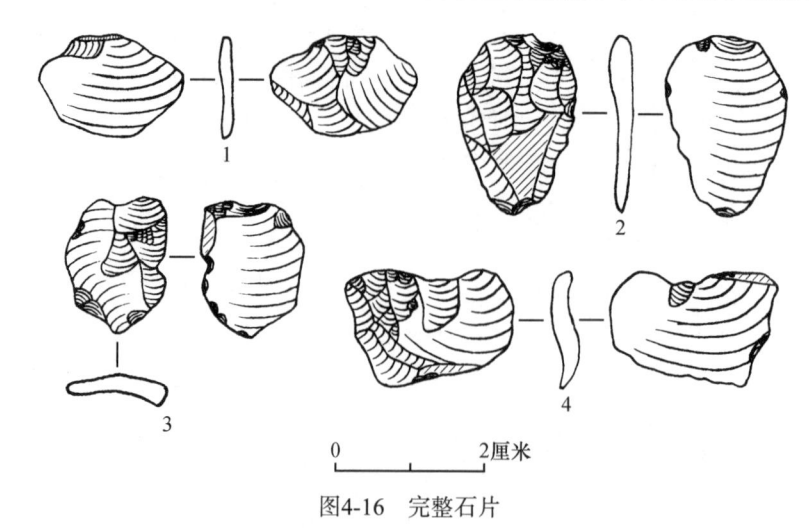

图4-16 完整石片
1. 素台面石片（HLP.04061） 2. 修理台面石片（HLP.04042） 3. 有疤台面石片（HLP.04087）
4. 点状台面石片（HLP.04059）

有疤台面石片 3件。标本HLP.04087，呈三角形，长16.64、宽12.49、厚2.83毫米，重0.6克。台面由一大疤和几块小疤组成，台面长8.7、宽3.1毫米，石片角98°。背面布满石片疤，腹面较平坦，半锥体清晰（图4-16，3）。

修理台面石片 1件。HLP.04042，呈三角形，长23.11、宽16.03、厚3.3毫米，重1克。台面由3个修疤组成，台面长7.3、宽2.8毫米，石片角77°。整体薄锐，腹面的打击点明显，半锥体稍凸。背、腹部较平坦，背面除保留部分节理面外，其余为石片疤（图4-16，2）。

断片 27件。根据断裂方向的不同可分为纵向、横向断片。

纵向断片 1件。HLP.04068，原料为黑曜岩。为右侧断片，长18.65、残宽12.79、厚5.86毫米，重1.5克。保留部分素台面（图4-17，3）。

横向断片 26件。根据部位的不同又可分为近端、中段和远端。

近端断片 13件。原料为黑曜岩12件，流纹岩1件。石片长12.64~26.05毫米，平均长16.99毫米；宽10.34~25.18毫米，平均宽13.97毫米；厚1.97~5.95毫米，平均厚3.14毫米；重0.3~2.6克，平均重0.93克。其中点状台面8件，素台面3件，有疤台面2件。标本HLP.04060，原料为黑曜岩。残长15.76、宽14.6、厚2.95毫米，重0.9克。素台面，台面长12.1、宽2.3毫米；石片角为108°。背面大部分为疤痕，与台面相对一侧有少量节理面，右侧缘上部有一些疤痕。腹面微凸，半锥体浅平，近台面处有两块斜向疤痕。石片边缘有一些磕碰的新鲜疤痕，应为晚期耕地所致（图4-17，7）。标本HLP.04069，原料为黑曜岩。残长16.8、宽15.23、厚3.28毫米，重1克。整体薄锐。有疤台面，台面长11.1、宽3毫米，石片角为107°。背面有一隆起的纵脊，左侧有一大块浅平疤痕，周围分布一些不连续碎疤。腹面较凸，半锥体、同心波清晰，石片左侧有一大疤，周围也分散一些新鲜碎疤，应为近代翻地所致（图4-17，4）。标本HLP.04077，原料为黑曜岩。残长16.66、宽13.31、厚2.05毫米，重0.5克。点状台面，整体较薄，背面布满石片疤，腹面近台面处有一大疤，为打片所致，左侧有几块小碎疤（图4-17，6）。

中段断片 4件。原料均为黑曜岩。长10～20.93毫米，平均14.5毫米；宽7.46～13.83毫米，平均11.92毫米；厚2.93～4.43毫米，平均3.79毫米；重0.2～1克，平均0.63克。标本HLP.04030，近似长方形，残长22.6、宽14.8、厚2.4毫米，重2.5克。背面2块片疤相交形成一纵脊，左侧缘下部有几块碎疤，右侧保留部分节理面。腹面较平，边缘也分布有碎疤，截面呈三角形（图4-17，2）。

远段断片 9件。原料均为黑曜岩。长8.13～41.36毫米，平均长17.49毫米；宽8.76～28.75毫米，平均宽15.38毫米；厚3.01～13.06毫米，平均厚5.63毫米；重0.2～17.4克，平均重2.78克。腹面同心波清晰，近端有断面，远端缘较为锋利。标本HLP.04075，呈三角形，残长10.71、宽15.77、厚3.26毫米，重0.6克。腹面较平坦，远端尖锐略弯曲，右侧有几块小碎疤，同心波清晰；背面除远端保留部分节理面外，其余布满片疤（图4-17，5）。

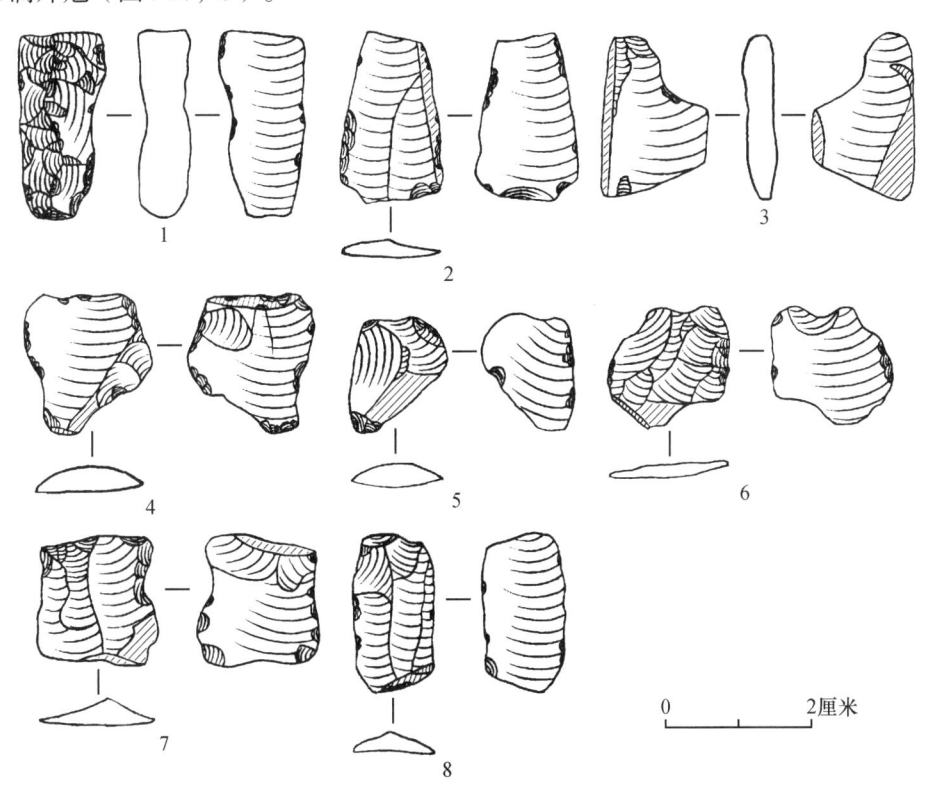

图4-17 断片和细石叶

1. 初次剥离的细石叶（HLP.04048） 2、4～7. 横向断片（HLP.04030、HLP.04069、HLP.04075、HLP.04077、HLP.04060） 3. 纵向断片（HLP.04068） 8. 典型细石叶（HLP.04041）

废片　31件。腹面与台面夹角处有发育的唇面，推测是软锤工具修理产生的。原料均为黑曜岩。长4.71～10.97毫米，平均长7.85毫米；宽1.72～5.57毫米，平均宽4.87毫米；厚0.34～4.39毫米，平均厚2.95毫米；重0.02～0.1克，平均重0.07克。

3. 石叶

9件。原料均为黑曜岩，除1件完整外，其余均为断片。长11～22.82毫米，平均长17.57毫米；宽5.48～17.94毫米，平均宽8.59毫米；厚2.24～7.97毫米，平均厚4.09毫米；重0.2～1.95克，平均重0.64克。根据石叶背面的情况，可以将其分为初次剥离的细石叶和典型细石叶两种。前者具有不规则的、预制石核时修理出来的背脊；后者具有平行且较直的背脊。

初次剥离的细石叶　1件。标本HLP.04048，保留远段，残长24.2、宽12.1、厚6.6毫米，重1.75克。截面呈三角形。腹面微凹。石叶背面有一条预制石核时修理出来的、石片疤相交形成的脊，较弯曲（图4-17，1）。

典型细石叶　8件，其中完整、近端各1件，中段5件，远端1件。完整、近端石叶台面均为有疤台面。腹面均较平滑。放射线、同心波较明显。背面有双脊的1件，其余均为一条纵脊，大多较直。标本HLP.04041，完整石叶。长21.2、宽11.3、厚2.3毫米，重0.6克。由一片疤作为台面，长5.3、宽1.4毫米，台面角95°。腹面半锥体微凸，放射线和同心波明显，下部较平滑。背面有2条纵脊。截面呈三角形（图4-17，8）。

4. 断块

共24件。除1件为玛瑙外，其余均为黑曜岩。其中最小块（HLP.04134）长6.63、宽6.57、厚2.29毫米，重0.2克。最大块（HLP.04021）长44.25、宽10.16、厚10.15毫米，重9.3克。

5. 工具

共30件。又可分为第一类工具[1]（石砧）、第二类工具[2]（使用石片）和第三类工具。

（1）第一类工具

仅见石砧1件。HLP.04140，长87.7、宽60.27、厚31.42毫米，重259.1克。器体较平一面中央有一个凹坑，为砸击法打片时留下的砸击痕迹，在下端的斜面上可清楚地看到研磨痕；另一面两端散布几块疤痕（图4-18）。

---

[1] 本节将工具分为三类：第一类，天然砾石未经加工而直接使用者（石砧）；第二类，石片未经加工而直接使用者（使用石片）；第三类，片状毛坯经过第二步加工或块状毛坯直接加工成工具者（刮削器、砍砸器）。

[2] 陈全家：《吉林镇赉丹岱大坎子发现的旧石器》，《北方文物》2001年第2期，第1～7页。

图4-18 石砧
（HLP.04140）

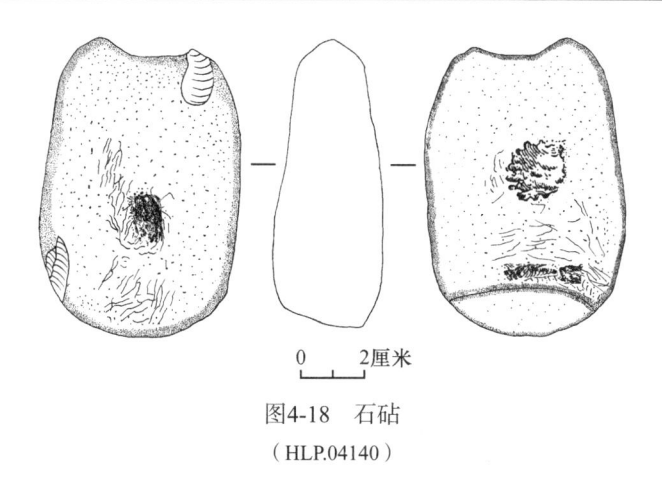

（2）第二类工具

共13件。除1件为安山岩外，其余均为黑曜岩。长16.2~45.15毫米，平均长26.85毫米；宽8.3~36.34毫米，平均宽19.52毫米；厚2.38~11.1毫米，平均厚7.62毫米；重0.8~13.7克，平均重4.47克。以石片为毛坯者10件，其余为石叶。根据工具刃缘的使用数量可以划分为单刃和双刃两种。

单刃 根据刃口形状，又可以分为单直刃和单凸刃二型。

单直刃 8件。原料均为黑曜岩。标本HLP.04005，为石叶中段，残长30.04、宽22.45、厚7.21毫米，重6.7克。腹面微凸，左侧边有不连续的使用疤痕。背面有两条近似平行的纵脊，与两侧边近似平行。左侧边长26.5毫米，右侧边长29.1毫米，后者有连续的细小疤痕，为使用的刃缘，长28.9毫米，边刃角35.7°（图4-19，2）。

单凸刃 4件。黑曜岩3件，安山岩1件。标本HLP.04018，原料为黑曜岩，锤击石片。长45.1、宽22.9、厚11.毫米，重10.3克。腹面较凹。背面隆起，两侧边近似平行。左侧边长42.5毫米，右侧边长46.6毫米。右侧边有连续的细小疤痕，为使用刃缘，长45.4毫米，边刃角43.5°（图4-19，1）。标本HLP.04020，原料为安山岩，锤击石片。长38.31、宽32.3、厚10.05毫米，重13.7克。腹面微凸，远端可见连续的细小疤痕。背面隆起，保留近一半的节理面，左侧边有连续的疤痕，大小不一，推测为方便手持而有意进行修整；远端可见连续的细小疤痕，为使用刃缘，长28.9毫米，边刃角36.5°（图4-19，3）。

双刃 1件。HLP.04017，原料为黑曜岩。是石叶的中间断片，残长33.18、宽18.94、厚5.79毫米，重4克。截面呈三角形。腹面微凸，左侧边有连续的细小疤痕。背面有一条纵脊，与两条平行侧边近似平行。左侧边长32.3毫米，右侧边长34.5毫米，两侧边均存在断续的细小疤痕，均为使用刃缘，左右刃长分别为31.2、34.2毫米，边刃角分别为28°、37°（图4-19，4）。

（3）第三类工具

共发现16件。原料为黑曜岩者13件，占81.25%，玛瑙、安山岩和角页岩者各1件，

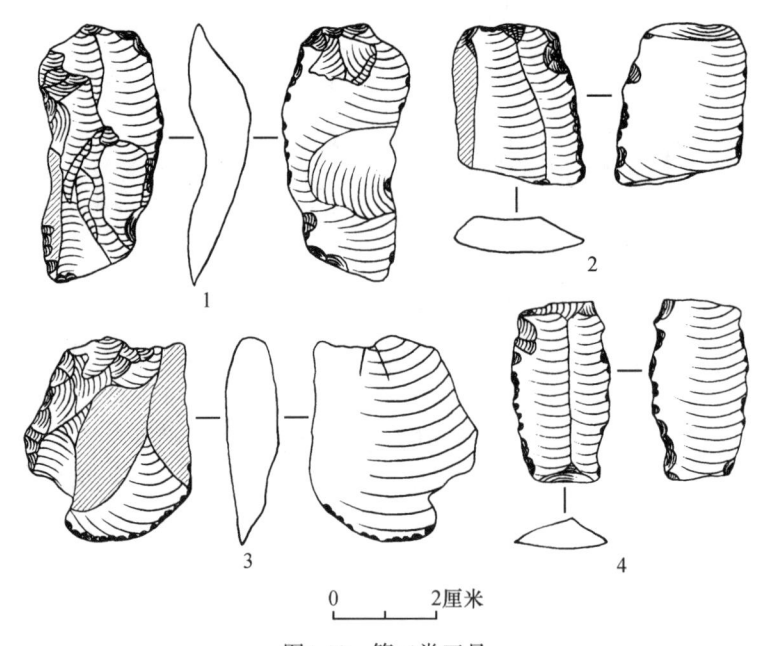

图4-19 第二类工具

1、3. 单凸刃使用石片（HLP.04018、HLP.04020） 2. 单直刃使用石片（HLP.04005） 4. 双直刃使用石叶（HLP.04017）

各占6.25%。分为砍砸器、刮削器、雕刻器、尖状器及琢背小刀。

砍砸器 1件。HLP.04141，为端刃砍砸器，原料为角页岩，长83.7、宽94.5、厚31.5毫米，重350.7克。器刃进行交互加工，刃缘呈"S"形，两面中部各保留部分节理面。刃长196.6毫米，刃角58°~83°（图4-20）。

刮削器 11件。原料均为黑曜岩。根据刃口的数量又可分成单刃、双刃和复刃刮削器。

单刃刮削器 9件。根据刃口形状和位置，又可分为单直刃、单凸刃、单凹刃和圆头刮削器四型。

单直刃刮削器 1件。HLP.04024，以石叶中段为毛坯，长39.37、宽19.75、厚8.42毫米，重6.6克。截面近似三角形。石片背面有一大而浅平的石片疤，其与自然面相交形成一条纵脊，远端一疤痕将其打破；左右侧均分布不连续的细小疤痕。腹面左侧边分布断续、大小不一的疤痕，右侧边复向加工成一直刃。刃长39.2、宽2.5毫米，刃角41°（图4-21，5）。

单凸刃刮削器 4件。长18.89~36.08毫米，平均长26.23毫米；宽16.68~23.2毫米，平均宽18.9毫米；厚3.55~8.21毫米，平均厚6.09毫米；重1.5~5.6克，平均重4.08克。标本HLP.04009，以石片为毛坯，长25.1、宽23.2、厚5毫米，重4.8克。背面微微隆起，左侧及上部边缘布满细长、规整、浅平、紧密排列的压制修疤，整个刃缘呈弧形。腹面右侧缘也存在着连续修疤。刃缘复向加工而成。刃长44.5毫米，刃角42°

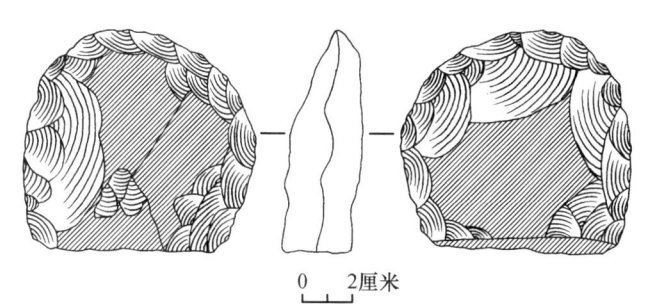

图4-20 砍砸器
（HLP.04141）

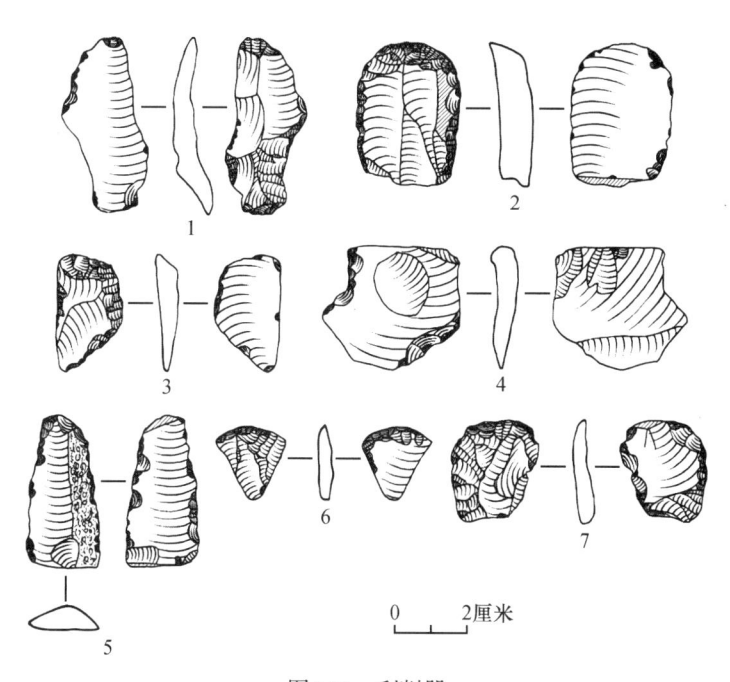

图4-21 刮削器
1. 单凹刃刮削器（HLP.04003） 2. 圆头刮削器（HLP.04006） 3. 复刃刮削器（HLP.04023） 4. 双凹刃刮削器（HLP.04011） 5. 单直刃刮削器（HLP.04024） 6、7. 单凸刃刮削器（HLP.04040、HLP.04009）

（图4-21，7）。标本HLP.04040，以石片断片为毛坯，整体呈三角形，长18.89、宽7.94、厚3.55毫米，重1.5克。采用压制法复向加工，修疤浅长，刃缘呈圆弧形。刃缘长20.1毫米，刃角44°（图4-21，6）。

单凹刃刮削器 3件。长31.64~45.42毫米，平均长36.41毫米；宽16.63~31.26毫米，平均宽23.12毫米；厚7.01~11.17毫米，平均厚9.02毫米；重5.3~5.9克，平均重5.7克。标本HLP.04003，以石片为毛坯，长45.42、宽21.46、厚7.01毫米，重5.9克。腹面较凹，左侧边上半部有大小不一的疤痕，应为使用痕迹。背面布满石片疤，左侧缘下半部为加工刃缘，疤痕浅平、细长，向背面压制修理而成。刃长26.7、宽2.1~8.9毫米，刃角42°（图4-21，1）。

圆头刮削器　1件。HLP.04006，以石叶中段为毛坯，整体呈长方形，长39.2、宽28.48、厚9.1毫米，重12克。腹面平滑，同心波、放射线清晰。刃缘采用压制法向背面加工而成，两侧边也进行压制修理，疤痕排列整齐。刃长26.6、宽2.9~7.1毫米，刃角67°，左右两侧修边长分别为25.6、34.1毫米，边刃角分别为37°、61°（图4-21，2）。

双刃刮削器　1件。HLP.04011，为凹刃刮削器。毛坯为锤击石片中段，长33.02、宽37.21、厚9.22毫米，重9.4克。石片背面近台面处有几块窄长片疤，近远端有2块片疤相交形成的横脊。腹面微凸，半锥体较凸，放射线、同心波明显，近台面处有一锥疤，长16.8、宽13.9毫米，左侧和右下侧边均保留有对向加工的疤痕，均向腹面软锤加工而成。左侧刃长19.3、修面宽1.2~3.9毫米，刃角37.5°；右侧刃长22.3、修面宽1.2~4.5毫米，刃角59°（图4-21，4）。

复刃刮削器　1件。HLP.04023，毛坯为锤击石片中段，长30.81、宽18.01、厚5.7毫米，重3.4克。腹面较平。背面轻微隆起，中间有2块大石片疤，石片近端、右侧边及远端采用软锤复向加工，修疤浅平，排列较规整。刃长9.85、宽0.9~6.2毫米，刃角41°~52°（图4-21，3）。

雕刻器　2件。均为修边雕刻器。黑曜岩、玛瑙各1件。长20.54~24.31毫米，平均长22.43毫米；宽15.17~16.35毫米，平均宽15.76毫米；厚6.37~6.48毫米，平均厚6.43毫米；重2.6~2.8克，平均重2.7克。标本HLP.04015，原料为黑曜岩。毛坯为锤击石片，长20.54、宽16.35、厚6.48毫米，重2.6克。劈裂面微凹，远端进行修理，疤痕浅平。由石片背面近端斜向打下一块石片，形成尖刃，刃角75°。背面保留少许自然面，两侧边均进行修理，左右两侧修理边长分别为14.6、14.9毫米（图4-22，1）。

琢背小刀　1件。HLP.04047，原料为黑曜岩。以锤击石片为毛坯，长20.99、宽14.61、厚3.42毫米，重1.1克。石片背面有一纵脊，较厚的一侧边琢出一列疤痕，薄锐的一侧边作为使用刃缘，可以清楚地看到使用后留下的细小疤痕，边刃角28.9°。推测其可能是复合工具的刃部（图4-22，2）。

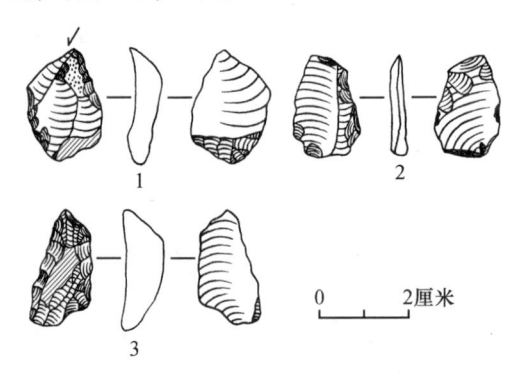

图4-22　工具

1. 雕刻器（HLP.04015）　2. 琢背小刀（HLP.04047）　3. 尖状器（HLP.04004）

尖状器　1件。HLP.04004，原料为安山岩。毛坯为锤击石片中段。长25.75、宽13.32、厚9.87毫米，重4.1克。腹面较平。背面隆起，除保留部分节理面外，布满细长、规整、浅平、并行排列的压制修疤。可以看出是由软锤锤击和指垫法压制而成的。左右两侧边刃长分别为25.6、16.7毫米，宽分别为3.5、3.7毫米，尖刃角74°，边刃角72°~81°（图4-22，3）。

（三）结语

1. 石器工业的主要特征

（1）原料以黑曜岩为主，占93.66%，流纹岩、安山岩、玛瑙、泥岩、角页岩较少。

（2）石片占石制品总数的48.59%，其中完整石片占15.94%，小而薄，且多不规则。

（3）石叶占石制品总数的6.34%，横截面多呈三角形，除典型石叶外，还包括初次剥离的石叶，其背脊为预制石核时修理出来的、石片疤相交形成的脊。

（4）石核包括砸击石核、楔形细石叶石核和多台面锤击石核三类，占石制品总数的7.04%。楔形细石叶石核经过预制加工，修理出有效台面进行剥片，利用率较高。

（5）石制品类型多样，包括石核、石片、石叶、第一类工具（石砧）、第二类工具（使用石片）和第三类工具（刮削器、雕刻器、尖状器、琢背小刀及砍砸器）。在第三类工具中刮削器数量最多，占68.75%，其中最具代表性的为圆头刮削器。

（6）第三类工具毛坯以石片为主，占81.25%，石叶、块状毛坯较少。

（7）工具修理采用锤击法和压制法。修理方式以向背面加工为主，其次为复向加工，向劈裂面、对向、交互加工较少。

（8）工具以小型工具[1]为主，占工具总数的87.5%，中型和大型工具较少，分别占6.25%。

（9）石核的平均大小为31.8毫米×21.86毫米×12.58毫米，石片的平均大小为14.09毫米×10.56毫米×3.59毫米，石叶的平均大小为17.57毫米×8.59毫米×4.09毫米。第一类工具的大小为87.7毫米×60.27毫米×31.42毫米，第二类工具的平均大小为26.85毫米×19.52毫米×7.62毫米，第三类工具的平均大小为34.69毫米×29.03毫米×11.02毫米。

2. 对比与讨论

本地点存在细石叶石核、圆头刮削器、琢背小刀及尖状器等典型器形，具有旧石

---

[1] 本节根据张森水先生的分类标准进行划分：长度20~40毫米之间的为小型工具，40~60毫米之间的为中型工具，60毫米以上的为大型工具。

器时代晚期细石叶工业传统的特征。该文化面貌可能受到了以下川[1]为代表的旧石器时代晚期华北地区的典型细石叶工业传统的影响，同时也有着自己的特色，是继延边珲春北山遗址[2]、和龙石人沟遗址[3]之后的又一处以黑曜岩为主要原料的细石叶工业遗存，三者的文化内涵有着密切的联系，也代表了一种地方类型。此外，存在大量修理规整的黑曜岩制品，说明当时人们已经认识到黑曜岩较其他原料适于软锤和压制剥片及细石叶、石叶的生产，以及石料质地优劣会影响精致剥片和修整技术的发挥。

3. 年代分析

虽然只有4件石制品出于Ⅱ级阶地的灰黄色土层中，而其他的138件均采于灰黄色土出露的地表，但从石制品的出土情况判断，灰黄色土层也应该是其他石制品的原生层位，根据吉林省第四纪地层的堆积年代分析，可以确定其原生层位属于上更新统[4]。同时，根据石制品的加工技术、工具组合及遗址内不见任何磨制石器和陶片等分析，暂时将遗址年代定为旧石器时代晚期。

第四节 和龙石人沟旧石器地点

和龙石人沟旧石器地点分别在2004年、2005年和2007年共进行过三次野外调查，先后获得了大量石制品，收获颇丰。

一、2004年和龙石人沟旧石器地点调查

2001年和2002年春，抚松县农民张炳山在延边地区和龙县龙城镇石人村西侧山上建房和挖人参地时，发现2件黑亮的石头。经研究确认是人类加工的黑曜岩石片石核（重15千克）和石叶石核（重3.5千克）。

2004年5月4日，吉林大学边疆考古研究中心的师生在和龙县文物管理所同志的陪同下，对该地点进行考察，确定石制品的出土层位是黄色亚黏土和含砂质黄土的角砾层，遗址面积约3万平方米。同时，又在地层中发现黑曜岩制品40件。

---

[1] 王建、王向前、陈哲英：《下川文化——山西下川遗址调查报告》，《考古学报》1978年第3期。

[2] 陈全家、张乐：《吉林延边珲春北山发现的旧石器》，《人类学学报》2004年第2期。

[3] 陈全家、王春雪、方启等：《延边地区和龙石人沟发现的旧石器》，《人类学学报》2006年第2期。

[4] 吉林省区域地层表编写组：《东北地区区域地层表·吉林省分册》，地质出版社，1978年，第124~126页。

（一）地貌与地层

1. 地貌

石人沟地点位于和龙县龙城镇石人村的西山上，地理坐标为东经128°48′45″，北纬42°11′20″，东北距和龙市约45千米。

吉林东部长白山地属新华夏系隆起带，走向为北北东—南南西和北东—南西向。该遗址地处长白山系的南岗山脉，周围山峦起伏，森林茂密。遗址坐落在缓坡台地上，背靠高山，面向图们江的较大支流红旗河。遗址海拔为790米，河床海拔为675米，周围山峰的海拔一般都在1100米左右。

2. 地层

地层堆积自上而下分为4层（图4-23）。

第1层为腐殖土，厚250～600毫米，不见文化遗存。第2层为黄色亚黏土，厚50～100毫米，有些地方缺失，含石制品和较多的炭屑。第3层为含砂质黄土的角砾，厚250～400毫米，角砾径一般在58毫米，含石制品。第4层为含少量角砾的浅黄色土，试掘到厚约50毫米处仍未见底，该层含石制品和少量炭屑。

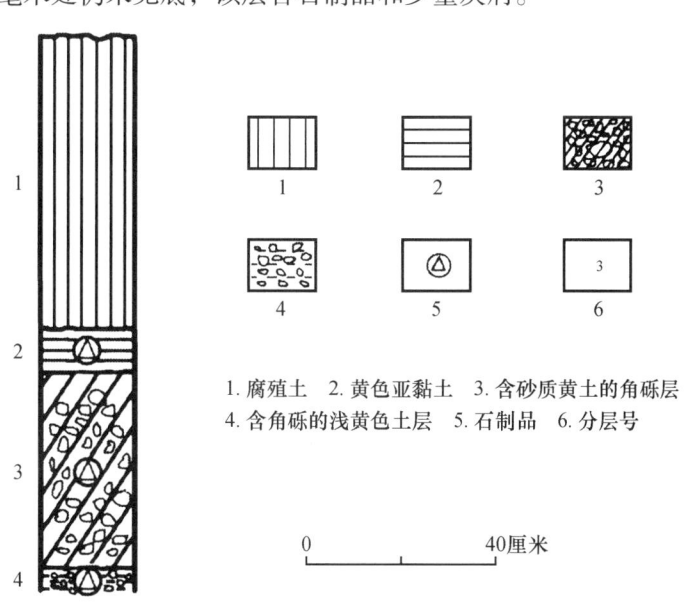

1. 腐殖土　2. 黄色亚黏土　3. 含砂质黄土的角砾层
4. 含角砾的浅黄色土层　5. 石制品　6. 分层号

图4-23　石人沟地点地层柱状图

（二）石制品

本次试掘共得到石制品40件，原料均为黑曜岩，分类与描述如下。

1. 石核

2件，可以分为石片石核和石叶石核两类。

石片石核　仅发现1件，编号04HSP.04，形状呈三角形，长293、宽279、厚199毫米，重15千克，是双台面石核。主台面长293、宽279毫米。台面右侧有一锤击石片疤，长162、宽161毫米，是由石核前缘向后缘打击产生的。工作面最大长275、最大宽199毫米，其上可见有6次剥落石片后留下的疤痕，其中最大片疤长189、宽118毫米；最小片疤长19、宽13毫米。石核两侧均有自然面。另一台面位于左侧，前缘打击产生一个大的石片疤。台面长78.05、宽73.57毫米，台面角94°，工作面最大长108.6、最大宽77.1毫米，其上片疤较为集中，共有5处片疤，最大片疤长71.4、宽37.1毫米，相互打破（图4-24）。

石叶石核　仅发现1件。编号04HSP.03，形状呈楔形，长175、宽188、厚105毫米，重3.5千克（图4-25）。

石核共有3个台面，①台面A，为修理台面，采用锤击法单向加工，修疤连续，大小不等，共有6块较大的修疤，最大修疤长93、宽54毫米。与之相对的一侧也有4块稍大的修疤，产生倾斜状的台面，以利于剥片，台面长180、宽93毫米，台面角87°。②台面B，位于台面A的相对一端，呈梯形。有两块修疤位于台面的前缘，构成有效台面，台面长42毫米。台面长92、宽72毫米，台面角107°。③台面C，位于台面B的左侧，呈三角形，台面的前缘有5块较大的修疤。台面长100、宽73毫米，台面角98°。

A和B的工作面同在一个平面上，进行对向剥片。①A工作面位于B工作面的左

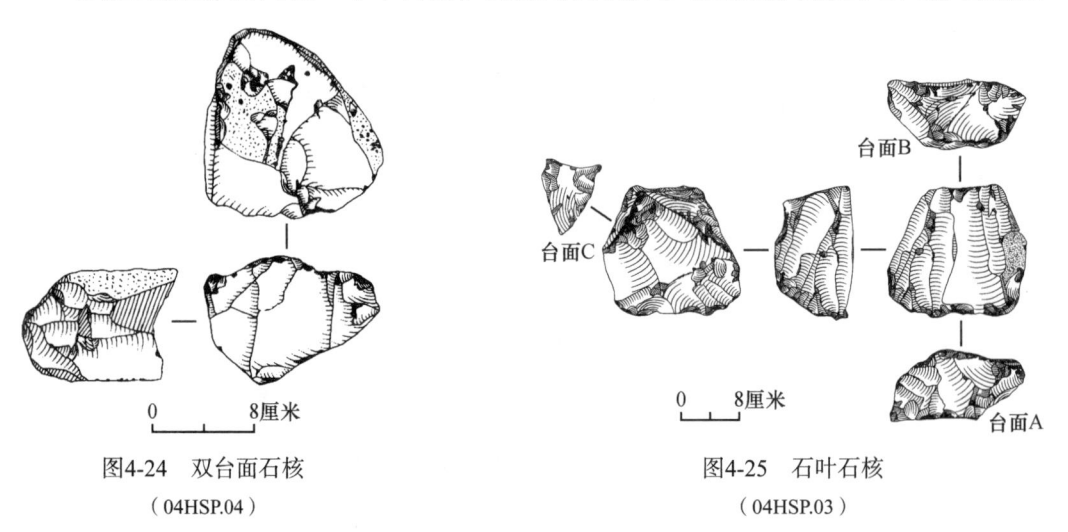

图4-24　双台面石核
（04HSP.04）

图4-25　石叶石核
（04HSP.03）

侧，并朝B台面的方向连续剥片。工作面长111、宽188毫米。在工作面上可见有7次剥落石叶后留下的疤痕，仅有两次剥片是失败的，其余石叶均较宽而长。石叶最大长132、宽48毫米。从石叶疤痕的叠压关系分析，剥离石叶的程序是从工作面的左侧向右依次进行的。②B工作面位于A工作面的右侧，并朝A台面的方向连续剥片。工作面长102、宽188毫米。在工作面上可见有4次剥落石叶后留下的疤痕，仅有一次剥片失败，其余所剥石叶长而窄。石叶最大长170、宽88毫米。从剥片的顺序分析，是从左向右依次进行的。从A、B工作面的接触关系分析，前者早于后者。③C工作面位于A、B工作面的相反一侧，剥片方向与B工作面转角为90°。工作面长145、宽155毫米。在剥片面上可见有3次剥落石叶后留下的疤痕。在工作面的近端可看到许多剥片失败后留下的叠层疤痕。石片疤最大长95、宽193毫米。

综上所述，可以看出石核的工艺流程为：先对黑曜岩石核进行修理，产生有效台面；然后用软锤或间接剥片法依次剥取石叶。从台面和工作面的合理设计以及剥落石叶分析，加工者已经熟练掌握了合理利用石材和剥片的技术。

2. 石片

22件。长度均在40毫米以下，根据石片尺寸和重量的大小又分为3种。

大型　仅1件，编号04HSP.B③：01，长22.9、宽21.4、厚5.1毫米，重2克。形状近似圆形。自然台面，长7.4、宽3.1毫米，石片角为107.6°。腹面、半锥体凸起明显。背面有一大的剥片痕，其余为小的剥片疤（图4-26，1）。

小型　共10件。长10.4~17.3毫米，平均长13.6毫米；宽4.3~18.7毫米，平均宽9.5毫米；厚1.9~4.1毫米，平均厚2.9毫米；重0.1~0.6克，平均重0.26克。石片小而薄。

微型　共11件。长4.9~9.3毫米，平均长7.08毫米；宽4.3~9.6毫米，平均宽6.7毫米；厚0.8~2毫米，平均厚1.17毫米；重0.04~0.09克，平均重0.051毫米。

3. 细石叶

1件。编号04HSP.B③：08，残长13.9、宽2.5、厚1.3毫米，重0.1克。腹面平滑，远端向内侧弯曲。背部有剥离细石叶后形成的3条纵脊（图4-26，2）。

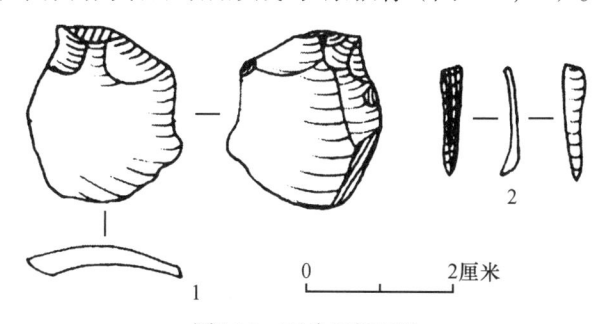

图4-26　石片和细石叶

1. 石片（04HSP.B③：01）　2. 细石叶（04HSP.B③：08）

4. 工具[1]

15件。又可分为第二类工具[2]和第三类工具，不见第一类工具。

（1）第二类工具

单刃　2件。均用石片加工而成。

04HSP.C③：06，残长18.4、宽31.4、厚8.3毫米，重3.6克。台面长13.7、宽3.5毫米，石片角107°。腹面的半锥体较凸，打击点、同心波、放射线明显。背面较平坦，远端薄锐，有连续的细小疤痕，为使用的刃缘，刃长35.4毫米，刃角15°。HSP.C③：12，长19.4、宽14.8、厚5.6毫米，重1.6克。天然台面，长19.4、宽14.8毫米，石片角101.7°。腹面微凸，半锥体、同心波、放射线明显。背面有3条斜向的剥片疤痕。石片右侧缘有使用的细小疤痕，刃长15.9毫米，刃角27°。

双刃　5件。均用石叶加工而成。04HSP.C③：02，只保留中段，残长34.1、宽24.7、厚7.1毫米，重7.2克。该石叶相对较厚，背面有3条纵脊。腹面平坦，同心波和放射线较明显。截面近似梯形。在两侧边均有使用后留下的痕迹（图4-27，1）。04HSP.C③：08，只保留中段。长18.8、宽12.7、厚3.5毫米，重0.8克。腹面较凸，同心波明显。背面有2条纵脊，在远端相交。截面近似梯形。两侧边有不连续的疤痕，为使用留下的痕迹（图4-27，2）。04HSP.C③：04，只保留中段。长33.9、宽20.3、厚3.4毫米，重2.2克。腹面较平，同心波明显。背面有2条纵脊，截面呈梯形。在两侧边有不连续的疤痕，为使用后留下的痕迹（图4-27，3）。04HSP.C③：05，仅保留近端。长37.3、宽10.5、厚3.4毫米，重1.4克。腹面上的半锥体微凸，同心波明显，下部较平滑。背面有3条纵脊，截面近似梯形。两侧边缘有连续的细小疤痕，为使用的刃缘（图4-27，4）。

（2）第三类工具

刮削器　4件。根据刃的多少，可以将其分为两类。

单刃刮削器　根据刃口形状，又可分为直刃和凸刃二型。

直刃　2件。标本04HSP.C③：09，长20.1、宽15、厚3.8毫米，重0.9克。片状毛坯，纵向断裂。刃口位于石片较薄锐的一侧，采用压制技术正向加工而成，修疤细小、连续、浅平，刃缘薄锐，刃长20毫米，刃角18.9°（图4-28，2）。

凸刃　1件。04HSP.01，长65.8、宽47.8、厚15.5毫米，重46.4克。片状毛坯，腹面微凹。背面布满疤痕。刃缘呈弧形。采用软锤技术，复向加工。修疤浅平，每块大疤

---

[1] 张森水：《中国旧石器文化》，天津科学技术出版社，1987年，第68~80页。张森水教授最先将工具分为两类，即第一、二类工具。本文在此基础上又将工具分为三类：第一类，天然砾石未经加工而直接使用者（石砧、石锤）；第二类，石片未经加工而直接使用者（使用石片）；第三类，片状毛坯经过第二步加工或块状毛坯直接加工成工具者（刮削器、砍砸器）。

[2] 陈全家：《吉林镇赉丹岱大坎子发现的旧石器》，《北方文物》2001年第2期，第1~7页。

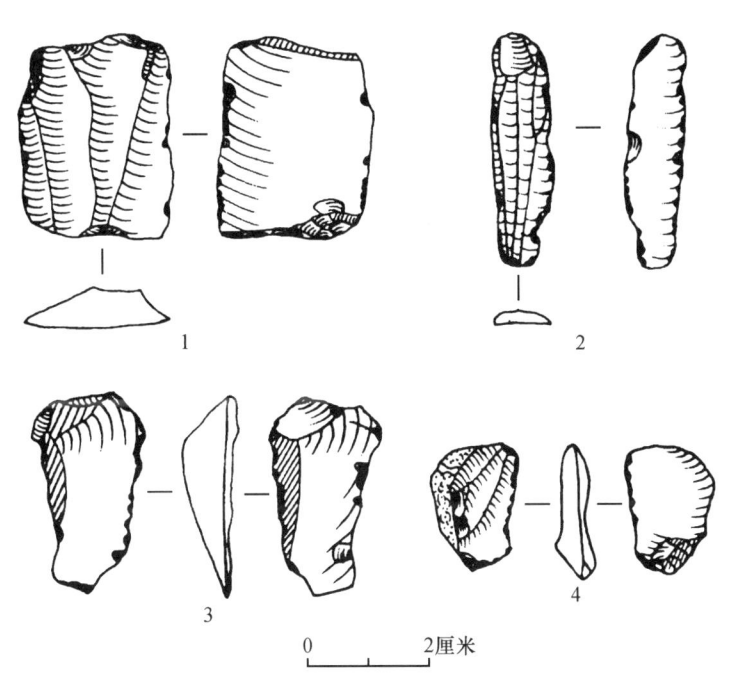

图 4-27　第二类工具

1~4. 双刃（04HSP.C③：02、04HSP.C③：08、04HSP.C③：04、04HSP.C③：05）

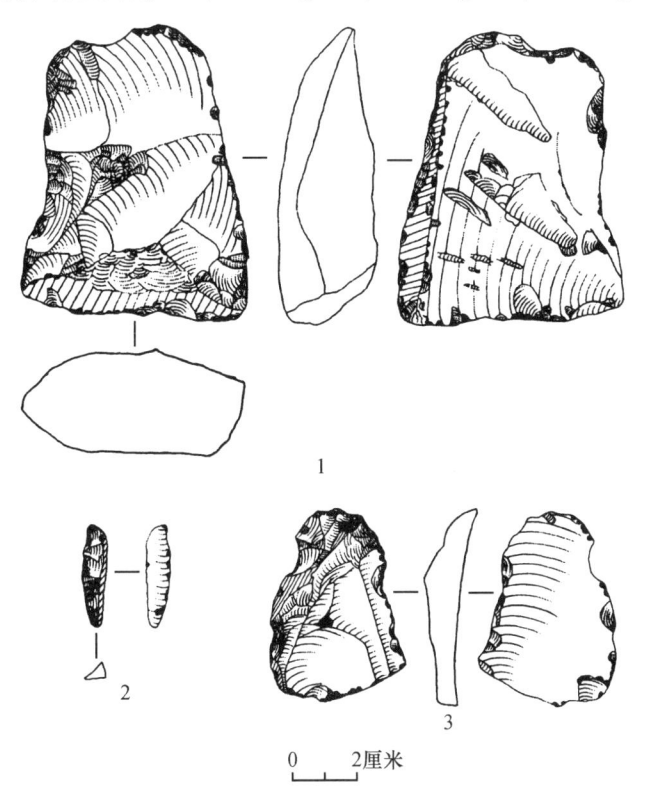

图 4-28　刮削器

1. 复刃刮削器（04HSP.C③：02）　2. 单直刃刮削器（04HSP.C③：09）　3. 单凸刃刮削器（04HSP.01）

上又叠压着小疤，刃长86.6毫米，刃角49°~82°，刃缘较为锋利（图4-28，3）。

复刃刮削器　1件。04HSP.C③：02，长84.5、宽68.4、厚32.4毫米，重215.2克。呈梯形。片状毛坯，较厚重。腹面的半锥体凸起明显，同心波、放射线较为清晰。背面有多块疤痕。有3个刃口，均位于器体较为薄锐的边缘，修疤连续、浅平、排列不规整，从修疤的特征分析，是采用软锤技术复向加工而成的。刃角75°~79°（图4-28，1）。

雕刻器　2件。又可分为两类。

角雕刻器　1件。04HSP.B③：02，器体长69、宽26.1、厚8.8毫米，重17.7克。利用石叶中段加工而成，腹面较平整。背部有一纵向"Y"形脊，截面呈三角形。在毛坯近端的右侧和远端的左右侧各有1条纵向劈裂疤痕，形成了3个凿子形刃口的角雕刻器（图4-29，1）。

修边雕刻器　1件。04HSP.C③：07，石叶毛坯。长28.3、宽17.5、厚5.2毫米，重量2.6克。对右侧压制正向加工，修疤短而浅平，排列规整。刃口位于器体的一端，由修理边向左连击两次形成一个凿子形的刃口。刃角61°（图4-29，2）。

琢背小刀　2件。04HSP.C③：10，长20.1、宽15、厚3.8毫米，重0.9克，边刃角18.9°。以石片远段为毛坯。呈三角形。背面有1条纵脊。右侧边有琢背形成的疤痕，左侧边为使用痕迹，刃缘薄锐。该器可能是复合工具上的刃部。04HSP.C③：01，长42.6、宽17、厚4毫米，重2.8克。以石片为毛坯。保留有较小的台面，台面长7.8、宽2.8毫米。腹面微凹，半锥体、同心波明显。背面由厚侧缘向薄锐缘横向修出连续、浅平的疤痕。刃缘位于石片薄锐的一端（图4-29，3）。

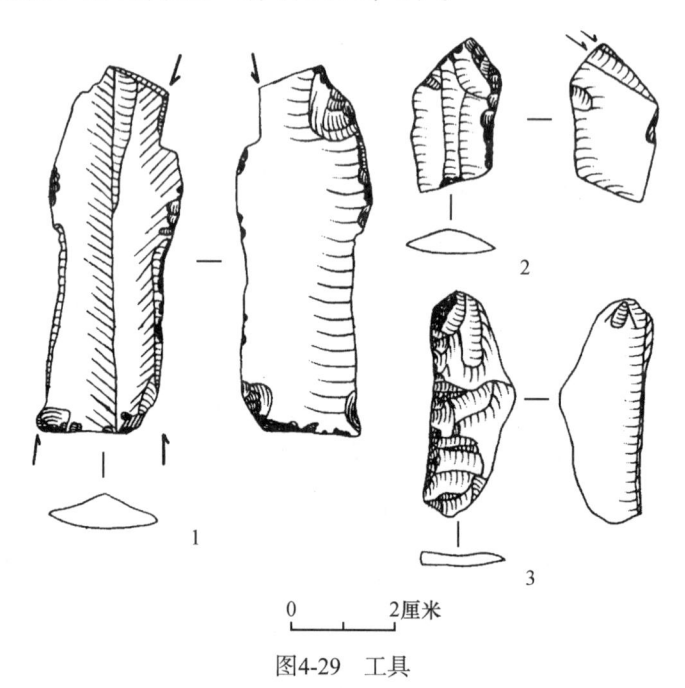

图4-29　工具
1. 角雕刻器（04HSP.B③：02）　2. 修边雕刻器（04HSP.C③：07）　3. 琢背小刀（04HSP.C③：01）

(三)结语

1. 石器工业的主要特征

(1)原料均为黑曜岩。

(2)剥片技术主要有锤击法和间接剥片法。

(3)石片的平均大小为14.5毫米×12.5毫米×3.06毫米,石片石核的尺寸为290.3毫米×270.9毫米×190.9毫米,石叶石核的尺寸为170.5毫米×180.8毫米×100.5毫米。第二类工具的平均尺寸为18.9毫米×23.3毫米×6.95毫米。第三类工具的平均尺寸为45.05毫米×26.8毫米×10.6毫米。

(4)第三类工具毛坯均为石片和石叶。

(5)工具的修理采用锤击法,其中以软锤修理为主,同时也采用了压制技术。修理方式以向背面加工为主,其次为复向加工。工具的修理较为精致。

(6)虽然出土石制品不多,但其工具类型较为丰富。第二类工具占46.7%(单刃占29%,双刃占71%);第三类工具占53.3%,其中刮削器占50%(单刃50%,复刃25%),雕刻器占25%,琢背小刀占25%。

2. 年代分析

石制品出于山坡台地内(台地高于Ⅱ级阶地)的黄色亚黏土层中,根据吉林省第四纪地层的堆积年代分析,其原生层位属于晚(上)更新统[1],同时遗址内不见任何磨制石器和陶片,也支持将其归入旧石器时代晚期。

二、2005年和龙石人沟旧石器地点试掘

石人沟遗址发现于2004年[2]。2005年8月中旬至9月初,吉林大学边疆考古研究中心与和龙市文物管理所又对其进行试掘,分A~E区进行布方,揭露面积52平方米(图4-30)。共获石制品1291件,包括地层中出土的1267件和地表采集的24件。

---

[1] 吉林省区域地层表编写组:《东北地区区域地层表·吉林省分册》,地质出版社,1978年,第124~126页。

[2] 陈全家、王春雪、方启等:《延边地区和龙石人沟发现的旧石器》,《人类学学报》2006年第2期。

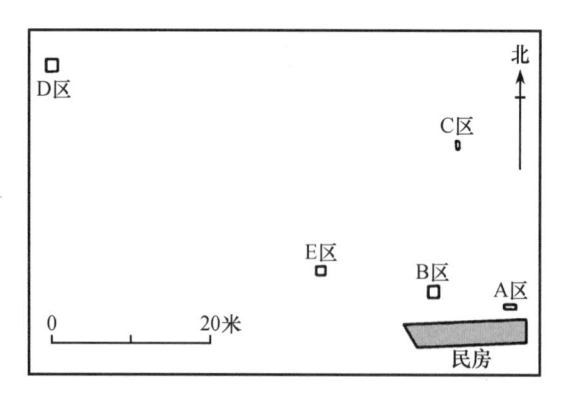

图4-30　遗址试掘布方平面图

（一）地貌与地层

1. 地貌

吉林东部长白山地属新华夏系隆起带，走向为北北东—南南西和北东—南西向。该遗址地处长白山系的南岗山脉，周围山峦起伏，森林茂密。遗址坐落在坡缓的台地上，海拔790米，背靠海拔1100米左右的高山，面向图们江的较大支流红旗河，河床海拔为675米。

2. 地层

遗址地层堆积自上而下分为6层（图4-31）。

第1层为黑色腐殖土层，厚0.3米。第2层为黄色亚黏土夹角砾层，含石制品，厚0.2米。第3层为含黄土的粗砂夹角砾层，质地疏松，含石制品，厚0.25米。第4层为浅黄色粗砂质黄土夹角砾层，质地细密，含石制品，厚0.25米。第5层为浅黄色粉砂质黄土夹角砾层，质地细密，厚0.3米。第6层为红褐色黄土夹角砾层，质地细腻，可见厚度0.25米（未及底）。

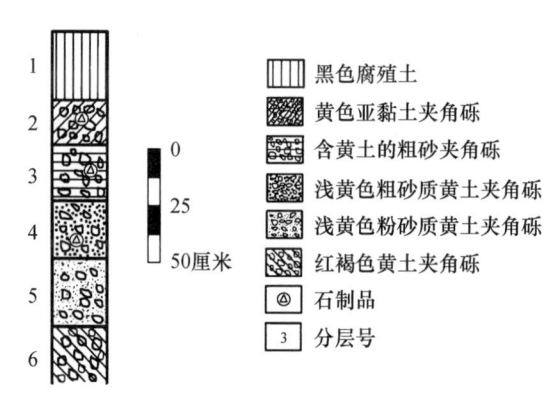

图4-31　石人沟遗址地层柱状图

(二)石制品

本次试掘共获得石制品1291件,包括出自第4层者377件、第3层者761件、第2层者129件和脱层者24件(表4-5)。原料以黑曜岩为主,占99.93%。

表4-5 石制品分类与分层统计

类型	第4层 数量	第4层 百分比(%)	第3层 数量	第3层 百分比(%)	第2层 数量	第2层 百分比(%)	脱层石制品 数量	脱层石制品 百分比(%)	合计 数量	合计 百分比(%)
石核	2	0.5	5	0.7	2	1.6	3	12.5	12	0.9
石片	182	48.3	375	49.3	46	35.7	4	16.7	607	47
碎屑	67	17.8	58	7.6	19	14.7	0	0	144	11.2
断块	13	3.4	69	9.1	9	7	0	0	91	7.1
细石叶	84	22.3	115	15.1	24	18.6	0	16.7	223	17.3
石叶	2	0.5	12	1.6	3	2.3	4	16.7	21	1.6
使用石片	14	3.7	67	8.8	11	8.5	3	12.5	95	7.4
石器	13	3.5	60	7.8	15	11.6	10	24.9	98	7.5
合计	377	100	761	100	129	100	24	100	1291	100

1. 文化遗物的空间分布

B区为本次工作的主要试掘区,出土遗物分布较密集,故以该区为例,分析遗物的平、剖面分布情况(图4-32、图4-33),从二维平面图可以看出。石制品主要集中在试掘区的西侧,中部遗物分布也较为密集。从垂直分布图可以看到,遗物比较明显地呈上、下两层展布,且以上层分布更为密集,细石叶、断块多集中于此。

2. 石制品大小

石制品(分型划分标准依卫奇[1])可分为微型、小型、中型(表4-6)。

从表4-6可以看出全部石制品以微型为主,占84.74%,小型也占有一定比例,达到14.17%,中型标本很少,未见大型和巨型标本。各类石制品中,石核主要以小型为主,微型和中型石核较少,这也间接反映出生产的细石叶大小;石片以微型为主,占44.69%,小型较少,不见中型;石叶、细石叶也以微型为主,小型较少;石器中,片状毛坯者以小型为主,微型、中型较少,块状毛坯者小型略多于微型。

---

[1] 卫奇:《泥河湾盆地半山早更新世旧石器遗址初探》,《人类学学报》1994年第3期。

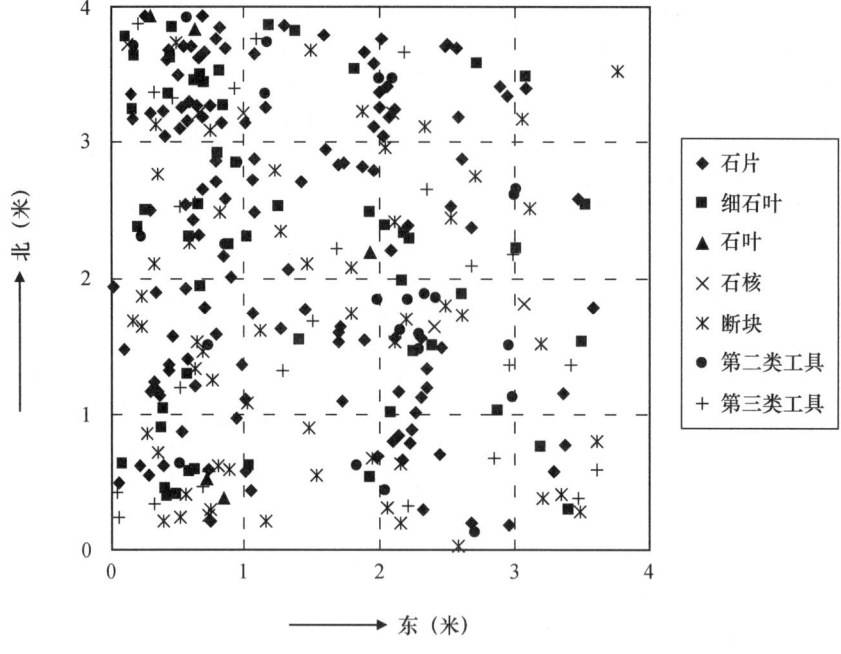

图4-32 石人沟遗址B区遗物平面分布图

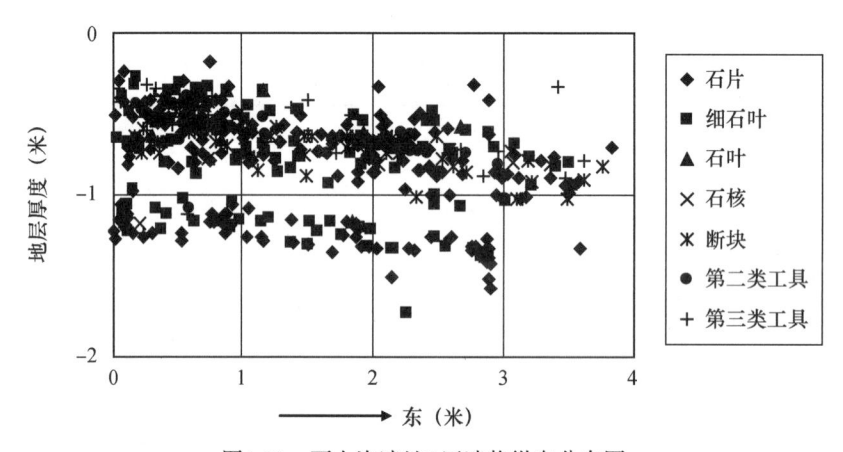

图4-33 石人沟遗址B区遗物纵向分布图

3. 石核

共12件，占石制品总数的0.9%。根据剥片方式的不同划分为石片石核和细石叶石核，后者又可细分为楔形、锥形、船底形3类（表4-7；图4-34）。

表4-7显示出石人沟遗址的石核以楔形细石叶石核居多，其次为船底形、锤击及锥形石核。不同类型石核长度统计显示石核存在较大变异；最小石核（05SRGC:18）为17.2×14.9×5.1毫米，重1.91克；最大石核（05SRGDT5152③:005）为64.24×82.22×35.69毫米，重175.37克。

表4-6 石制品大小的分类统计

类型		<20 数量	<20 百分比（%）	20~50 数量	20~50 百分比（%）	50~100 数量	50~100 百分比（%）
石核		2	0.15	9	0.7	1	0.07
石片		577	44.69	30	2.32		
碎屑		144	11.15				
断块		76	5.89	15	1.16		
细石叶		212	16.42	11	0.85		
石叶		18	1.39	3	0.23		
使用石片		37	2.87	55	4.26	3	0.23
石器	片状毛坯	26	2.01	56	4.65	10	0.77
石器	块状毛坯	2	0.15	4	0.3		
总计		1094	84.74	183	14.17	14	1.08

表4-7 石核统计表

原料类别	类别		黑曜岩		
原料类别	数量		12		
原料类别	百分比（%）		100		
计量统计数值		数量	最大值	平均值	最小值
计量统计数值	长（毫米）	12	96.39	44.46	17.2
计量统计数值	宽（毫米）	12	82.22	29.58	10.2
计量统计数值	厚（毫米）	12	35.69	17.1	3.8
计量统计数值	重量（克）	12	175.37	43.69	1.91
计量统计数值	台面角（°）	12	97	72.63	62
石核类型	数量	楔形石核	锥形石核	船底形石核	锤击石核
石核类型	12	6	1	3	2
石核类型	百分比（%）	50	8.33	25	16.67
剥片疤数量	数量	0	2	4	5	6
剥片疤数量	12	4	2	3	2	1
剥片疤数量	百分比（%）	33.33	16.67	25	16.67	8.33
剥片方法	数量	间接法	锤击法	尚未剥片	
剥片方法	12	7	1	4	
剥片方法	百分比（%）	58.34	8.33	33.3	

石核的台面特征及工作面遗留的石片疤数量与剥片技术，以及原料利用率有着直接的关系。依统计结果，存在预制及使用阶段的细石叶石核，多数核体上的石片疤为2~5个，且台面角范围在62°~97°，石核核体多进行两面修整，使其棱脊部位在剥片时可以发挥控制作用，这说明石核精细加工技术被广泛采用，石核利用率较高。从最大石核即为锤击石核来看，黑曜岩在当地并不缺少。这说明石人沟的居住者无论是在原料的选择，还是石器加工技术方面来说都已具有了较高的认识水准。

值得一提的是，遗址中出有1件锥形石核的更新工作面，05SRGC∶02，长、宽、厚为36.83×16.93×14.53毫米，重85.46克。当石核使用一段时期后，工作面上残留一些剥片失败的阴痕，阻碍进一步剥片，故要将其打掉以更新工作面，以剥离下更长的石叶（图4-34，1）。

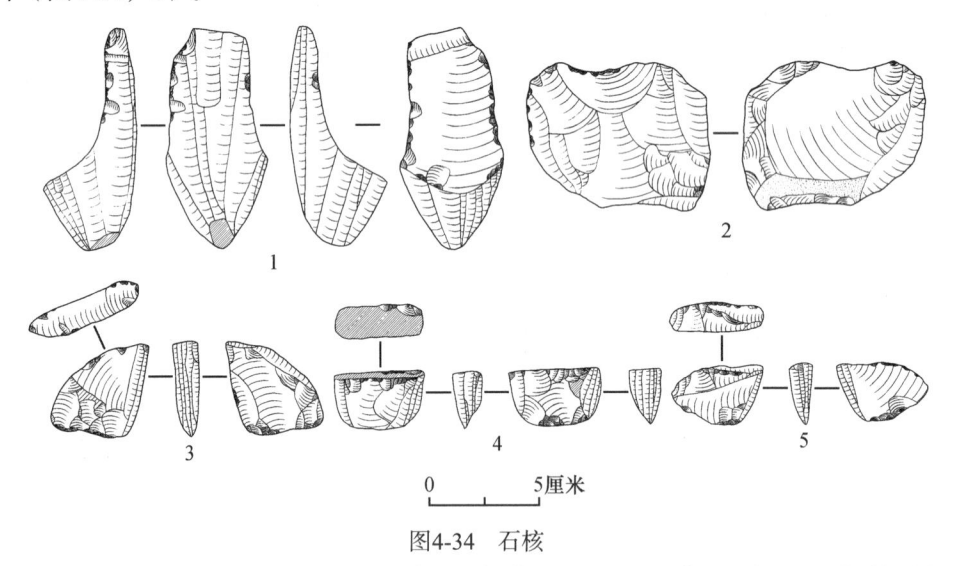

图4-34 石核
1.锥形石核的更新工作面（05SRGC∶02） 2.双台面石片石核（05SRGDT5152③∶005） 3、5.楔形细石叶石核（05SRGC∶18、05SRGBT5150②∶001） 4.船底形细石叶石核（05SRGBT5153③∶005）

4. 石片

共607件，占石制品总数的47%，其中完整石片145件，断片462件（图4-35）。

完整石片 占石片总数的23.89%。尺寸多为微型及小型。多数石片的长度大于宽度，即长石片多于宽石片。从石片角的统计结果来看，大多数石片都是在石核台面角不大的情况下剥取的（表4-8）。

大多数石片为点台面、刃状台面等人工台面，分别占完整石片的40.69%、38.62%，线台面、素台面次之，有脊、有疤、自然台面者很少，说明石核的预制台面技术较高，这与石核的统计分析结果一致。石片背面非自然面的比例最大，这说明预制台面技术广泛应用，连续剥片经常发生。这也表明石片多为非初级剥片，也从侧面反映了遗址石核产片率较高。

表4-8 完整石片统计表

原料类别	类别	黑曜岩					
	数量	145					
	百分比（%）	100					

计量统计数值		数量	最大值	平均值	最小值
	长（毫米）	145	29.41	11.26	3.4
	宽（毫米）	145	28.95	9.1	1.16
	厚（毫米）	145	7.38	1.97	0.36
	（宽/长）×100	145	253	88	12
	（厚/宽）×100	145	103	24	6
	重量（克）	145	12	0.4	0.01
	台面角（°）	25	135	102	55

台面特征	数量	自然台面	点台面	线台面	刃状台面	素台面	有脊台面	有疤台面
	145	1	59	13	56	12	3	1
	百分比（%）	0.69	40.69	8.96	38.62	8.28	2.07	0.69

背面自然面比例	数量	自然面50%~99%	自然面1%~49%	非自然面
	145	6	3	136
	百分比（%）	4.14	2.07	93.79

石片边缘形态	数量	近似平行	平行	三角形	圆弧形	不规则形
	145	13	18	78	15	21
	百分比（%）	8.96	12.41	53.8	10.34	14.49

剥片方法	数量	锤击法	砸击法或无法确认
	145	124	21
	百分比（%）	85.52	14.48

从石片边缘形态来分析，以边缘是三角形为主，边缘平行或近似平行及圆弧形也占一定比例，整体来看，不规则形占比较低。剥片方法方面，特征明显的锤击石片最多，砸击石片偶尔可见。但考虑到黑曜岩硬度大、致密均一、脆性高等物理特性，无法真正完全地将锤击、砸击、碰砧石片完全区分开来，只能将特征明显者统计在表内。

断片 断片占石片总数的76.11%。断片是指在剥片过程中沿打击点纵向破裂或与受力方向垂直沿横轴断裂的石片，它们产生于剥片过程中，也可能是埋藏前暴露于地表被砸碎或埋藏后因地层压力过大而断裂[1]。表4-9是遗址中断片的简单统计分析表。从破裂的形态看，纵向断裂者数量明显少于横向断裂者。这说明尽管石片造成断裂的原因多种多样，但也反映存在着早期人类有目的地生产横向断片的可能性。这些断片测量数值变异相当大，如表4-9所示。近段断片台面以刃状台面和点台面为主，有脊、

---

[1] 王社江、张小兵、沈辰等：《洛南花石浪龙牙洞1995年出土石制品研究》，《人类学学报》2004年第2期。

有疤及素台面较少。断片背面保留自然面的比例很小,也可以看出锤击技术为剥片的主要技术,古人类在打片时对石核台面进行修整。

表4-9 断片统计表

原料类别	类别		黑曜岩		
	数量		462		
	百分比(%)		100		
计量统计数值		数量	最大值	平均值	最小值
	长(毫米)	462	33.44	10.33	1.37
	宽(毫米)	462	37.19	9.24	1.98
	厚(毫米)	462	13.33	2	0.2
	重量(克)	462	16.9	2.76	0.5
破裂类别	数量	左半边	右半边	近段	中段	远段
	462	8	7	198	153	96
	百分比(%)	1.73	1.52	42.86	33.11	20.78

5. 细石叶

共223件,占石制品总数的17.3%。有学者认为东北亚地区典型细石叶宽度一般在4～6毫米[1],且从该遗址细石叶宽度及其平均值分析,标本明显以宽5毫米为界分为两类,5毫米以下、以上暂且分别称之为窄体、宽体细石叶,分别占细石叶总数的51.57%、48.43%(表4-10;图4-35、图4-36)。

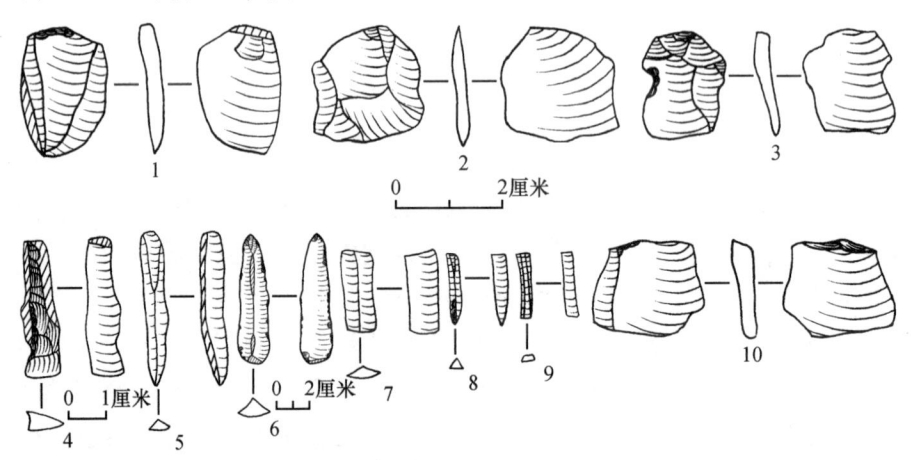

图4-35 石人沟遗址部分石制品

1～3、10.石片(05SRGBT5150③:018、05SRGDT5053③:004、05SRGDT5151②:001、05SRGDT535③:008)
4.初次剥离的石叶(05SRGDT5153③:014) 5、7.宽体细石叶(05srgbt5350③:050、05SRGCT5150③:016)
6.典型石叶(05SRGC:01) 8、9.窄体细石叶(05SRGAT5053③:005、05SRGBT5251③:001)

---

[1] 陈全家、张乐:《吉林延边珲春北山发现的旧石器》,《人类学学报》2004年第2期。

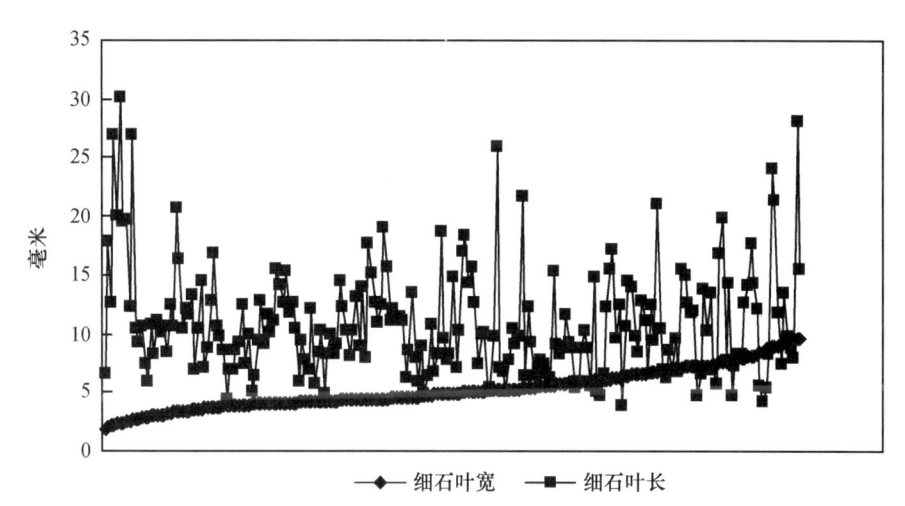

图4-36 细石叶长宽数值（毫米）比较

表4-10 细石叶统计表

原料类别	类别	黑曜岩			
	数量	223			
	百分比（%）	100			
计量统计数值		数量	最大值	平均值	最小值
	长（毫米）	223	30.07	10.88	3.93
	宽（毫米）	223	9.61	5.27	1.93
	厚（毫米）	223	7.65	1.58	0.21
	重量（克）	223	0.73	0.1	0.01
背脊数量	数量	单脊		双脊	
	223	159		64	
	百分比（%）	71.3		28.7	
台面情况	数量	点台面	线台面	素台面	刃状台面	零台面
	91	40	16	9	22	4
	百分比（%）	43.96	17.58	9.9	24.18	4.38
完整程度	数量	完整	近段	中段	远段
	223	25	66	92	40
	百分比（%）	11.21	29.59	41.25	17.95

细石叶以单脊为主，双脊次之。台面以点台面为主，刃状、线台面次之，素、零台面较少。从其完整程度看，以中段细石叶为主，近端、远端次之，完整较少。这说明古人类已经掌握了截断细石叶技术，有目的地选择较直的中段作为复合工具的刃部来使用。

6. 石叶

共21件，占石制品总数的1.6%。石叶以单脊为主，双脊次之；台面以点台面为主，线台面、刃状台面次之。从其完整程度看，也以中段为主，近段、远段、完整者较少，应该是用来作为复合工具的镶嵌"刀片"（表4-11；图4-35）。

根据石叶背面的情况，可以将其分为初次剥离的石叶和典型石叶两种。前者4件，具有不规则的、预制石核时修理出来的背脊；后者17件，具有平行且较直的背脊。

从石叶断片截断处可以看出，存在2种截断方式：一种为直接用手折断，另一种为将石叶垫在某些物体上，在其上用硬物轻磕，产生一凹槽，再用手将其折断（图4-37，9），与欧洲旧石器时代的石叶截断技术相似。

到目前为止，中国已经正式发掘并发表了研究成果的典型石叶工业还只有宁夏灵武水洞沟[1]等少数发现。但类似的发现近年来也有陆续报道，主要分布在黄河中游各地到冀西北的泥河湾盆地。不过这些发现与该遗址情况相似，多与细石叶、石片共存，且不占主导地位。尚不如水洞沟的石叶工业类型典型，如果能从石器生产过程或操作链的角度对这些新发现进行全面系统分析，很可能会有新收获。

表4-11 石叶统计表

原料类别	类别	黑曜岩		
	数量	21		
	百分比（%）	100		
计量统计数值		数量	最大值	平均值	最小值
	长（毫米）	21	29.02	18.08	9.47
	宽（毫米）	21	26.04	13.84	10.02
	厚（毫米）	21	7.23	3.49	1.74
	重量（克）	21	4.57	1.14	0.27
背脊数量	数量	单脊	双脊
	21	13	8
	百分比（%）	61.9	38.1
台面情况	数量	点台面	线台面	刃状台面
	7	5	1	1
	百分比（%）	71.44	14.28	14.28
完整程度	数量	完整	近段	中段	远段
	21	3	4	11	3
	百分比（%）	14.28	19.06	52.38	14.28

---

[1] 王幼平：《华北旧石器时代晚期石器技术的发展》，《文化的馈赠——汉学研究国际会议论文集（考古学卷）》，北京大学出版社，2000年，第304~312页。

7. 碎屑和断块

碎屑是指在剥片或石器的二次加工修理过程中崩落的小片屑。共144件，占石制品总数的11.2%。

而断块是指剥片时沿自然节理断裂的石块或破裂的石制品小块。共91件，占石制品总数的7.1%。多呈不规则形，个体变异较大。最大断块（05SRGDT5251③：009）为31.25毫米×11.73毫米×12.2毫米，重4.38克；最小断块（05SRGET5050③：001）为5.34毫米×2.8毫米×0.62毫米，重0.03克。

在统计分析时很难将它们划归某种特定的石制品类型。虽然碎屑和断块仅仅是石制品加工过程中出现的副产品，但是它们对研究石器加工技术和分析人类行为有着重要的意义。当使用脆性大的黑曜岩进行剥片或二次加工石器时将会产生较多的碎屑和断块，可以进行模拟试验，来计算出石片及石器在数量上与碎屑及断块的比例关系，进而进行遗址的功能分析，判断它究竟是一处石器制造场还是野外宿营地。

8. 工具

（1）第二类工具（使用石片）

共95件，占石制品总数的7.4%。原料以黑曜岩为主，仅发现1件碧玉。从表4-12统计数据看，使用石片尺寸以小型为主；毛坯以石片为主，石叶、细石叶次之。刃部形

表4-12 使用石片统计表

原料类别	类别	数量	黑曜岩	碧玉	
	数量	95	94	1	
	百分比（%）	100	98.9	1.1	
计量统计数值		数量	最大值	平均值	最小值
	长（毫米）	95	60	24.24	7.75
	宽（毫米）	95	32.7	15.72	4.89
	厚（毫米）	95	13.16	4.39	1.06
	重量（克）	95	13.4	2.24	0.07
毛坯	数量	石片	石叶	细石叶	
	95	42	32	21	
	百分比（%）	44.21	33.68	22.11	
刃部形态	数量	凹凸刃	单凹刃	单凸刃	单直刃	尖刃	双凹刃	双直刃	直凹刃	直凸刃
	95	1	5	13	34	12	1	23	2	4
	百分比（%）	1.05	5.26	13.68	35.79	12.63	1.05	24.21	2.11	4.22
使用后刃角	数量	锐角（角<30°）	30°<角<50°	钝角（角≥50°）	
	95	42	35	18	
	百分比（%）	44.21	36.84	18.95	

态以单刃为主，其中又以单直刃为主，单凸刃、尖刃次之；双刃次之，其中又以双直刃为主，直凸刃、直凹刃较少。使用石片的刃角以锐角为主，钝角次之。大多数标本手感刃口仍较锋利，可继续使用（图4-37，7~9）。

黑曜岩硬度大，断口呈细致的贝壳状，未经二次加工修理的石片刃缘，完全可以直接投入使用。且这些石片手感刃缘已较钝或很钝，分布明显的、连续的细小疤痕。当然，这种观测还需要将来的微痕观察结果来进一步验证。

（2）第三类工具

共计98件，占石制品总数的7.5%。原料均为黑曜岩。

刮削器　共63件，占第三类工具总数的64.29%，是该遗址数量最多的工具类型。从统计数据（表4-13）来看，刮削器尺寸中等，以小型为主，但也有个别尺寸大于60毫米以上的中型刮削器。刮削器毛坯以片状为主，其中石片占优势，石叶、细石叶次之；块状毛坯较少。修理方法以锤击法为主，压制法次之。刃缘以向石片背面加工者

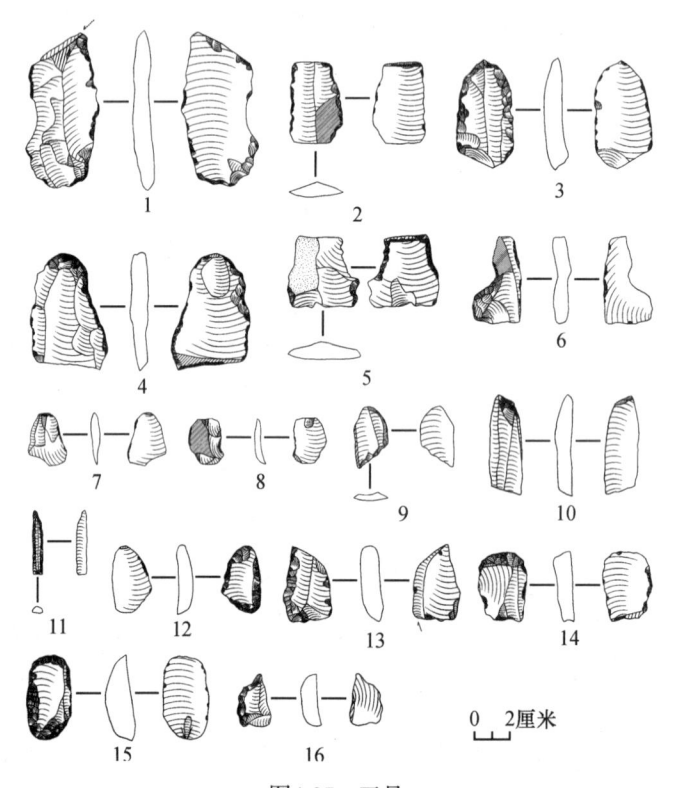

图4-37　工具

1、10、13. 雕刻器（05SRGET5252④：002、05SRGDT5353③：002、05SRGBT5053④：006）
2. 直凸刃刮削器（05SRGET5152②：003）　3. 尖刃刮削器（05SRGAT5053②：002）　4. 复刃刮削器（05SRGET5152④：003）　5. 双凹刃刮削器（05SRGET5050③：006）　6. 直凹刃刮削器（05SRGC：14）
7~9. 使用石片（05SRGBT5051③：008、05SRGDT5352③：012、05SRGDT5352③：004）
11. 钻（05SRGDT5150③：012）　12. 琢背小刀（05SRGET5052③：001）　14、15. 圆头刮削器（05SRGET5051③：010、05SRGDT5150③：017）　16. 单凸刃刮削器（05SRGDT5051③：006）

为最多，向劈裂面加工和错向修理者次之，复向、两面加工者较少。从刃部形态看，直刃最多，尖刃次之，凹刃、凸刃、圆头刮削器较少。刮削器修理后刃角以钝角为主，锐角次之，说明它们有可能是经过使用后废弃的（图4-37）。

表4-13 刮削器统计表

原料类别	类别	黑曜岩			
	数量	63			
	百分比（%）	100			
计量统计数值		数量	最大值	平均值	最小值
	长（毫米）	63	64	31.71	9.05
	宽（毫米）	63	48.1	22.63	7.17
	厚（毫米）	63	12.5	6.13	1.58
	重量（克）	63	45.08	5.29	0.27
毛坯	数量	石片	石叶	细石叶	断块
	63	43	12	5	3
	百分比（%）	68.25	19.05	7.94	4.76
修理方法	数量	硬锤	软锤	压制	
	63	16	25	22	
	百分比（%）	25.4	39.68	34.92	

修理加工方向	数量	背面	劈裂面	复向	错向	两面
	63	35	9	6	8	5
	百分比（%）	55.56	14.29	9.52	12.7	7.93

刃部形态	数量	单直刃	单凸刃	单凹刃	凸凹刃	双直刃	双凹刃	圆头	直凸刃	直凹刃	尖
	63	25	2	2	1	5	2	3	5	3	15
	百分比（%）	39.68	3.18	3.18	1.58	7.94	3.18	4.76	7.94	4.76	23.8

加工后刃角	数量	锐角（角<40°）	近似45°	钝角（50°<角<75°）	陡刃（75°<角<90°）
	63	14	14	25	10
	百分比（%）	22.22	22.22	39.68	15.88

雕刻器 共30件，占第三类工具总数的30.61%。雕刻器除了直接由石片锤击法加工而成外，由石叶或细石叶有意截断者次之，块状毛坯较少。在制法上，向单侧加工者多于双侧加工者。绝大多数雕刻器为钝角刃或陡刃，而且刃口锋利（表4-14；图4-37，1、10、13）。

琢背小刀 共3件，占工具总数的3.06%。长13.42～30.15毫米，平均长21.79毫米；宽12.12～36.25毫米，平均宽21.1毫米；厚2.86～7.51毫米，平均厚4.71毫米；重

0.65~1.93克，平均重1.36克。琢背小刀均以石片为毛坯，石片背面有一纵脊，较厚的一侧边琢出一列疤痕，薄锐的一侧边作为使用刃缘，平均刃角为37°。可以清楚地看到使用后留下的细小疤痕，推测其可能作为复合工具的刃部（图4-37，12）。

表4-14 雕刻器统计表

原料类别	类别	黑曜岩		
	数量	30		
	百分比（%）	100		
计量统计数值		数量	最大值	平均值	最小值
	长（毫米）	30	92.23	30.7	10.96
	宽（毫米）	30	40.62	21.49	10.25
	厚（毫米）	30	10.16	5.89	1.75
	重量（克）	30	9.69	3.1	0.21
毛坯	数量	石片	石叶	断块
	30	19	8	3
	百分比（%）	63.33	26.67	10
修理方法	数量	锤击	有意截断
	30	21	9
	百分比（%）	70	30
修理加工方向	数量	两侧	单侧
	21	7	14
	百分比（%）	33.33	66.67
加工后刃角	数量	锐角（30°<角<40°）	近似45°角	钝角（50°<角≤75°）	陡刃（75°<角≤90°）
	30	3	2	11	14
	百分比（%）	10	6.67	36.67	46.66

钻 共2件，占工具总数的2.04%。长25.29~39.57毫米，平均长34.15毫米；宽7.1~39.34毫米，平均宽24.6毫米；厚4.1~8.85毫米，平均厚6.59毫米；重1.3~7.04克，平均重4.53克。工具毛坯以石叶为主，均采用压制法向背面对向修整，布满规整、浅平、并行排列的压制修疤。尖刃角平均为36°（图4-37，11）。

（三）结语

1. 石制品的主要特征

（1）原料以黑曜岩为主，比例达到99.93%。

（2）石制品以微型、小型为主，中型较少。

（3）剥片技术有锤击法和间接剥片法。

（4）石核存在锤击石核和细石叶石核，从发现有砸击石片来看，应还存在砸击石核。打片时对石核的台面进行修整。

（5）细石叶、石叶多保留中段，用来作为复合工具的镶嵌刃部。

（6）第二、三类工具毛坯以石片为主，占55.44%，石叶、细石叶次之，块状毛坯较少。

（7）工具以小型为主，微型也占一定比例，个体间存在较大变异。

（8）刮削器和雕刻器是该遗址石器的主要类型，此外还有琢背小刀和钻。刮削器中以单直刃为主，占刮削器总数的39.68%，尖刃次之，双直刃、直凸刃、圆头刮削器较少。

（9）石器主要由锤击加工而成，压制法也占有一定比例，其中雕刻器类存在有意截断的加工方法，颇具特色。加工方向以正向为主，反向加工次之，复向、错向、两面和对向加工较少。

2. 分析与讨论

东北地区的大石器和小石器工业传统至少从旧石器时代中期开始，就应该是同时存在并行发展的。细石叶工业自旧石器时代晚期开始出现，它很可能是从小石器工业传统中派生出来的一种新的"变体类型"，但是这种"变体类型"并没有完全取代原有的小石器工业传统，而是与其并行发展[1]。

近年来，有学者对图们江流域进行了几次系统的旧石器遗址调查和试掘工作，新发现了几处旧石器时代晚期遗址：图们下白龙[2]、岐新B、C地点[3]、龙井后山[4]、和龙柳洞[5]、珲春北山[6]等。通过对东北地区旧石器时代晚期遗址的剥片、石器加工技术及原料利用情况，可以看出石人沟遗址与和龙柳洞、珲春北山同属于东北地区以细石叶、石叶石核及其制品为主要特征的文化类型，其代表型遗址为黑龙江呼玛十八站[7]和齐齐哈尔的大兴屯[8]遗址，工具组合中的石叶、细石叶及各类刮削器、

---

[1] 赵宾福：《东北石器时代考古》，吉林大学出版社，2003年，第1~156页。

[2] 陈全家、霍东峰、赵海龙：《图们下白龙发现的旧石器》，《边疆考古研究》（第2辑），科学出版社，2003年，第1~14页。

[3] 陈全家：《延边地区图们江流域旧石器考古新发现》，《人类学学报》2003年第1期。

[4] 陈全家：《延边地区图们江流域旧石器考古新发现》，《人类学学报》2003年第1期。

[5] 陈全家等：《和龙市柳洞旧石器地点发现的石制品研究》，《华夏考古》2005年第3期。

[6] 陈全家：《延边地区图们江流域旧石器考古新发现》，《人类学学报》2003年第1期。

[7] 张镇洪：《辽宁地区远古人类及其文化的初步研究》，《古脊椎动物与古人类》1981年第2期。

[8] 黄慰文、张镇洪、缪振棣等：《黑龙江昂昂溪的旧石器》，《人类学学报》1984年第3期。

雕刻器表现的特征与其较为一致，从预制定型（楔状、锥状等）的细石核上用压制技术有序地生产细石叶，并选用这些初级产品主要用压制技术制成各类工具。而处于同一地区内的图们下白龙遗址则属于以大石器为主体的石器工业类型。造成这种石器工业类型差别的原因，作者认为主要有以下几点：一是石料的大小对石器体积的影响很大；二是当地石料的质地对石器的制作修理影响很大；三是遗址所处的环境影响了石器的功能，从而也影响着石器体积的大小。大型工具可以进行砍、砸、挖掘等重体力劳动。

石料的质地对石器的修理影响很大，优质原料常常加工出精致的工具，而劣质原料则往往加工出粗糙的工具。使用黑曜岩这种优质原料加工石器，无论是软锤或硬锤，其修疤均较规整，压制修理出的工具更为精致。因而，该遗址石制品具有细小精致的特点。并且，黑曜岩剥片易形成贝壳状断口，较为坚韧锋利，可不用第二步加工直接使用，这使得遗址中存在一定比例的使用石片。

另外，在遗址中还发现一些砸击石片。砸击法一般应用于质地较差、杂质较多的原料如石英、脉石英等，这说明当时古人类对石核原料并不十分珍惜，这应为当时该地域内原料资源较充足所致，原料的具体来源还有待将来进一步的工作。

刃状台面石片在石人沟遗址内是个有意义的发现，它们在背面近台面处均布满石片碎疤，推测系剥片前用软锤在石核台面边缘处进行修整所致，使得剥片时的受力点前移。为进一步验证推测的合理性，笔者使用黑曜岩进行模拟剥片试验，结论与推测一致，获得石片与遗址中出土标本特征一致，近端薄锐，远端宽厚。这种剥片方式的目的应是获得近端薄而体长的石片来直接使用（图4-38）。

对考古遗址出土遗物进行拼合研究是探索遗址埋藏和形成过程必不可少的环节之一，这能够重建石制品从制作到废弃的"生命"轨迹[1]。本遗址1291件标本中仅获得2个拼合组，涉及4件石制品。拼合率较低，仅占石制品总数的0.31%。石器—石片拼合组处于第2层，间距不超过1米，应产生于二次加工修理过程中。细石叶近段—远段拼合组处于第4层，间距不到0.3米（图4-39）。

3. 年代分析

石制品出土于山坡台地内（台地高于Ⅱ级阶地）含黄土的粗砂夹角砾层和浅黄色粗砂质黄土夹角砾层中，根据吉林省第四纪地层的堆积年代分析，其原生层位属于上更新统，从发现的石制品类型及加工工艺分析，其年代属于旧石器时代晚期，绝对年代距今1.5万年左右。

---

[1] Hofman J L. The refitting of chipped stone artifacts as an analytical and interpretative tool. Current Anthropol, 1981, 22: 691-693.

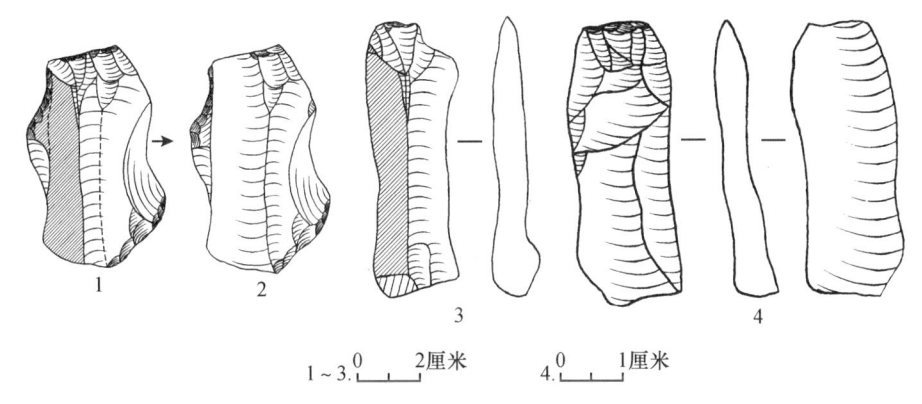

图4-38 石人沟遗址出土的刃状台面石片及实验标本对比
1. 剥片实验前的石核（BJKG001） 2、3. 剥片实验后的石核和刃状台面石片（BJKG002） 4. 遗址中出土的刃状台面石片（05SRGBT5251④：009）

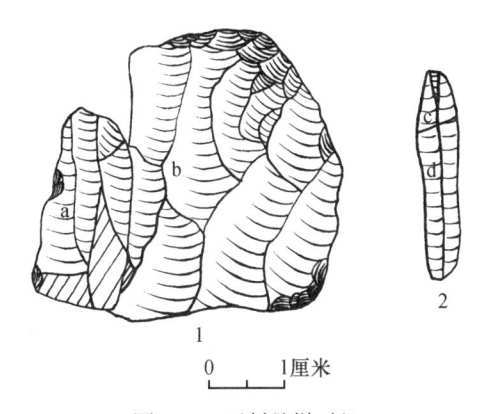

图4-39 石制品拼对组
1. 使用石片（a）—石片（b）拼对组 2. 细石叶近段（c）—远段（d）拼对组

4. 未来的研究方向

（1）东北地区存在一些以黑曜岩为主要原料的旧石器遗址，应着手于对以黑曜岩为原料的工具操作进行模拟实验，以及相应的考古标本的微痕分析。着手建立起自己一套完整的石器微痕分析的参考标本，并将每件标本的实验数据信息汇总，制成数据库，以备其与考古标本相对比，进而帮助我们判明遗址中出土石器的使用方法及功能。

（2）在这些遗址中石叶与细石叶并存，与日本涌别川[1]、朝鲜半岛的垂杨介[2]

---

[1] 筑波大学遠間资料研究グル-プ編：《湧別川-遠間栄治採集幌加沢遺跡地点石器図録》，《遠軽町先史資料舘収蔵資料集》，北海道紋別郡遠軽町教育委員会，1990年。

[2] 〔韩〕李隆助著，李占扬译：《朝鲜半岛的旧石器文化——主要记述秃鲁峰和垂杨介遗址》，《华夏考古》1992年第2期。

和俄罗斯滨海地区的乌斯季诺夫卡[1]遗址特征相似，可以看出它们之间在文化上有着密切的联系，应存在着一定的文化交流。基于目前资料有限，还很难做出合理的阐释，待以后在更多发现和研究深化的基础上做进一步的探讨。

（3）遗址内石制品所用黑曜岩的来源还需做进一步工作，通过微量元素分析等方法找到其根本来源。从而可以探究当时古人类的活动范围及路线，证明当时与邻近地区是否存在着文化交流。

石人沟遗址的发掘与研究对探讨古人类在图们江流域的迁徙、适应、开发和改造过程，以及该地区更新世晚期旧石器工艺的演变趋势，具有重要的学术意义。

三、2007年和龙石人沟旧石器地点调查

2004年5月4日，吉林大学边疆考古研究中心师生在和龙市博物馆同志的陪同下，对延边地区和龙市龙城镇石人村进行旧石器考察时，首次在地层中发现石器40件[2]。随后于2005年8、9月间，吉林省文物考古研究所和吉林大学边疆考古研究中心对遗址进行了正式发掘，共获得石器1291件[3]，并且对石人沟遗址发现的旧石器的研究已获得一定成果[4]。

2007年，吉林省文物考古研究所和吉林大学边疆考古研究中心师生在和龙县文物管理所同志的又一次陪同下，于延边地区和龙市石人沟继续考察，在地表采集到石器51件。此次石器虽为地表采集，但石器表面粘有与周围遗址地层相同的黄色黏土，应是受到自然及人为因素的影响，致使地层中的石器被扰动到地表。石人沟遗址2007年发现的石器是对2004年和2005年石人沟发现旧石器[5]的极大丰富。

---

[1] Васильевский Р С, Гладышев С А. ВерхнийПалеолит южного приморьяя. Наука, сибирское отделение, 1989: 99-106.

[2] 陈全家、王春雪、方启等：《延边地区和龙石人沟发现的旧石器》，《人类学学报》2006年第2期。

[3] 陈全家、赵海龙、方启等：《延边和龙石人沟旧石器遗址2005年试掘报告》，《人类学学报》2010年第2期。

[4] 王春雪、陈全家：《试析吉林和龙石人沟旧石器时代晚期遗址古人类的技术与行为》，《边疆考古研究》（第6辑），科学出版社，2007年。

[5] 陈全家、王春雪、方启等：《延边地区和龙石人沟发现的旧石器》，《人类学学报》2006年第2期。

（一）地貌与地层

1. 地理位置

石人沟旧石器遗址，位于和龙县龙城镇石人村的西山上，地理坐标为东经128°48′45″，北纬42°11′20″，东北距和龙市约45千米。

2. 地貌

吉林东部长白山地属华夏系隆起带，走向为北北东—南南西和北东—南西。该遗址地处长白山系的南岗山脉，周围山峦起伏，森林茂密。遗址坐落在缓坡台地上，背靠高山，面向图们江的较大支流红旗河。遗址海拔为790米，河床海拔为675米，周围山峰的海拔一般都在1100米左右[1]。

3. 地层

根据2004年的发掘情况，地层堆积自上而下分为4层（图4-40）。

第1层为腐殖土，厚2.5～6米，不见文化遗存。第2层为黄色亚黏土，厚0.5～1米，有些地方缺失，含石器和较多炭屑。第3层为含沙质黄土的角砾，厚2.5～4米，角砾径一般在58毫米，含石器。第4层为含角砾的浅黄色土，含少量的角砾，试掘到厚约0.5米处仍未见底，该层含有少量炭屑[2]。

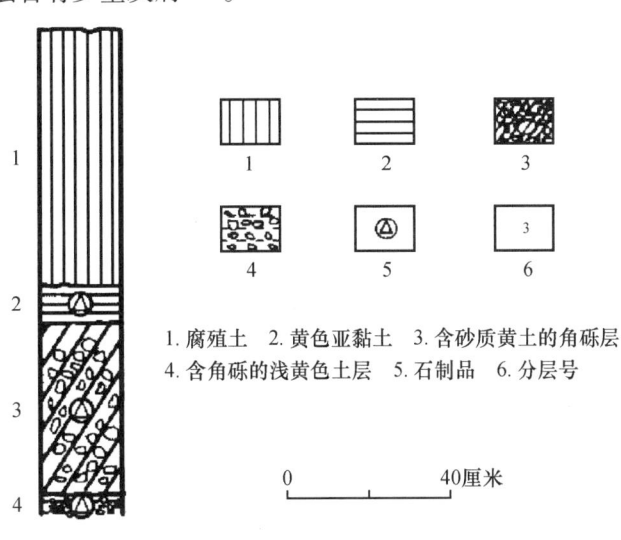

1. 腐殖土　2. 黄色亚黏土　3. 含砂质黄土的角砾层
4. 含角砾的浅黄色土层　5. 石制品　6. 分层号

图4-40　石人沟遗址（2004年）地层柱状图

---

[1] 陈全家、王春雪、方启等：《延边地区和龙石人沟发现的旧石器》，《人类学学报》2006年第2期。

[2] 陈全家、王春雪、方启等：《延边地区和龙石人沟发现的旧石器》，《人类学学报》2006年第2期。

(二)石器类型

石器类型包括石核、石片、石叶、细石叶、断块以及工具,共51件。原料均为黑曜岩。

根据标本的最大长度,大致将石制品划分为微型(<10毫米)、小型(10~30毫米,含10毫米)、中型(30~50毫米,含30毫米)、大型(50~70毫米,含50毫米)4个等级。总体来看,石器以小型为主,占49.1%;其次为中型,占25.6%;再次是大型,少量微型。通过分类统计来看,石核以大型为主,有少量中型;石片以小型为主,少量微型;断块仅见微型和小型;第二类工具以小型为主,中型其次;第三类工具以中型为主,不见微型(表4-15)。

表4-15 石器大小统计表

石器类型	小于10毫米 数量	百分比(%)	10~30毫米 数量	百分比(%)	30~50毫米 数量	百分比(%)	50~70毫米 数量	百分比(%)
石核					1	2	2	4
石片	3	5.9	8	15.7			1	2
石叶			1	2			1	2
细石叶			2	4				
断块	2	4	3	5.9				
第二类工具			3	5.9	2	4		
第三类工具			8	15.7	10	19.6	4	7.8

对重量的测量和统计表明,石器重量多集中于小于10克,占到72%;其次是10~30克,占22%;大于100克和50~100克所占比例相当,分别占到4%、2%;不见30~50克(图4-41)。

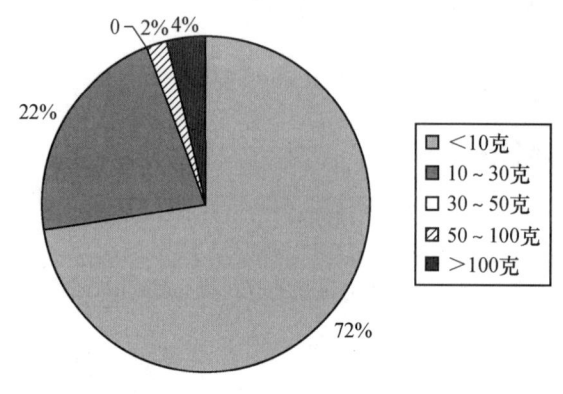

图4-41 石器重量百分比示意图

1. 石核

3件。可分为石片石核和细石叶石核。

（1）石片石核

2件。均为多台面石核。石核的剥片方式为锤击法。长31.2～66.9毫米，平均长49.05毫米；宽24.3～51.6毫米，平均宽38毫米；厚17.4～30.5毫米，平均厚24毫米；重12～101.8克，平均重56.9克。标本07SRG.C：40，长66.9、宽51.6、厚30.5毫米，重101.8克。近椭圆形。共有3个台面，其中1个为打制台面，2个为自然台面。打制台面的台面角为78.5°，有3个较完整的剥片疤，最大剥片疤长21.7、宽20.3毫米；其中一个自然台面的台面角为86.5°，有2个较完整的剥片疤，最大剥片疤长44、宽31.3毫米；另一个自然台面的台面角为88.7°，有3个较完整的剥片疤，最大剥片疤长50.5、宽21.2毫米。

（2）细石叶石核

1件。07SRG.C：40，片状毛坯，为纵向断裂的左边断片。长58.2、宽11.6、厚31.2毫米，重17.9克。楔形细石叶石核，整体半圆形，截面近三角形。台面修理为斜面，修理疤痕大小不一且连续。台面角为63°。背面有4块石片疤。工作面为石片断面。底缘经过两面修理，形成刃缘。最后一次剥片也是第一次剥片，长35.8、宽6.6毫米。由于剥片力度不够，石片在到达三分之一处断裂。此石核应是刚进入使用阶段（图4-42，1）。

2. 石片

11件。可分为剥片和修片。

（1）剥片

3件。均为锤击石片。根据其完整程度可分为完整石片和断片。

完整石片　2件。长13.1～65.1毫米，平均长39.1毫米；宽30.8～90.1毫米，平均宽60.5毫米；厚6.6～32.9毫米，平均厚19.7毫米；重1.6～125.5克，平均重63.6克。标本07SRG.C：43，长65.1、宽90.1、厚32.9毫米，重125.5克。素台面。背面为一块石片疤。劈裂面半锥体凸，同心波明显。

断片　2件。均为横向断裂的近端断片。长14.9～15.7毫米，平均长15.3毫米；宽17.1～22.1毫米，平均宽19.6毫米；厚3.3～5毫米，平均厚4.2毫米；重0.7～1克，平均重0.8克。背面均有石片疤。

（2）修片

8件。根据其完整程度可分为完整石片和断片。

完整石片　2件。长5.1～10.9毫米，平均长8毫米；宽10～27.2毫米，平均宽18.6毫米；厚1.2～2.9毫米，平均厚2.1毫米；重0.03～0.4克，平均重0.2克。标本07SRG.C：31，长10.9、宽27.2、厚2.9毫米，重0.4克。为锤击修片，有脊台面。背面有众多浅平的疤痕。半锥体凸。

断片 6件。近端断片4件，远端断片1件，右边断片1件。长9.7～15毫米，平均长11.4毫米；宽8.3～27.2毫米，平均宽13.6毫米；厚1.3～2.9毫米，平均厚2.3毫米；重0.1～0.4克，平均重0.2克。其中3件为有脊台面，1件为有疤台面，1件为零台面。4件为锤击石片，劈裂面半锥体凸起，同心波明显。2件不能辨别剥片方式，劈裂面平坦，半锥体不凸起。所有不完整石片背面均有一到数个不等浅平的疤痕。

3. 石叶

2件。均为断片，分别为近端、远端断片。长23.9～66.7毫米，平均长45.3毫米；宽4.7～13.2毫米，平均宽9毫米；厚4.2～14毫米，平均厚9.1毫米；重1～8.3克，平均重4.7克。标本07SRG.C：42，长66.7、宽13.2、厚14毫米，重8.3克。为雪橇形石片，是细石叶石核预制过程中剥下的石片。背面有前几次剥片留下的3块石片疤。背面脊呈"Y"形，以脊为台面有众多大小不一、层叠细密的疤痕。劈裂面微凹，无明显半锥体（图4-42，2）。

4. 细石叶

2件。均为中间断片。长13.2～25.7毫米，平均长19.5毫米；宽4.7～5.3毫米，平均宽5毫米；厚2～4.4毫米，平均厚3.2毫米；重0.1～0.5克，平均重0.3克。标本07SRG.C：37，长25.7、宽4.7、厚4.4毫米，重0.5克。石叶呈细长的长方体。为横向断裂，中间断片。上下均截断（图4-42，3）。

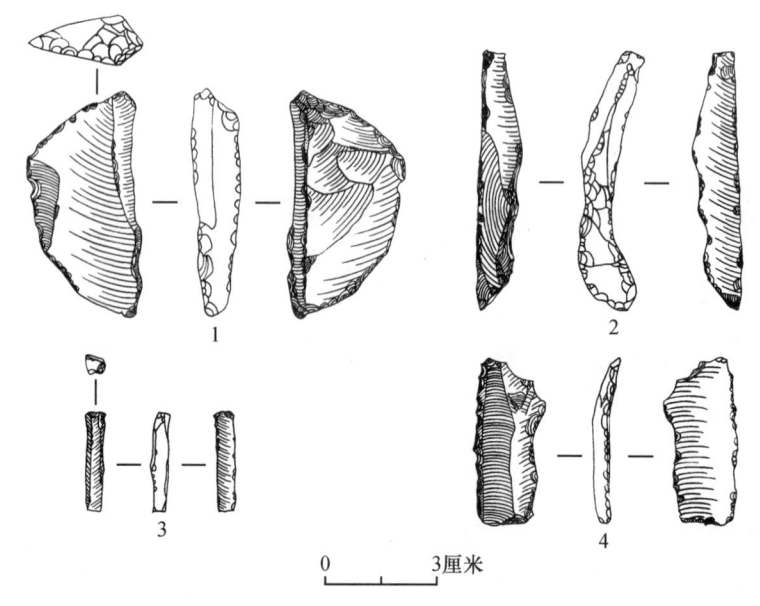

图4-42 细石核、石叶和二类工具

1. 细石叶石核（07SRG.C：40） 2. 雪橇形石叶（07SRG.C：42） 3. 细石叶（07SRG.C：37） 4. 直凹刃刮削器（07SRG.C：11）

5. 断块

6件。长9～29.2毫米，平均长19毫米；宽4.5～33.4毫米，平均宽19.2毫米；厚2.7～13.7毫米，平均厚4.2毫米；重0.1～14.1克，平均重3.1克。不见台面和打击点，且形状变化多样。

6. 二类工具（使用石片）

5件。均为刮削器。根据石片劈裂面特征分析，剥片方法为锤击法。按照使用刃缘数量可分为单刃及双刃二型。

（1）单刃

2件。根据刃缘形态可分为凹刃和凸刃。长26.1～48.3毫米，平均长37.2毫米；宽25.8～27.7毫米，平均宽26.7毫米；厚4.7～5.2毫米，平均厚5毫米；重2.5～6.6克，平均重4.5克。

凹刃　07SRG.C：36，为横向断裂，近端断片。长48.3、宽27.7、厚5.2毫米，重6.6克。整体形状呈羽毛状。劈裂面半锥体较凸，有一长14、宽9毫米的锥疤。背面左部有一条狭长石片疤，长43、宽13毫米。背部右边有多片浅平石片疤。右侧凹刃有不连续的细小疤痕，应为直接使用形成。刃长35毫米，刃角为24.6°。

（2）双刃

3件，其中2件为石叶的中间断片，1件为近端断片。根据刃缘形态可分为直凹刃、双直刃和凸直刃。

直凹刃　1件。07SRG.C：11，石叶毛坯，横向断裂，为中间断片。长42.9、宽19.9、厚4.5毫米，重3.6克。呈叶状。劈裂面平坦。背面有一条稍弯的脊，右边上部有2个浅平的石片疤。左侧直刃长40毫米，刃角为31.5°。右侧凹刃长30毫米，刃角为39.3°。左侧凸刃和右侧凹刃均有不连续且大小不一的疤痕，为直接使用形成（图4-42，4）。

双直刃　1件。07SRG.C：14，片状毛坯，横向断裂，为近端断片。长29、宽28.4、厚4.1毫米，重2.4克。半锥体经过修理，劈裂面平坦。背面有3个浅平的石片疤。两个直刃分别位于左侧的上部和下部。上部直刃长10.4毫米，刃角为17.5°；下部直刃长15.6毫米，刃角为14.5°。两个刃均有不连续的疤痕，为直接使用形成。

凸直刃　1件。07SRG.C：23，石叶毛坯，横向断裂，为中间断片。长14.1、宽21.6、厚3.8毫米，重1.1克。劈裂面平坦，同心波明显。背面有一斜脊。左侧直刃长12.7毫米，刃角为14.5°；右侧凸刃长13.9毫米，刃角为18°。两个刃上均有不连续且大小不一的疤痕，为直接使用形成。

7. 三类工具

22件。分为刮削器、尖状器和残器。

（1）刮削器

18件。根据刃缘数量可分为单刃、双刃及复刃三式。

1）单刃

10件。根据刃缘形态可分为凸刃、凹刃和直刃。

凸刃　5件。均为片状毛坯，其中1件为完整石片，1件为近端断片，3件为远端断片。长30.1~51.3毫米，平均长39.4毫米；宽26.8~47.2毫米，平均宽36毫米；厚6~14.1毫米，平均厚9.8毫米；重4.9~38.5克，平均重14.4克（图4-43，1~4）。标本07SRG.C：01，片状毛坯，横向断裂，为远端断片。长51.3、宽36.5、厚10.9毫米，重20.2克。整体呈梯形。劈裂面平坦，同心波可见。背面有三条脊，4个较大的石片疤。四周均经过修理，端刃为修刃，其他三边为修形。端刃有大小不一、浅平重叠的修理疤痕，其他三边的修理痕迹均为多层鱼鳞状疤痕。端刃、左边和右边均为正向修理，另一端为复向修理。刃长30毫米，刃角62.6°（图4-43，3）。

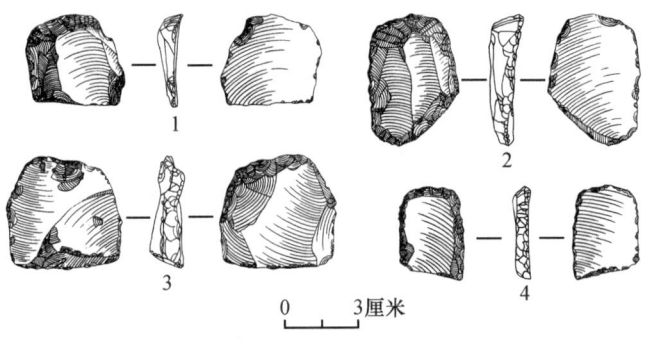

图4-43　三类工具
1. 07SRG.C：15　2. 07SRG.C：44　3. 07SRG.C：01　4. 07SRG.C：05

凹刃　1件。07SRG.C：03，片状毛坯，横向断裂，为远端断片。长25.9、宽27.8、厚10.3毫米，重5.4克。劈裂面稍稍内凹，同心波明显。背面有4个石片疤。底部经过正向修理，便于把握。左侧凹刃经过正向修理，留有大小不一、重叠的鱼鳞状疤痕。刃长12.7毫米，刃角为41.5°。

直刃　4件。均为片状毛坯，其中1件为完整石片，1件为近端断片，2件为远端断片。长16.1~39.5毫米，平均长28.2毫米；宽16.1~37.9毫米，平均宽25.4毫米；厚3.8~10.3毫米，平均厚6.6毫米；重0.8~13.5毫米，平均重5.6毫米（图4-44，1、2）。标本07SRG.C：07，为片状毛坯，横向断裂，近端断片。长26.7、宽37.9、厚8.2毫米，重6.2克。劈裂面半锥体突出，有长13、宽10毫米的锥疤，放射线、同心波均明显。背面右边有一长25、宽12毫米的石片疤。左侧有大小不一、层层叠压的石片疤；左上侧正向加工出整齐排列的长条状浅平修理痕迹，用于把手，便于把握。直刃为使用边，使用疤痕不连续且大小不一。刃长29毫米，刃角39.5°（图4-44，1）。

2）双刃

5件。根据刃缘形态可分为直凹刃、凸直刃、双直刃和凹凸刃。

直凹刃　1件。07SRG.C：46，片状毛坯。长49.3、宽49.6、厚15.9毫米，重30.4克。劈裂面凸，同心波明显，有一长15.2、宽10.6毫米的锥疤。背面有脊，呈"X"形。左侧直刃经过复向修理，留有大小不一、层叠的疤痕。刃长38.2毫米，刃角为71°。右侧凹刃经过复向修理留有大小不一的多层疤痕。刃长23.6毫米，刃角为65.5°（图4-44，4）。

凸直刃　1件。07SRG.C：47，片状毛坯，横向断裂，为中间断片。长49.2、宽29.1、厚9.1毫米，重14.8克。劈裂面平坦，同心波明显。背面有一竖直的脊。左侧凸刃经过修理，留有大小重叠的鱼鳞状疤痕。刃长42.8毫米，刃角为60.5°。右侧直刃疤痕大小不一且不连续，为使用边。刃长36.7毫米，刃角为48.5°。

双直刃　1件。07SRG.C：12，片状毛坯。长33.4、宽43、厚10.5毫米，重10.8克。整体形状呈不规则的六边形。半锥体突出，同心波明显，有一长10、宽5毫米的锥疤。背面有一条脊，有3块较大的石片疤。背部右上方经过反向修理，便于把握。近端刃缘有大小不一且连续的修理痕迹，刃长22毫米，刃角为31.2°。远端刃缘刃长25毫米，刃角为51.1°（图4-44，3）。

凹凸刃　2件。均为片状毛坯，分别为远端、中间断片。长20.9～24.5毫米，平均长22.7毫米；宽13.5～22.3毫米，平均宽17.9毫米；厚2.5～4.9毫米，平均厚3.7毫米；重0.7～3克，平均重1.85克。标本07SRG.C：13，片状毛坯，横向断裂，为中间断片。长24.5、宽22.3、厚4.9毫米，重30克。劈裂面平坦，同心波明显。背面有两条几近平行的脊。顶端经过修理，便于把握。左侧凸刃经过反向修理，留有大小不一、层叠的疤痕。刃长14.2毫米，刃角为20.5°。右侧直刃疤痕不连续，为使用形成。刃长14.9毫米，刃角为50.1°。

3）复刃

3件。根据刃缘形态可分为直直直刃和直直凹刃。

直直直刃　2件。均为片状毛坯，分别为近端、远端断片。长15.8～33毫米，平均长24.4毫米；宽19.4～44.3毫米，平均宽31.9毫米；厚4～9.5毫米，平均厚6.8毫米；重1～9.6克，平均重5.3克。标本07SRG.C：06，片状毛坯，横向断裂，为远端断片。长33、宽44.3、厚9.5毫米，重9.6克。整体形态呈不规则四边形。劈裂面同心波明显。背面左上侧为砾石面，约占背面面积的一半。背面有5片较大石片疤。共有3个刃，左侧上部直刃为刃1，左侧下部直刃为刃2，右侧直刃为刃3。刃1为修理边，经过正向修理，疤痕大小不一，层叠排列，刃长40毫米，刃角为21.4°。刃2为使用边，刃长28毫

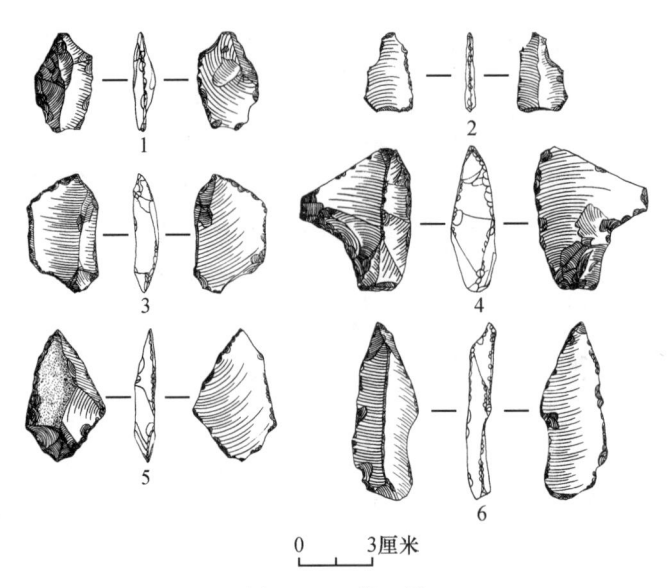

图4-44　三类工具

1. 单直刃刮削器（07SRG.C：07）　2. 单直刃刮削器（07SRG.C：18）　3. 双直刃刮削器（07SRG.C：12）
4. 直凹刃刮削器（07SRG.C：46）　5. 复刃刮削器（07SRG.C：06）　6. 尖刃器（07SRG.C：41）

米，刃角为25.3°。刃3亦为使用边，刃长17.5毫米，刃角为24.3°（图4-44，5）。

直直凹刃　1件。片状毛坯，横向断裂，为近端断片。长32.4、宽21.7、厚4.7毫米，重2.7克。半锥体凸，同心波明显。背面有脊，呈"Y"形，有5个浅平的石片疤。左侧直刃为刃1，右侧上部直刃为刃2，右侧中间凹刃为刃3。刃1为修理边，经过正向加工，刃长15.5毫米，刃角为50.5°。刃2为修理边，经过正向加工，刃长10.9毫米，刃角为51°。刃3亦为修理边，经过反向加工，刃长5.8毫米，刃角为40.5°。

（2）尖刃器

3件。均为单尖尖刃器。根据两边的形态分为双直刃和双凸刃。

双直刃　2件。均为片状毛坯。长62.5~69.4毫米，平均长66毫米；宽27~85.9毫米，平均宽56.5毫米；厚9.5~16.7毫米，平均厚13.1毫米；重14.7~80.7毫米，平均重47.7克。标本07SRG.C：41，片状毛坯。长69.4、宽27、厚16.7毫米，重14.7克。劈裂面同心波明显背面中间处有一条笔直的脊。背面有5块较大的石片疤，底部有正向加工的多层修理疤痕，疤痕大小不一。左侧直刃，复向加工。右侧直刃，复向加工，靠近尖刃处修理更加细密，疤痕层叠；劈裂面中部有3块浅平成扇形的石片疤。两个修理边夹一角，形成尖刃，刃角为72.9°（图4-44，6）。

双凸刃　1件。片状毛坯，横向断裂，为中间断片。长38.2、宽28.8、厚8.5毫米，重9克。劈裂面平坦，同心波明显。背面有5个石片疤。左侧凸刃，正向加工，刃长29.5毫米。右侧凸刃亦为正向加工，刃长36.3毫米。尖部经过正向修理，刃角为78.3°。

（3）残器

1件。07SRG.C：28，片状毛坯，残存近端部分。残长17.8、残宽17.3、残厚5毫米，重1.3克。劈裂面半锥体明显，同心波可见。左缘、右缘、顶端均经过正向加工，修理疤痕层叠细密。推测可能是单凸刃刮削器。

（三）结语

1. 石器工业的一般特征

（1）原料成分单一，均为黑曜岩。

（2）石片占石器总数的21.6%，其中完整石片仅占石器总数的5.9%。

（3）石核占石器总数的5.9%，包括石片石核和细石核两类。细石核经预制加工和台面修理。

（4）石器类型多样，包括石核、石片、二类工具、三类工具（刮削器和尖刃器、残器）。

（5）工具数量较多，占石器总数的53%。无一类工具。

（6）石器以小型为主，占49.1%；中型占25.6%；大型占15.8%。

（7）石器的特征表明，剥片技术为锤击法，细石核的出现表明也存在间接剥片法。石片人为截断现象普遍，且断口有较发育的唇面，可能使用了软锤法。石器背面全部是石片疤的情况占绝大多数。工具修理锤击法和压制法均可见。加工方式正向加工为主，其次为复向加工，存在反向加工和错向加工。三类工具均为片状毛坯。修背和修把手的工具占三类工具的40.1%。工具的修理较为精细。

2. 遗址性质

石器中石核、石片和断块较少，工具数量较多，占石器总量的53%。绝大多数工具上都有明显的使用痕迹。石片分为剥片和修片，修片数量远大于剥片，占石片总量的66.7%，说明工具修理的存在。推测此处可能是人类居住活动的遗址。

3. 分析与比较

同2004年、2005年石人沟发现旧石器的主要特征进行比较，可见2007年石人沟遗址发现的旧石器和前两次发现的旧石器有很大的相似性[1]，主要体现在使用的原料、

---

[1] 陈全家、王春雪、方启等：《延边地区和龙石人沟发现的旧石器》，《人类学学报》2006年第2期。

剥片技术、修理方法、石器大小和工具类型上[1]。此次发现的旧石器不同点在于发现的旧石器工具类型没有前两次发现的旧石器多样性高。前两次发现旧石器工具类型中的雕刻器是此次发现中缺少的类型。但是，2007年新发现的旧石器仍然是对石人沟遗址旧石器的补充和丰富。

通过和吉林东部发现的9处含细石器遗存（吉林和龙青头[2]、安图沙金沟[3]、珲春北山[4]、和龙柳洞[5]、辉南邵家店[6]、安图立新[7]、抚松西山[8]、和龙石人沟[9]）进行比较，从石器原料、剥片技术和工具类型诸多方面来看，石人沟遗址新发现的旧石器所反映出的遗址面貌和吉林东部地区旧石器时代晚期遗址面貌相似，具有明显的区域性特征。

此次发现的旧石器均以黑曜岩为原料，个体小，加工精制；剥片技术有锤击法和间接剥片法，不见砸击法；工具组合以刮削器为主，其次为尖状器；工具加工以锤击法为主，其次是软锤修理，还出现了压制修理，所以2007年新发现的旧石器应该同2004年、2005年石人沟发现的旧石器一样，属于以细石器为主的遗存[10]。

4. 遗址年代

遗址中发现了典型楔形细石核，并且存在圆头刮削器、尖状器等典型器形，明显具有旧石器时代晚期细石叶工业传统；并且在石器采集的区域内不见新石器时代以后的磨制石器和陶片；同时根据石器的加工技术、工具组合等分析，推定遗址年代为旧石器时代晚期。

---

[1] 王春雪、陈全家：《试析吉林和龙石人沟旧石器时代晚期遗址古人类的技术与行为》，《边疆考古研究》（第6期），科学出版社，2007年。

[2] 陈全家、方启、李霞等：《吉林和龙青头旧石器遗址的新发现及初步研究》，《考古与文物》2008年第2期。

[3] 陈全家、赵海龙、方启等：《安图沙金沟旧石器遗址发现的石器研究》，《华夏考古》2008年第4期。

[4] 陈全家、张乐：《吉林延边珲春北山发现的旧石器》，《人类学学报》2004年第2期。

[5] 陈全家、王春雪、方启等：《吉林和龙柳洞2004年发现的旧石器》，《人类学学报》2006年第3期。

[6] 陈全家、李有骞、赵海龙等：《吉林辉南邵家店发现的旧石器》，《北方文物》2006年第1期。

[7] 陈全家、赵海龙、方启等：《延边安图立新发现的砾石石器》，《人类学学报》2008年第1期。

[8] 陈全家、赵海龙、王春雪：《抚松新屯子西山旧石器古营地遗址试掘报告》，《人类学学报》2009年第2期。

[9] 陈全家、王春雪、方启等：《延边地区和龙石人沟发现的旧石器》，《人类学学报》2006年第2期。

[10] 刘扬、陈全家、侯亚梅：《吉林东部含细石器遗存的初步研究》，《第四纪研究》2008年第6期。

第五节　安图沙金沟旧石器地点

2006年4月，吉林大学边疆考古研究中心的师生会同吉林省文物考古研究所的同志，在吉林省延边地区进行调查时发现该处旧石器遗址。遗址位于安图县城（明月镇）西南约45千米的松江镇沙金沟村的北山上，地理坐标为东经128°16′2.9″，北纬42°36′5.4″，遗址大小为200米×150米。在地表采集石器77件。为查明遗址的地层情况，试掘1米×1米的探方2个，在含角砾的黄色亚黏土地层中发现石器5件。此次调查发现石器共计82件。

一、地貌与地层

（一）地貌

吉林省东部的长白山熔岩台地，气候湿润，水系发达。沙金沟遗址即位于松花江上游二道松花江的小支流沙金河右岸的Ⅲ级阶地上，与著名的和龙石人沟遗址隔甑峰岭相望。遗址坐落在白垩纪砂岩、砾岩夹油页岩上，外围分布有大片玄武岩。遗址海拔646米，高出河面36米。

（二）地层

地层自上而下分为4层（图4-45）。

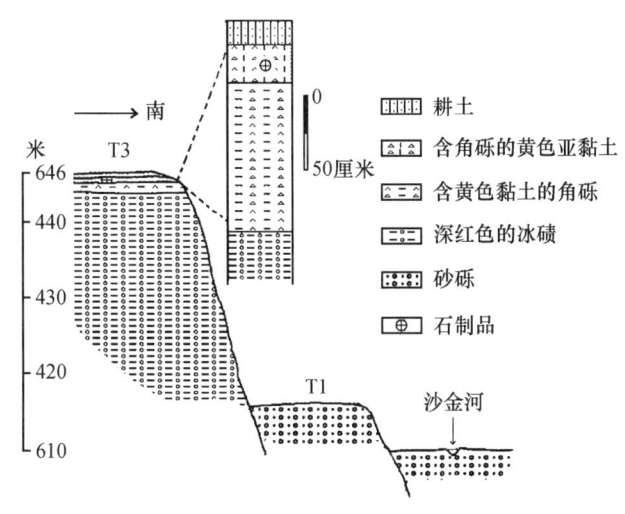

图4-45　遗址的地貌综合剖面示意图与地层柱状图

第1层为耕土层，厚11～16厘米。第2层为含角砾的黄色亚黏土层，厚20～24厘米，角砾呈次棱角砾，砾径2～15厘米，该层为文化层，发现有石器和炭屑。第3层为含黄色黏土的角砾层，厚100厘米，砾径2～30厘米，未见底。第4层为深红色的冰碛层，厚1000厘米。

二、石器类型

（一）石核

1. 锤击石核

多台面石核　1件。黑曜岩。06AS.C：12，长35.9、宽28.3、厚20毫米，重14.9克。形状不规则，首先从主台面向下剥离三片相邻的石片，台面角分别为60°、60°和87°；然后以位于侧边的石片疤为台面向主台面方向剥离一片石片，台面角78°，以上两次产生的石片疤长宽相若，打击点明显；最后在与主工作面相对的一端从侧面打击剥离两片石片，台面角均为85°，石片疤长大于宽，打击点明显。

2. 细石核

船形细石核　2件。均为黑曜岩。06AS.C：10，长35.2、宽18.1、高18毫米，重10.8克，剥片面长24.5毫米，台面角61°，外缘角73°，内缘角82°，底缘角52°。台面较平坦，略向外侧面（左）倾斜，以修理之后的内侧面（右）为台面打击修理台面靠近工作面的位置，修疤浅平多层，并被剥下的细石叶所打破。核体侧面均从台面向底缘方向打击修理而成。外侧面除了分布大的石片疤之外，其靠近台面的位置分布有密集且连续的阶梯状小修疤；内侧面靠近台面的位置也有阶梯状小修疤，但中间位置被一大的修疤所打破，所以不连续。底缘呈脊状。剥片面有3条细石叶的片疤，片疤两边近似平行。根据形态判断该件标本属于使用阶段后期的细石核（图4-46，8）。06AS.C：32，长43.1、宽19.1、高20毫米，重13.2克。台面为劈裂面，平坦光滑，未见修疤。内侧面主要是由台面向底缘修理而成，从底缘向台面的修疤较小，呈阶梯状并只限于底缘附近；外侧面完全由台面向底缘修理而成。在靠近台面的两侧面有阶梯状的小修疤。剥制细石叶的工作面已经被从台面向底缘打击的大石片疤完全破坏。根据形态判断该件标本属于更新工作面失误导致的废弃细石核。

（二）石片

1. 完整石片

大型石片　4件。黑曜岩、燧石、石英和流纹岩各1件。标本06AS.C：65，流纹岩，长40.8、宽21.7、厚6.1毫米，重5.63克；点状台面，台面长5.1、宽2.3毫米，台面角123°；台面与劈裂面夹角处有一明显凸出的唇面；半锥体浅平，劈裂面内凹，尾部为平齐崩断面；背面上部为平坦的自然面，下部为片疤面，右侧面略倾斜，与背面形成一条纵贯石片的脊（图4-46，1）。

其余石片平均长21.5、平均宽18.8、平均厚6.6毫米，平均重2克，背面均见有小面积自然面，燧石和黑曜岩质的石片为线状台面，石英质的石片为自然台面。该类石片均为锤击法产生，其中06AS.C：65可能为软锤剥片。

小型石片　5件。均为黑曜岩。线状台面3件，点状台面2件。平均长12.6、平均宽11.1、平均厚1.8毫米，平均重0.2克。该类石片为修理工具时打下的修片。

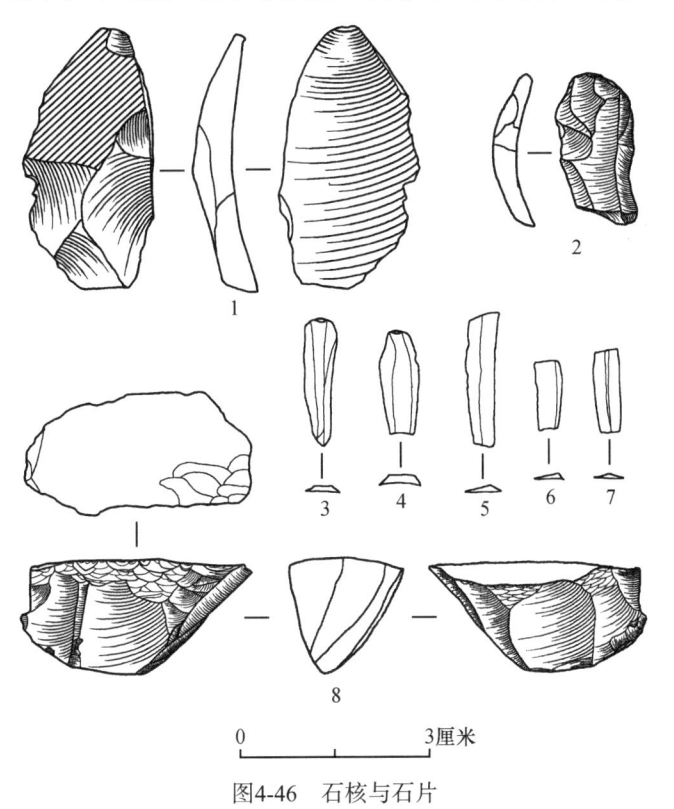

图4-46　石核与石片
1. 石片（06AS.C：65）　2. 石叶（06AS.C：50）　3～7. 细石叶（06AS.C：76、06AS.T1②：3、06AS.C：75、06AS.C：27、06AS.C：33）　8. 细石核（06AS.C：10）

2. 断片

可以分为横向和纵向两种。

横向断片　又可以分为近端、中段和远端3种。

近端石片　10件。均为黑曜岩。平均长18.4、平均宽18.9、平均厚3.4毫米，平均重1.2克。线状台面5件，点状台面4件，有疤台面1件。台面与劈裂面夹角处有凸出唇面的2件。所有石片背面均为石片疤。标本06AS.C：13，长26、宽24.5、厚6.5毫米，重4.8克；点状台面，台面长5.4、宽2毫米；台面与劈裂面夹角处有一凸出的唇面，半锥体微凸，表面布有因风化产生的龟裂纹。

中段石片　13件。均为黑曜岩。形状不规整，平均长17、平均宽4.5、平均厚3.1毫米，平均重0.6克。

远端石片　2件。均为黑曜岩。所有断片尾部均为崩断面，背面均为石片疤，平均长23、平均宽16.4、平均厚3毫米，平均重1克。

纵向断片　又可以分为左侧断片和右侧断片2种。

左侧断片　1件。石英岩。06AS.C：74，长51.1、宽23、厚15.1毫米，重16克。素台面，台面长22.1、宽15.4毫米。

右侧断片　1件。

（三）石叶

2件。黑曜岩。均保存完整。06AS.C：50，长23.7、宽12.5、厚3.9毫米，重1.2克。点状台面。半锥体突出，同心波明显，尾端内凹尖灭，两侧边近似平行。背面有两条脊，靠近台面的位置有多片小石片疤（图4-46，2）。06AS.C：06，长66.5、宽24毫米，近端厚6.2毫米，远端厚25.2毫米，重18克。点状台面，台面长5.2、宽3.2毫米；半锥体凸出。背面中间位置保留有部分自然面，靠近台面的位置有多片细碎的小石片疤，此件石叶为从石核上打下的第一片石叶，两侧边近似平行，石叶远端厚大。

（四）细石叶

1. 完整细石叶

1件。黑曜岩。06AS.C：76，长20、宽4.1、厚1.8毫米，重0.2克。素台面，台面长3.5、宽1.5毫米。半锥体微凸，劈裂面内凹并轻微扭曲，尾部尖灭；背面为三条脊，其中两条在中段相交（图4-46，3）。

2. 细石叶断片

近端　1件。黑曜岩。06AS.T1②：3，该标本为发掘所得，长16、宽6.2、厚1.2毫米，重0.2克。素台面，半锥体凸出，劈裂面内凹，背面为双脊（图4-46，4）。

中段 3件。黑曜岩。平均长15、平均宽4.5、平均厚1.4毫米，平均重0.1克，单脊者2件，双脊者1件（图4-46，5～7）。

（五）断块

7件。除1件为石英外，其余均为黑曜岩。其中4件为采集，平均长19.5、宽16.1、厚9.9毫米，重4克。体积十分微小。

（六）二类工具（使用石片）[1]

仅见刮削器类，根据刃口的多少可以分为单刃和双刃。

1. 单刃型

根据刃口的形状又分为直刃、凸刃和凹刃。

6件。均为黑曜岩。可观察台面者5件，素台面2件，线状台面2件，零台面1件；还有远端石片1件。平均长27.6、平均宽26、平均厚4.8毫米，平均重2.6克。单直刃3件，单凸刃2件，单凹刃1件。标本06AS.C：01，单凸刃，长33.2、宽29.5、厚4.2毫米，重3.2克，石片为线状台面，半锥体浅平，有明显锥疤，尾部内凹尖灭，背面三条纵脊止于远端的平坦自然面处，石片右侧边在背面和劈裂面均见有不连续、大小不一的小片疤，应为使用所致（图4-48，3）。

2. 双刃型

1件。黑曜岩，表面轻微风化。06AS.C：38，石叶近端，长23.8、宽18.9、厚5.1毫米，重1.8克。有疤台面，台面长5.5、宽2.3毫米，台面角112°，台面与劈裂面夹角处有一唇面。背面有两条近似平行的纵脊，两侧边在劈裂面均见有不连续、大小不一的小片疤，在背面也见有不连续的小片疤，但比劈裂面的片疤要细小很多。

（七）三类工具

1. 刮削器

根据刃的多少可以分为单刃和双刃二型。

单刃 根据刃口形状又分为直、凸、凹和圆头四种类型。

直刃 5件。其中3为黑曜岩，其余为石英，均以石片为毛坯。标本06AS.C：02，

---

[1] 陈全家：《吉林镇赉丹岱大坎子发现的旧石器》，《北方文物》2001年第2期。

长43、宽44.5、厚11.6毫米，重20克。以石片为毛坯，素台面，台面长25.8、宽5.1毫米，台面角116°。劈裂面内凹，标本远端呈尖灭形态，半锥体微凸，有明显锥疤。背面有三条近似平行的纵脊，两侧各有部分平坦的自然面，在近端有密集的短石片疤，片疤尾部多为崩断，这与特殊的剥片技术有关。刃口在石片的远端，刃缘平齐，正向加工，修疤连续、细小、浅平，一般宽大于长。同时在刃缘的劈裂面也有不连续的、大小不一的小片疤，为使用所致，刃长32.8毫米，刃角53°（图4-47，1）。标本06AS.C：19，黑曜岩，长27.8、宽22.1、厚6.1毫米，重3克，刃长22毫米，刃角46°，正向加工，修疤浅平，大小相间，刃缘呈锯齿状。06AS.C：35，黑曜岩，长42.9、宽29.32、厚5毫米，重4.9克，刃长25.1毫米，刃角61°。复向加工，修疤短浅，刃缘平齐。另外2件为石英，长分别是35.5毫米和26.7毫米，正向加工锤击修理，刃缘平齐。

凸刃　1件。黑曜岩。06AS.C：7，以断片为毛坯，平面呈倒"d"形。长92.2、宽47.3、厚10.9毫米，重42.57克，刃长45毫米，刃角38°。正向加工，背面有两层修疤，一层修疤工整、均匀、短而深，从修疤叠压关系看，应为从右向左修理而成；二层修疤细小、浅平，刃缘形状呈锯齿状。背面下部为平坦的自然面，左侧分布有基本连续的小片疤；劈裂面左中下部有一大的石片疤（可以作为固定柄的凹槽），底边从两面修理得十分薄锐，从器物形状和刃部以外的修理特点推测，可能为装柄使用（图4-49）。

凹刃　2件。均为黑曜岩。06AS.C：4，轻度风化，长46、宽25.1、厚4.9毫米，重

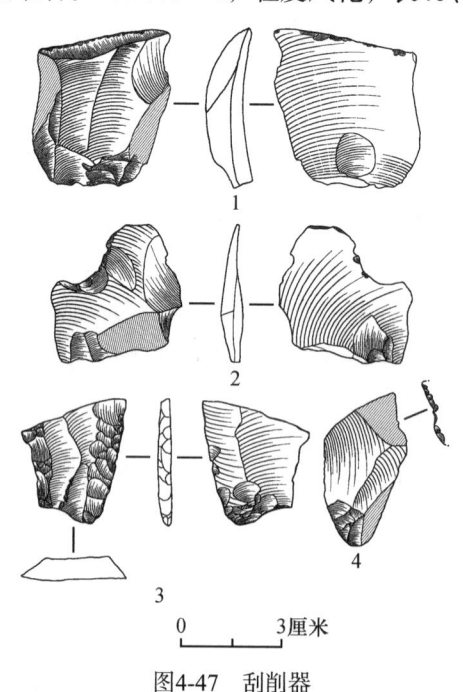

图4-47　刮削器
1.单直刃刮削器（06AS.C：02）　2、4.单凹刃刮削器（06AS.C：14、06AS.C：4）
3.双刃刮削器（06AS.T1②：4）

3.8克。以石片为毛坯，刃状台面，半锥体凸，远端被来自背面的力折断，断面平齐，背面近端疤痕细小，右侧有小面积的平坦自然面，中段被大的石片疤覆盖，远端为平坦的自然面。刃位于远端转角处，正向加工，单层修疤，疤痕深浅不一，宽大于长，刃缘微凹。从疤痕关系分析，是从远端至近端的顺序修理而成的。刃长19.1毫米，刃角34°（图4-47，4）。06AS.C：14，残长40.2、宽39、厚9.2毫米，重8.6克。以石片为毛坯，素台面，台面长23.2、宽6.9毫米。在石片侧边正向加工打出凹口，有两层修疤，二层修疤少而大，一层修疤小而密，短宽浅平，在劈裂面见有三片使用的片疤（图4-47，2）。

圆头　1件。黑曜岩。06AS.C：34，长33.1、宽24.2、厚4.3毫米，重3.5克，刃长25毫米，刃角29°。以石片为毛坯，平面呈长方形，石片的台面由劈裂面向背面修理出微凸刃，双层修疤，里层修疤大而浅，外层修疤小而深，刃缘平齐。石片两侧边为由背面向劈裂面折断后留下的断面。

双刃　又可以分为直-直刃和直-凸刃两式。

直-直刃　1件。黑曜岩。06AS.T1②：4，该件标本为发掘所得，以石叶中段为毛坯，长37.2、宽30、厚5.8毫米，重6.2克。左刃，长23.1毫米，刃角40°，正向加工，单层修疤，修疤短宽。右刃，刃长37.2毫米，刃角47°，正向加工，三层修疤，一层修疤紧靠刃缘、细小密集，二层修疤短宽、较深，三层修疤窄长、浅平，劈裂面留有使用产生的小疤（图4-47，3）。

直-凸刃　1件。黑曜岩。06AS.C：64，长109.3、宽43.7、厚19.3毫米，重58.5克。以石叶为毛坯，两侧边修理成刃。左刃，直刃，刃缘主要集中在石叶远段部分，反向加工，修疤三层，二层修疤只见于局部，三层和二层修疤短而深，一层修疤细小，基本分布于整个刃缘，刃长53.1、宽5毫米，刃角40°～61°，近端也有个别正向加工的修疤，修疤短深，不连续，是使用所致。右刃，凸刃，正向加工修理而成，两层修疤，二层短而深，一层小而密集，除远端的几片大的修疤外，其余部分刃角较大，在劈裂面的中间有一段使用的修疤，刃长111.1毫米，刃角56°～75°（图4-50）。

2. 雕刻器

仅见单刃的修边、角和屋脊形三型。

修边　1件。黑曜岩。06AS.C：11，长67.8、宽26.7、厚10.7毫米，重15.2克。以石叶为毛坯，有疤台面，台面长11.1、宽5.5毫米；石叶半锥体凸出。标本平面呈四边形，顶边短斜。横截面呈扁椭圆形。双面修理，修疤覆盖器身约三分之二，修疤大小差异明显，多数修疤短深，但也有个别修疤浅长。在修形结束之后，以顶边与长边的夹角为台面，向下打下一小片修片，形成了雕刻器的刃口，刃角85°（图4-48，1）。

角　2件。均为黑曜岩。标本06AS.C：49，长23.2、宽20.3、厚3.8毫米，重1.5克，刃角82°。以石片为毛坯，先将石片的台面部分折断，再以折断面为台面，向石片远端垂直打击两次，形成一个中间有棱的雕刻器刃口，所以顶视刃缘为"〉"形（图4-48，2）。另一件雕刻器与06AS.C：49打法基本相同，先横向打掉部分台面，再以此为台面一次打击形成刃口，长26.2、宽24.5、厚6.9毫米，重3克，刃角78°。

屋脊形　3件。均为黑曜岩。以石片为毛坯。平均长21.8、平均宽19.9、平均厚5毫米，平均重5.5克，平均刃角81°。

3. 尖状器

仅见单尖型，根据修边的形态特征可以分为双直边和直凸边。

双直边　1件。黑曜岩。06AS.C：05，长61.4、宽37.8、厚7.1毫米，重15.7克。平面呈等腰环底三角形，以石片为毛坯。左刃，长49.4毫米，刃角51°，由劈裂面向背面加工，单层修疤，修疤浅长、平行，刃缘在背面和劈裂面均有零星的几片大小不一的短浅小片疤，应为使用所致。右刃，长43毫米，刃角40°，由劈裂面向背面加工，单层

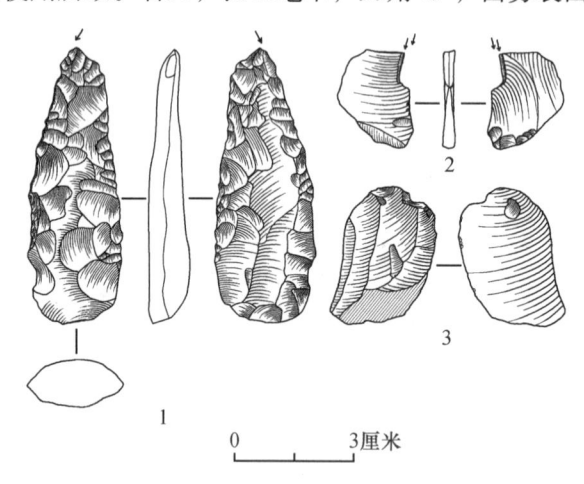

图4-48　雕刻器和使用石片

1. 修边雕刻器（06AS.C：11）　2. 角雕刻器（06AS.C：49）　3. 使用石片（06AS.C：01）

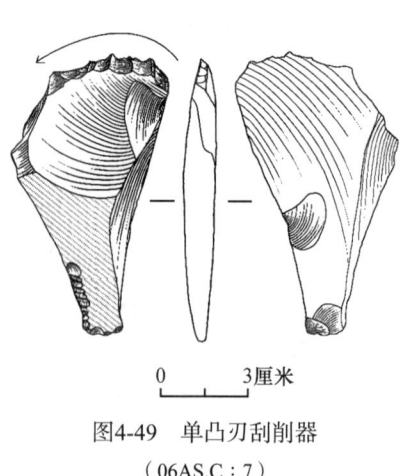

图4-49　单凸刃刮削器
（06AS.C：7）

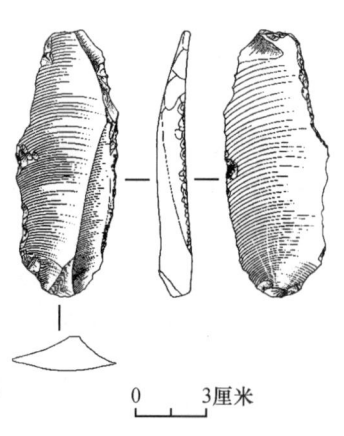

图4-50　双刃刮削器
（06AS.C：64）

修疤，修疤浅长、平行，刃缘有不连续的小片疤，劈裂面的刃缘附近也可见密集的小片疤，应为使用所致。底缘，半圆形，长60.1毫米，两面加工，修疤窄长，尖角37°。从窄长的浅修疤的特点来看，该件标本应为压制修理而成（图4-51，2）。

直凸边　2件。06AS.C∶03，长57、宽48.1、厚8.7毫米，重13.2克。左刃，两面修理，修疤细小，弧刃，刃缘有小锯齿，刃长56.3毫米，刃角68°。右刃，复向加工，修疤较大，直刃，刃缘呈锯齿状，刃长42毫米，刃角62°，尖角58°（图4-51，1）。06AS.C∶69，石英，正向加工修理，长40.5、宽34.4、厚15毫米，重22克，尖角66°。

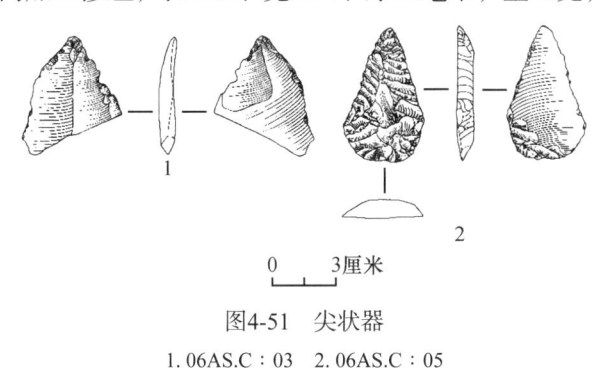

图4-51　尖状器
1.06AS.C∶03　2.06AS.C∶05

4. 砍砸器

均为单刃型，根据刃口的形状又分为凸刃和直刃。

凸刃　1件。石英岩。06AS.C∶72，长162.2、宽76、厚57毫米，重820.4克。刃长19.5毫米，刃角72°。砾石毛坯，锤击修理，正向加工，呈凸刃，修疤短浅，双层修疤（图4-52）。

直刃　1件。石英岩。06AS.C∶67，长100.1、宽82.2、厚41毫米，重453.2克，刃长80.2毫米，刃角49°。石片毛坯，在石片侧边由背面较平的自然面向劈裂面锤击修理。

5. 工具残块

1件。黑曜岩。长边可见浅长的双层修疤，长15.2毫米，重0.2克。

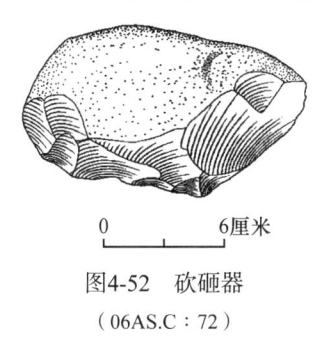

图4-52　砍砸器
（06AS.C∶72）

三、结　语

（一）石器工业的主要特征

（1）原料以黑曜岩为主，占90.2%。石英、石英岩和燧石较少。黑曜岩质的石器均有比较明显的同心波，部分可见清晰的放射线，是由岩石的性质所决定的。

（2）石器类型多样，包括锤击石核、细石核、石片、石叶、细石叶、二类工具、三类工具（刮削器、尖状器、雕刻器和砍砸器）等，除砍砸器外，其余石器均为小型。

（3）细石核侧面的修理以从台面向底缘的打击为主，在核体的侧面靠近台面处见有细小的阶梯状修疤。台面简单修理或不修理。剥片面的细石叶阴痕轻微扭曲。细石叶具有小的素台面，劈裂面轻微扭曲，可以确定此类细石叶是用间接法剥自上述细石核的。

（4）石片形状多不规整，以线状台面和点状台面为主。在石片（包括以石片为毛坯并可以观察台面的工具）中存在台面和劈裂面夹角凸显唇面的现象，是软锤剥片的结果；在石片背面靠近台面处存在小碎片疤的情况，与调整台面角的特殊剥片有关。

（5）工具的毛坯包括石片、石叶和砾石。工具的刃缘一般可见双层或多层修疤，修疤常呈定向排列，个别修疤窄长、浅平、相互平行，已经使用了娴熟的压制修理技术。

（二）遗址的性质及年代

沙金沟遗址中工具比例达到37%以上，还见有工具的修片。从现有的材料来看，应为一处古代的营地。该遗址不包括第一次加工（获得工具毛坯的工序）的活动。

该遗址包含有成熟的石叶和细石叶的剥片技术和压制修理技术的产品。以石叶和细石叶剥片技术为主要特征的遗址在东北亚分布广泛。近些年发现的珲春北山[1]、和龙石人沟[2]、和龙柳洞[3]遗址，在乌斯季诺夫卡Ⅰ遗址[4]、乌斯季诺夫卡Ⅱ和苏沃

---

[1] 陈全家、张乐：《吉林延边珲春北山发现的旧石器》，《人类学学报》2004年第2期。

[2] 陈全家、王春雪、方启等：《延边地区和龙石人沟发现的旧石器》，《人类学学报》2006年第2期。

[3] 陈全家、王春雪、方启等：《吉林和龙柳洞2004年发现的旧石器》，《人类学学报》2006年第3期；陈全家、赵海龙、霍东峰：《和龙市柳洞旧石器地点发现的石制品研究》，《华夏考古》2005年第3期。

[4] Васильевский Р С, Кашин В А. Раскопки многослойного поселения Устиновка I в 1980 году. Палеолит Сибири. Наука, Новосибирск, 1983: 44-66.

诺沃Ⅲ、Ⅳ遗址[1]，在黑龙江左岸结雅河流域发现的谢列姆贾遗址群[2]，以及黑龙江右岸嫩江流域的镇赉大坎子地点[3]等都发现了包含有石叶和细石叶的剥片技术的产品。虽然这些遗址之间仍存在一定的差异，但在年代上都属于旧石器时代晚期，应该属于同一个石器工业。值得注意的是，在沙金沟遗址的石器中还发现一件用砾石加工的砍砸器，砾石石器在距沙金沟遗址不足25千米的立新遗址有大量发现[4]，在俄罗斯滨海边疆区的旧石器时代晚期的奥西诺夫卡下层为代表的奥西诺夫卡下层文化也是以砾石石器为代表的，虽然沙金沟遗址和立新遗址的砾石石器不是出在А. П. 奥克拉德尼科夫一再强调的"红土"的地层中，但是无疑它们存在一定程度的相似[5]。此外，以汉滩江流域的全谷里和金坡里遗址为代表的砾石石器在朝鲜半岛也有广泛的分布。但目前对奥西诺夫卡下层、全谷里和金坡里的年代仍存在很大争议。

根据沙金沟遗址所处的Ⅲ级阶地的埋藏情况和石器的特点，我们暂将其归入旧石器时代晚期。

第六节 和龙青头旧石器地点

2005年春，和龙市文物管理所的赵玉峰所长发现了该处遗址。它位于和龙县龙城镇青头村北，地理坐标为东经128°58′20.7″，北纬42°48′51.9″，南距青头村约800米。

2006年春，吉林大学边疆考古研究中心的部分师生与吉林省文物考古研究所，在和龙市文物管理所同志的协助下，对和龙境内进行旧石器考古调查时对其进行了复查和4平方米的小面积试掘，共获得石器216件，其中地表采集197件，地层内出土19件。

一、地貌地质与地层

（一）地貌地质

吉林东部长白山地属新华夏系隆起带，走向为北北东—南南西和北东—西南走

---

[1] Васильевский Р С, Глальшев С А. Верхий палеолит южного приморьям. Наука, Новосибирск, 1989: 75-90.

[2] Деревянко А П, Волков П В. Ли Хонджон. Селемджинская позднепалеолитическая культура. ИИАиЭ, Новосибирск, 1998: 17-49.

[3] 陈全家：《吉林镇赉丹岱大坎子发现的旧石器》，《北方文物》2001年第2期。

[4] 陈全家、赵海龙、方启等：《延边安图立新发现的砾石石器》，《人类学学报》2008年第1期。

[5] 〔苏联〕А. П. 奥克拉德尼科夫著，莫润先、田大畏译：《滨海遥远的过去》，商务印书馆，1982年，第34～46页。

向。该遗址地处长白山系的南岗山脉，周围山峦起伏森林茂密。遗址坐落在青头村北约800米的Ⅲ级阶地的前缘，海拔高约725米，高出河水面约25米。遗址的西侧为一条冲沟，东侧为河流。

（二）地层

地层堆积自上而下分为4层（图4-53）。

第1层为耕土层，厚15~20厘米，不见有文化遗存。第2层为黄褐色的亚黏土，厚40~45厘米，含有石器及碎屑。第3层为灰黑色的古土壤，厚约26厘米，未发现石器。第4层为浅黄色的砂砾石层，未发掘到底。

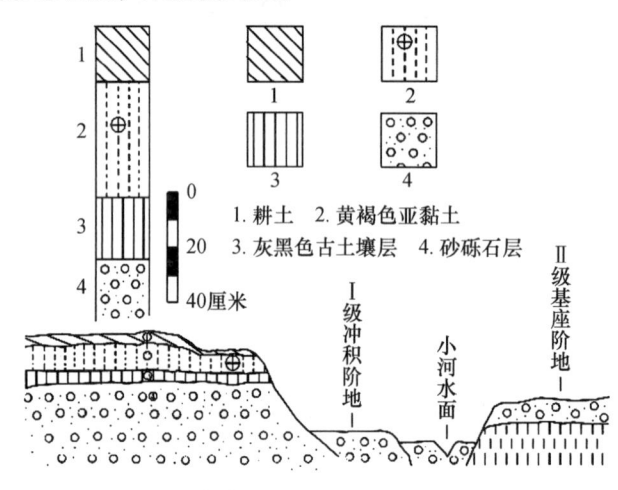

图4-53　和龙青头旧石器遗址地层剖面示意图

二、石器分类与描述

石器共有216件，包括石核、石片、石叶、细石叶、断块工具，原料以黑曜岩为主，占84.3%。石器的表面棱脊清晰，未见水冲磨的痕迹，但有不同程度的风化，严重者失去光泽。分类描述如下。

（一）石核

本次调查仅发现有2件石核，均为采集品。原料分别为安山岩和变质页岩。

船底形石核，2件。形体较大，长104.5~102毫米，平均103.25毫米；宽57.99~49.6毫米，平均53.795毫米；厚55.55~50.04毫米，平均52.795毫米；重344~264.4克，平均304.2克。

标本06HQ.C：144，长105.26、宽63.44、厚53.01毫米，重344克。原料为安山岩

台面较平，底缘呈棱脊状，有一个剥片工作面，采用同向打片方法，有3个明显的石片疤，疤痕较为浅平（图4-54）。

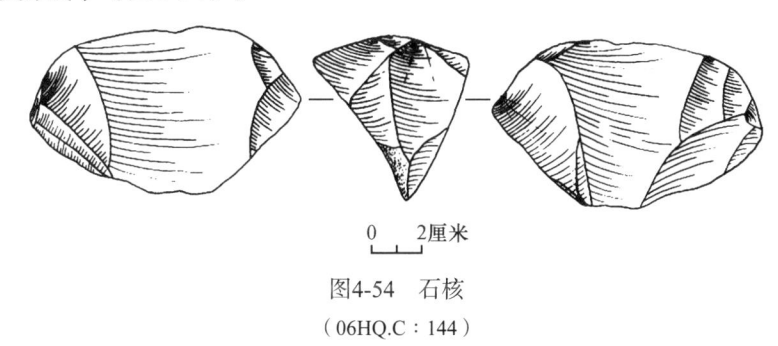

图4-54 石核
（06HQ.C：144）

（二）石片

86件。原料以黑曜岩为主，占84%；其次为石英，占8.5%；变质页岩2.7%；安山岩占1.34%。根据其完整程度，分为完整石片和断片和废片。

1. 完整石片

25件。根据打片方式可以分为锤击石片和碰砧石片两类。

（1）锤击石片

24件。原料以黑曜岩为主，占84%；石英其次，占12%；安山岩最少，占4%。石片的形体较小，长度0.7~48.27毫米，平均长17.1毫米；宽度4.53~52.21毫米，平均宽14.9毫米；厚0.34~58.08毫米，平均厚7.11毫米；重0.04~43.33克，平均重4.3克。腹面打击点集中、半锥体凸、放射线及同心波清晰；背面以全疤者居多，占99.6%。标本06HQ.C：43，原料为黑曜岩。长38.29、宽23.79、厚5.33毫米，重4.51克，石片角94°。腹面，打击点集中，半锥体凸，同心波及放射线清晰，半锥体上有一浅平的疤痕，推测为剥片时因力的反作用形成的；背面，布满疤痕，近台面处有多层细密的疤痕，应为剥片时转换台面造成的（图4-55，1）。

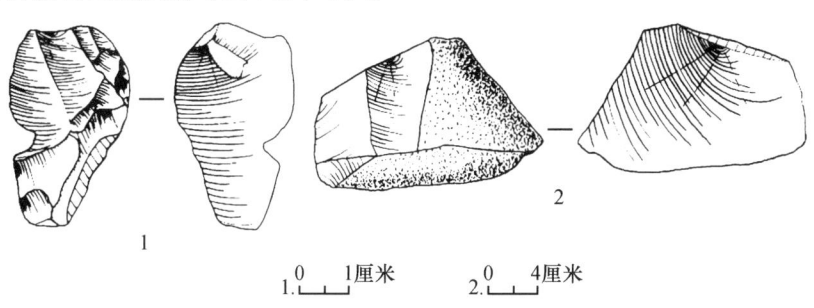

图4-55 石片
1. 锤击石片（06HQ.C：43） 2. 碰砧石片（06HQ.C：142）

（2）碰砧石片

1件。06HQ.C：142，原料为安山岩。形体较大，长179.2、宽117.8、厚58.08毫米，重964.6克，石片角121°。自然台面，长117.37毫米，宽22.05毫米；腹面，打击点散漫，半锥体浅平；背面，右侧保留部分砾石面，左侧为石片疤痕，中间为一完整的纵向长片疤，远端有一横向的脊，并保留部分砾石面（图4-55，2）。

2. 断片

19件，均为横向断裂，可分为近端、中段和远端断片。

（1）近端断片

10件，原料均为黑曜岩。残长5.09～22.8毫米，平均为11.4毫米；宽6.58～19.53毫米，平均为13.7毫米；厚1.07～7.97毫米，平均为3.03毫米；重0.06～2.5克，平均重0.73克。腹面打击点集中，半锥体凸，放射线和同心波清晰；背面布满疤痕。

（2）中段断片

6件，原料均为黑曜岩。残长11.72～22.94毫米，平均为16.9毫米；宽8.15～30.19毫米，平均为17.1毫米；厚2.38～6.92毫米，平均为3.53毫米；重0.25～2.26克，平均为3.53克。腹面有清晰的同心波和放射线；背面布满疤痕。

（3）远端断片

3件，原料均为黑曜岩。残长9.66～30.36毫米，平均长19.04毫米；宽9.48～40.72毫米，平均为20.8毫米；厚2.8～4.41毫米，平均为3.22毫米；重0.21～4.36克，平均为1.69克。有清晰的同心波和放射线，远端较为锋利。

3. 废片

42件，原料以黑曜岩为主，占87.7%；其次为石英，占9.7%；变质页岩较少，占2.4%。长8.24～65.31毫米，平均为25.4毫米；宽4.82～42.27毫米，平均为14.5毫米；厚0.25～7.34毫米，平均为8.61毫米；重0.08～28.23克，平均为3.27克。

（三）石叶

8件，原料均为黑曜岩。其中完整石叶3件，近端4件，远端1件。长11.19～49.04毫米，平均为23.7毫米；宽10.05～37.12毫米，平均为17.8毫米；厚1.42～13.39毫米，平均为5毫米；重0.12～18.91克，平均为3.84克。腹面有清晰的放射线和同心波；背面布满疤痕，其中全疤者7件，保留砾石面者仅1件。

（四）细石叶

10件，原料均为黑曜岩。其中完整细石叶2件，近端3件，中段5件。长8.5～33.29

毫米，平均为19.7毫米；宽1.88～18.58毫米，平均为11.3毫米；厚1.35～5.9毫米，平均为3.4毫米；重0.06～1.53克，平均为0.83克。腹面，平滑，放射线、同心波较为明显；背面，两侧边平直，有纵脊。其中一条纵脊者9件，两条纵脊者1件，脊大多较直。

（五）断块

32件。原料以黑曜岩为主，占68.7%，其次为石英，占31.3%。其中最小者06HQT3②：5，原料为黑曜岩，长6.27、宽6、厚1.6毫米，重0.05克；最大者06HQ.C：131，原料为石英，长68.81、宽34.27、厚22.58毫米，重47.4克。断块上有疤痕，但无打击点，无法归为其他类中。

（六）工具[1]

共78件，仅见有二类和三类工具。

1. 二类工具（使用石片）

共32件，均为刮削器类，根据刃口的数量分为单刃和双刃二型。

（1）单刃

20件。根据刃口的形状又分为凸刃、凹刃和直刃三式。

凸刃　5件，原料均为黑曜岩。

标本06HQ.C.39，为完整石片，长45.85、宽32.17、厚6.58毫米，重8.24克。素台面，长15.93、宽5毫米；腹面，打击点集中，半锥体凸，半锥体上有浅平的片疤，推测为剥片时因力的反作用形成的，放射线、同心波清晰；背面布满疤痕，有四条纵向的疤痕。刃缘薄锐，有不连续地细小疤痕，刃长40.16毫米，刃角16°（图4-56，1）。标本06HQ.C：41，长41.77、宽29.9、厚7.77毫米，重7.61克。腹面打击点集中，半锥体凸，放射线、同心波清晰；背面，布满疤痕，左侧缘薄锐、外凸，布满细小疤痕，为直接使用的刃口，刃长43.63毫米，刃角12°（图4-56，2）。

凹刃　4件，原料均为黑曜岩。标本06HQ.C：47，为中间断片，残长27.06、宽43.40、厚7.62毫米，重4.45克。腹面，较为平滑、有清晰的放射线及同心波；背面，有一条纵向脊，右侧为天然石皮、左侧为一石片疤，左边缘为内凹的刃口，布满细小而不规整的疤痕，应为直接使用所致。刃长15.63毫米，刃角17°（图4-56，3）。标本06HQ.C.34，长40.63、宽18.81、厚5.66毫米，重30克。素台面，长14.18、宽5.55毫米；腹面，打击点集中，半锥体凸，放射线及同心波清晰；背面，左侧保留部分砾石面，右侧缘内凹，布满不连续的小疤痕，为使用的刃缘，刃长40.43毫米，刃角30°

---

[1]　陈全家：《吉林镇赉丹岱大坎子发现的旧石器》，《北方文物》2001年第2期。

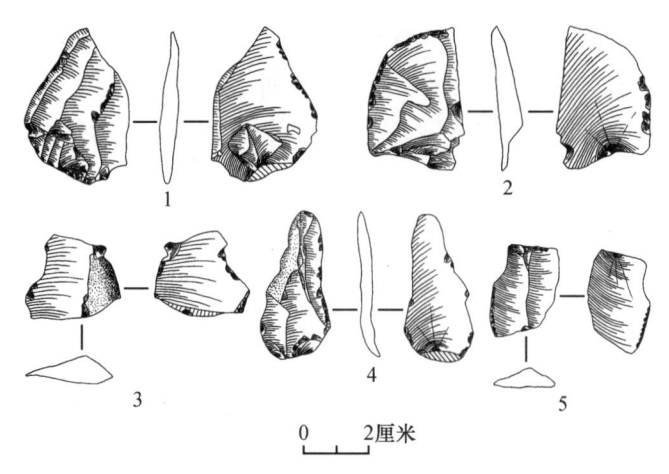

图4-56 二类工具

1、2. 单凸刃刮削器（06HQ.C：39、06HQ.C：41） 3、4. 单凹刃刮削器（06HQ.C：47、06HQ.C：34）
5. 单直刃刮削器（06HQ.C：53）

（图4-56，4）。

直刃　11件。原料均为黑曜岩。标本06HQ.C：53，长2.58、宽17.53、厚5.8毫米，重2.57克。腹面，打击点集中，放射线及同心波清晰；背面，有一条纵脊，左侧边缘有连续的细小疤痕，为使用刃缘，长16.77毫米，刃角32°（图4-56，5）。

（2）双刃

12件。根据刃口的形状又分为双直刃、直凸刃和双凹刃三式。

双直刃　8件，原料均为黑曜岩。标本06HQ.C：42，为完整的锤击石片，长43.4、宽27.06、厚9.2毫米，重18.27克。腹面，打击点集中、半锥体凸、同心波及放射线清晰；背面隆起，布满疤痕，左右两侧边缘接近平行，布满排列不连续的细小疤痕，系直接使用形成的，左右刃长分别为25.63、36.07毫米，边刃角分别为55.5°、49°（图4-57，2）。

直凸刃　2件，原料均为黑曜岩。标本06HQ.C：54，长33.12、宽17.76、厚5毫米，重4.08克。素台面，长11.01、宽4.24毫米；腹面，打击点集中，半锥体凸，同心波、放射线清晰，半锥体上有完整的锥疤；背面主要有3片纵向的片疤，左侧边缘较直、右侧边缘外弧，布满细小的疤痕，应为直接使用的刃口，刃长分别为28.32、34.8毫米，刃角分别为28°、36°（图4-57，3）。

双凹刃　2件。06HQ.C：36，原料为黑曜岩，为完整的锤击石片，长37.71、宽21.14、厚9.56毫米，重6.05克。素台面，长20.42、宽9.43毫米；腹面，打击点集中、半锥体凸、放射线及同心波清晰；背面隆起，中间较平，左右两侧边缘均内凹，布满细小疤痕，排列不连续，系直接使用所致，左右刃长分别为28.1、28.92毫米，边刃角分别为42°、31°（图4-57，1）。

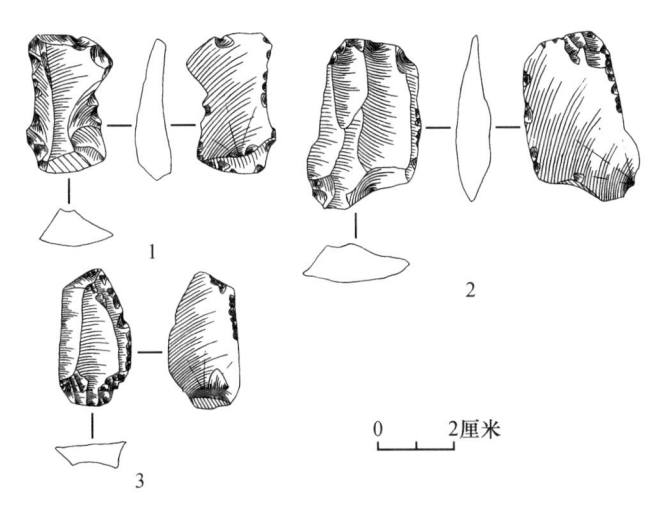

图4-57 二类工具

1. 双凹刃刮削器（06HQ.C：36） 2. 双直刃刮削器（06HQ.C：42） 3. 直凸刃刮削器（06HQ.C：54）

2. 三类工具

共46件。原料以黑曜岩为主占84.8%，其次为变质页岩占8.7%，石英占4.33%，安山岩占2.17%。可以分为刮削器、尖状器、石镞、琢背小刀和砍砸器五类。

（1）刮削器

34件。以黑曜岩为主，占81.8%，变质页岩占12.1%，安山岩3%。根据刃口的数量可以分为单刃、双刃和复刃三型。

1）单刃 14件。根据刃口的形状和位置，又分为直刃、凸刃、凹刃和圆头四式。

直刃 5件。其中原料为黑曜岩者3件，石英和变质页岩者各1件。长16.03～65.68毫米，平均为35.85毫米；宽16.57～50.53毫米，平均为31.29毫米；厚6.58～19.45毫米，平均为8.85毫米；重1.46～38.21克，平均为14.27克。标本06HQ.C：14，原料为黑曜岩，以石片为毛坯。长33.18、宽31.95、厚6.54毫米，重5.29克。左侧边缘反向加工成直刃，疤痕细密，排列连续，刃长17.21毫米，最大修疤长3.32毫米，刃角70°（图4-58，1）。

凸刃 2件。原料均为黑曜岩，以石片为毛坯。标本06HQ.T4②：1，长28.19、宽12.28、厚7.1毫米，重2.51克。通体进行加工，呈凸刃，而较钝。刃长27.5毫米，刃角30°（图4-58，2）。

凹刃 4件。原料均为黑曜岩，以石片为毛坯。长39.38～22.04毫米，平均为31.78毫米；宽13.74～41.4毫米，平均为28.961毫米；厚5.02～11.38毫米，平均为9.76毫米；重1.08～13.92克，平均为7.1克。标本06HQ.C：3，长36.54、宽30.35、厚11.5毫米，重6.64克。右侧缘正向加工呈凹刃，疤痕细密，排列紧密，刃长18.88毫米，最大修疤长2.54毫米，刃角56°（图4-58，3）。

图4-58 三类工具

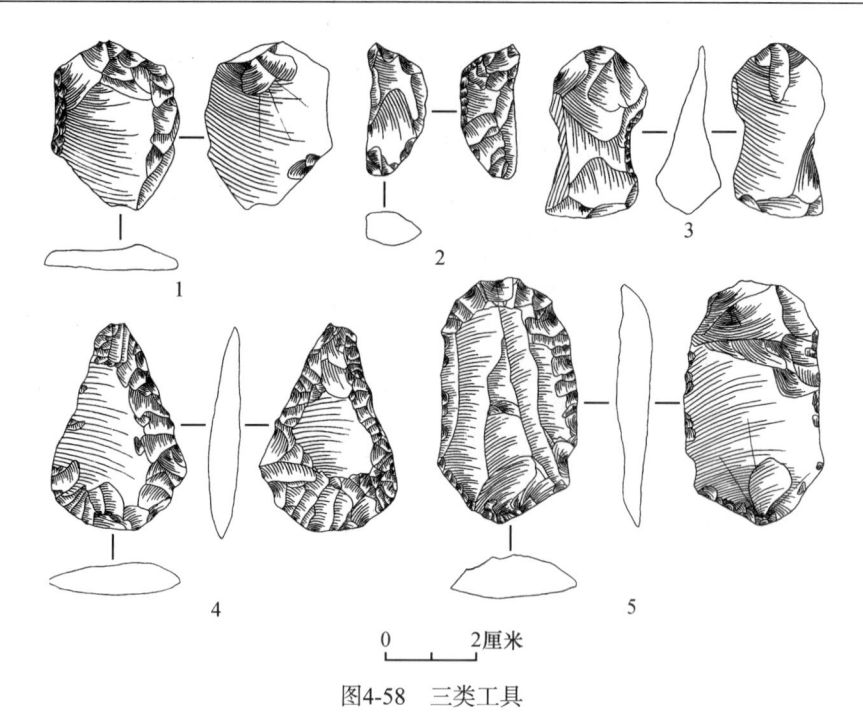

1. 单直刃刮削器（06HQ.C：14） 2. 单凸刃刮削器（06HQ.T4②：1） 3. 单凹刃刮削器（06HQ.C：3）
4、5. 圆头刮削器（06HQ.C：27）

圆头 3件，原料均为黑曜岩。长41.32～51.8毫米，平均为47.66毫米；宽30.68～44.61毫米，平均为30.95毫米；厚6.51～16.03毫米，平均为7.98毫米；重22.89～8.3克，平均为11.78克。标本06HQ.C：27，以石片为毛坯，形体规整。长43.55、宽30.68、厚6.51毫米，重8.3克。圆头刃缘采用压制法复向加工，疤痕细长、浅平，排列紧密，两侧边也进行压制修整，左侧正向加工、右侧复向加工。刃缘长32.58毫米，最大修疤长13.92毫米，刃角32°，左右两侧边缘长分别为31.15、34.99毫米，刃角分别为55°、34°（图4-58，4）。标本06HQ.C：4，以石片为毛坯，长51.8、宽31.22、厚9.44毫米，重15.26克。圆形刃口位于石片远端，整体呈长方形。刃缘采用压制法正向加工修理，疤痕较长、浅平，排列紧密。刃长27.8毫米，最大修疤长8.23毫米，刃角75°（图4-58，5）。

2）双刃 17件。根据刃口的形状和位置，又可以分为双直刃、直凹刃、直凸刃、双凸刃和尖直刃五型。

双直刃 5件。原料中黑曜岩占40%，变质页岩占60%。长29.55～78.4毫米，平均为57.3毫米；宽11.14～31.63毫米，平均为24.61毫米；厚3.62～10.33毫米，平均为7.61毫米；重1.27～23.25克，平均为15.1克。标本06HQ.C：1，原料为黑曜岩，以石片为毛坯，整体呈长方形，左右两边几近平行。长58.81、宽8.69、厚10.33毫米，重16.7克。左侧正向加工成直刃，疤痕连续、排列紧密，刃缘整齐；右侧复向加工成直刃。左右刃缘的长分别为50.15、56.62毫米,最大修疤长分别为2.9、12.19毫米,刃角分别为15°、32°(图4-59,1)。

直凹刃 3件。原料均为黑曜岩,长平均为29.25毫米,宽平均为24.3毫米,厚平均为9.3毫米,重平均为4.82克。标本06HQ.C:9,以石片近段为毛坯。长35.47、宽35.68、厚10.16毫米,重12.9克。左刃复向加工刃缘直,疤痕细密、浅平,排列连续;右刃内凹,疤痕细小,排列不连续,是直接使用的刃口。左右刃长分别为36.19、39.09毫米,刃角分别为28°、20°(图4-59,2)。

直凸刃 6件。原料均为黑曜岩。平均长40.13毫米,平均宽24.12毫米,平均厚6.69毫米,平均重66.99克。标本06HQ.C:2,以石片为毛坯,截面呈梯形。长36.99、宽26.54、厚8.17毫米,重6.92克。左刃正向加工成凸刃,疤痕细密浅平;右刃反向加

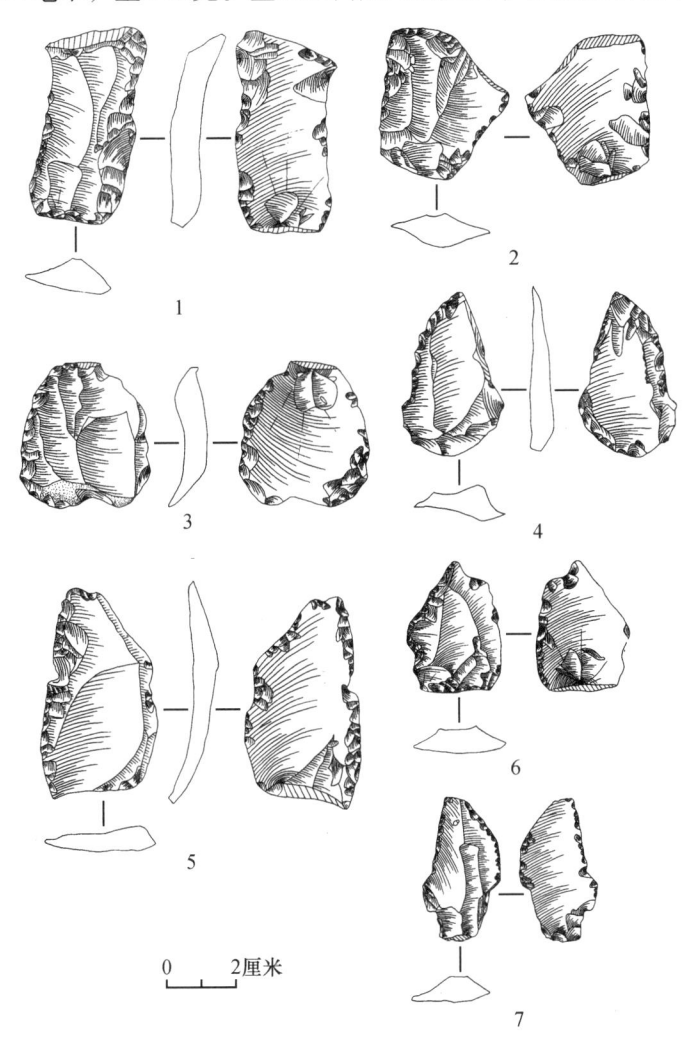

图4-59 三类工具
1. 双直刃刮削器(06HQ.C:1) 2. 直凹刃刮削器(06HQ.C:9) 3. 复刃刮削器(06HQ.C:24)
4. 双凸刃刮削器(06HQ.C:16) 5~7. 直凸刃刮削器(06HQ.C:10、06HQ.C:2、06HQ.C:8)

工成直刃，左右刃长分别为32.7、25.19毫米，最大修疤长分别为5.46、5.57毫米（图4-59，6）。标本06HQ.C：8，以石片为毛坯，长39.29、宽19.87、厚7.44毫米，重5.8克。左刃直，右刃凸，疤痕细密浅平、排列紧密。左右刃长分别为21.45、32.5毫米，最大修疤长分别为1.19、3.46毫米，刃角分别为28°、50°（图4-59，7）。标本06HQ.C：10，以石片远段为毛坯，形体较扁。长56.87、宽33.80、厚6.6毫米，重15.05克。左刃复向加工成直刃，疤痕浅平，连续，有明显的使用痕迹；右刃外凸，疤痕大小不一，排列不连续，是直接使用的刃口。左右刃长分别为58.83、55.9毫米，刃角分别为27°、54°（图4-59，5）。

双凸刃 2件。标本06HQ.C：16，以石片为毛坯，整体近三角形。长45.57、宽29.86、厚9.46毫米，重9.1克。左刃复向加工成凸刃，右刃远端反向加工成凸刃。左右刃长分别为37.33、21.02毫米，刃角分别为16°、50°（图4-59，4）。

尖直刃 1件。标本06HQ.C：19，原料为黑曜岩，以石片为毛坯。整体近长方形。截面近三角形。由一尖刃和一直刃组成。长47.46、宽24.02、厚7.09毫米，重6.71克。右刃反向加工成直刃，端刃与左刃相交成尖刃。左刃疤痕不连续，大小不一，是直接使用形成的刃口（图4-60，5）。

3）复刃 3件。原料均为黑曜岩。标本06HQ.C：24，以石片为毛坯，有两个凸刃和一个凹刃。长41.30、宽37.27、厚8.71毫米，重13.13克。左右两边缘凸刃口，远端为凹刃口（图4-59，3）。

（2）尖状器

6件，原料均为黑曜石。标本06HQ.C：7，以石片为毛坯，截面呈三角形，由一直边和一凸边组成尖刃，长37.51、宽25.28、厚12.51毫米，重9.03克。左右两侧均分布连续的疤痕，刃长分别为39.36、35.9毫米，尖刃角69°（图4-60，2）。标本06HQ.C：59，整体近方形，由两条直边刃相交组成一尖刃。长26.11、宽23.33、厚4.65毫米，重2.16克。采用通体加工的方式进行修整，疤痕细长浅平，排列紧密，左右两边缘分别长17.1、20.74毫米，尖刃角为71°（图4-60，1）。

（3）石镞

2件。原料均为黑曜岩。一件完整 一件已残。标本06HQ.C：58，为凹底石镞，器形规整。长30.25、宽17.94、厚4.98毫米，重2.01克。边缘薄锐，中间略微隆起，采用压制法进行通体加工，疤痕细长、浅平，排列紧密，左右两侧边刃角分别为20°、29°（图4-60，3）。

（4）琢背小刀

2件，原料为黑曜岩，以石片为毛坯。标本06HQ.C：25，整体呈长条形，长38.27、宽16.61、厚7.81毫米，重4.31克。腹面平滑，背面有一纵脊，较厚的一侧复向琢出一列疤痕，薄锐的一侧复向修整成刃口，可以清楚地看到使用后留下的不规整疤痕。边刃角18°（图4-60，4）。

图4-60　三类工具

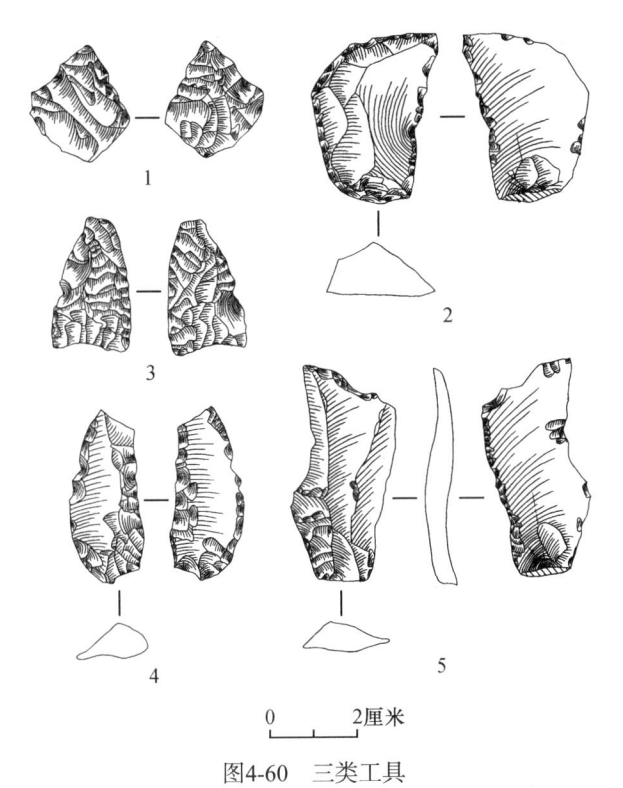

1、2. 尖状器（06HQ.C：59、06HQ.C：7）　3. 石镞（06HQ.C：58）　4. 琢背小刀（06HQ.C：25）
5. 尖直刃刮削器（06HQ.C：19）

（5）砍砸器

2件。原料1件为石英、1件为安山岩。均为地面采集品。平均长为145.7毫米，平均宽为92.7毫米，平均厚29.6毫米，平均重490克。

三、结　　语

（一）石器工业的基本特征

（1）石器原料以黑曜岩为主，占84.3%。石英、安山岩、变质页岩较少。优质原料占的比例高，加工的工具相对"精致"。

（2）石片占石器总数的40.1%，其中完整石片占12%，石片不规则，大多小而薄。

（3）细石叶的背面都有一条或两条脊。

（4）二类工具均作为刮削器使用，原料为黑曜岩，工具边缘较为薄锐。

（5）三类工具毛坯以石片为主，占89%；原料以黑曜岩为主，占84.8%，其次为变质页岩，占8.7%，石英占4.34%，安山岩占2.17%；器形多样，包括刮削器、尖状器、石镞、琢背小刀和砍砸器，其中刮削器的数量最多占70.2%。

（6）石器的特征表明，剥片技术主要有锤击法，也有碰砧法，细石叶的出现表明也存在间接剥片法。工具的修理采用锤击法和压制法。修理方式以正向加工为主，其次为复向加工。

（二）对比与讨论

依据石器的特征分析，青头遗址存在间接剥片技术，而某些工具上存在有细长、浅薄而有序的压制修痕，表明其压制技术已经相当发达。该遗址的细石叶背面均有一条或者两条的纵脊，平均宽为11毫米，其形体明显大于东北亚地区典型的细石叶，东北亚地区典型的细石叶宽度一般在4～6毫米[1]，如中国吉林镇赉大坎子[2]、朝鲜半岛的垂杨介[3]和俄罗斯滨海地区的乌斯季诺夫卡均有小的细石叶，同时细石叶与石叶共存，也是该地区的一个文化特征。由此可见，青头旧石器与这些地区在文化上有着密切的联系。

该遗址虽然还未发现典型的细石核，但是存在圆头刮削器、尖状器、琢背小刀和石镞等典型器形，明显具有旧石器时代晚期细石器工业的特征。这种文化面貌可能是受以下川为代表的旧石器时代晚期华北地区典型细石叶工业的影响[4]，但同时以黑曜岩为主要原料又是其特色。应是继延边珲春北山[5]、和龙石人沟[6]、和龙柳洞遗址[7]之后又一处以黑曜岩为主要原料的细石器工业遗存，四者之间的文化内涵存在着密切的联系，也代表了一种地方类型。

该遗址还存在大量的修理规整的黑曜岩石器，说明当时人已经意识到黑曜岩较其他原料更适合于压制剥片及细石叶、石叶的生产，同时反映了石料质地的优劣直接影响到精致剥片和修整技术的发挥。

（三）年代的分析

从试掘的情况来看，具有原生层位的石器均出土于黄褐色亚黏土层，由此可推断

---

[1] 陈全家、张乐：《吉林延边珲春北山发现的旧石器》，《人类学学报》2004年第23卷第2期。

[2] 陈全家：《吉林镇赉丹岱大坎子发现的旧石器》，《北方文物》2001年第2期。

[3] 〔韩〕李隆助、李占杨译：《朝鲜半岛的旧石器文化——主要记述秃鲁峰和垂杨介遗址》，《华夏考古》1992年第2期。

[4] 王建等：《下川文化——山西下川旧石器遗址调查报告》，《考古学报》1978年第3期。

[5] 陈全家、张乐：《吉林延边珲春北山发现的旧石器》，《人类学学报》2004年第23卷第2期。

[6] 陈全家等：《延边地区和龙石人沟发现的旧石器》，《人类学学报》2006年第2期。

[7] 陈全家等：《吉林和龙柳洞2004年发现的旧石器》，《人类学学报》2006年第3期。

其他石器的原生层位也应是该地层。根据吉林省第四纪地层的堆积年代分析，可以确定其原生层位属于上新统[1]。同时根据石器的加工技术、工具组合等分析，将遗址年代定为旧石器时代晚期或新旧石器过渡阶段。

第七节 和龙西沟旧石器地点

2005年6月，吉林大学边疆考古研究中心的部分师生、吉林省文物考古研究所和和龙市文物管理所的部分同志一起在和龙市龙城境内进行旧石器考古调查时发现了该地点。该地点位于和龙市龙城镇西沟村西南，距西沟村约800米的残坡积的阶地上。地理坐标为东经128°59′22.9″，北纬42°34′13.6″。该地点面积约为2500米×1000米，共采集石器101件。

一、地貌与地质

吉林省地处长白山地，系古老褶皱山经火山活动与河流切割而成，而和龙市地处由南岗山和英额岭形成的延吉盆地外围，属于侵蚀中、低山地带，普遍存在夷平面和发育的多级河流阶地。该地点即位于南岗山与英额岭之间的和龙市西沟村西南，处于高出水面约50米的Ⅳ级侵蚀阶地上，西侧是大片的花岗岩，东侧是海兰河。其地质情况大致与青头遗址相同，主要是白垩系的砾岩、砂岩、含（夹）油页岩；侏罗系的安山岩、砂岩、页岩夹煤层（图4-61），由于水土流失严重已无文化层。

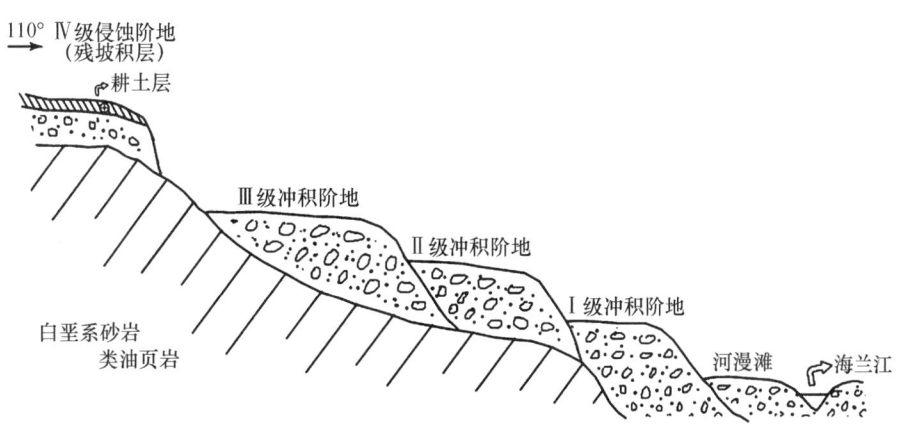

图4-61 和龙西沟旧石器地点地貌地层剖面示意图

[1] 吉林省区域地层表编写组：《东北地区区域地层表·吉林省分册》，地质出版社，1982年。

二、石器分类与记述

此次调查共获得石器101件，包括石核、石片、石叶、断片、断块、废片、一类工具、二类工具和三类工具。原料以黑曜岩为主，占69.61%，其次是石英、石英岩、凝灰岩、板岩、长石石英砂岩和玛瑙，共占30.39%。石器表面多有不同程度风化，黑曜岩者多失去光泽。除凝灰岩类石器外，其余皆棱脊清晰，少有磨蚀。

石器种类丰富，以二类工具数量最多，占石器总数的21.57%，三类工具、断片、断块、废片以及完整石片也占较多比重，分别为18.63%、15.68%、12.75%、12.75%、9.80%。石器大小组合中，原料为黑曜岩者以微、小型为主，凝灰岩和石英岩及石英者以中型居多，个别大型。

（一）石核

共5件，占石器总数的4.90%，均为锤击石核。其中2件凝灰岩者，剥片较多，但都不很成功。2件石英者剥片很少。还有1件石英岩者，为双台面石核，剥片也很少，形制也不规整。石核长43~124毫米，平均89毫米；宽45~100毫米，平均58.2毫米；厚45~102毫米，平均72.2毫米；重117.15~725.93克，平均475克。

06HX.C：11，原料是凝灰岩，长92、宽68、高102毫米，重659.85克。核体底缘和侧面保留有砾石面；左侧面隆起，还有火熏烤过的痕迹；右侧面有自然凹坑，棱脊处有不同程度磨损；后缘处有不规则砸痕，疑为用作石锤或者砸击硬物形成。台面由两个较平坦的石片疤组成，呈不规则椭圆形，剥片面不规整，且有阶梯状剥片疤，剥片疤小而不完整，不连续，似为不理想剥片所致（图4-62）。

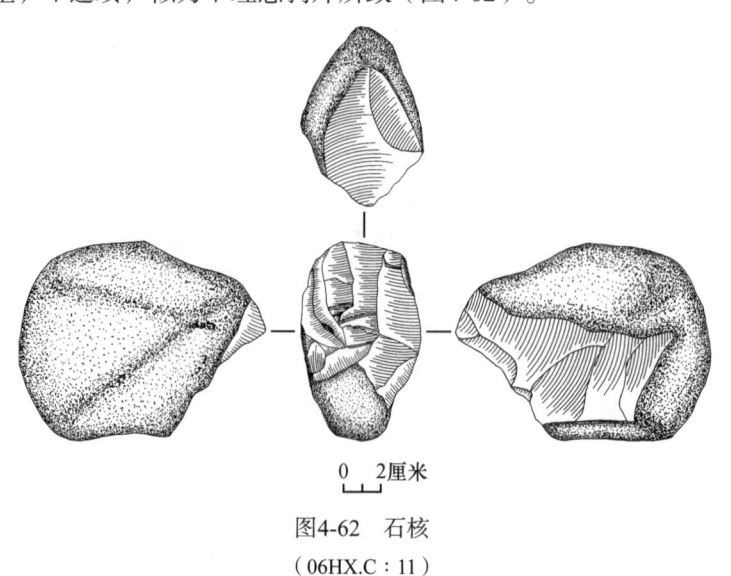

图4-62　石核
（06HX.C：11）

（二）石片

共10件，占石器总数的9.8%。原料以黑曜岩为主，少量石英岩，黑曜岩者均系锤击法剥片，个别石英者系平面垂直砸击法剥片。石片台面以素台面居多，占石片总数的40%，点状台面和线状台面次之，各占20%，有疤台面和刃状台面各1件。背面形态多为全疤，占石片总数的80%，有疤有砾者较少，占20%。

石片均较小，打击点都较清楚，半锥体略凸，形状不固定。石片长11～55毫米，平均27.1毫米；宽10～65毫米，平均24.8毫米；厚2～21毫米，平均6.5毫米；重0.12～47.68克，平均8.77克。标本06HX.C：49，长35、宽26、厚6毫米，重2.83克，素台面，石片角为107°，腹面打击点集中，半锥体较凸，有锥疤，表面风化失去黑曜石光泽但同心波仍较明显。背面布满大小深浅不一的疤痕，石片近台面处相对较厚，边缘薄锐（图4-63，8）。

（三）石叶

共2件，占石器总数的1.96%。原料为黑曜岩，其中1件完整，1件残断。长14～32毫米，平均23.2毫米；宽8～10毫米，平均9毫米；厚3～4毫米，平均3.5毫米；重0.52～1.32克，平均0.92克。标本06HX.C：55，原料是黑曜岩，长32、宽10、厚4毫米，重1.32克。整体形制不规整，打击点和半锥体较明显，系硬锤锤击剥片，背面有两条不规则纵脊，腹面略有弯曲，两侧边缘略平齐，似有过预制修理（图4-63，9）。

（四）断片

共16件，占石器总数的15.68%，原料均为黑曜岩，都是横向断片，据部位不同又可分为近端、中段、远端断片。

1. 近端断片

共10件，占石器总数的9.80%，在断片中居多，仅一件为中型，其余为小型和微型。残长10～66毫米，平均22.6毫米；宽9～69毫米，平均23.6毫米；厚2～18毫米，平均6.4毫米；重0.15～54.1克，平均7.46克。标本06HX.C：72，原料为黑曜岩，残长66、宽69、厚18毫米，重54.1克。在断片中唯一一件中型标本，台面为有疤台面，背面近端有同向多层浅平疤痕，背面中间有一条纵脊。腹面半锥体凸，底端断面截面呈钝角三角形，标本表面风化侵蚀较重，有土渍侵入，失去光泽，边缘有磕碰的新疤痕，系耕地等现代人为因素造成（图4-63，5）。

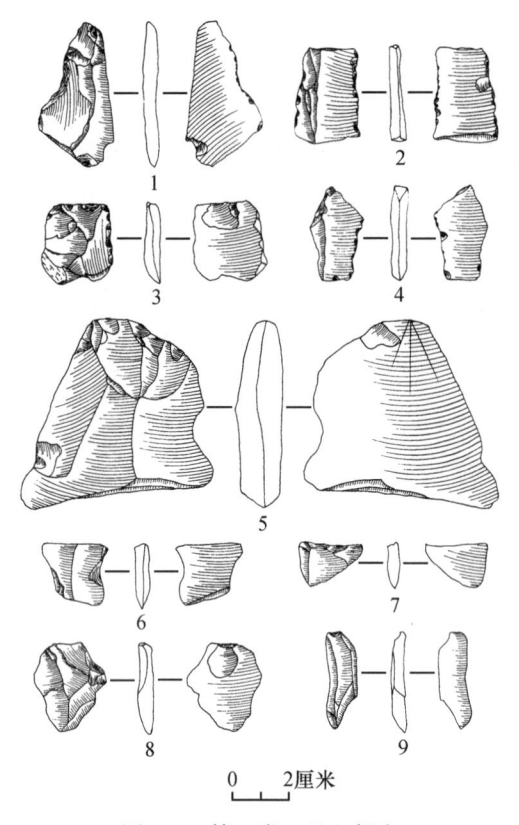

图4-63　第二类工具和断片

1. 凹刃刮削器（06HX.C：41）　2、3. 双直刃刮削器（06HX.C：42、06HX.C：46）　4. 单直刃刮削器（06HX.C：50）　5. 近端断片（06HX.C：72）　6. 中段断片（06HX.C：60）　7. 远端断片（06HX.C：102）　8. 完整石片（06HX.C：49）　9. 石叶（06HX.C：55）

2. 中段断片

共2件，占石器总数的1.96%，原料为黑曜岩，形制较为规整。残长17~22毫米，平均19.5毫米；宽21~23毫米，平均22毫米；厚4~5毫米，平均4.5毫米；重1.47~2.03克，平均1.75克。标本06HX.C：60，原料为不纯净的黑曜岩，残长22、宽23、厚5毫米，重2.03克。色泽斑驳，形状近梯形，两端有断面，背面有一条纵脊，腹面平坦，同心波和放射线较明显（图4-63，6）。

3. 远端断片

共4件，占石器总数的3.92%，原料黑曜岩，形状区别较大。残长14~32毫米，平均24.3毫米；宽19~46毫米，平均32.3毫米；厚3~9毫米，平均6.3毫米；重1.02~9.69克，平均4.87克。标本06HX.C：102，形状呈近直角三角形，残长14、宽22、厚3毫米，重1.02克。背面布满大小不等的疤痕，腹面微凸，有明显同心波，断面狭长，底端边缘薄锐（图4-63，7）。

（五）断块

共13件，占石器总数的12.75%，其中黑曜石者3件，石英者5件，凝灰岩者1件，石英岩者3件，玛瑙者1件，形态重量不一，其中最小者长20、宽9、厚7毫米，重1.06克；最大者长120、宽74、厚49毫米，重426.59克，平均长47.3、宽34.5、厚20.6毫米，重78.64克。

（六）废片

共13件，占石器总数的12.75%，原料均为黑曜岩，形态碎小薄锐，系打片或加工修理时产生的碎小石片，最小者长11、宽8、厚2毫米，重0.11克；最大者长18、宽10、厚6毫米，重0.94克；平均长13.7、宽9.5、厚2.9毫米，重0.35克。

（七）一类工具

仅发现一件石锤，编号06HX.C：6，原料为长石石英砂岩，石锤系长条形砾石，长117、宽44、厚37毫米，重301.96克。截面近圆形，中间略凹，石锤的使用部位有明显凹凸不平痕迹（图4-64）。

（八）二类工具（使用石片）

共22件，占石器总数的21.57%，其中黑曜岩者18件，石英岩者4件。有2件为典型细石叶，全是小型和微型工具，长15～50、宽10～40、厚2～16毫米，重0.43～13.73克。工具均为刮削器类，根据工具刃缘的形态可以分为直刃型、凹刃型和凸刃型三种。主要以完整石片直接使用者居多，部分是断片，均具明显使用痕迹。

图4-64 石锤
（06HX.C：6）

1. 直刃型

共17件。其中13件为黑曜岩，4件为石英岩。长15～48毫米，平均29.4毫米；宽11～40毫米，平均24.7毫米；厚2～16毫米，平均7.4毫米；重0.43～13.73克，平均5.48克。直刃型中主要是单直刃，少量双直刃。

单直刃　13件。黑曜岩者10件，石英岩者3件。06HX.C：50，原料为黑曜岩，系石片中段断片直接使用，长32、宽19、厚6毫米，重3.07克，刃缘长23毫米。石片两端有一斜断面和一横断面，截面呈直角三角形，整体形态类似于琢背小刀，左侧较厚，右侧刃缘薄锐，背面有一条纵脊，腹面平坦，可见清晰的放射线，同心波不明显（图4-63，4）。

双直刃　4件。黑曜岩者3件，石英岩者1件。06HX.C：42，原料为黑曜岩，系石片中段断片，残长33、宽23、厚6毫米，重4.72克。刃缘长30毫米×30毫米，整体形制较规整，近长方形，两侧刃缘基本平行，刃缘上疤痕深浅不一、大小不等且不很连续，两端均为钝角三角形断面，背面有一条主纵脊，主纵脊左侧有数个狭长疤痕，腹面较平坦，可见清晰的放射线和同心波（图4-63，2）。标本06HX.C：46，原料为黑曜岩，完整石片直接使用。长28、宽26、厚7毫米，重4.37克。刃缘长15毫米和19毫米。形状近方形，两侧刃缘基本平行，具有明显使用痕迹。背面布满疤痕，左下角处可见节理面；腹面略有弯曲，有明显打击点、半锥体和锥疤，放射线和同心波非常明显（图4-63，3）。

2. 凹刃型

共3件。原料均为黑曜岩。长16～50毫米，平均31.3毫米；宽18～27毫米，平均23.7毫米；厚5～10毫米，平均7.1毫米；重0.94～5.60克，平均3.86克。标本06HX.C：41，系石片远端直接使用。残长50、宽27、厚6毫米，重5.03克。刃缘长38毫米，刃缘弯曲，布满碎小细疤；背面疤痕较浅，大小不等，但整体较平坦；腹面略有弧曲，同心波放射线清晰（图4-63，1）。

3. 凸刃型

共2件。原料均为黑曜岩。长21～25毫米，平均23毫米；宽10～18毫米，平均14、厚4、平均4毫米。

06HX.C：68，毛坯为一残断石片。背面有一条纵脊略有隆起；腹面较平坦，同心波十分明显。长25、宽18、厚4毫米，重1.29克，刃缘长20毫米。

（九）三类工具

共19件，占石器总数的18.63%。原料黑曜岩者11件，凝灰岩者6件，石英岩和板岩者各1件。可分为刮削器、端刮器、砍砸器、锛形器、雕刻器五类。

1. 刮削器

共7件，占石器总数的6.86%。原料除1件为石英岩外，其余皆为黑曜岩。主要是小型和微型制品，个别中型。长25～73毫米，平均49.2毫米；宽12～60毫米，平均36毫米；厚4～38毫米，平均14.2毫米；重0.97～109.09克，平均47.5克。刃缘长18～82毫米，平均52.5毫米；刃角30～67°，平均48.5°。加工方式主要是正向加工，个别反向加工和交互加工，修理方法主要是锤击修理，个别压制修理。根据刃口形态和数量可分为直刃、直凹刃、直凸刃、凸刃、凹刃五型。

直刃 共2件。原料1件为黑曜岩，1件为石英岩，形制不甚规整。标本06HX.C：15，原料为石英岩，加工方式为正向，系锤击修理，整体形状呈直角三角形，长73、宽60、厚24毫米，重94.03克，刃缘长82毫米，刃角67°。

直凹刃 共1件。06HX.C：32，原料为黑曜岩，以石片为坯料，形制比较精致，长41、宽48、厚12毫米，重17.89克，刃缘长36毫米和39毫米，刃角52°。背面和腹面均较平坦，上侧两个斜断面相交成尖，底端一个横断面，左侧刃缘为凹刃，系硬锤锤击修理，疤痕深浅大小不一，右侧刃缘为直刃，系压制修理，疤痕普遍浅平、细致有序（图4-65，5）。

凹刃 共1件。06HX.C：36，原料为黑曜岩。系反向加工，修疤浅平，似为软锤修理。长36、宽27、厚11毫米，重6.22克，刃缘长18毫米，刃角48°。

直凸刃 共1件。06HX.C：31，原料为黑曜岩。形状略呈不规则长方形，长49、宽34、厚12毫米，重21.41克，刃缘长18毫米，刃角36°。系石片中段加工，近端端面呈三角形，远端端面呈梯形，背面中间有一条弯曲的纵脊，腹面微弧曲，隐约可见同心波，左侧刃缘一半为修理一半为使用刃缘，右侧刃缘均为硬锤锤击修理（图4-65，1）。

凸刃 共2件。06HX.C：33，原料为黑曜岩。正向加工，硬锤锤击修理。长55、宽21、厚14毫米，重15.95克，刃缘长46毫米，刃角54°。

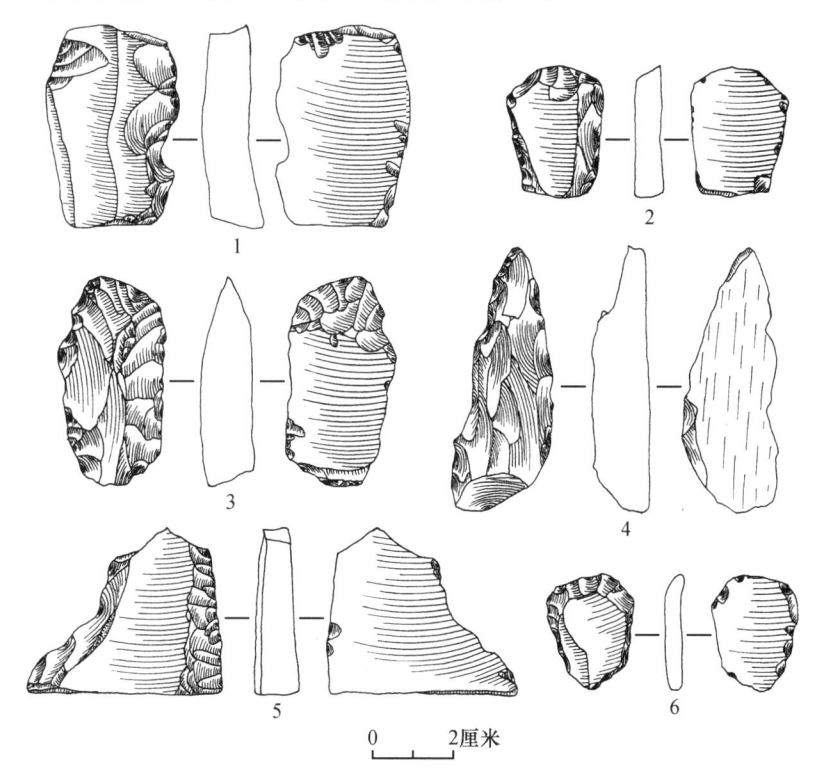

图4-65 第三类工具
1、5. 刮削器（06HX.C：31、06HX.C：32） 2、3、6. 端刮器（06HX.C：45、06HX.C：35、06HX.C：58）
4. 雕刻器（06HX.C：21）

2. 端刮器[1]

共6件，占石器总数的5.89%。原料除1件为凝灰岩外，其余均为黑曜岩。加工方式除1件为复向加工外，其余都是正向加工。形制均较规整，仅1件为中型制品，其余皆为小型和微型。长21～72毫米，平均34.4毫米；宽18～40毫米，平均21.4毫米；厚5～18毫米，平均7.1毫米；重2.43～79.78克，平均15.85克；刃缘长16～40毫米，平均23.5毫米；刃角40～62°，平均49.83°。标本06HX.C：35，黑曜岩为原料。形状呈拇指形。长51、宽27、厚12毫米，重15.24克，刃缘长21毫米，刃角40°。背面布满层叠疤痕，是由腹面向背面加工，在背面中间形成隆起，腹面平坦，在端刃处又由背面向腹面加工。端刃处修理疤痕浅平而狭长，似为压制修理的结果（图4-65，3）。标本06HX.C：45，原料为黑曜岩。形状呈指甲形。长32、宽25、厚6毫米，重6.48克，刃缘长24毫米，刃角50°。标本系石片中段加工而成，背面和腹面均较平坦，背面有两条不平行的直脊，器身边缘除底端都有细致加工和修理，且均为正向加工（图4-65，2）。

3. 砍砸器

仅1件，占石器总数的0.98%。属于大型工具。06HX.C：5，原料为凝灰岩，为复刃型砍砸器，整体形状近椭圆形，扁平。长166.3、宽116.2、厚32毫米，重706克，刃缘长448.5毫米，刃角68°。器刃经过复向加工，因为原料的缘故，两面疤痕和棱脊均有不同程度磨损，不很清楚，在刃缘一侧处有火熏烤过的痕迹（图4-66，2）。

4. 锛形器

共4件，占石器总数的3.92%。原料均为凝灰岩，属于中型或大型工具。长68～119毫米，平均99毫米；宽67～103毫米，平均81.4毫米；厚27～40毫米，平均33.3毫米；重152.15～546.97克，平均330.4克；刃缘长67毫米，刃角72°。这4件锛形器按石器动态观察，可看作是锛形器从制作到使用的三个阶段。2件锛形器毛坯，锛形器整体轮廓已经形成；1件为锛形器半成品，轮廓较为规整，端刃刃口也已加工出锥形，刃口较钝，局部还未作细致修理；另一件为锛形器成品，加工精致，形制规整，且经过长期使用，棱脊疤痕已有不同程度磨损。标本06HX.C：2，略呈三角形。长101、宽71、厚27毫米，重202.84克。通体加工，背面形成T字形隆起，中间厚，边缘薄，端刃处正向加工。刃缘较平直，长67毫米，刃角较钝，72°。腹面较平坦，底端稍尖，便于装柄，通体棱脊、疤痕由于磨损都不很清楚（图4-66，1）。

---

[1] 也叫圆头刮削器，因其修理和使用部位均与普通刮削器有明显区别，且形制规整特殊，故单独划分出来。

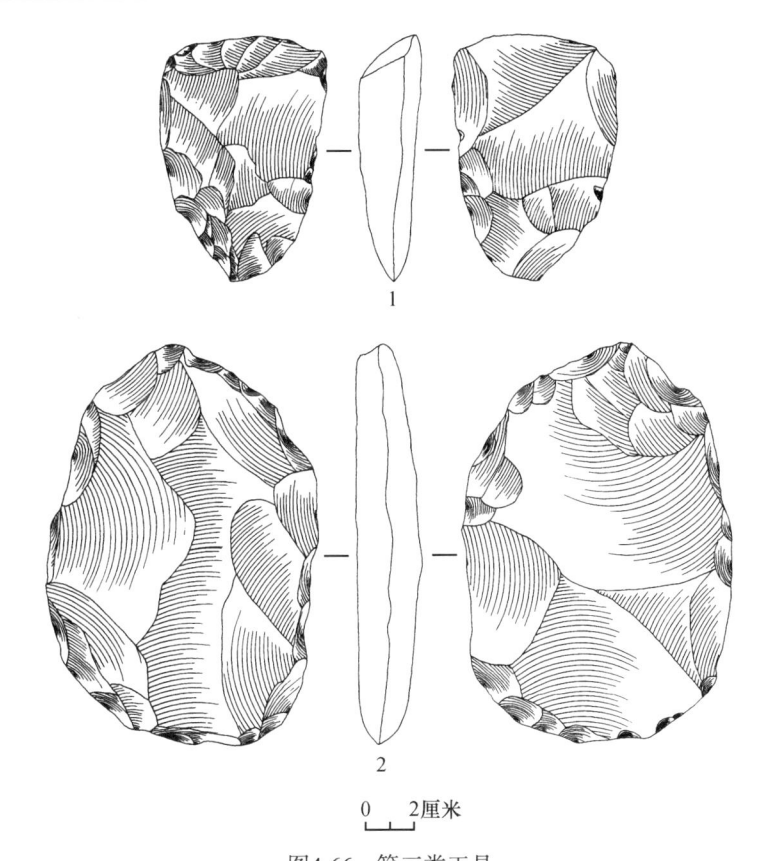

图4-66 第三类工具
1. 锛形器（06HX.C：2） 2. 砍砸器（06HX.C：5）

5. 雕刻器

仅1件。06HX.C：21，原料为板岩，为修边雕刻器。长64.2、宽25.3、厚15毫米，重22.78克。腹面为板岩自然节理面，非常平坦。加工方式属于正向加工，在背面形成一条纵向隆起，两侧边均有锤击修理，修理边长分别为52、63毫米，由一侧边斜向下打下一片，形成尖刃，尖刃角72°（图4-65，4）。

三、结　语

（一）石器工业的主要特征

（1）石器原料以黑曜岩为主，占总数的69.61%，其次为石英岩，占11.76%，另有少量凝灰岩、石英和个别板岩、长石石英砂岩和玛瑙。

（2）石器以小型和微型为主，少量中型和个别大型[1]。

（3）打片以锤击法占绝对优势，少有砸击法；同时二类工具中存在有典型细石叶及个别工具采用压制法修理表明可能存在间接剥片技术。

（4）石器类型丰富，以二类工具的比例最高，占21.57%，三类工具和断片也占较多比例，分别为18.63%和15.68%，另有少量完整石片、断块、废片、石核、石叶和一类工具。

（5）工具以石片毛坯占绝大多数，占96.75%，仅个别细石叶和块状毛坯。

（6）工具加工主要是正向加工，其次是反向加工，少量复向和错向以及通体加工；工具修理主要是硬锤锤击修理，少量压制修理和软锤修理。

（二）对比与讨论

从石器的特征分析，和龙西沟地点属于以小石器为主体的工业向以细石器为主体的工业过渡的类型，或者说是混合类型。从发现的石叶、细石叶以及某些工具上存有的浅平、细长有序的压制疤痕等来看，可以说明存在间接剥片技术和已趋成熟的压制技术。该地点石叶和细石叶形体明显大于华北和东北典型的细石叶传统，同时细石叶与石叶共存，而且本地点尚未发现细石叶工业传统中典型的细石叶石核，也缺乏典型细石器地点常见的工具类型，还有从石器原料、石器组合以及加工修理技术等因素来看，这些都与珲春北山地点[2]、和龙青头遗址[3]等具有更多的相似因素。本地点发现的黑曜岩端刮器很有代表性，与华北下川[4]、虎头梁[5]发现的长型圆头刮削器形制非常相似，可能受到了华北细石器工业传统的影响，但更多地表现为地方类型面貌。该地点具有某些典型细石器工业的因素，但似乎发展还不成熟，细石器工具并未被普遍使用，保留部分原有的工业因素和表现出更多的地方类型特征。

（三）年代分析

由于此次只是旧石器考古调查，石器均采自地表。但根据石器工具组合、加工技术以及和周边范围内遗址和地点的对比，大概可以推测该地点年代为旧石器时代晚期。

---

[1] 卫奇：《石器观察格式探讨》，《第八届中国古脊椎动物学学术年会论文集》，海洋出版社，2001年，第209～218页。

[2] 陈全家、张乐：《吉林延边珲春北山发现的旧石器》，《人类学学报》2004年第2期，第138～145页。

[3] 陈全家等：《吉林和龙青头旧石器遗址的新发现及初步研究》，《考古与文物》2008第2期，第3～9页。

[4] 王建等：《下川文化——山西下川旧石器遗址调查报告》，《考古学报》1978年第3期。

[5] 盖培、卫奇：《虎头梁旧石器时代晚期遗址的发现》，《古脊椎动物与古类》1997年第4期，第87～300页。

第八节 和龙大洞旧石器地点

一、2007年的调查和试掘

2007年8月，吉林大学边疆考古研究中心与吉林省文物考古研究所组成的石人沟考古队在以寻找黑曜岩为目的的考古调查时，由当地居民提供线索发现了大洞遗址。同年8月末和9月初石人沟考古队对该遗址进行了调查和试掘，获得了大量的石制品。下文报告此次调查的全部石制品和前两次试掘的成果。

（一）遗址的位置与周边环境

大洞遗址位于红旗河汇入图们江的河口地带，沿红旗河右岸和图们江左岸的狭长地带分布。遗址隶属于和龙市崇善镇大洞村，东距崇善镇约3500米，南距亚洞屯约500米，西北距元峰村约4千米。地理坐标为东经128°57′30.2″，北纬42°5′37.9″（原点坐标）。遗址东西约2千米，南北约500米，面积超过100万平方米。大洞遗址西北距石人沟遗址[1]约16千米，东北距柳洞遗址[2]约28千米，在100千米之内还分布有和龙西沟[3]、青头遗址[4]、安图沙金沟[5]、图们下白龙遗址[6]和朝鲜咸镜北道的潼关镇遗址[7]。从大洞遗址向西约75千米为长白山天池，向东北约312千米即俄罗斯滨海边疆区的乌苏里斯克市。

长白山属新华夏系隆起地带，为北北东—南南西和北东—南西走向。气候波动在沉积物上的反映各处多有发现，火山沉积相当活跃，冰碛、黄土与火山沉积物的交互叠置，是该区第四系的突出特征[8]。图们江发源于长白山麓，为中朝两国界河，红旗河为图们江左岸的第二大支流，图们江与红旗河汇流处以上河源区，为长白山主峰地域，崇山峻岭，森林茂密。遗址处于超覆在III级阶地之上的熔岩阶地上，遗址高出图们江河面50余米（图4-67）。I级阶地位于遗址边缘断崖之下，高出河面仅5米，宽约

---

[1] 陈全家等：《延边地区和龙石人沟发现的旧石器》，《人类学学报》2006年第2期。
[2] 陈全家等：《吉林和龙柳洞2004年发现的旧石器》，《人类学学报》2006年第3期。
[3] 陈全家等：《吉林和龙西沟发现的旧石器》，《北方文物》2010年第2期，第3~9页。
[4] 陈全家等：《和龙青头发现的旧石器》，《考古与文物》2008年第2期。
[5] 陈全家等：《吉林安图沙金沟发现的旧石器》，《华夏考古》2008年第4期。
[6] 陈全家等：《图们下白龙发现的旧石器》，《边疆考古研究》（第2辑），科学出版社，2004年。
[7] 冯宝胜：《朝鲜旧石器文化研究》，文津出版社，1990年。
[8] 吉林省地质矿产局：《吉林省区域地质志》，地质出版社，1988年。

150米，亚洞屯坐落于此。Ⅱ级阶地仅在遗址对岸可见，高出河面约25米。该区为针阔混交林带[1]，年平均气温为2～3℃，年降水量700毫米，遗址所在的玄武岩台地上现已被开垦为农田，种植有大豆、水稻、玉米和烤烟等作物，但在台地的西部还见有小面积的沼泽。环绕遗址的低山上有红松、山杨、白桦、刺五加、五味子、山葡萄等丰富的植物资源，还常常出没野猪和獐等野生动物。

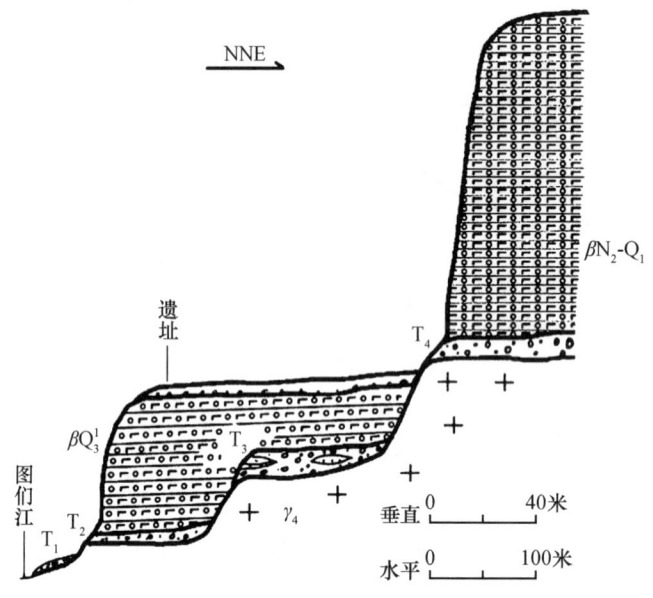

图4-67　图们江大洞遗址段河谷地貌横剖面图
（参考刘祥、向天元、王锡魁[2]）

（二）基本地层

2007年，大洞遗址共进行了三次试掘工作，前两次的试掘的地层情况如下：

第一次试掘位于遗址的北部，靠近断崖，布南北向1米×1米的探方2个，在第2层和第3层发现石制品共计10件。地层情况如下：

第1层，耕土，黑色腐殖土，含石制品、大量植物根茎和现代遗物，厚20厘米。

第2层，浅黄色亚黏土，含粗颗粒砂，坚硬，含石制品和玄武岩角砾，厚10厘米。

第3层，灰白色亚黏土，含细颗粒砂，坚硬，含石制品和玄武岩角砾，厚12厘米。

第4层，黄色黏土，黏结，呈块状结构，厚22厘米，未见底。

第二次试掘位于遗址的南部，亚洞村西侧，布1米×1米的探方1个，发现石制品共计59件，其中2层30件，3层29件。地层情况如下：

第1层，耕土，深褐色亚黏土，疏松，含直径3厘米左右的磨圆小砾石，含丰富的

---

[1] 高玮、盛连喜：《中国长白山山动物》，延边人民出版社，2002年。
[2] 刘祥、向天元、王锡魁：《长白山地区新生代火山活动分期》，《吉林地质》1989年第1期。

石制品、植物根茎和现代遗物，厚24厘米。

第2层，灰白色亚黏土，含细颗粒砂，坚硬，含石制品，厚15厘米。

第3层，黄色黏土，黏结，呈块状结构，含直径小于5厘米的小砾石，含石制品，厚23厘米，未见底。

从断崖的剖面观察，厚1～3米的土状堆积之下为厚约10米的砾石层，之下为玄武岩基岩。第一次试掘的第3层与第二次试掘的第2层应属于同层，因为第二次试掘区层曾经耕作过水田，使腐殖土层和浅黄色亚黏土层被破坏。

（三）石制品分类研究

在大洞遗址的调查和试掘中没有发现动物骨骼和骨制品，石制品是唯一的文化遗物。下文记述的石制品共计5752件，其中69件为前两次试掘所得，由于试掘获得的石制品均为碎片和断块，故将其与调查所得标本一并叙述，根据制作技术和器物形态将石制品分为石核、劈裂产品和工具三大类。

1. 石核

1）砸击石核

共计9件。全部为黑曜岩，其中一、二、三类黑曜岩[1]分别占砸击石核总数的44.4%、11.2%和44.4%。光泽[2]只见二级和三级，分别占砸击石核总数的66.7%和33.3%。标本07DD.C3537最大，重10.36克，长36.06、宽22.09、厚15.77毫米，整体呈枣核状，两端均有砸击痕迹（图4-68，4；图版4），另外7件与之相似，其中标本07DD.C1217最轻，重1.91克，长20.16、宽14.28、厚6.27毫米。07DD.C3536，重5.17克，长29.26、宽26.61、厚7.3毫米，呈薄片状，仅一端有砸击痕迹，另一端折断，保留有部分自然面。

2）锤击石核

共计18件。全部为黑曜岩，其中一、二、三类黑曜岩分别占锤击石核总数的66.7%、27.8%和5.5%。光泽只包括二级和三级，分别占锤击石核总数的77.8%和22.2%。打击点清楚，半锥体阴痕深凹，石片疤大小变异较大。可以根据利用棱脊剥片的情况分为利用棱脊型和非利用棱脊型。

（1）利用棱脊型剥片石核　由于注意石核工作面的棱脊对剥制石片时的导向作用，石片疤窄长，但与细石核或石叶石核相比显得十分不规则。均属单台面石核。棱

---

[1] 根据物理特征和杂质情况将黑曜岩分为四类，第一类为黑色纯质黑曜岩；第二类为黑色点质黑曜岩；第三类为黑色斑质黑曜岩；第四类其他颜色的黑曜岩。

[2] 根据石制品表面的亮度将黑曜岩的光泽分为三级，第一级最光亮，与刚刚劈裂的黑曜岩的光泽相当；第三级最黯淡；第二级是处于中间的状态。

脊型剥片石核又可以分为三个亚型：

半锥形石核，2件，无预先修理，台面为劈裂面，无自然面。标本07DD.C1209，重4.51克，长22.66、宽18.10、厚14.59毫米，单台面，台面角70°，工作面占石核周边的一半，石片疤窄长但不规则，另一件与之相似。

半柱形石核，2件，无预先修理，台面为劈裂面，均见有少许自然面。标本07DD.C1362，重28.8克，长48.53、宽21.96、厚26.6毫米，单台面，台面角86°，工作面仅位于核体的前端，石片疤窄长但不规则（图4-68，1；图版1），另一件与之相似。

扁体石核，2件，体积比前两类石核稍大，台面和核体有预先修理。标本07DD.C1806，重63.73克，长52.09、宽53.33、厚22.46毫米，台面倾斜，前高后低，台面角55°，工作面位于前端，石片疤长大于宽，两侧边基本平行（图4-68，2；图版2），另一件与之相似，但修理略显粗糙。

（2）利用非棱脊型剥片石核 属于多台面石核，可以分为两个亚型：

普通石核，11件，无预先修理，无固定台面和工作面，剥片比较随意，几乎难以继续剥片，属石核的废弃阶段。平均重25.66克，平均长34.94毫米，平均宽35.51毫米，平均厚23.27毫米。标本07DD.C525，重28.37克，长39.02毫米，宽36.85毫米，厚25.33毫米，由3个台面和3个工作面构成，台面角为75°，石片疤长宽相若。

向心石核，1件，07DD.C3532，重8.09克，长24.57、宽32.57、厚11.6毫米，由周边向心打击，与工作面相反的一面为砾石面。

3）细石叶石核

细石叶石核，简称细石核，16件，其中完整的13件，全部为黑曜岩。平均重9.31克，平均长24.51毫米，平均宽11.65毫米，平均厚32.5毫米。根据细石核的毛坯、侧面和台面的情况将细石核分为7型。A型、D型细石核的台面角为90°，G型细石核的台面角为30°，其余类型的细石核的台面角为60°。此外还有细石核残块3件。

（1）A型细石核，2件，以双面器为毛坯。标本07DD.C1175，重21.51克，长47.41、宽13.44、厚35.68毫米，双侧面均由周边向心修理，修疤浅平并以长大于宽者居多，台面窄小，由右向左修理出有效台面，工作面的长超过宽的3倍，细石叶疤窄长而规整（图4-68，3；图版3）。另一件体积略小，但制作方法与之相似。该型细石核与兰越技法的细石核略似，但台面并非纵向打击而成。

（2）B型细石核，1件，07DD.C1529，轻度磨蚀，重9.34克，长27.54、宽14.95、厚22.94毫米，双侧面均有修理，台面由端面向尾部纵向打击而成，劈裂面由6片细石叶疤组成（图4-68，6；图版6）。该型细石核与涌别技法的细石核相像，但石核的预制比较粗糙。

（3）C型细石核，3件，以石片为毛坯，由石片毛坯的腹面向背面修理出楔形缘和台面，细石叶的剥片从石片毛坯的远端开始。标本07DD.C899，重10.95克，长22.92、宽14.07、厚44.14毫米，右侧面为石片毛坯的劈裂面，左侧面见有从劈裂面向背面修

图4-68 石核

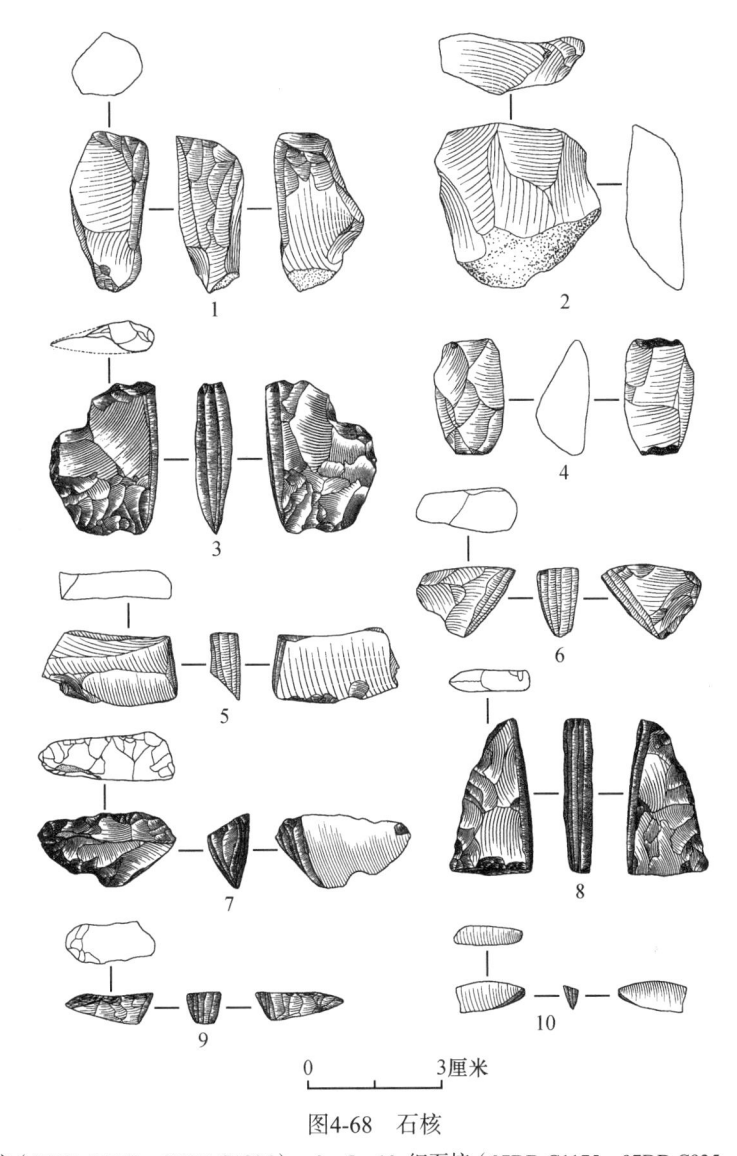

1、2.锤击石核（07DD.C1362、07DD.C1806） 3、5~10.细石核（07DD.C1175、07DD.C935、07DD.C1529、07DD.C899、07DD.C191、07DD.C111、07DD.C2638） 4.砸击石核（07DD.C3537）

理的石片疤，台面为横向修理，在核体尾部的台面与左侧面的转角处见有小块的砾石面，细石叶疤的侧边不平行，呈轻微的扭曲状（图4-68，7）。标本07DD.C1904与之类似，但石片毛坯的劈裂面位于石核的左侧；标本07DD.C1482与之相似，但尾部残断。该类石核与山卡技法的细石核相似。

（4）D型细石核，2件，以石叶为毛坯，台面由端面向尾部纵向修理而成，底缘只做轻微修理。07DD.C935，重14.25克，长14.45、宽13.99、厚40.4毫米，底缘在双侧面都见有细小的石片疤，尾部为折断面，台面由端面向尾部一次纵击而成，细石叶疤规整（图4-68，5；图版5）。07DD.C948与之类似，但纵向打击的台面打破细石叶疤，并有从尾部沿底缘向端面打击的石片疤，该产品属更新台面失误并尝试转换台面仍未成功而废弃的产品。该类石核与广乡技法的细石核相似。

（5）E型细石核，1件，07DD.C111，重3.33克，长9.76、宽13.52、厚29.07毫米，以石片为毛坯，以石片劈裂面为台面，侧面由台面向底部方向修理而成，底部为一小平面，台面尾部和底面尾部的修理使核体的尾部呈扁鸭嘴状，故不排除作为装柄而预先处理的可能（图4-68，9；图版8）。该型石核与幌加技法的细石核相似，只是在后缘有横向的修理。

（6）F型细石核，1件，07DD.C191，重13.47克，长47.67、宽10.03、厚26.86毫米，双侧面均由周边向心修理，修疤浅平，台面与侧面无明显转角，由端面向尾部纵向打击形成有效台面，工作面呈长方形，细石叶疤规整、细长、侧边十分平行，底部为折断面，折断面上见有来自侧面打击的小疤，该件工具可能为由某种大型工具残块改制而成的产品（图4-68，8；图版7）。

（7）G型细石核，3件，以石片为毛坯，石片毛坯的劈裂面和背面分别为细石核的两个侧面，台面由石片毛坯的侧边经纵向打击而成，石片毛坯的另一侧边有细微修理作为细石核的底缘。07DD.C2638，重1.07克，长9.37、宽5.95、厚21.78毫米，细石叶疤宽不足2毫米（图4-68，10）；07DD.C1989，与之相似，重1.37克；07DD.C3526，比前两件大些，重5.36克，细石叶疤宽3.6毫米，宽度与其他类型的细石核相若。

（8）细石核残块，3件，保留有细石核工作面的局部，细石叶疤在3条以上，体积很小，重量分别是0.97、0.89、1.57克。

2. 劈裂产品

1）石片类

4561件。根据形态特征石片类石制品可分为石片、石叶、细石叶和削片等几种类型，分别占石片类总数的92.9%、3.8%、1.8%和1.7%。石料以黑曜岩为主，占99.0%，

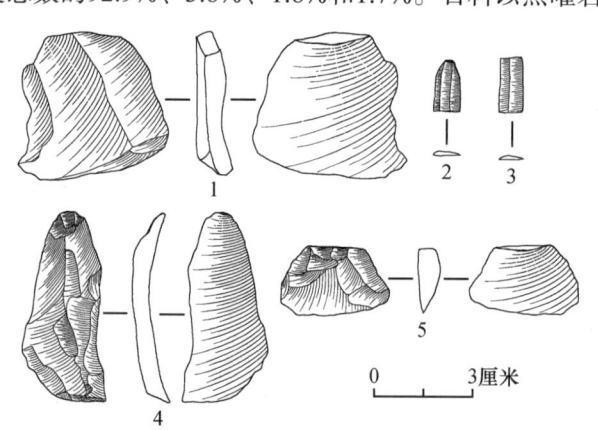

图4-69　石片类

1、5.石片（07DD.C2705、07DD.C1536）　2、3.细石叶（07DD.C3395、07DD.C3591）　4.石叶（07DD.C3701）

黑曜岩除黑色外还有少量的黑褐相间、茶色、红色和蓝色，占石片类总数的0.7%。其他石料为流纹岩（7件）、玄武岩（3件）、燧石（4件）和变质泥岩（1件），占石片类总数的0.3%。

（1）石片，共计4237件，以黑色纯质黑曜岩为主，占石片类总量的79.8%，黑色点质黑曜岩为16.6%，黑色斑质黑曜岩为2.5%，其他颜色的黑曜岩为0.7%，黑曜岩以外石料为0.4%。现将石片的完整程度、台面特征、背面特征、腹面特征和边缘特征情况分述如下：

①完整程度，根据石片的近端特征和边缘情况可分四类：

一类，完整石片，台面和边缘均无破损，449件。重0.4~73.79克，平均重3.34克，标准差6.71克（图4-73）；长7.87~67.62毫米，平均长20.49毫米，标准差9.27毫米（图4-70）；宽5.50~64.44毫米，平均宽20.77毫米，标准差10.52毫米（图4-71）；厚0.93~88.85毫米，平均厚5.67毫米，标准差6.18毫米（图4-72）。在完整石片中最轻的是07DD.C5929，重0.05克，长11.13、宽5.54、厚0.93毫米；最重的是07DD.C1901，重73.79克，长54.19、宽64.44、厚18.22毫米，以玄武岩为石料；以黑曜岩为石料的完整石片中最重的是07DD.C1856，重47.34克，长67.62、宽49.81、厚16.26毫米。07DD.C1536，重4.36克，长20.57、宽33.27、厚8.55毫米，以纯质黑曜岩为石料，素台面呈扁倒三角形（台面形状的第四类），背面为一平面，全部为石片疤，打击方向最直角，劈裂面中心高边缘低（图4-69，5）。07DD.C2705，重16.39克，长43.26、宽47.84、厚9.38毫米，以纯质黑曜岩为石料，素台面呈圆底三角形（台面形状的第一类），背面见有来自台面方向打击的三片石片疤相交而成的两条纵脊，半锥体突出，放射线明显，石片远端内卷（图4-69，1）。

二类，基本完整石片，台面无破损，边缘有轻微破损但可以推测出石片的原有形

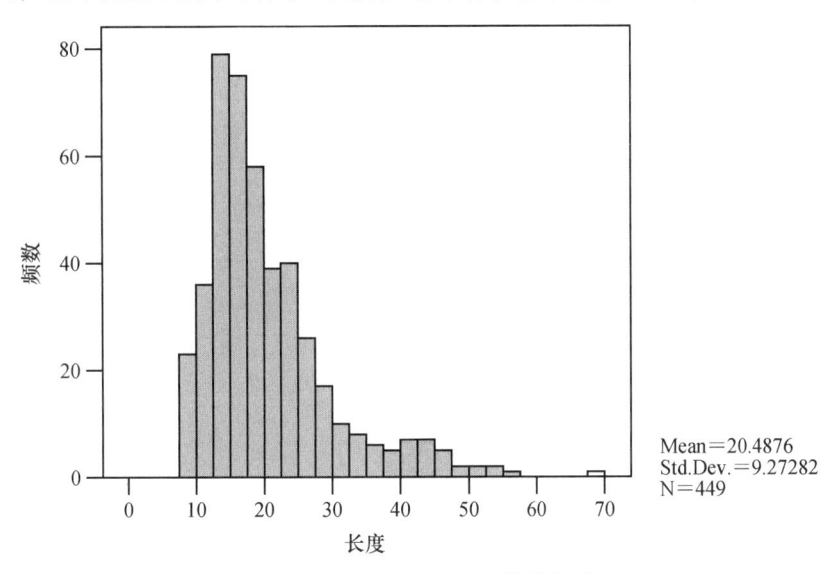

图4-70 完整石片长度频数分布图

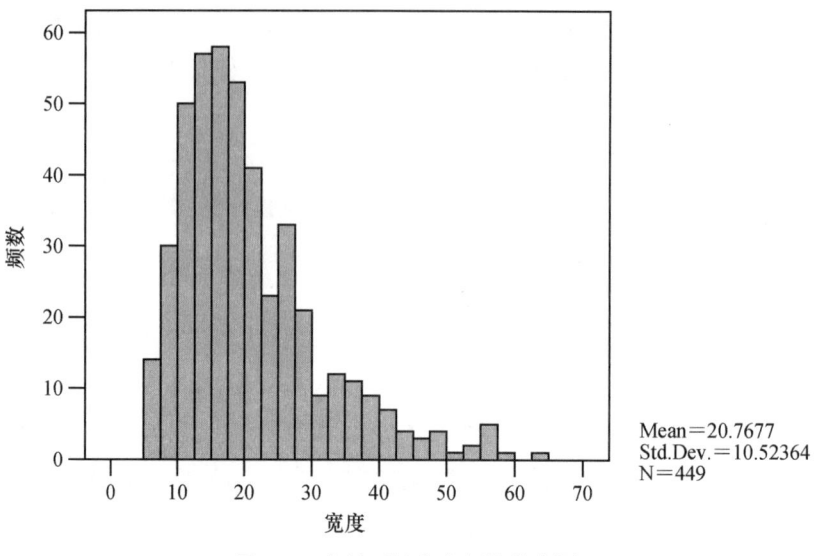

图4-71 完整石片宽度频数分布图

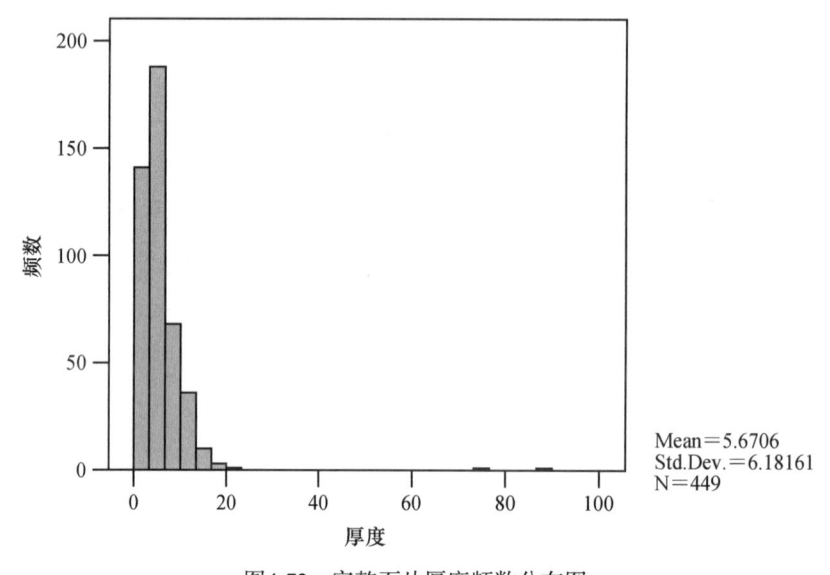

图4-72 完整石片厚度频数分布图

状，133件。重0.08~51.37克，平均重2.7克，标准差6.32克；长7.6~63.69毫米，平均长20.57毫米，标准差9.22毫米；宽7.6~71.25毫米，平均宽18.76毫米，标准差8.78毫米，厚1.33~21.01毫米，平均厚4.44毫米，标准差2.79毫米。

三类，近端石片，台面无破损，边缘破损严重，无法推测出石片的原有形状，426件。重0.08~71.68克，平均重2.81克，标准差5.12克；长6.86~59.62毫米，平均长20.58毫米，标准差7.92毫米；宽5.69~69.11毫米，平均宽21.09毫米，标准差8.3毫米，厚1.09~23.12毫米，平均厚5.37毫米，标准差2.68毫米。

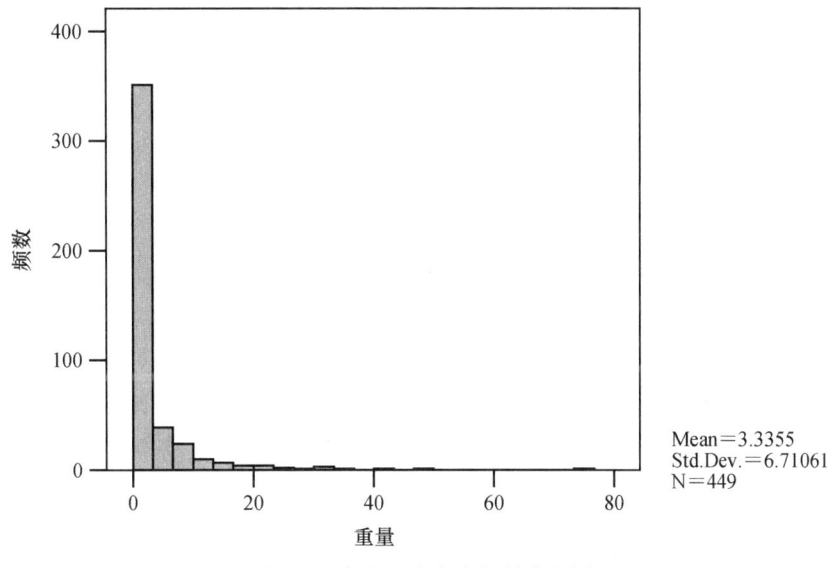

图4-73 完整石片宽度频数分布图

四类，碎片，台面未见，边缘部分破损或完全消失，3229件。重0.03～118.14克，平均重1.39克，标准差3.77克；长4.77～110.04毫米，平均长16.79毫米，标准差7.62毫米；宽3.70～63.94毫米，平均宽14.99毫米，标准差7.02毫米，厚0.52～26.03毫米，平均厚4毫米，标准差2.32毫米。

各类不同完整程度石片的重量、长度、宽度和宽度的平均值表现的差异不大，但是标准差表现的差异较大。石片各平均值基本稳定，说明体积或重量更大的石片更容易遭到损坏。石片的重量、宽度和厚度的标准差的变化趋势与石片的破损程度一致，说明石片的破损对石片的重量、宽度和厚度具有很强的筛选作用，其中对厚度的影响最为强烈，石片的长度的标准差的变化说明边缘轻度破损使石片的长度的影响很大，但随着进一步的破损这种作用减弱。

②台面特征

台面形状，保留有近端的石片共计1008件，可将台面的形状归纳为10种类型[1]，分别是圆底三角形、扁椭圆形、月牙形、倒扁三角形、倒圆边三角形、梯形、圆边三角形、有脊形、点状、线状和破碎（如图4-74）。以第九类台面的数量最多，共390件，占38.7%；第一类、第二类和第四类台面石片的数量次之，各占12%左右；第三类和第十类台面的数量再次之，各占8%左右；第五类、第六类、第七类、第八类和第十一类台面的石片数量均不足2%。

台面属性，根据片疤面与自然面的关系可将保留有近端的石片的台面分为7种类型，分别是全部自然面、素面（单片疤面）、多片疤面、线状、点状、部分自然面和

---

[1] 观察台面时，台面面向观察者，石片背面向上、劈裂面向下。

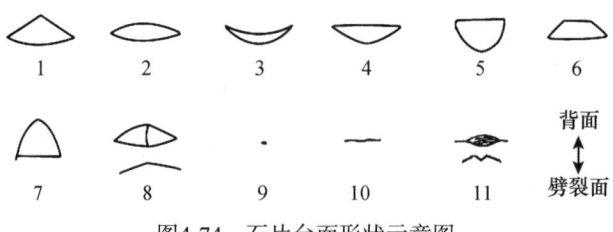

图4-74 石片台面形状示意图

破碎面，所占比例分别是3.8%、29.5%、18.5%、7.6%、38.7%、0.3%和1.7%。

台面的长和宽，台面的长度测量指标是针对除第九类和第十一类台面形状的非碎片类石片进行的，共计601件；台面的宽度测量指标是针对除第九类、第十类和第十一类台面形状的非碎片石片进行的，共计524件。台面长1.34~49.18毫米，平均为11.43毫米，标准差6.4毫米；宽0.55~19.19毫米，平均为4.26毫米，标准差2.42毫米。

石片角，台面角测量的标本与台面宽测量的标本相同，共计524件，分布范围为20°~142°，平均为107.89°，标准差18.86°。以100°~105°、110°~125°的数量最多（图4-75）。

背缘角，背缘角测量的标本也与台面宽测量的标本相同，共计524件，分布的范围为10°~141°，平均为82.61°，标准差19.19°。以80°~95°的数量最多（图4-76）。

台面后缘类型，台面后缘是指台面与背面的转角，可分为两种类型，第一类是转角分明无石片疤；第二类是转角处有细小石片疤。在非碎片的全部石片中，属第一类台面后缘的为277件，占27.5%；属第二类后缘的为731件，占72.5%。

③背面特征

背面特征的测量和观察针对的是完整石片和基本完整石片进行的，共计582件。

背面类型，根据自然面和片疤面的关系可将石片的背面区分出5类，分别是全部为自然面、以自然面为主少见片疤面、以片疤面为主少见自然面、全部为片疤面、自然面与片疤面各占一半，一至五类的各类石片分别是12件、4件、18件、525件和23件。

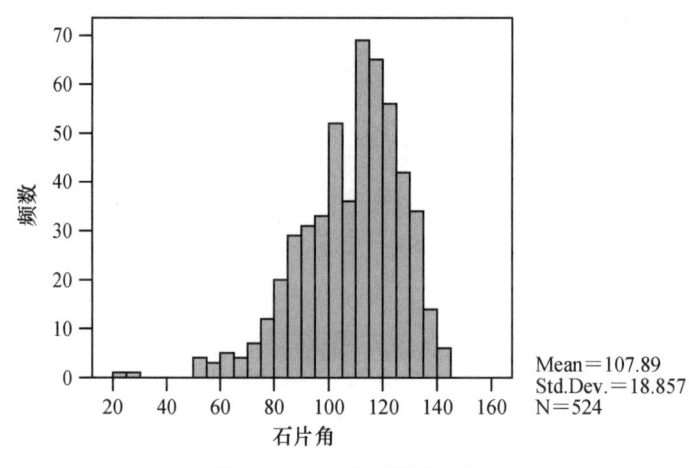

图4-75 石片角频数分布图

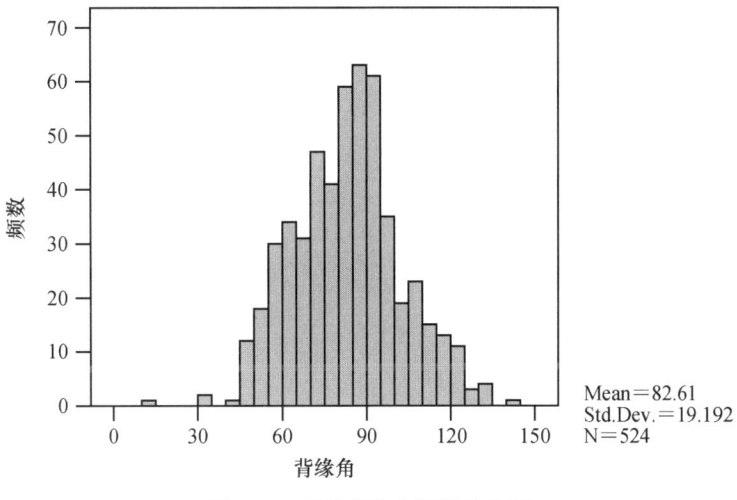

图4-76　石片背缘角频数分布图

背面片疤数，以背面具有以2～4片石片疤的石片数量最多，占总数的60.1%。

背面片疤差异，是指石片背面最大石片疤与最小石片疤之间的面积之比，共分5种类型，第一类为1∶1，第二类为2∶1，依次类推，第五类为5∶1及差异更大者，所以片疤差异观测的是背面石片疤等于或大于2片的标本，共计523件。一至五类分别占总数的35.0%、29.3%、14.3%、12.6%和8.8%。

背面片疤方向，是指形成片疤的打击力的方向之间的关系，所以该指标观测的标本与背面石片疤差异的观测标本相同。根据打击力之间的角度大小，可以分为相同、相斜、垂直和相对4种类型，分别占60.8%、15.9%、13.8%和9.6%。

背面背脊数量，背脊是指背面石片疤相交形成的与石片纵轴一致的贯穿整个石片背面的棱脊，该指标观测的标本与背面石片疤差异的观测标本相同。根据背脊的数量从没有脊到三条脊共分4个等级，分别占总数的68.8%、26.2%、4.2%和0.8%。

④腹面特征

腹面特征的测量和观察针对的是完整石片和基本完整石片进行的，共计582件。

半锥体，根据半锥体的突出情况从无到高可分为4级，分别占总数的16.2%、58.4%、22.2%和3.3%。

锥疤，是指半锥体上出现石片疤，无锥疤者为482件，有锥疤者为100件，分别占总数的82.8%和17.2%。

唇状线，是指台面与腹面的转角处出现的细棱，通常认为与用软锤剥片有关，存在唇状线的标本只有16件，仅占总数的2.7%。

同心波和放射线，由于黑曜岩的特性该两项特征在97%以上的样本中都有不同程度的体现。

最厚位置，是指背面与腹面各对应点的距离中最大的位置，把石片按纵轴方向均分三等份，以此把最厚位置分为四种类型，第一类为最厚位置处于远端，第二类为最厚位置处于中段，第三类为最厚位置处于远端，第四类为石片各部分厚度基本相同。一至四类的石片数量分别是260件、116件、26件和180件。

纵轴形态，是指石片的腹面在石片纵剖面上的弯曲变化，共分三种类型。第一类是直线型，腹面基本在一个平面上；第二类是内卷型，石片尾段向腹面弯曲；第三类是外卷型，石片尾端向劈裂面弯曲。三种类型所占的比重分别为67.5%、27.1%和5.3%。

⑤边缘特征

边缘特征的观察是针对所有石片进行的，共计4237件。根据疤痕的光泽和组合情况分为2类情况，它们形成的原因各不相同。

杂乱新疤，新疤是指与石片的主体相比石片边缘的破碎疤的光泽要光亮，破碎疤的分布杂乱无章，边缘不平齐，在大小疤的组合上无一定规律，该类疤痕的形成与近现代的农业生产等活动有关。根据破碎疤的大小分为两类，第一类为最大单片破碎疤的长或宽均不超过2毫米，第二类为最大单片破碎疤的长宽或均大于或等于2毫米。小型破碎疤的石片占石片总数的6.6%；大型破碎疤的石片占石片总数的4.9%。所有带杂乱新疤的石片中有69.3%是碎片。这类石片腹面和劈裂面的疤痕各占一半，而与工具类存在巨大差别，这更进一步支持了我们的推测。

细小旧疤，破碎疤的光泽与石片主体相同，我们把最大单片破碎疤的长或宽均不超过2毫米的标本列入此类。此类疤痕的形成可能与使用有关。所有带杂乱新疤的石片中有61%是碎片。

可以从刃量、刃位、刃形和刃角四个方面对该类石片的边缘进行观测。

刃量，共有120个刃，分布在100件石片上，其中有20件个体同时拥有2个刃。

刃角，120个刃的刃角平均为34.9°，最小为16°，最大为71°，标准差11.91°。分布主要集中在20°~25°和45°~48°，可能与使用石片的不同功能有关。

刃位，是指刃缘在石片上所处的位置，共分5种类型，将石片背面面向观察者，左侧边为第一类、右侧边为第二类、底边为第三类、左下边为第四类、右下边为第五类，分别占总刃数的41.7%、36.7%、11.7%、5.8%和4.1%，可见使用以侧刃为主。

刃形，是指刃缘的形状，共分七种类型，分别是直刃、微凹刃、微凸刃、钝尖刃、不规则刃、凹缺刃和锐尖刃。所占比例依次为54.2%、3.3%、6.7%、4.2%、29.2%、0.8%和1.6%。直刃和不规则刃所占比例最高。

（2）石叶　石叶与细石叶划分的标准都不统一，常常以10毫米或5毫米作为二者区分的尺度，但是这种区分仅仅是约定俗成还是可以得到考古资料的支持？我们把大洞遗址全部的石叶和细石叶的宽度频数呈双峰分布，在10毫米左右的标本明显较少。如果细石叶的出现是由于石核不断缩小的结果，即从开始生产石叶到最后只能生产细石叶，那么应该呈"J"形分布，石叶与细石叶的生产不应该属于连续剥片的结果，暗含的可能是两种剥片存在不同的制作系统。当然这样的推测只是理论上的可能,考古标本还会受到埋藏等原因的干扰,但不论如何以10毫米作为石叶和细石叶的划分标准绝不仅仅是一种约定,故我们将两类标本分开描述。

石叶,共计121件,以黑色纯质黑曜岩为主,占石叶总量的84.3%,黑色点质黑曜岩为15.7%。

①完整程度

一类,完整石叶,6件,重1.21~9.87克,平均4.74克;长24.18~55.18毫米,平均长40.15毫米;宽10.11~30.1毫米,平均宽19.43毫米;厚4.15~9.69毫米,平均厚6.83毫米。标本07DD.C3701,重8.21克,长55.41、宽26.2、厚8.8毫米,黑色纯质黑曜岩,点状台面,背面为同向片疤面并有一纵脊,两侧边接近平行,纵轴向劈裂面内卷(图4-69,4)。

二类,近端石叶,共计59件,重0.1~18.49克,平均为3.46克,标准差3.84克;长10.32~53.53毫米,平均为28.12毫米,标准差9.77毫米;宽5.90~36.43毫米,平均为18.29毫米,标准差6.48毫米;厚1.48~12.12毫米,平均为5.45毫米,标准差2.47毫米。

三类,中段石叶,共计73件,重0.26~18.69克,平均为2.45克,标准差2.86克;长8.28~62.98毫米,平均为23.61毫米,标准差8.96毫米;宽10.23~32.76毫米,平均为16.65毫米,标准差5.45毫米;厚2~11.5毫米,平均为4.86毫米,标准差2毫米。

四类,远端石叶,共计18件,重0.46~10.15克,平均为3.25克,标准差2.58克;长18.13~54.96毫米,平均为34.74毫米,标准差10.23毫米;宽10.02~30.24毫米,平均为15.62毫米,标准差5.71毫米;厚2.27~11.53毫米,平均为6.21毫米,标准差2.75毫米。

②台面特征

台面形状,保留有近端的石叶共计有65件,可见一至四类和七至十一类台面的石片,分别为圆底椭圆形台面6件、扁椭圆形台面10件、月牙形台面5件、倒三角形台面4件、圆边三角形台面1件、有脊台面1件、点状台面24件、线状台面12件和破碎台面2件,可见以点状台面数量最多占41%。

台面属性,七类属性的台面在石叶中都有发现,全部自然面、素面、多片疤面、线状、点状、部分自然面和破碎面台面的石叶的数量分别是3件、16件、8件、12件、24件和2件。

台面的长和宽,台面长1.2~18.96毫米,平均为8.92毫米,标准差3.81毫米;宽0.61~10.03毫米,平均为3.55毫米,标准差2.21毫米。

石片角,分布范围为70°~140°,平均为109°,标准差18°。在100°~120°之间的最多,有12件。

背缘角,分布的范围为58°~130°,平均为85.52°,标准差14°。在90°~100°之间的最多,有13件。

台面后缘,转角分明无石片疤的为9件,转角处有细碎小石片疤的为56件。

③背面特征

由于完整石叶数量较少，故背面特征的观测针对的是所有的156件石叶标本进行的，各项特征简述如下：

a. 背面类型，有9.1%的背面存在少量的自然面。

b. 背面片疤数，背面以2~5片石片疤为主，达78.4%。

c. 背面片疤差异，以相差不到1/3的片疤为主，达90.6%。

d. 背面片疤方向，同向打击为主，78.1%，斜向和垂直打击的各为9.4%，相对打击的为3.1%。

e. 背面背脊数量，以1~2个背脊为主，分别为58.5%和26.2%。

④腹面特征

腹面特征的观测针对的是保留近端的65件石叶进行的。

a. 半锥体，以浅平为主，0级和1级的标本分别为26.2%和67.7%。

b. 锥疤，在11件石叶上见有锥疤。

c. 唇状线，在6件标本上见有唇状线。

⑤边缘特征

边缘特征的观察针对的是所有石叶进行的。

a. 杂乱新疤，小型疤仅见于10件中段石叶上；大型疤见于近端石叶和中段石叶上，分别为5件和15件。

b. 细小旧疤，完整石叶2件、近端石叶9件、中段石叶11件、远端石叶4件。

刃量，共有40个刃，分布在26件石叶上，其中有14件个体同时拥有2个刃。

刃角，120个刃的刃角平均为34°，最小为16°，最大为60°，平均35°，标准差11°。分布主要集中在20°~25°和35°~38°。

刃位，均位于侧边，左侧边占52.5%，右侧边占47.5%。

刃形，是指刃缘的形状，只见4种类型，分别是直刃、微凹刃、微凸刃和不规则刃，所占比例依次为42.5%、10%、12.5%和35.0%。

（3）细石叶　共计91件，以黑色纯质黑曜岩为主，占细石叶总量的90.1%；黑色点质黑曜岩为9.9%。

①完整程度

在细石叶中未见完整细石叶。

一类，近端细石叶，共计24件，重0.04~1.49克，平均重0.27克，标准差0.34克；长10.07~26.22毫米，平均长15.35毫米，标准差3.85毫米；宽3.42~9.9毫米，平均宽6.65毫米，标准差2.6毫米；厚0.84~8.53毫米，平均厚2.25毫米，标准差1.54毫米。标本07DD.C3395，线状台面，背面有两条脊，背缘见有细碎小疤（图4-69，2）。

二类，中段细石叶，共计62件，重0.03~1.71克，平均重0.27克，标准差0.28克；长7.36~36.48毫米，平均长14.5毫米，标准差5.4毫米；宽3.06~9.7毫米，平均宽6.3

毫米，标准差1.85毫米；厚0.9～7.83毫米，平均厚2.42毫米，标准差1.36毫米。标本07DD.C3591，重0.49克，长16.68、宽5.99、厚1.85毫米（图4-69，3）。

三类，远端细石叶，共计5件，重0.13～1.94克，平均重0.88克，标准差0.69克；长11.30～33.14毫米，平均长22.8毫米，标准差8.34毫米；宽5.73～8.98毫米，平均宽7.43毫米，标准差1.22毫米；厚2.65～8.12毫米，平均厚5.02毫米，标准差2.4毫米。

②台面特征

a. 台面形状，24件近端细石叶中点状台面的为17件，圆底三角形台面的石片3件、扁椭圆形和月牙形台面的石片各1件，线状的台面的石片2件。

b. 台面属性，圆底三角形、扁椭圆形和月牙形台面的标本均为素台面。

c. 台面的长和宽，台面长1.3～6.52毫米，台面宽0.79～2.17毫米。如标本07DD.C5248，台面长1.3、宽0.39毫米。

d. 石片角、背缘角和台面后缘，台面角79°～123°，背缘角为69°～110°，台面后缘均为转角分明无石片疤。

③背面特征

全部细石叶的背面各项特征简述如下：

a. 背面类型，在91件的细石叶中有4件的背面存在少量的自然面。

b. 背面片疤数，背面以2～4片石片疤为主，达87.5%。

c. 背面片疤差异，以等大或相差1/2为主，达90%。

d. 背面片疤方向，无相对方向的产品。

e. 背面背脊数量，以1～2个背脊为主，分别为50.0%和33.3%。

④腹面特征

腹面特征的观测针对的是保留近端的24件细石叶进行的。

a. 半锥体，半锥体以浅平为主，0级和1级的标本分别为11.8%和88.2%。

b. 锥疤和唇状线，所有细石叶均未见。

⑤边缘特征

边缘特征的观察针对的是所有石叶进行的，共计84件。

a. 杂乱新疤，仅有2件中段细石叶见有小型疤。

b. 细小旧疤，中段细石叶2件，近端和远端细石叶各1件。除一件单侧刃外均为双侧刃。刃角位于33°～56°之间，平均为40°，以小于40°为主。以直刃为主，共5件；微凸刃和不规则刃各1件。

（4）削片 77件。是与细石核的台面、正面以及雕刻器刀面的产生有关的产品，根据来源的不同可分为船形削片、雪橇形削片、边缘削片和雕刻器削片。船形削片和雪橇形削片产生在细石核的预制阶段，用于台面的生成。船形削片的下缘锐利并实施了两面修理，大多数的船形修片剖面内凹、有经过精细修理的修疤，修疤通常是鳞片状，但有时也近似平行状，这些都能证明修片经过了修理。雪橇形修片在背部保留船形削片的负面，负面一般内凹，侧边有双面器制成的细石核的修疤。边缘削片也产生在细石核的预制阶段，用于工作面的形成，也有学者称为鸡冠形石片，大部分的下缘修疤都是粗糙的向心修理。雕刻器削片是更新雕刻器刀面的产品，形状与雪橇形削片类似，但侧边没有修理的痕迹或单侧的细小修疤。此外还有一种更新细石核台面和工作面的削片，在大洞遗址没有发现。

共发现削片77件，以黑色纯质黑曜岩为主（96.1%），黑色点质黑曜岩（2.6%）和黑色斑质黑曜岩（1.3%）较少。以二级光泽为主（93.5%），三级（5.2%）和一级光泽次之（1.3%）。除3件雕刻器削片外均无自然面，所有削片边缘均未被疤痕破坏。

①船形削片，17件，完整者为2件，近端1件，中段12件，远端2件。平均重1.31克，平均长23.71、平均宽8.46、平均厚5.91毫米。

②雪橇形削片，8件，中段2件，其余为远端。平均重1.16克，平均长23.2毫米，平均宽7.75毫米，平均厚5.19毫米。

③边缘削片，6件，仅1件完整，其余为远端。平均重0.45克，平均长12.91毫米，平均宽15.13毫米，平均厚2.66毫米。

④雕刻削片，46件，完整者2件，近端12件，中段31件，远端1件。平均重0.52克，平均长18.9毫米，平均宽6.36毫米，平均厚3.35毫米。

2）断块

断块是指无打击点、无完整腹面的产品，共计786件。

岩性，黑色纯质黑曜岩最多（68.3%），黑色斑质黑曜岩（17.3%）和黑色点质黑曜岩次之（12.2%），其他颜色的黑曜岩较少（1.9%），玄武岩最少（0.3%）。

光泽，以二级光泽为主（72.8%），三级光泽次之（21.5%），一级光泽最少（5.7%）；有10件断块的断面光泽不一致。

自然面，无自然面的为67.9%，有自然面的为32.1%，其中5件断块带有较大的自然砾石面。

磨蚀，有2件断块表面见有轻度磨蚀。

边缘特征，有4件断块边缘见有杂乱新疤；1件断块边缘见有规整旧疤，直刃，刃角为39°。

重0.09～44.43克，平均重3.8克，标准差5.05克；长8.98～59.72毫米，平均长23.62毫米，标准差8.29毫米；宽4.65～44.70毫米，平均宽15.78毫米，标准差6.24毫米；厚1.1～30.86毫米，平均厚8.83毫米，标准差3.8毫米。

3. 工具

1）雕刻器　167件。

根据刃角的不同把雕刻器分为修边斜刃雕刻器和角雕刻器，但实际上二者之间在制作上还有很强的联系：

（1）修边斜刃雕刻器

107件。标准的修边斜刃雕刻器，以石叶为毛坯，在石叶远端修理出雕刻面，并且雕刻面位于左上侧（即石叶远端右下侧），器身实施边缘修理，侧边的修理为从破裂面向背面方向，刃缘平齐，刃角在60°左右，尾部实施单面、两面的修理或不修理，雕刻面的台面为横向预制修理，在雕刻面上留有一片或多片削片疤。但是有35.2%的产品存在程序错误或技巧失误，应属于习作或制作不成功的产品。

以黑色纯质黑曜岩为主占83.2%，黑色点质黑曜岩为16.8%。以二级光泽的标本为主（83.2%），三级（15.9%）次之，一级光泽（0.9）的标本最少。有33.3%的标本见有少部分的自然面。

标本07DD.C1638，重5.83克，长53.23、宽18.38、厚6.90毫米，以石叶为毛坯，雕刻器身周边（侧边和尾部）全部由劈裂面向背面修理，修疤浅平呈近似平行状分布，雕刻面是在石叶远端一次斜向打击而成，但在正面留有2条浅平的与雕刻器削片方向一致的削片疤（图4-77，1；图版9）。

标本07DD.C1636，重5.46克，长44.66、宽19.18、厚6.76毫米，以石叶为毛坯，但在石叶的近端修理出雕刻面，器身周边修理，侧边为单面修理，尾部为双面修理，雕刻面的台面为横向预制修理，雕刻面可见4条削片疤（图4-77，2；图版10）。

标本07DD.C1160，以石叶为毛坯，重2.47克，长32.35、宽14.63、厚6.78毫米，左边为从劈裂面向背面修理，右边为双面修理，底边有轻度修理，见有残留的横向修理的雕刻台面，雕刻面由3条削片疤组成（图4-77，4）。

根据雕刻的保存部位可以分为五类，分别是完整雕刻器、雕刻器顶部、雕刻器中部、雕刻器的中尾部、雕刻器尾部。

①完整的修边斜刃雕刻器，共计41件。重0.96～16.91克，平均5.7克，标准差3.2克；长20.59～53.23毫米，平均38.83毫米，标准差8.12毫米；宽12.94～25.58毫米，平均18.74毫米，标准差3.64毫米；厚3.32～11.25毫米，平均7.45毫米，标准差1.82毫米。

②修边斜刃雕刻器顶部，共计21件，与完整形雕刻器相比只缺失了雕刻器尾部的很少的部分。在少数雕刻器的折断面与正面的转角处为一折断的凸棱，而在折断面与背面的转角处为漫圆形。平均重4.49克，平均长33.24毫米，平均宽18.89毫米，平均厚6.95毫米。标本07DD.C854，石叶毛坯，侧边进行从劈裂面向背面的修理，见有小段的横向修理的雕刻台面，在雕刻面见有2条削片疤，底部为平齐的折断面，折断面打破侧面修疤（图4-77，3；图版11）。

③修边斜刃雕刻器中部，共计19件，大多以石叶为毛坯，刃角较钝，在60°以上，两端的折断面多不规则，少数标本的边缘可见雕刻面远端的痕迹。平均重2.49克，平均长20.2毫米，平均宽16.83毫米，平均厚4.87毫米。标本07DD.C914，石叶毛坯，侧边见有从劈裂面向背面的修理，修疤细密，刃角较钝，上下横面为折断面（图4-77，5；图版12）。标本07DD.C1489，石片毛坯，双侧边由劈裂面向背面修理，刃角为60°左右，

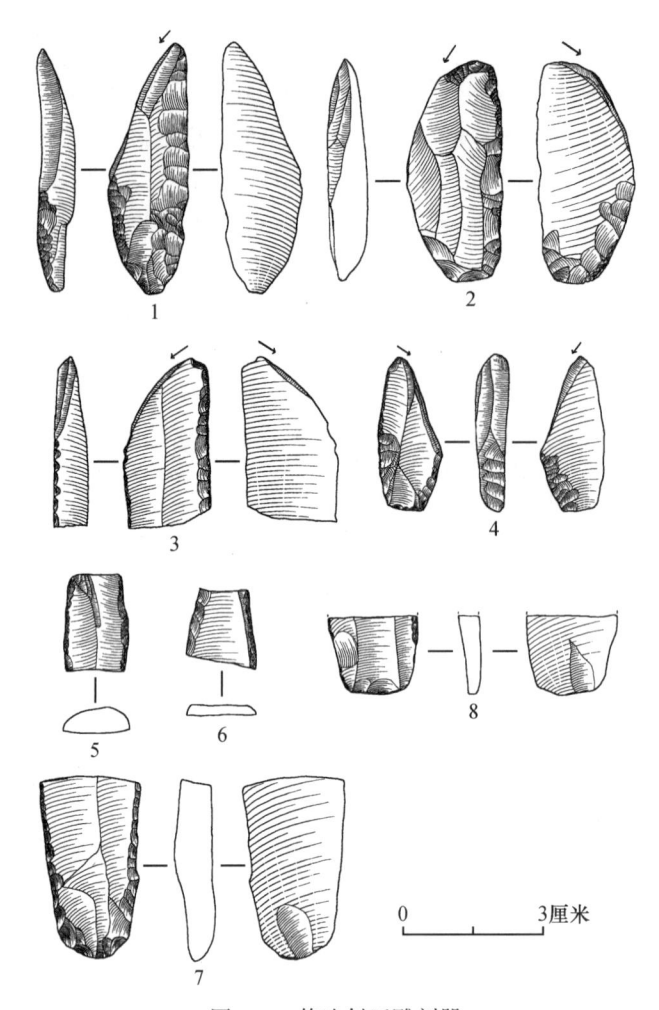

图4-77 修边斜刃雕刻器

1、2、4.完整雕刻器（07DD.C1638、07DD.C1636、07DD.C1160） 3、5~8.残断雕刻器（07DD.C854、07DD.C914、07DD.C1489、07DD.C417、07DD.C05）

上下横面为折断面（图4-77，6；图版13）。

④修边斜刃雕刻器的中尾部，共计15件，该类的大小差异稍大，一些标本的左上角留有雕刻面远端的痕迹。平均重6.14克，平均长36.75毫米，平均宽20.04毫米，平均厚6.86毫米。标本07DD.C05，石叶毛坯，周边由劈裂面向背面修理，顶部为折断面（图4-77，8；图版14）。

⑤修边斜刃雕刻器尾部，共计11件，即雕刻器顶部的缺失部分，少数标本在折断面与正面的转角处为漫圆形，而在折断面与反面的转角为一折断的凸棱，该情况与雕刻器顶部相吻合。平均重1.97克，平均长17.76毫米，平均宽18.95毫米，平均厚5.89毫米。标本07DD.C417，石叶近端有粗糙的修理，在右侧边保留有部分精细的修理（图4-77，7；图版15）。

⑥修边斜刃雕刻器的属性特征：

毛坯类型，107件修边斜刃雕刻器中以石叶为毛坯的占70.1%、以石片为毛坯的占14.0%、以长石片为毛坯的占1.9%，另外还有14.0%的毛坯难以确定。

雕刻台面，打下雕刻器削片所着力的台面叫作雕刻台面，雕刻台面观察的标本包括完整雕刻器和顶部雕刻器，共计62件。无台面是指雕刻器削片直接从侧边打击，而无顶部横边的修理，该类标本占48.4%；横向修理台面是指在毛坯的顶部横边从劈裂面向背面打击，以此修边作为台面打下雕刻器削片，该类标本占29.0%；纵向修理台面是指以向与雕刻面相对的另一边打下的纵向石片为台面打下雕刻器削片，该类雕刻器的雕刻刃与屋脊形雕刻器类似，但保留的台面部分要远远短于雕刻面，该类标本占8.1%；横纵混合剥片是指先进行横向的修理再进行纵向的修理，从而形成台面，该类标本仅有1件；另外还有12.9%的标本的雕刻面与侧边夹角处破损，破损疤比器身光亮，与新鲜断口接近，所以该类标本的台面无法观察。

雕刻刃角，是指雕刻面与台面的夹角（无台面时指的是与侧边的夹角），分布在30°～118°之间，平均41°，标准差22.83°。大体可分为在45°和80°左右的两组，即无台面组和有台面组。

雕刻面角，是指雕刻面与侧边的夹角，分布在9°～79°之间，平均41°，标准差13.27°。峰值在45°左右。

雕刻面，雕刻面长8.54～39.42毫米，平均长22.80毫米，标准差6.98毫米；雕刻面宽1.62～11.32毫米，平均宽5.88毫米，标准差2.16毫米；雕刻面上的削片疤以2片为主，占38.9%，1片、3片和4片疤的各占20.4%。

侧边情况，包括全部的修边斜刃雕刻器，观察他们的修理深度、修理方向、刃缘形态、修疤层数、修疤特征、修疤深度、刃角等情况。

修理深度，是指侧边最大修疤的长度，为1.43～12.78毫米，平均5.35毫米，标准差2.66毫米，多分布在2～7毫米之间，修疤以边缘分布为主，占87%，不见通体修理。

修理方向，以从劈裂面向背面的修理为主占85%，由背面向劈裂面的修理为1.9%，两侧面修理方向不同的为3.7%，两面修理的仅占0.9%。

刃缘形态，是指侧边修理后的状态，见平齐（87%）和近似齿状（13%）两类。

修疤层数，以双层修疤为主，近缘处为细碎小疤，该类标本占70%；单层修疤为30%。

修疤特征，以阶梯状修疤为主（48.1%）、鱼鳞状（29.6%）和近似平行状（18.5%）次之，混合型修疤最少（3.8%）。

修疤深度，是指修疤面上最低点与修疤交脊的距离，以中等为主（68.5%），浅平的次之（24.1%），深凹的最少（7.4%）。

刃角，左侧刃角处于40°～88°之间，平均66.42°，标准差12.38°；右侧刃角，处于30°～96°之间，平均11.89°，标准差11.89°。从刃角来看左右刃之间不应该存在功能上的差别。

尾部修理，观察的标本包括完整雕刻器和尾部雕刻器。无修理的为51.6%、从劈裂面向背面修理的为24.2%，从背面向劈裂面修理的为6.5%，两面修理的为17.7%。

（2）角雕刻器，60件，包括单雕刻面角雕刻器和多雕刻面角雕刻器两种类型。除一件外，其余雕刻台面都为横向修理。岩性以黑色纯质黑曜岩为主（83.3%），其次为黑色点质黑曜岩（13.3%），黑色斑质黑曜岩（1.7%）和红色纯质黑曜岩（1.7%）较少。光泽以二级为主（81.7%），三级光泽次之（18.3%）。有7件标本带有小部分的自然面，占11.7%。

①单雕刻面的角雕刻器，40件。

薄形修理台面，共37件（其中毛坯6件）。与修边斜刃雕刻器的顶端极其类似，但保留的雕刻台面较多，雕刻面与毛坯的长轴更为接近，该类雕刻器的形成与斜刃雕刻器关系密切。明显以石叶为毛坯的占41.2%，其余的毛坯未知。平均重4.49克，长30.47、宽19.48、厚7.07毫米。雕刻刃角37°~122°，平均80.56°，标准差17°。侧边修理的刃角平均为60°；均为边缘修理，以单层修疤为主（61.5%），其余为双侧修疤；以鱼鳞状修疤为主（53.8%），其次是阶梯状修疤（19.2%）、平行状修疤（15.5%）和近似平行状修疤（11.5%）；修疤深度以浅平（46.2%）和中等（42.3%）为主；修理深度0.91~6.87毫米，平均3.24毫米。标本07DD.C1318，雕刻台面为横向修理，右侧边有由劈裂面向背面的细小修理，雕刻面见有2片削片疤（图4-78，3）。

该类雕刻器的毛坯6件，标本07DD.C940，除底边外均为劈裂面向背面修理，底边为折断面（图4-78，4；图版18）。

薄形不修理台面，3件，标本07DD.C1084，重16.31克，长40.03、宽32.43、厚11.22毫米，以背面保留有自然面的石片为毛坯，右侧缘和底缘修理，刃角47°，左侧为雕刻面，保留有2片雕刻器削片疤，台面为折断面，雕刻刃角80°。另外2件较小，其中1件以石叶为毛坯。

厚形修理台面，7件，以石片为毛坯，为单雕刻面。除标本07DD.C1414外，其余的雕刻台面均为纵向打击而成。除标本07DD.C10外，所有雕刻面均在左侧。平均重12.48克，平均长36.43毫米，平均宽28.93毫米，平均厚10.83毫米。雕刻刃角46°~111°，平均89.57°。见有一片削片疤的5件，见有二片和三片削片疤的各1件。雕刻面长26.46~36.68毫米，平均长32.52毫米；宽4.79~10.18毫米，平均宽7.64毫米。标本07DD.C1853，横向打击形成雕刻台面，在左侧边形成雕刻面（图4-78，1；图版16）。

②多雕刻面的角雕刻器，13件，平均重12.49克，平均长48.94毫米，平均宽20.55毫米，平均厚11毫米。雕刻面长16.88~81.03毫米，平均长42.86毫米，宽3.55~15.64毫米，平均宽8.31毫米。雕刻面以单片疤为主（60%），2片和3片削片疤的标本数量基本相等。雕刻刃角46°~109°，平均81.08°，标准差16.75°。以石叶为毛坯，包括同侧对向剥片、异侧对向剥片、异侧同向剥片和混合型剥片等几类。

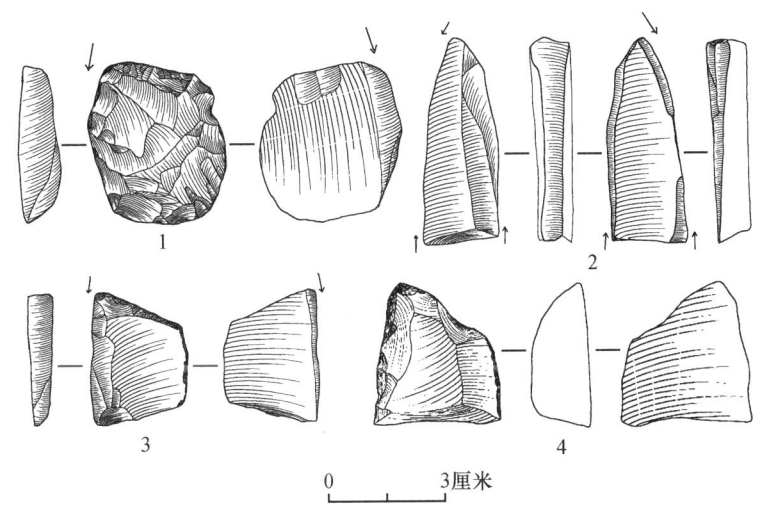

图4-78 角雕刻器

1. 厚形角雕刻器（07DD.C1853） 2. 多雕刻面的角雕刻器（07DD.C856） 3. 薄形单雕刻面角雕刻器（07DD.C1318） 4. 薄形角雕刻器毛坯（07DD.C940）

同侧对向剥片是指在同一侧由两端的雕刻台面分别打击形成的双雕刻面，共2件。

异侧对向剥片是指左右两个雕刻面分别从上下两个雕刻台面打击而成，该类共9件。

异侧同向剥片是指两个雕刻面是由同一个雕刻台面打击而成，该类标本1件。

混合型剥片，仅1件，07DD.C856，共包括3个雕刻面，左侧由两端相对打击而成双雕刻面，另一侧由单向打击形成单雕刻面（图4-78，2；图版17）。

2）修理石叶 9件。

其中2件为黑色点质黑曜岩，其余为黑色纯质黑曜岩，全部为二级光泽，无自然面。以石叶中段为毛坯，重0.8~11.93克，平均5.13克，标准差4.71克；长19.59~41.25毫米，平均30.1毫米，标准差8.55毫米；宽7.53~32.6毫米，平均17.34毫米，标准差10.68毫米，其中6件的宽度小于15毫米，另外3件的宽度大于30毫米；厚0.48~10.27毫米，平均4.31毫米，标准差3.59毫米。所有修理的石叶的刃角都不超过50°。单侧边修理的石叶3件，其中2件由劈裂面向背面修理，1件由背面向劈裂面修理，修疤呈鱼鳞状，单层，刃角在45°左右；双侧边修理的石叶6件，其中2件大石叶由劈裂面向背面修理，如标本07DD.C1322，直刃，刃角为30°（图4-80，6；图版28）；标本07DD.C924由背面向劈裂面修理；其余3件小石叶为两面修理。部分标本可以作为薄形不修理台面型雕刻器的毛坯。

3）端刮器 30件。

（1）普通端刮器，共24件，在石片或石叶的远端由劈裂面向背面修理出弧刃，端刃较钝，端刃的修理深度远远超过侧边的修理深度，侧边实施修理或不修理。以黑色纯质黑曜岩为主（70.8%），黑色点质黑曜岩次之（25%），还有1件三角短身的端刮器为深蓝色纯质黑曜岩。以二级光泽为主（75%），三级光泽次之（20.8%），一级光泽的为1件三角长身型端刮器，修理粗糙。在6件（25%）端刮器上见有自然面。在6件端刮器上见有轻度的磨蚀。

根据器身的整体形状可以分为：

①长身端刮器

三角长身端刮器，6件，标本07DD.C2707，以石叶为毛坯，石叶周边由劈裂面向背面修理，石叶远端为端刮器的刃，修疤宽窄不一，端刃近刃缘处多折断细疤（图4-79，1；图版19）。

方形长身端刮器，10件，标本07DD.C1553，以石叶为毛坯，双侧边和端刃由劈裂面向背面修理，底端为折断面，端刃近刃缘处多折断细疤（图4-79，2；图版20）。

②短身端刮器

三角短身端刮器，5件，标本07DD.C1081，周边向心修理，修疤覆盖大部分背面，在背面中心保留由一块小平面，为自然面，端刃呈斜刃（图4-79，3；图版21）。

方形短身端刮器，3件，标本07DD.C1763，左侧边由劈裂面向背面和由底缘向刃缘方向的修理，右侧边无修理，石叶毛坯的远端被修理成刃，底端为毛坯的台面，端刃近刃缘处多折断细疤（图4-79，4；图版22）。

③端刮器的一些属性特征：

大小，重1.77~19.71克，平均重8.35克，标准差5.12克；长21.97~56.25毫米，平均长33.26毫米，标准差8.49毫米；17.45~31.42毫米，平均宽25.61毫米，标准差4.52毫米；厚4.25~18.09毫米，平均厚9.46毫米，标准差3.04毫米。

侧边关系，收敛型的有11件，端部宽、尾部尖，平面呈倒三角形（端刃为弧刃），双侧边呈一定夹角；平行型的有13件，端部和尾部基本等宽，双侧边平行，平面呈方形（端刃为弧刃），尾部多为折断面。

侧边修理，双边修理的15件，单边修理的7件，无侧边修理的2件。左侧边从劈裂面向背面修理的15件，两面修理的2件，无修理的7件；右侧边从劈裂面向背面修理的16件，由背面向劈裂面修理的3件，两面修理的1件，无修理的4件。

端刃角和修理深度，端刃角37°~66°，平均57.63°，标准差6.47°；端刃角的修理深度3.17~21.7毫米，平均9.52毫米，标准差3.92毫米。

尾部修理，从劈裂面向背面修理的2件，从背面向劈裂面修理的1件，两面修理的2件没有修理的10件，为断面的9件。

毛坯类型，石叶毛坯的12件，石片毛坯的5件，另外还有7件的毛坯难以推测。

（2）曲刃端刮器 5件，长身，以石叶为毛坯，与普通端刮器类似，但纵剖面呈弯曲状，端刃呈尖弧形，端刃的修理深度与侧边相差无几，尾部全部为横断面。1件黑色纯质黑曜岩，3件黑色点质黑曜岩，1件燧石。黑曜岩的光泽均为二

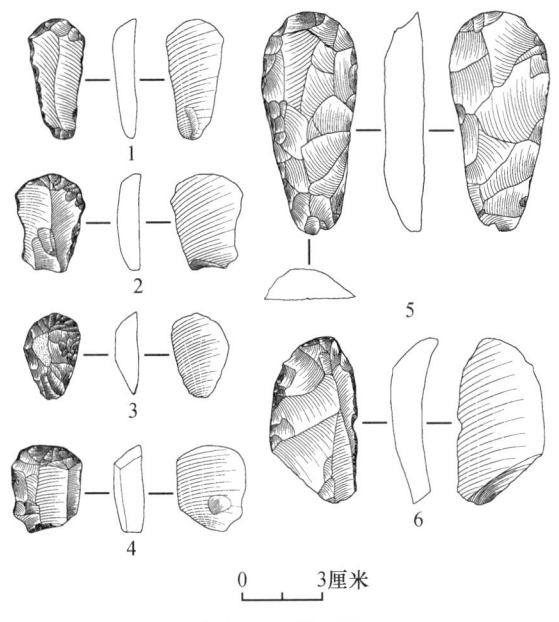

图4-79 端刮器
1~4. 普通端刮器（07DD.C2707、07DD.C1553、07DD.C1081、07DD.C1763） 5. 双面修理端刮器（07DD.C1105）
6. 曲刃端刮器（07DD.C2202）

级。重2.30~21.17克，平均重11.28克；长27.73~59.82毫米，平均长42.7毫米；宽14.86~36.17毫米，平均宽25.53；厚5.86~16.73毫米，平均厚10.12毫米。端刃角35°~64°，平均55°。标本07DD.C2202，左侧边为大小不一的3层修疤，右侧边细密的单侧修疤，端刃近刃缘处多折断细疤（图4-79，6；图版24）。其余4件稍小，除一件燧石质外，另外3件的侧边轻微外展即尾部的宽大于端部的宽。

（3）双面修理端刮器 1件，端刃和侧刃实施两面修理，呈长梯形。07DD.C1105，流纹岩，重80.85克，长37.03、宽15.49、厚51.14毫米，通体修理，修疤浅平，正面突出、背面平坦，端弧刃，刃角51°（图4-79，5；图版23）。

4）琢背刀 9件。

石片或石叶毛坯，形状不固定，在一边见有修理痕迹；另一边有不超过1毫米的细小疤痕，大小不一，推测可能为使用痕迹，器身的修理是为了便于把握。6件为黑色纯质黑曜岩，3件为黑色点质黑曜岩。全部为二级光泽，均无自然面。由劈裂面向背面修理的5件，由背面向劈裂面修理的4件。重0.97~3.65克，平均重2.03克，标准差1.13克；长21.93~35.37毫米，平均长24.47毫米，标准差4.21毫米，宽12.29~25.81毫米，平均宽16.35毫米，标准差4.13毫米，厚3.43~7.65毫米，平均厚5.31毫米，标准差1.67毫米。标本07DD.C1294，右侧边由劈裂面向背面修理，靠近边缘处有细密小疤，左侧边在两面都见有不连续的细小疤痕（图4-80，1）。

5）尖状器　11件。

（1）钝尖尖状器，5件，在石叶（2件）或石片（3件）的一边由劈裂面向背面修理（4件）或由背面向劈裂面修理成刃，刃缘中部突出呈一钝角。标本07DD.C1496，石叶毛坯，在一侧边单向修理成尖刃，修疤十分浅平，呈鱼鳞状（图4-80，4；图版27）。其他标本均比07DD.C1496稍小，平均重2.34克，平均长22.23毫米，平均宽18.38毫米，平均厚6.11毫米。黑色纯质黑曜岩4件，黑色点质黑曜岩1件；全部为二级光泽4件；1件见有自然面。

（2）锐尖尖状器，6件，双直刃汇聚成一尖角，刃角为锐角。其中5件的侧边由劈裂面向背面修理，还有1件为通体修理，尖状器底端全部为折断面。平均重3.82克，平均长27.99毫米，平均宽23.71毫米，平均厚6.3毫米。标本07DD.C692，双侧边由劈裂面向背面修理，形成尖刃。黑色纯质黑曜岩1件，黑色点质黑曜岩5件；二级光泽4件，三级光泽2件；全部都不见自然面（图4-80，3；图版26）。所有标本的底部都为折断面，所以不排除是修边斜刃雕刻器顶部的可能。

6）钻器　2件。

石片毛坯，黑色纯质黑曜岩，光泽为二级和三级，其中一件保留自然面。标本07DD.C240，在石片的侧边经过两次由劈裂面向背面的打击形成的两个凹口组成了一个三棱形的尖，其他部位没有修理，在石片背面保留有自然面，重26.49克，长35.19、宽6.16、厚4.01毫米（图4-80，2；图版25）。另一件比07DD.C240稍小，同样为从劈裂

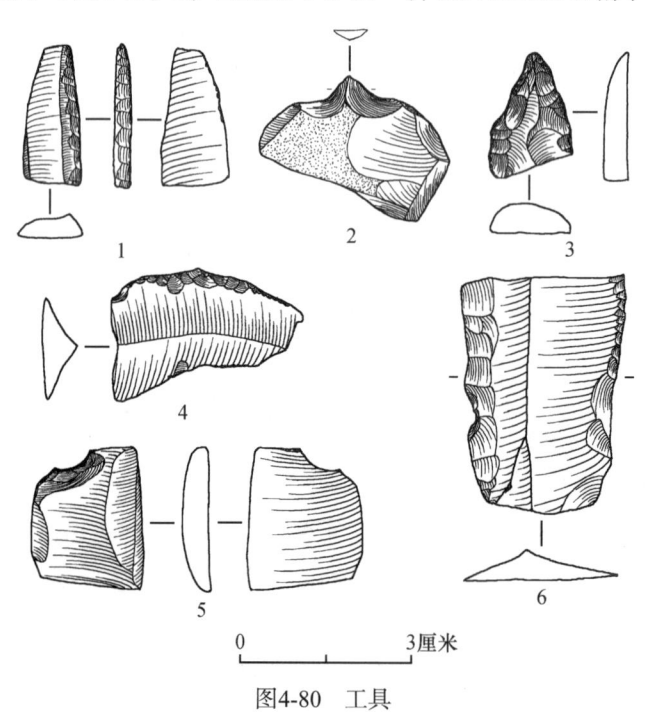

图4-80　工具

1. 琢背刀（07DD.C1294）　2. 钻器（07DD.C240）　3、4. 尖状器（07DD.C692、07DD.C1496）　5. 凹缺器（07DD.C2771）　6. 修理石叶（07DD.C1322）

面向背面修理，尖端微残。

7）凹缺器，1件。

07DD.C2771，黑色纯质黑曜岩，三级光泽，石片的边缘经多次打击形成一个凹口，靠近刃缘处见有细微折断疤（图4-80，5）。

8）镞，2件。

标本07DD.C2530，尖端残，凹底，右侧尾翼较长，通体修理，修疤细密，非常浅平（图4-81，1）。另一件为镞的尖部，通体修理，修疤细密，非常浅平。石镞的修疤与其他类型的工具差异明显，主要表现在修疤长大于宽、疤间脊不明显、片疤面不光滑。

9）边刮器，8件。

石片侧边实施修理，形状不规则，全部为单刃。黑色纯质黑曜岩6件，黑色点质黑曜岩和黑色斑质黑曜岩各1件。有1件带有自然面。共有3件直刃、3件微弧刃、2件不规则刃。重1.70～6.97克，平均重4.28克；长25.25～35.64毫米，平均长28.49毫米；宽17.69～27.82毫米，平均宽21.83毫米；厚3.75～9.05毫米，平均厚6.72毫米。直刃边刮器刃角为55°左右，弧刃边刮器刃角为40°左右。不规则刃的边刮器刃角为60°左右。弧刃边刮器的修疤分布最大达到石片背面的三分之一，直刃边刮器次之，不规则刃的边刮器最少。

10）船形器，6件。

包括两种类型，侧边修理型和周边修理型。

（1）侧边型，4件，在毛坯的侧面由腹面向背面修理，修疤相交于背面的中部形成一条纵脊，类似船形细石核的预制过程，但上下两边为不修理的横断面，属于典型的船形器。黑色纯质黑曜岩2件，黑色点质和斑质黑曜岩各一件；二级光泽和三级光泽各一件；均未见自然面。标本07DD.C1656，重10.8克，长22.67、宽11.63、厚41.07毫米，由腹面向背面修理，修疤大而浅平，背面的交脊较钝（图4-81，3；图版30），另外3件的宽度与该件相若，长度稍短。

（2）周边型，2件，在侧边型的基础上，由侧面方向修理毛坯的腹面，修疤布满毛坯的腹面和背面，两件的体积比侧边型的稍大，如标本07DD.C1640，重29.98克，长26.99、宽24.16、厚55.66毫米。

11）精细修理的工具残块，共90件。

保留有修边的局部，多以石片为毛坯，由于属于某些工具的小部分，难以识别属于何种类型。黑色纯质黑曜岩为主（82.2%），黑色点质（13.3%）和黑色斑质（3.3%）黑曜岩次之，黑褐色混合的黑曜岩只有1件（1.1%）。二级光泽最多（83.3%），三级光泽（16.7%）次之。仅1件标本见有自然面。修理方向以从劈裂面向背面修理为主（74.4%），两面修理（8.9%）和从背面向劈裂面修理（3.3%）的次之，不规则修理的占2.2%。重0.08～22.19克，平均重3.11克，标准差4.47克；长

图4-81 工具

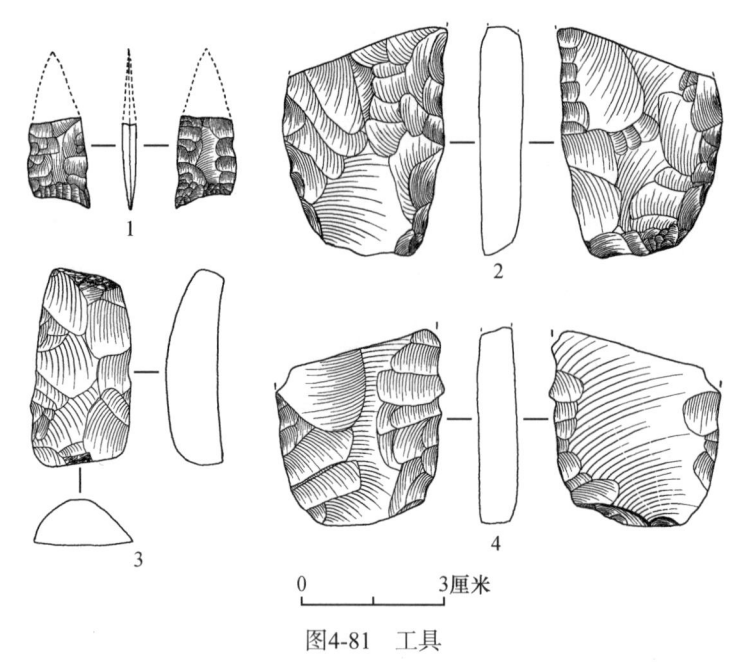

1. 镞（07DD.C2530） 2、4. 工具残块（07DD.C1818、07DD.C1860） 3. 船形器（07DD.C1656）

8.91~46.11毫米，平均长20.69毫米，标准差8.72毫米；宽4.44~57.05毫米，平均宽18.98毫米，标准差9.65毫米；厚1.33~15.56毫米，平均厚5.72毫米，标准差2.84毫米。刃角28°~84°，平均53°，标准差12°，刃角主要集中在35°~75°之间，占90%。绝大多数标本为边缘修理，只有2件为通体修理，修疤非常浅平。标本07DD.C1818，黑色斑质黑曜岩，通体修理，修疤非常浅平，疤交脊不明显，边缘实施了进一步的异向修理使得刃角变大，刃角57°，顶部为横断面（图4-81，2；图版29），该件标本有可能是矛头的尾部，与之类似的标本07DD.C1860仅在边缘实施了双面的修理（图4-81，4；图版31）。其余标本体积较小，形态更不规整。

12）粗糙修理的工具残块，共10件。

保留有修边的局部，修疤大而深，刃缘呈锯齿状，以断块为毛坯，属于修理初期残断的产品。以黑色纯质黑曜岩为主（7件），单面修理和两面修理的各5件，均为边缘修理，最大长修疤25毫米。重7.53~45.58克，平均重20.7克；长16.38~39.1毫米，平均长28.73毫米；宽15.38~22.94毫米，平均宽17.48毫米；厚30.45~77.43毫米，平均厚47.12毫米。刃角58°~78°，平均60°。

13）不规则修理的工具，共11件。

石片毛坯，石片边缘实施不规则的修理，修边不连续，修疤大小不一，刃缘不平齐，该类标本属修理工具中的次品，是极初级的习作或漫无目的修理的产品。由劈裂面向背面修理的3件，由背面向劈裂面修理的5件，两面修理的1件，不规则修理的2件。黑色纯质黑曜岩8件，黑色点质黑曜岩3件；一级光泽1件，二级光泽7件，三级光泽3件；有3件标本见有自然面。重3.84~26.63克，平均重9.32克；长23.8~53.25毫米，平均长35.26毫米；宽17.91~41.96毫米，平均宽28.09毫米；厚5.37~12.33毫米，平均厚9.24毫米；刃角40°~80°，平均54°，标准差10°。

14）部分修理的工具，共6件。

在石片的某个边缘有小段的修理，其他部位没有修理，形状不固定，该类标本属在修理初期放弃修理的产品。全部为黑色纯质黑曜岩；其中有4件为三级光泽，其他的为二级光泽；在2件标本上见有小面积自然面。重1.94~30.24克，平均重11.22克；长27.34~54.46毫米，平均长41.13毫米；宽15.39~48.51毫米，平均宽30.61毫米；厚3.72~13.15毫米，平均厚8.86毫米。全部为从劈裂面向背面修理，刃角42°~58°，平均52°。

（四）石制品的总体特征

以下从石制品的数量、原料、光泽、自然面保存情况、石制品的大小等几个方面描述大洞遗址石制品的总体特征。

1. 石制品的数量

本次调查和试掘发现的石制品共计5752件。其中石核43件，石片类4561件，断块786件，工具362件，分别占总数的0.7%、79.3%、13.7%和6.3%。

2. 石制品的大小

所有的石制品长4.77~110.04毫米，平均19.57毫米，标准差9.21毫米（图4-82）；宽3.06~71.69毫米，平均16.3毫米，标准差7.94毫米；厚0.2~88.85毫米，平均5.33毫

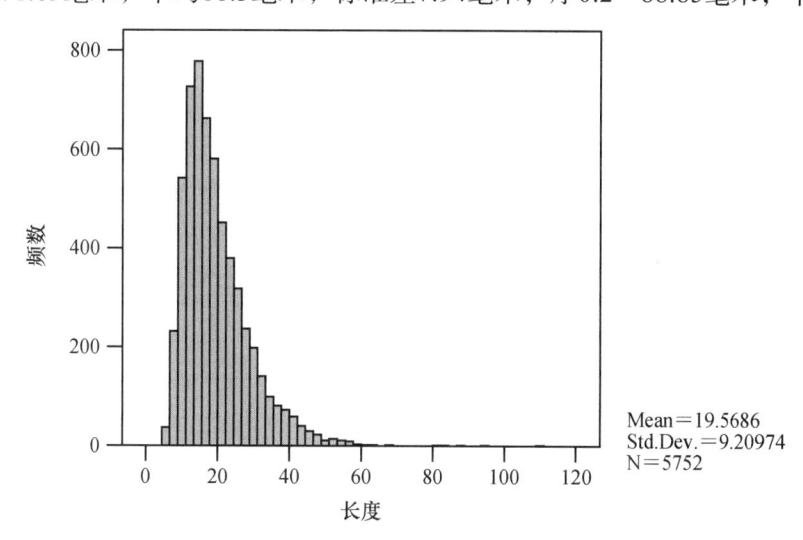

图4-82 大洞遗址石制品长度频数分布图

米，标准差4.46毫米。98%的石制品在60毫米×40毫米×20毫米之内，大洞遗址的石制品以小型为主。石制品的长、宽、厚、重之间存在线性正相关（$p=0$），但相关系数（r）都不超过0.7。

3. 原料

大洞遗址原料以黑曜岩为主，占总量的99.7%，燧石、玄武岩和角岩数量极少。在调查时，除了带有人工特征的石制品之外，在地表和阶地陡坎的砾石层中还发现了20余件直径不超过10厘米的各种质地的黑曜岩砾石。而在大洞遗址也有一定数量带有砾石面的标本，无疑制作这些标本的原料应该包含砾石层中的黑曜岩，但是在大洞遗址是否存在其他来源的黑曜岩，目前还不十分清楚，在我们对遗址周围进行进一步调查时，没有发现裸露的黑曜岩岩体。大洞遗址砾石层中的黑曜岩与长白山火山的多次喷发有关，例如在构成白头山主体的白头山组有一套碱性粗面岩、粗面质火山角砾熔岩组成，在图们江河谷的Ⅲ级阶地堆积（广坪西山）中发现了源自白头山组粗面质的黑曜岩砾石。近些年图们江流域的新生代火山喷发的过程和时间有了更进一步的认识，以往都将图们江流域的广坪、军舰山玄武岩作为天池火山，近些一些研究发现，沿图们江广坪、亚硐（亚洞）、军舰山、南坪、白金、三合等地火山岩主要是拉斑玄武岩，不同于天池火山造盾钾质粗面玄武岩，图们江火山岩的喷发时代从上新世持续到中更新世[1]。虽然关于该地区的火山喷发问题还存在不同的认识，但图们江流经玄武岩高原，在玄武岩中夹杂的黑曜岩条带被河流冲蚀形成砾石应该属于确定无疑的，这种现象在俄罗斯滨海边疆区南部也普遍存在。

原料的获取方式是大洞工业原料利用原则的一个方面，对不同质地的黑曜岩的安排则反映了原料利用原则的另一个方面。

在黑曜岩当中以优质的黑色纯质黑曜岩为主，占总量的78.7%；次一等的原料为黑色点质黑曜岩，占总量的15.7%；黑色斑质黑曜岩是黑曜岩中最劣质的材料，占总量的4.5%。实际上在遗址中发现的黑曜岩砾石中，劣质与优质的黑曜岩的数量相差无几，这说明当时人们对黑曜岩原料具有较好的识别、筛选的能力。红色、茶色、蓝色和红褐混合的黑曜岩仅占总量的0.8%，该类黑曜岩属于比较罕见的类型，其色彩艳丽、十分醒目，但主要的类型只是石片和断块，并没有发现当时人们刻意选择该类石料修理精致产品的迹象。从三种黑色的黑曜岩在各类石制品类型中所占的比例中我们也能够发现古人在石器原料处理上存在一定的倾向性，第三等斑质黑曜岩在砸击石核中达到44.4%（表4-16），该类产品对原料的适应性最强，可以把砸击技术看作是利用劣质黑曜岩的明智之举。第三等的斑质黑曜岩在断块中达到17.3%，是劣质原料对修理失败影

---

[1] 樊祺诚等：《长白山火山活动历史、岩浆演化与喷发机制探讨》，《高校地质学报》2007年第2期。

响的反映。长型石片（石叶、细石叶和削片）和工具（工具残块中达到5%）中的第三等黑曜岩的比例不高，也反映了该类产品对原料的要求。细石核中没有第三等的黑曜岩，说明当时人们对制作该类器物时对原料的严格要求，从一个侧面也反映了细石核在大洞工业系统中处于高层的位置。总体来讲，当时人们对原料有比较清楚的认识，利用优质的原料修理重要（定型）的产品，但也可以看到对劣质原料开发的积极尝试，说明优质的原料在大洞工业系统中还是比较紧缺的资源，稍次等（点质黑曜岩）的原料也会作为重要的原料补充。从对原料的要求来看，可以把大洞遗址的石制品类型分成四级：优是超过90%的一等原料，附之以少量的二等原料；良是超过80%的一等原料，附之以稍多的二等原料（不超过10%）；中是超过70%的一等原料，附之以较多的二等原料（超过20%）；差是三等的原料超过15%（表4-17）。四级原料的要求反映了大洞遗址当时人们在原料选择上的策略原则，可以从发现原料和制作石制品两个方面分别阐述。

表4-16 原料与石制品类型关系表

岩性	断块（%）	普通石片	优质石片	细石核	砸击石核	工具	锤击石核
黑色纯质黑曜岩	68.3	79.8	87.7	93.8	44.4	80.1	66.7
黑色点质黑曜岩	12.2	16.6	10.8	6.3	11.1	16.6	27.8
黑色斑质黑曜岩	17.3	2.5	1.5	0	44.4	1.9	5.6
其他颜色黑曜岩	1.9	0.7	0	0	0	0.8	0
非黑曜岩	0	0.4	0	0	0	0.6	0

首先是从原料出发，安排不同类型的生产（图4-83）：

（1）发现了优质的原料（纯质黑曜岩）可以制作所有的工具类型，但由于优质原料并不充足，用它制成细石核、剥制细石叶是最佳的选择，如果选择制作雕刻器也并不是浪费原料的行为。

（2）发现了次等的原料（点质黑曜岩），最佳的选择是制作端刮器，但一些质量稍好的原料也可以用来剥制石叶和雕刻器。

（3）发现了劣质的原料（斑质黑曜岩），最有效的利用方法是砸击法剥制石片，但不适合用该原料修理任何的工具。

其次从生产目的出发，寻找不同的原料，这是与上一种行为相反的过程：

（1）细石核，制造过程最为烦琐，因为需要找到最优质的原料。

（2）雕刻器，优质的原料打制的成功率比较高，但是如果实在没有也可以用次等的原料充当。

（3）端刮器，它们的制造对原料的要求比较宽松，因为端刮器制作过程中不容易失误，稍差一些的原料同样可以使用。

（4）砸击石核，这只是开发劣质黑曜岩的结果。

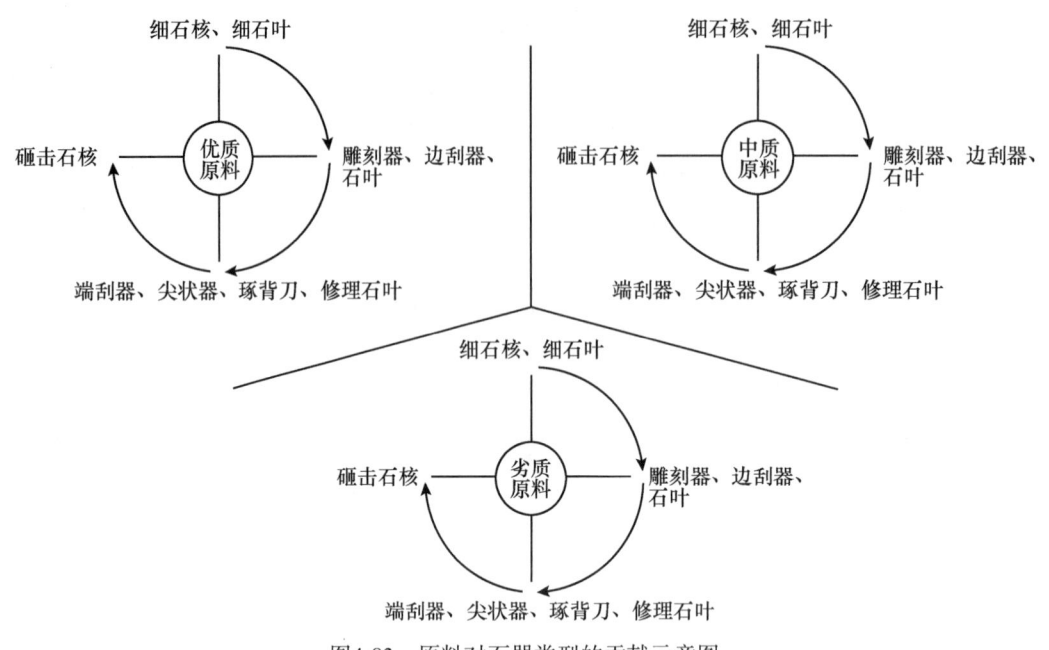

图4-83 原料对石器类型的贡献示意图

（内圈线段的长短代表贡献的大小，外圈的箭头代表利用原料目的的转化顺序）

从岩性与重量的关系可以从另一个方面考察人们对原料实施的改变。

每千克黑曜岩能够出产的石制品的件数（件数与重量之比）反映了人们对不同岩性的原料所实施的打片次数的不同，即大洞工业对同样重量的原料可以耗费的时间上的不同。古人类不论打制石片还是修理工具伴随的都是一次次的岩石破碎的过程，可以假定理想状态下古人类每次挥舞石锤实施打击的时间是固定的，那么每千克黑曜岩所产生的石制品的件数（不论石核、石片还是工具）就可以衡量其对该类黑曜岩投入时间的大小。

表4-17 大洞遗址原料与石制品类型对原料的要求表

原料要求	石制品类型	备注
优	细石核、细石叶、削片	一等原料大于90%
良	棱脊型石核、船形器、工具残块、雕刻器、边刮器、石叶	一等原料80%~90%
中	非棱脊型石核、琢背刀、修理石叶、普通端刮器、曲刃端刮器、粗糙修理断块、尖状器、石片、长石片	一等原料70%~80%，二等原料大于10%
差	砸击石核、断块	三等原料大于15%

如表4-17反映了不同岩性的原料所耗费当时人类时间的比较，有约三分之一的时间耗费在黑色纯质黑曜岩上面，有约四分之一的时间耗费在黑色点质黑曜岩上，有约五分之一的时间用在杂色黑曜岩上面，有十分之一多的时间用在黑色斑质黑曜岩上，

另外有二十分之一左右的时间用在其他类型的原料上（表4-18）。当然这样的推测需要各种岩性的原料密度一致、每次实施破裂的时间相同作为前提，但是在该遗址中原料以黑曜岩为绝大多数、石制品以小型为主的具体情况下，这样的推测对于衡量当时人们对原料的投入精力依旧是有意义的。而同为黑曜岩原料（均为优质黑曜岩）的2005年石人沟遗址发掘所获石制品的劳动率高达1409（件/千克）（表4-19），反映了两个遗址对原料的利用程度的差异，这是大洞遗址的原料相对比较丰富的缘故。

表4-18　大洞遗址石制品劳动率表

岩性	重量（千克）	件数（件）	劳动率（件/千克）	百分比（%）
1	9.83464	4524	460	31.9
2	2.41705	902	373	25.9
3	1.30590	259	189	13.1
4	0.14968	48	320	22.2
5	0.19107	19	99	6.9
发掘	6.65739	4388	659	100
总计	13.89834	5752	414	100

表4-19　石人沟2005年发掘获得的石制品劳动率表

岩性	重量（千克）	件数（件）	劳动率（件/千克）	百分比（%）
总计	0.6059	854	1409	100

总之大洞遗址的原料主要来源砾石层中的黑曜岩砾石，在当时人们可以在河漫滩或阶地断坎处采集得到。人们根据黑曜岩的不同质地采用不同的加工方法，并制作不同的器类，其对各类原料投入的精力随着质地的下降而减少。

4. 光泽

不同光泽的石制品占有一定的比例，一级光泽的石制品占总数的6%，二级光泽的石制品占总数的81.2%，三级光泽的石制品占总数的12.8%。一级光泽的石制品中，比例超过5%的器类分别是石叶、石片和断块；在工具类中基本不见一级光泽的产品。二级光泽的石制品在各类产品中都是主体。三级光泽的石制品在各类产品中均占有一定的比例，其中以断块中的比例最高。黑曜岩光泽的成因与风化程度有关，风化程度与埋藏环境和埋藏时间具有密切的关系，石器的光泽度差异是否具有划分时代的意义？目前还不能有肯定的结果，但石制品的类型在光泽上表现的变化并不明显。石制品的光泽在各类原料中差别不大，不超过5%。石制品既不与石料伴生，也不与器类相关。

5. 自然面

大洞遗址中共有12.4%的标本见有自然面，在断块中带有自然面的标本占有32.1%，而在石片中只有9.3%，但是自然面与岩性和光泽之间的关系并不大。自然面标本的存在进一步支持了大洞遗址的原料来源于河滩砾石的观点。

（五）大洞遗址的石制品的技术模式

石制品的制造技术至少应该包括原料的选择和获取、初级剥片的技术和修理工具技术三个方面，在前面一节对原料的选择和获取已有叙述，故下文只谈初级剥片技术和修理技术。

1. 初级剥片技术

1）石核

石核是破解大洞工业初级剥片技术的最直接的线索，通过对该遗址发现石核的观察可以揭示出当时石片生产过程中的一些特点。在大洞遗址中石核的数量很少（0.7%），但种类比较丰富，包括锤击石核、细石核和砸击石核。锤击石核属于小型，基本处于废弃的阶段。在锤击石核中包括对棱脊利用的半锥形和半柱形石核，不利用棱脊的普通石核和向心石核，锤击石核上石片疤的半锥体阴痕较深、打击点清楚，是硬锤直接剥片的结果。细石核包括7种类型和细石核残块，一些细石核上的石片疤平行规整，可能是间接法剥片的结果，但有些石核石片疤扭曲，而且台面边缘见有细碎小疤，可能与直接法剥片有关。从石核上看，大洞遗址的初级剥片以锤击法为主，偶尔采用间接法和砸击法生产石片。棱脊型石核及细石核的存在说明当时人们对于棱脊对石片的导向作用有十分清楚的认识。稀少的石核和废弃石核比例高的特点说明了当时人们对黑曜岩原料的积极利用。

2）石片类

石片类是剥片的结果，对它各个特征的考察可以更进一步窥视到大洞工业初级剥片过程的一些细节。在石片上体现的各个要素，按照产生的先后可以分成剥片前和剥片后两类，剥片技术的实质就是通过对剥片前诸要素（也就是石核的预先修理）的控制从而达到对剥片后诸要素的控制，如果找到剥片前某些要素与剥片后某些要素之间内在联系，无疑可以对理解该工业的初级剥片技术提供重要的线索。属于剥片前要素的有背缘角、背脊有无、背面片疤数、背面片疤方向、台面长、台面宽、台面属性和台面形状[1]等；属于剥片后要素的有石片的长、宽、厚、重、唇状线的有无、纵轴的

---

[1] 台面的形状、大小与对石核台面边缘的修理和打击时着力点的位置有关，所以将其列入剥片前要素。

形态、台面角、半锥体、最后位置、锥疤。又长又直的石片往往是初级剥片最希望得到的结果，所以石片的相对长度（长宽比）、纵轴的形态与剥片前诸要素的关系是重点考察的对象。

（1）台面形状与纵轴形态的关系

台面的形状主要与对台面边缘的修理和打击时着力点的位置有关，直型、内卷和外翻型纵轴形态的石片在各台面形状类型中所占的比例差别较大。在全部的11类台面形状中（629件），第一至第四、第九、第十类台面形状的石片的数量超过30件，我们只对该6类台面形状的石片做考察：椭圆形台面最容易产生直型的石片（86.5%），点状台面最不容易产生直型的石片（57.4%）。点状台面出现内卷型石片的比例要远远高于其他类型（40.1%），线状台面也比较容易产生内卷型石片（22.9%）。线状台面（2.4%）和点状台面（0）很少产生外翻型石片，而圆底三角形台面最容易产生外翻型石片（12.9%）（表4-20）。

表4-20 台面形状与纵轴形态关系表

	80%	70%	50%	40%	20%	10%	5%	1%
直型	二	三、十、四、一	九					
内卷				九	十	三、四、一、二		
外翻						一、四	二、三	九、十

由此可以得出三点认识：

①如果着力点打在台面与工作面连接的边缘，容易产生内卷型的石片（点状和线状台面）。

②打在距台面边缘靠里一点的位置，比较容易获得直的石片，并且弧形的台面缘（椭圆形台面的外缘）能够增加获得直型石片的可能。

③台面边缘有凸角（圆底三角形台面）容易得到外翻型石片。

④如果要获得直型的石片，最好预先修理台面边缘，去掉凸角使其呈弧形，着力点打在台面边缘靠里一点的位置是最佳的选择。

（2）台面形状与石片相对长度的关系

石片台面的形状与石片相对长度的关系问题实际上就是是否可以通过控制石片台面形状得到较大长宽比的石片的问题，在下表中我们首先考察了全部的629件石片的长宽比几何平均数在六种形状台面类型的石片中的变化，倒三角形台面的石片的长宽比最小，而点状和线状台面的石片的长宽比最大。在考察全部石片类中的石叶、细石叶、削片这些高长宽比的石片来看，有59.6%的该类产品的台面是点状和线状，占有绝对的优势（表4-21）。

表4-21　台面形状与石片相对长度关系表

台面形状	全部石片长宽比的几何平均数	高长宽比的石片类
圆底三角形（一）	1.1	6（12.8%）
扁椭圆形（二）	1.1	2（4.3%）
月牙形（三）	1.0	5（10.6%）
倒三角形（四）	0.9	0（0）
点状（九）	1.2	21（44.7%）
线状（十）	1.2	7（14.9%）

由此可以得出两点认识：

①点状和线状台面对增加石片相对长度很有帮助，当时人们正是主要利用该方法生产高长宽比的石片。

②倒三角形的台面最不适宜剥制高长宽比的石片，椭圆形台面对剥制高长宽比的石片帮助不大。

（3）背缘角与石片相对长度的关系

除点状、线状和被打碎类台面形状之外的石片才具备可测量的背缘角，通过计算得到背缘角与石片的长宽比呈线性正相关（$r=0.189$，$p=0.001$）。在高长宽比类石片（石叶、细石叶、削片和长石片）中具备可测量片角的共有18件标本，其中有11件（61.1%）的背缘角在90°~100°之间。

由此可以得出一点认识：

由于石片的背缘角与石片的相对长度具有线性关系，可以通过对背缘角（石核的台面角）的控制完成来影响石片的相对长度。

（4）背脊与石片相对长度的关系

对棱脊的观察仅限定在长度大于20毫米的完整和基本完整的石片（251件）。在下表中可以发现石片背脊的有无对石片的长宽比具有重要的影响，背脊的存在可以大大增加石片的相对长度，在分析的石片总量中有接近40%的石片背面见有棱脊的存在，又一次说明当时人们在打片过程中对石片的棱脊的作用有比较清楚的认识（表4-22）。

表4-22　石片长宽比与背脊情况表

长宽比	0~1	1~2	2~	合计
无背脊石片	51.9%	46.9%	1.2%	100%
有背脊石片	8.9%	60.7%	30.4%	100%

由此可以得出一点认识：

背脊的存在可以有效增加石片的相对长度。

（5）台面形状与石片大小的关系

各种台面形状应用的范围对于考察剥片的过程也具有重要的意义，以20毫米为分界点把石片分成大小两类，第一至第四类的台面形状的石片在两类石片中所占的比例差别不大，但点状台面和线状台面在大小两类石片中却显示了很大的差异，在小于20毫米的石片中有64.3%的石片属于点状和线状台面，但在大于20毫米的石片中只有37.5%的石片属于点状和线状台面。说明这两类台面比较倾向于剥制小型的石片，也就是可能在工具的修理过程中常常会出现点状和线状的石片，即修理时打在刃缘的位置，并且点状和线状台面的石片的厚度最低，说明这两类台面对于剥制薄的石片很有帮助。

（6）石片背面片疤的方向

石片背面片疤的方向反映了打片时对石核的转向过程，在大于20毫米的完整和基本完整的石片中，有一半背面所有的石片疤方向与石片的剥片方向一致，斜向、垂直和相对石片疤的石片数量均在15%左右。说明在剥片过程中以单台面剥片为主，相交、垂直和平行台面的剥片数量不多，石核转向的角度比较随意。背面片疤在2片以上的石片超过80%，其中保持3~5块石片疤的标本达到60%，说明在剥片中采用连续剥片的比例较高，素台面和多片疤台面达到50%以上，这从一个侧面反映了石料利用率较高。在接近20%的石片的背面见有自然面，石料的来源与砾石有关，并且在一定程度上反映了原料的大小和打片水平，目前还难以确定石制品砾石面大小与砾石石料之间的函数关系，但是如果有相关的比较对确定砾石石料的大小将具有意义。

其他剥片前要素与剥片后要素之间没有显著的关系，限于篇幅在此不再赘述。

通过以上对石核和石片类的观察可以得出以下关于大洞遗址初级剥片技术的几点认识：

①大洞遗址的初级剥片以锤击法为主，还有少量的间接法和砸击法，砸击法主要用来开发劣质原料（斑质黑曜岩）。

②在初级剥片中大洞石器工业对原料的利用十分充分，以单台面剥片为主，但旋转石核进行剥片亦占有一定的比例，石核旋转的方向不固定。

③从大洞遗址中发现的石片显示：椭圆形的台面比较容易打制出直型的石片，但是对于石片长宽比的影响不大；点状及线状的台面容易打出长宽比较高的石片，而且石片的厚度较小，但该类台面容易打出内卷型的石片；背面的棱脊对石片的长宽比具有重要的作用，背脊的存在可以增加石片的相对长度；石片背缘角与石片角呈线性负相关（r=−0.605，p=0.00），台面角与背缘角之和多在170°~210°之间（89.2%），平均为190°；石片背缘角（即石核台面角）对石片的相对长度具有重要的影响，保持在90°~100°之间的台面角比较容易产生长的石片。这些各个要素之间的相互关系体现了

石制品剥制过程的普遍原则。

④打制直而长的石片（如点状台面）主要由四个要素决定，直的背脊、90°～100°的背缘角、椭圆形的小台面和集中的打击力。前两个要素比较容易满足，而后两个要素同时实现的难度却很大，要求精度与力度的结合。因为如果使用直接法打击在保证椭圆形小台面的情况下（即打击的着力点是在靠近台面边缘靠近里侧一点的位置）往往力度会不够，此时比较容易产生直而短的石片；如果让着力点打在台面的边缘上，可以很容易用力，但获得的长石片往往是内卷型的。大洞工业反映了当时人们对背脊作用、背缘角和集中着力点的作用的利用比较充分，但在剥取高长宽比石片时采用的正是舍弃精度追求力度的办法，从这一点上看，大洞工业的剥片技术还存在发展的空间。

2. 工具修理

工具包括一、二、三类工具，第一类工具在大洞遗址中没有发现。二类工具的确定目前还存在很多的困难，在大洞遗址有130件石片类标本的边缘见有细微疤痕（小于1毫米），有的疤痕连续而有的是隔离状态，有分布在两面的疤痕也有分布在单面的疤痕，重要的是疤痕的光泽与石片本身的光泽一致，有些标本的疤痕形态与我们削木头产生的疤痕比较相似，鉴于以上情况我们暂把这类标本划入到第二类工具的范畴之内，它们占石片类产品的2.9%，占石制品总数的2.3%。二类的工具多为使用石片（100件），其次是使用石叶（20件），石片的形状多不稳定，长度多在1.5～3.5毫米之间，以侧刃为主，刃缘多为直刃，还有一定数量的不规则刃，刃角多在15°～53°之间，平均35°，该类工具在大洞工业中扮演的应该是权宜性工具的角色。

三类工具是大洞工业中工具的主体，共计362件。主要的类型是雕刻器及其残块，端刮器也占有一定的分量，尖状器、边刮器、修理石叶、琢背刀和船形器的数量不多，钻器和凹缺器数量极少且不很典型，镞的修理风格与其他类型的工具差异显著。多数的工具以石叶为毛坯，修理方向以劈裂面向背面的单向修理为主，以单层修疤为主但在靠近边缘处多细碎小疤使得刃缘陡直，多数为边缘式修理故而侵入量较低，修疤细小连续，浅平或微深，疤交脊明显，多数修疤长略大于宽，属平行状和近似平行状修疤的修边较多，刃缘比较平齐，这类的疤痕与锤击法（包括硬锤或软锤）产生的疤痕十分类似，但使用压制修理或指垫法的修理有时也能够产生类似的疤痕。极少数的标本如双面端刮器、石镞、残块中可能是矛头根部的标本的修疤浅平且通体修理，具有明显的软锤修理的特征。总之，以石叶为毛坯，在边缘采用从劈裂面向背面修理是大洞工业修理技术的最主要的特征，修形的作用比较突出，因为许多标本的修边靠近边缘处的细碎小疤使得刃角变得很不锋利。在大洞遗址除了比较定型的工具外还有一些修理不规整和修理局部之后中断等反映低水平修理或修理初期的产品，在雕刻器中也存在劣质的产品，所以从工具的组合上看，大洞遗址的工具也包括了修理工具的不同阶段以及工具制造者技术水平的不同层次。多类型、多阶段、多层次的工具使大洞遗址表现出很强的工具制造场的特点。

以上是对大洞工业中工具的具体制作技巧的认识，但是若要对某个工业类型工具制作技术有更深一步的理解，就必须考察各种工具类型之间的关系，从而得到当时人们安排工具生产的重要原则，进而为揭示当时的人类行为奠定可靠的基础工作。

各种工具的类型在大洞工业的制造过程中是彼此平行的还是相互交织的，这对正确评定其在大洞工业中的位置具有重要的意义。工具的生产毛坯有石叶和石片两类，以石叶为毛坯的占63.7%，石片占23.2%，另外还有13.1%的工具的毛坯难以确定（图4-84）。端刮器一般采用稍厚一些的石叶或石片修理、船形器采用较厚的石叶修理，两类器物的修疤大小和修理方式都不相同，修理特点显示了两者之间的巨大差异，也就是说一件工具很难从端刮器（或在修理端刮器过程中）修理成为船形器，反之亦然。边刮器、钻器和凹缺器数量很少并且修理简单，它们都是由石片直接修理而成，而非由其中的某类器物再修理成另一类器物。雕刻器是大洞工业中的主体，根据保留在标本上的细微特征，我们可以勾勒出雕刻器生产的大致过程。以石叶为毛坯，石叶侧边修理、近端不修理或有去薄修理，石叶远端的修理有偏山字形（为主）和斜直线形两种，以此修理作为台面剥制雕刻面，由于台面向毛坯的背面倾斜，所以雕刻面会偏向石叶的腹面即雕刻面与腹面呈钝角、与背面呈锐角。当剥制或更新雕刻面时会出现器体横断的现象，如果底部较长则可以重新修理台面，再次投入生产；但偏山字形和斜直形的顶部则不相同，前者在前面将其划入到角雕刻器中薄形单雕刻面修理台面的类型，其中稍大型的继续生产雕刻面，后者被我们识别为它们的毛坯或锐尖尖状器。如果器身的断裂发生在剥片的中后期，断裂的两部分由于太小而不能继续投入使用，就出现了顶部和中尾部，还有的破碎成为三段。而一些用较大石叶制成的标本在断裂之后依然会继续剥片，出现了对剥类雕刻器。除了用石叶生产雕刻器的主体之外，当时人们还有用厚石片生产该类产品的能力，但数量不多。我们复原的这个修边斜刃雕刻器的流程图（图4-85）反应的是多数该类产品的制造过程，另外还有极少部分的产品的修理与此存在差异，属于在此流程之下的变异。大洞遗址的雕刻器的制作过程与莫维斯1968年提出的雕刻器打制技术的两个步骤十分相似，首先是在石叶毛坯上与之一个打雕刻器刃的台面，然后从这个预制的台面上打下雕刻器削片。大洞遗址的雕刻器的器形比较统一，当时人们已经有了明确的"概念板型（mental template）"。

总体来看大洞工业是以雕刻器生产为核心的技术体系，在雕刻器核心之外还有一定数量的端刮器、船形器、修理石叶（与雕刻的关系还不明确）。石片制成的工具数量不多，制作工艺也比较简单，在大洞工业中处于非常次要的位置。制作石镞需要精巧的两面修理技术，该技术在某些细石核、两面端刮器和个别船形器中有所体现，该

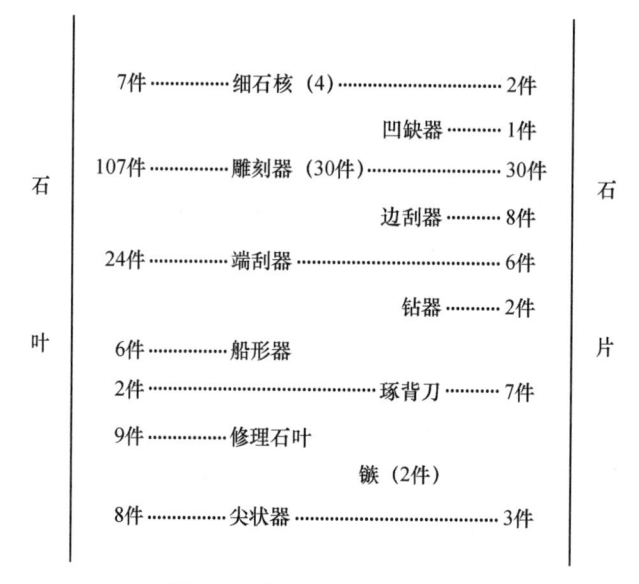

```
          ┌  7件 ·········· 细石核（4）·············· 2件  ┐
          │                     凹缺器 ·········· 1件    │
      石  │  107件 ········ 雕刻器（30件）·········· 30件  │  石
          │                     边刮器 ·········· 8件    │
          │  24件 ········· 端刮器 ················ 6件  │
          │                     钻器 ············ 2件   │
      叶  │  6件 ·········· 船形器                        │  片
          │  2件 ·········· 琢背刀 ················ 7件  │
          │  9件 ·········· 修理石叶                     │
          │                     镞（2件）               │
          └  8件 ·········· 尖状器 ················ 3件  ┘
```

图4-84　大洞遗址工具的毛坯

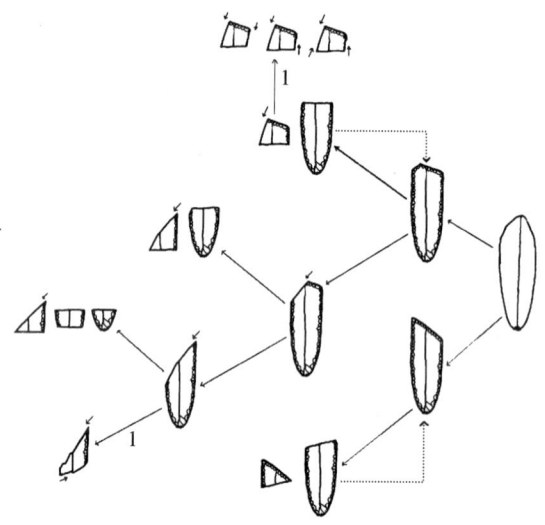

图4-85　大洞遗址雕刻器流程图
（"1"是指该类转化只发生在较大的标本之中）

技术在大洞工业中属于比较少见的方面，由于本书依托的材料多为采集品，所以无法排除不同时代掺杂的可能。从实质上讲，大洞工业的工具修理是以石叶为毛坯，以边缘正向修理作过渡，以窄台面单背脊剥片为目的的比较单一的技术。

3. 小结

通过以上的分析对大洞遗址的技术模式认识如下：

（1）大洞遗址对原料有比较明确的筛选过程。

（2）初级剥片技术以锤击法为主，间接法和砸击法的应用很少。

（3）以锤击法修理边缘为主，以从劈裂面向背面的修理为主，含有少量的软锤修理和通体修理。

（4）石叶技术和细石叶技术占据主导地位，工具以雕刻器和端刮器为主，器形比较单一。

（六）遗址的性质和年代

1. 遗址的性质

从石制品类型的构成来看，含有较高比例的工具及工具残块，并且包含一定数量的工具半成品和劣质工具，相反石核类的比例较低，含有一定数量的使用石片。通过与其他一些遗址的比较可以对大洞遗址的石制品类型组成有更加清楚的认识，大洞遗址的工具比例与虎头梁遗址[1]接近，在7%左右，被判断为石器制造场兼有短时间生活活动的巴尔卡斯纳亚冈[2]2的工具占1.6%，而伊利斯塔亚1和乌斯季诺夫卡1（上层）的工具不足1%，由此可以初步推测大洞遗址包含的有关工具制造或使用的活动较多，但由于该遗址面积巨大，是否存在不同功能区的问题还有待更为细致的调查和大面积的发掘之后才能解决。

2. 遗址的年代

大洞遗址没有发现动物骨骼、骨器和陶器，石制品是唯一的一类文化遗物。遗址所在的位置和埋藏的层位对大洞遗址的年代的确定具有一定的价值。另外本书再从类型学的角度对大洞遗址石制品做出推测。

在图们江两岸断续地发育着三级玄武熔岩台地和四级河流阶地，最低的一级称为河谷玄武熔岩台地，仅分布在中上游，高出河面10米至40余米不等，该级阶地的形成时间晚于中下游普遍发育的Ⅱ级阶地，早于Ⅰ级阶地[3]。东北地区河流的第Ⅰ级阶地

---

[1] 朱之勇：《虎头梁遗址石制品研究》，中国科学院大学博士学位论文，2006年.

[2] Деревянко А П, Волков П В. Ли Хонджон: Селемджинская позднепалеолитическая культура, Издательство Института археологии и этнографии, 1998.

[3] 余长安：《图们江沿岸玄武熔岩分期与河谷地貌发育关系》，《地质论评》1965年第6期。

的生成时代应为全新世初期,第Ⅱ级阶地的生成时代为上更新世至全新世初[1]。后来有学者进一步推测Ⅱ级阶地形成于晚更新世的晚期（距今7万~1万年之间），构成高出图们江江面10~50米的Ⅱ级阶地的"南坪玄武岩"当喷发于此期间[2]，"南坪玄武岩"上覆砂砾石和亚黏土。披覆于二级以上的阶地和丘陵山坡上的新黄土一般为淡黄色、土黄色亚砂土，垂直节理较发育，孔隙较大，裂面和孔壁常附有白色钙质被膜和钙质假菌丝体，含有数量不等的小型钙质结核，均有较强的湿限性，属晚更新世之末期[3]。刘祥等近些年所做的工作更进一步证实了上述的认识，他们把超覆在Ⅲ级阶地之上的玄武岩，即大洞遗址文化之下的玄武岩的形式时间称作广坪期，K-ar稀释法年龄为13.1万±0.64万年，在直接覆盖的砂层中取热发光样本测得的年龄是9.6万±0.7万年[4]。由此大洞遗址所在的地层为晚更新世应确切无疑，我们认为覆盖在广坪玄武岩（或称南坪玄武岩）之上的砾石层可以与棕黄色的冰碛层（晚更新世早期）和新黄土对比[5]。总之大洞遗址的文化层应不早于晚更新世晚期，但由于现代耕作的破坏，目前从地层上还难以确定大洞遗址的最晚时间。

我国图们江地区已知最早的新石器时代的文化是兴城类型，石制品以长大的长方形石铲、亚腰形石锄、压制的黑曜岩石镞为代表，该石制品组合与大洞遗址的石制品相比不论类型还是制作方法都存在极大的差异，大洞的偏尾石镞在白城靶山墓地中存在，而兴城遗址的黑曜岩压制石镞的尾翼对称，兴城遗址与石制品共出的还有大量的陶器，兴城遗址87AF1的木炭标本为距今4800年±140年，87AF3为距今4615年±150年，发掘报告认为兴城类型一期早段应在距今4800~4500年左右[6]，显然大洞遗址与兴城类型在时代上相差遥远。

俄罗斯滨海边疆区的南部最早的新石器文化是鲁德纳亚文化，在鬼门洞穴遗址共发现3121件石制品。以各种颜色的燧石、碧玉、板岩为原料，92%的石制品与劈裂技术有关，如石核及其产品、石片、石叶、石叶石片、压制工具、毛坯、断块；磨制技术的产品约5%，如磨制工具、磨制的镞和标枪头、磨制的石片；还有大约2%的砾石工具（石砧、石杵、石锤、砺石等49件）没有任何的修理，或者局部的修理（箭杆整直器）；砸击技术的产品为0.5%，2件具有砸击痕迹的砾石和12件石片。初级剥片中以从多台面多工作面的石核上劈裂边和棱不规整的石叶石片为主，石叶石片占工具毛坯的73%，用石叶石片制成镞、矛头、端刮器、钻器、刮削器、刀、锯、锥、雕刻器等工

---

[1] 孙肇春等：《东北河流阶地与河流劫夺》，《吉林师大学报》1964年第2期。

[2] 孙建中、王雨灼：《吉林新生代火山岩的同位素编年》，《地层学杂质》1984年第1期。

[3] 吉林省地质矿产局：《吉林省区域地质志》，地质出版社，1988年。

[4] 刘祥等：《长白山地区新生代火山活动分期》，《吉林地质》1989年第1期。

[5] 吉林省区域地层表编写组：《东北地区区域地层表（吉林省分册）》，地质出版社，1978年。

[6] 吉林省文物考古研究所、延边朝鲜族自治州博物馆：《和龙兴城——新石器及青铜时代遗址发掘报告》，文物出版社，2001年。

具；用石片制成的工具约18%，主要是端刮器、匕首、刀、刮削器等；石叶制成的只有6%，主要是端刮器、箭头和镶嵌石刃。在鬼门洞穴遗址中的端刮器以双侧边修理型的为主，侧边修疤的侵入量与端刃几乎相等，还见有双面修理的端刮器和偏翼的凹底石镞。该遗址的两面修理工具占定型工具的近41%[1]。鲁德纳亚遗址新石器时代早期遗存的石制品的数量不多，与鬼门洞穴比较相似。鲁德纳亚文化虽然见有磨制石器、陶器等具有新石器时代的代表技术，但在初级剥片技术（获得长石片的技术）、工具类型（长石片的制成的工具）等方面显然比兴城文化与大洞遗址的关系更为密切，俄罗斯学者也认为鲁德纳亚文化与乌斯季诺夫卡文化之间具有传承性。但是鲁德纳亚文化与大洞遗址之间从石制品制作技术的发展来看，还存在缺环。鬼门洞穴遗址的年代是距今6380年±70年、距今6575年±75年、距今6825年±45年、距今6710年±105年和距今5890±45年，鲁德纳亚遗址为距今7550年±60年、距今7690年±80年、距今7390年±100年[2]，这与鲁德纳亚文化关系密切的新开流遗址测得的年代吻合（距今6080年±130年[3]）。距大洞遗址更近的位于彼得大帝湾岸边的博伊斯曼文化与鲁德纳亚文化在石制品上表现有很大的差异，后者的剥制细石叶的端面石核、小型的石叶和石叶石片在博伊斯曼文化中未见，而大石叶及其制成的工具是博伊斯曼文化的特点，磨制石器和陶器在博伊斯曼文化中占有重要的分量[4]，与鲁德纳亚文化相比博伊斯曼文化与大洞遗址稍疏远，但比兴城文化密切，博伊斯曼文化的年代为距今5000~6500年左右[5]。从石制品的面貌上看，大洞遗址的年代要早于这些目前在该区发现的最早的新石器时代的遗址，比如磨制石器，上面修理技术的广泛应用等较进步的特征在大洞遗址缺少。

俄罗斯滨海边疆区南部包含有旧石器特征的石制品的遗址主要分布在伊利斯塔亚河、拉兹多利纳亚河和泽尔卡利纳亚河三个地区。其中位于伊利斯塔亚河流域的戈

---

[1] Академия Наук СССР. Дальневосточное отделение Институт истории археологии и этнографии народов Дальнего Востока, Неолит Юга Дальнего Востока: Древнее поселение в пещере Чертовы Ворота, Москва Наука, 1991.

[2] В. И. 吉亚科夫著，宋玉彬译，林沄校：《鲁德纳亚码头多层遗址及滨海地区新石器时代文化的分期》，《东北亚考古资料译文集俄罗斯专号》，北方文物杂志出版社，1996年（内部发行）。

[3] 黑龙江省文物考古工作队：《密山县新开流遗址》，《考古学报》1979年第4期。

[4] Попов А Н, Чикишева Т А. Шпакова Е. Г. Ойсманская археологическая культура Южного Приморья (по материалам многослойного памятника Бойсмана-2), Издательство Института археологии и этнографии СО РАН, 1997.

[5] 冯恩学：《俄罗斯远东博伊斯曼文化与倭肯哈达、亚布力遗址的关系》，《北方文物》2003年第2期。

尔巴特卡3、伊利斯塔亚1、莫洛焦日纳亚1[1]，索罗切夫卡河的鲁加、瓦西里科夫卡1[2]和拉兹多利纳亚河流域的季莫菲耶夫卡1为代表的一些遗址中的大部分石制品是以河流中的黑曜岩砾石为原料，存在运用砸击技术剥制黑曜岩砾石的情况，这些遗址也以石叶和细石叶为主要的剥片技术，以石片、石叶和双面器为毛坯的细石核与大洞遗址相似，工具组合与大洞遗址也极其相似，尤其是以石叶为毛坯侧边修理的斜刃雕刻器与大洞遗址的雕刻器如出一辙，在季莫菲耶夫卡1等遗址中也发现了来自长白山的黑曜岩[3]，俄罗斯的研究者将这些遗址的年代定在距今1.1万～0.9万年之间。在泽尔卡利纳亚河流域的乌斯季诺夫卡4[4]和苏沃洛沃3[5]的遗址中的石制品虽然主要以火山凝灰岩为原料，但器物组合与大洞遗址比较类似，如船形的细石核、修边的斜刃雕刻器等，研究者认为这两处遗址属于旧石器时代向新石器时代的过渡阶段的中石器时代。显然这些遗址的年代对大洞遗址年代的确定具有极其重要的参考价值。

近些年在大洞遗址周围以黑曜岩为主要原料的旧石器遗址有和龙的石人沟、柳洞、沙金沟、青头等遗址以及珲春的北山[6]遗址、抚松的新屯西山[7]遗址，这些遗址以石叶和细石叶技术的产品为代表，存在少量的砸击技术产品，均没有发现陶片。这些遗址之间的石制品在统一性之中也存在一些差别，如青头遗址的石叶主要以椭圆形台面为主，而石人沟遗址的石叶以点状和线状台面为主；石人沟和西山遗址见有大型的石核，劣质黑曜岩原料极少，而柳洞遗址和北山遗址却不见大型石核，存在一定比例的劣质黑曜岩，并见有带砾石面的黑曜岩。大洞遗址的砸击石核、石片毛坯单向修理的楔形细石核（C型）、石叶和细石叶、端刮器、修边雕刻器、通体修理的船形器在柳洞或北山遗址中也存在，修理台面的角雕刻器在石人沟遗址也有显现。从原料的利用方式和石制品的制作技术及类型上看，大洞遗址与柳洞遗址、北山遗址的关系最为密切。这些遗址位于二级或之上阶地和山坡上，文化层在黑色腐殖土之下，研究者将其归入旧石器时代晚期，大洞遗址的埋藏情况和石制品组合进一步支持了这个结

---

[1] Кузнецов А М. Поздний палеолит Приморья, Владивосток Издательство, Дальневосточного университета, 1992

[2] Кононенко Н А. Новые микропластинчатые комплексы в Приморье, 137-145, Поздний палеолит ранний неолит Восточной Азии и Северной Америки. Владивосток, 1996.

[3] Кузьмин Я В, и Попов В К. Вулканические стекла дальнего востока России: геологические и археологические аспекты. Владивосток: ДВГИ ДВО РАН, 2000.

[4] Дьяков В И. Приморье в раннем голоцене: мезолитическое поселение Устиновка-IV. Владивосток: Дальнаука, 2000.

[5] Васильевский Р С, и Гладышев С А. Верхний палеолит Южного Приморья. Новосибирск: Наука Сибирское отделение, 1989.

[6] 陈全家、张乐：《吉林延边珲春北山发现的旧石器》，《人类学学报》2004年第2期。

[7] 陈全家等：《抚松新屯子西山旧石器古营地遗址试掘报告》，《人类学学报》2009年第2期。

论。东北旧石器遗址被划分为三种类型[1]，大洞遗址与以细石器为主的工业类型的遗址关系更为密切，但大洞遗址中的石叶技术及雕刻器技术的地位更为突出。

在我国华北地区的长石片-细石器工业是旧石器时代晚期工业类型之一[2]，虎头梁遗址以石片和细石叶剥片产品为主，存在少量的砸击技术的产品，工具的修理运用较多的双面器技术，虎头梁的年代测定为距今1.1万左右[3]；与虎头梁遗址类似的籍箕滩遗址中的石制品以石英岩为主，存在双面器和石片为毛坯的细石核，有宽度超过10毫米的细石叶，工具多以石片为毛坯，类型包括凹缺器、端刮器、石矛头、锛状器、尖状器、屋脊形的雕刻器等，虽然在初级剥片中使用少量的砸击技术，但剥制石叶的技术在该遗址几乎未见[4]，大洞遗址与之差别较大。下川遗址中的初级剥片具有石叶、细石叶技术，存在一定数量的雕刻器，其中与大洞遗址非常相似的修边斜刃雕刻器数量最多[5]。丁村77：01地点的"细石器成分与下川文化别无二致"。下川遗址的测年为23000~16000年[6]，丁村77：01地点的测年为26400年±800年，但是从器物特征看它们的年代明显偏早。而在另一处与下川遗址面貌接近的山西榆社孟家庄遗址，虽然没有明确报道石叶的发现，但与柱状的细石核共存的还有一件修边斜刃雕刻器，端刮器和边刮器等也为边缘式修理，年代为距今10290年±150年[7]。还有与下川遗址石制品特征比较接近的油坊遗址中虽然没有报道石叶的存在，但在第二步修理的工具中明显可以见到石叶占有很重要的分量，如雕刻器、端刮器和尖状器等[8]，石叶与细石叶共存的现象以及一些工具类型的相似使其与大洞遗址具有一定的可比性。从石制品的制作技术上看下川类型的旧石器与大洞遗址的关系要比虎头梁和籍箕滩要密切得多。

在黑龙江中游发现了一些以石叶和细石叶技术为主要剥片技术的遗址，根据结雅河支流谢列姆贾河两岸发现的十余处旧石器遗址确定的谢列姆贾文化，距的年代为2.5万~1.05万年，十八站遗址的文化内涵与谢列姆贾文化遗址相似，它的年代测定也支持

---

[1] 陈全家：《(东北)旧石器时代考古》，《东北古代民族·考古与疆域》，吉林大学出版社，1997年。

[2] 张森水：《中国北方旧石器工业的区域渐进与文化交流》，《人类学学报》1990年第4期。

[3] Gai P. Microblade tradition around the northern pacific rim: a Chinese perspective.《中国科学院古脊椎动物与古人类研究所参加第十三届国际第四纪大会论文集》，科学技术出版社，1991年。

[4] 河北省文物研究所：《籍箕滩旧石器时代晚期细石器遗址》，《文物春秋》1993年第2期。

[5] 王益人、王建：《下川雕刻器研究》，《文物季刊》1998年第3期。

[6] 中国社会科学院考古研究所实验室：《放射性碳素测定年代报告（五）》，《考古》1978年第4期。

[7] 刘景芝等：《山西榆社细石器遗存》，《人类学学报》1995年第3期。

[8] 谢飞、成胜全：河北阳原油坊细石器发掘报告，《人类学学报》1989年第1期。

这样的推测[1]。虽然谢列姆贾第二文化层（距今1.3万～1.4万年）就出现了修边斜刃雕刻器，但在第一文化层（距今1.2万～1.05万年）中的标本更为典型，雕刻器在谢列姆贾文化中并不具有绝对的分量[2]，与大洞遗址的关系不如乌斯季诺夫卡文化密切。

在日本旧石器文化的第四期（距今1.4万～1万年），日本东北部地区存在以采用涌别技法制作的楔形细石核和荒屋型雕刻器为特征的细石器文化[3]，荒屋型雕刻器是以本州岛的荒屋遗址命名的雕刻器（距今1.32万年），距今1.52万年白泷33遗址发现有这样的产品，实际上大洞遗址的修边斜刃雕刻器与荒屋型雕刻器的制作技术十分相似。日本北海道在旧石器时代晚期流行运用石叶和细石叶技术修理黑曜岩，细石核的类型和端刮器、修边斜刃雕刻器、船形器等都在大洞遗址都有所发现，二者之间应该存在一定的联系。在朝鲜半岛的上舞龙里和下花溪里遗址也能找到类似的产品。

综上所述，大洞遗址属于以石叶、细石叶技术为代表的工业类型，与同区的新石器时代文化的石制品差别巨大，与华北、黑龙江中游、北海道地区的一些旧石器时代晚期遗址存在共同因素。大洞遗址与滨海边疆区最南部的伊利斯塔亚3和季莫非耶夫卡1等遗址的石制品十分相似，运用砸击技术开发劣质黑曜岩，存在石叶、细石叶剥片产品和修边斜刃雕刻器、端刮器、少量双面器是它们的共同特点，彼此之间存在密切的交流，属于同一工业类型，但是在后者的石制品中发现有典型的柱状细石核，而大洞遗址中没有发现，然而工作面呈长方形的F型细石核也是不同于楔形细石核的剥制技术，总之它们的时代应该相当，处于更新世末期及全新世最初期。长白山地东部及滨海边疆区南部是日本海文化圈的重要一环。

（七）结语

总体来讲大洞遗址具有以下特点：

（1）以黑曜岩为主要原料，黑曜岩的种类繁多，但以黑色纯质黑曜岩为主，原料来自河流中的砾石。

（2）石叶和细石叶技术是剥片技术的主体，但存在运用砸击技术开发劣质的黑曜岩的情况。

（3）工具以修边斜刃雕刻器占据绝对优势，端刮器也占有重要的分量，琢背刀、边刮器、船形器、凹缺器等其他类型的工具数量不多，工具的修理以边缘式正向修理为主，通体修理的工具较少。

---

[1] 张晓凌等：《黑龙江十八站遗址的新材料与年代》，《人类学学报》2006年第2期。

[2] Деревянко А П, Волков П В. Ли Хонджон: Селемджинская позднепалеолитическая культура, Издательство Института археологии и этнографии, Новосибирск, 1998.

[3] 加藤真二著，袁靖、李伊萍译：《日本学者对日本列岛及周围地区旧石器时代考古研究现状之我见》，《北方文物》1993年第1期。

（4）不论在初级剥片还是工具修理（雕刻器）的过程中都娴熟地运用了背脊对剥片的控制作用。

（5）大洞遗址的工具数量偏多，并含有较高比例的残次品和残块，且有一定数量的使用石片，该遗址是与工具修理和短时间生活有关的遗址。

（6）该次采集的产品虽然可能包括不同时代的石制品，但所发现石制品的主体与滨海边疆区南部的一些属于更新世末至全新世初的一些遗址的文化面貌一致，应属于同一工业类型。

（7）该遗址的面积巨大，石制品十分丰富，地层埋藏清楚，是了解长白山地区乃至东北亚地区更新世晚期和全新世早期人类活动的重要资料。

二、和龙大洞遗址2007年试掘

2007年9月，由吉林大学边疆考古研究中心、吉林省文物考古研究所与和龙市博物馆组成了石人沟联合考古队，在寻找黑曜岩产源为目的的考古调查时，根据当地居民提供的线索发现了大洞遗址。遗址东西约2000米，南北约500米，面积超过100万平方米。同月，联合考古队对其进行了试掘，试掘面积49平方米，出土了大量的石器。

该遗址的面积巨大，黑曜岩制品十分丰富，地层埋藏清楚，是东北地区旧石器考古史上的重大发现，为了解长白山地区乃至东北亚地区的更新世晚期和全新世早期的人类活动的提供了重要资料。

（一）遗址地貌、地理位置和地层堆积

1. 遗址地貌

吉林省东部长白山地属新华夏系隆起地带，走向为北北东—南南西和北东—南西走向。图们江发源于长白山麓，为中朝两国界河，上游河段在玄武岩熔台地的深谷中穿行，谷深达百余米，河道坡度陡，水流急。红旗河为图们江左岸的第二大支流。图们江与红旗河汇流处以上的河源区，为长白山主峰地域，崇山峻岭，森林茂密，地势险要。遗址位于图们江左岸Ⅲ级阶地之上，高出河面约50米，西面和北面被低山环绕。地表现为耕地，以种植大豆、水稻和玉米为主。

2. 地理位置

该遗址处于长白山系南岗山脉的南端、西距长白山天池约80千米、于红旗河汇入图们江的河口地区处，沿红旗河右岸和图们江左岸的狭长地带分布，隶属于崇善镇大洞村，东距崇善镇约3500米，南距亚洞屯约500米，西北距元峰村约4000米，地理坐标为东经128°57′47.9″，北纬42°5′49.2″。

3. 地层堆积

遗址地层堆积较为丰富，自上而下共分为7层（图4-86）：

第1层为深褐色表土层，疏松，富含腐殖质，含有磨圆良好的小砾石，石器丰富。

第2层为褐色火山灰土，夹砂，非常疏松。但在本试掘区内缺失。

第3层为浅灰色亚黏土，坚硬，该层在发掘区内分布不均匀，集中区位于发掘区的东部，石器比较丰富。

第4层为黑色黏土层，致密，呈块状结构，含小砾石，被上层的冰楔打破，下界呈波浪状，石器丰富。

第5层为黄色黏土层，厚重，呈块状结构，主要见于第4层的凹处，存在卷起现象，下界平坦，含少量石器。

第6层为黄色砂层，疏松，含少量黑曜岩小砾石，未见石器。

第7层为砾石层，含砂和大块的玄武岩角砾，间杂小块黑曜岩类砾石。未见底，未见石器。

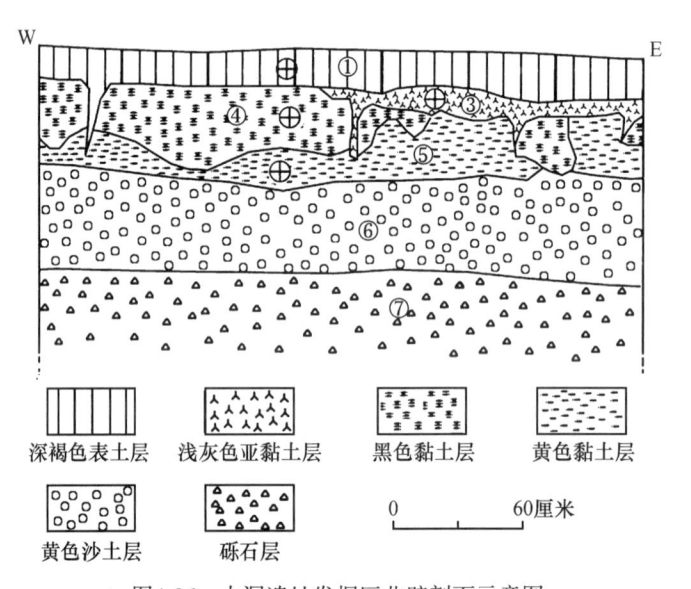

图4-86　大洞遗址发掘区北壁剖面示意图

（二）石器

本次试掘共获得石器4388件。包括石核、石片、石叶、细石叶、断块、第二类工具和第三类工具（表4-23）。

表4-23 各类石器数量及其百分比

名称	数量	百分比（%）
石核	16	0.36
石片	3407	77.6
石叶	36	0.82
细石叶	139	3.2
断块	485	11.05
第二类工具	199	4.53
第三类工具	106	2.41

1. 石核

16件，原料均为黑曜岩，可分为细石叶石核和石叶石核。

（1）细石叶石核 15件。可分为单台面和双台面2类。

单台面　10件。标本07DD.3651，船底形。长35.81、宽9.09、厚14.45毫米，重4.75克。周边进行修理，有一个工作面，面上有7个细石叶片疤。台面角72°（图4-87，3）。标本07DD.3814，楔形。长44.88、宽29.97、厚9.79毫米，重14.54克。通体进行压制修理，边缘薄锐，一个工作面，面上有6个细石叶片疤，片疤的末端集中并与另一边缘重合。台面角79°（图4-87，2）。

双台面　5件。标本07DD.37，近三角形。长26.09、宽22.77、厚7.12毫米，重7.28克。以石片为毛坯，将石片远端打制成一台面，然后以左右两侧为工作面分别进行剥片，根据细石叶片疤显示，右侧工作面剥离的细石叶多折断，左侧工作面剥离的细石叶则较为完整，且与石片的右侧边相接。左右两侧台面角分别为70°、72°。在石片的近端，以左侧工作面剥离的细石叶所留下的疤痕为台面在石片的右侧继续剥离细石叶，

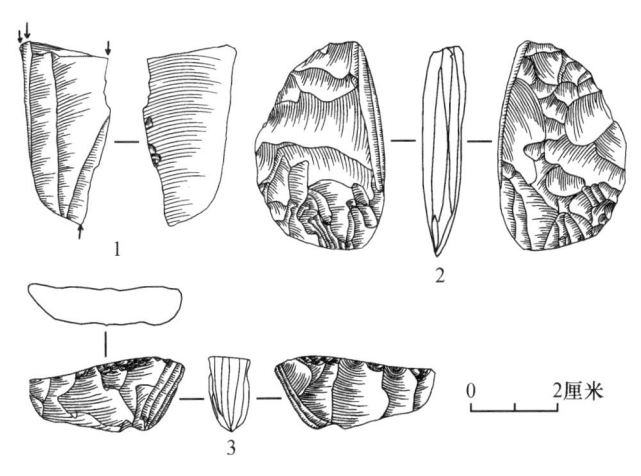

图4-87　细石核

1. 07DD.37　2. 07DD.3814　3. 07DD.3651

该台面角为69°（图4-87，1）。

（2）石叶石核　1件。07DD.2653，长59.54、宽42.8、厚23.26毫米，重60.03克。核体还部分保留自然面，有2个台面，一个为人工台面，另一个为自然台面，2个台面共用一个工作面对向剥片。台面角分别为32°、43°。

2. 石片

3407件，可分为完整石片、断片和废片。

（1）完整石片　55件。长12.03~46.43毫米，平均24.84毫米；宽13.32~53.39毫米，平均26.19毫米；厚2.56~20.22毫米，平均6.21毫米；重0.74~30.17克，平均4.43克。原料以黑曜岩为主，占95%。台面以素台面为主，占49%，其次为线状和点状台面，背面全疤和半疤者分别占87.3%和11%。

（2）断片　3166件，可分为近端、中段、远端和不可分类的碎片。

近端　289件。黑曜岩占97.6%。长9.45~67.69毫米，平均21.72毫米；宽10.48~51.41毫米，平均21.49毫米；厚1.63~25.58毫米，平均5.07毫米；重0.32~31.07克，平均2.81克。

中段　247件。黑曜岩占99.6%。长9.04~58.09毫米，平均21.89毫米；宽2.41~99.79毫米，平均19.56毫米；厚1.48~13.52毫米，平均4.83毫米；重0.27~95.27克，平均2.7克。背面全疤者占88.6%。

远端　114件。黑曜岩占96.5%。长12.53~68.52毫米，平均22.41毫米；宽11.14~81.11毫米，平均20.67毫米；厚1.72~23.42毫米，平均4.85毫米；重0.47~80.8克，平均3.33克。背面全疤者占83.33%。

不可分类的碎片　一些断片由于缺失近端，同时也观察不到远端特征，因此不能辨认属于石片的哪个部位，但是还可以观察到腹面的某些特征，因此将其归入不可分类的碎片一类。此类共计2516件，占石器总数的57.33%，黑曜岩占99.72%。形体较小，长1.26~89.58毫米，平均12.45毫米；宽1.11~29.09毫米，平均8.94毫米；厚0.01~10.35毫米，平均2.45毫米；重0.01~31.37克，平均0.32克。

（3）废片　是在打片和加工石器的过程中形成的一些微小的石片，共计186件，原料全为黑曜岩。长6.92~20.76毫米，平均8.25毫米；宽5.71~19.71毫米，平均11.25毫米；厚0.89~6.58毫米，平均2.45毫米；重0.04~2.07克，平均0.32克。

3. 石叶

36件。原料均为黑曜岩。可分为近端、中段和远端断片3类。

近端　6件。长19.09~45.58毫米，平均27.01毫米；宽10.38~13.97毫米，平均12.51毫米；厚2.13~6.58毫米，平均3.83毫米；重0.78~5.31克，平均1.79克。背面均为1条脊。

中段　26件。长13.81~32.82毫米，平均21.07毫米；宽10.06~17.23毫米，平均12.41毫米；厚1.96~5.95毫米，平均3.81毫米；重0.36~3.41克，平均1.19克。背面均为2条脊。

远端　4件。长11.47~23.62毫米，平均18.15毫米；宽12.06~12.16毫米，平均12.09毫米；厚1.84~5.36毫米，平均3.57毫米；重0.05~1.46克，平均0.75克。背面均为1条脊。

4. 细石叶

139件，原料全为黑曜岩。可分为完整细石叶和细石叶断片2类。

完整细石叶　9件。长13.76~38.82毫米，平均23.81毫米；宽2.19~9.43毫米，平均6.66毫米；厚1.48~3.17毫米，平均2.11毫米；重0.11~1.48克，平均0.59克。背面1条脊者2件，2条脊者7件。

细石叶断片　130件。根据其部位可分为近端、中段和远端断片3类。

近端　27件。长3.52~27.51毫米，平均14.87毫米；宽3.18~9.62毫米，平均5.29毫米；厚1.13~5.25毫米，平均2.15毫米；重0.05~2.24克，平均0.67克。

中段　90件。长8.28~26.97毫米，平均15.5毫米；宽2.37~9.91毫米，平均5.4毫米；厚0.1~5.97毫米，平均2.26毫米；重0.01~1.32克，平均0.29克。背面2条脊者86件，占95.55%。

远端　13件。长8.24~27.79毫米，平均18.15毫米；宽3.17~9.94毫米，平均6.19毫米；厚0.91~6.24毫米，平均3.42毫米；重0.02~1.29克，平均0.84克。背面1条脊者10件，占76.92%。

5. 断块

485件。黑曜岩占96.5%。多呈不规则形。无自然面者361件，占74.43%。长8.43~91.1毫米，平均23.56毫米；宽4.81~55.74毫米，平均15.58毫米；厚2.76~35.78毫米，平均8.04毫米；重0.23~114.72克，平均3.7克。其中最小者标本07DD.3130，长×宽×厚为11.58毫米×6.78毫米×2.94毫米，重0.23克。最大者标本07DD.3619，长×宽×厚为66.79毫米×55.74毫米×35.78毫米，重114.72克。

6. 第二类工具

为直接使用石片和使用石叶及细石叶。共计199件，占石器总数的4.53%，原料以黑曜岩为主，占98.5%。根据刃口的数量，可分为单刃和双刃二类。

单刃类　132件。根据刃口的形状可分为直、凸和凹刃三类。

单直刃　61件。原料均为黑曜岩。标本07DD.2451，使用石片，长30.77、宽18.68、厚5.93毫米，重3.28克。自然台面，背部平滑，有清晰的放射线、同心波，腹面半锥体隆起，有椎疤及放射线和同心波。左侧边保留有部分石皮，右侧边为使用刃缘，肉眼观察疤痕细小浅平断续分布，显微镜下观察疤痕之间还布满微小连续的小疤痕，刃长30毫米，刃角15°（图4-88，3）。

单凸刃　43件。原料以黑曜岩为主占97.7%。标本07DD.2876，使用石片，长35.31、宽28.15、厚4.42毫米，重6.24克。素台面，台面后缘有细碎的小疤。背面布满疤痕，有1条脊，左侧边为使用刃缘，布满细小、深浅不一但较为连续的疤痕，刃角28°。腹面打击点集中、半锥体突起，有清晰的同心波（图4-88，1）。

单凹刃　28件。原料均为黑曜岩。标本07DD.4079，使用石片，长50.23、宽30.52、厚11.27毫米，重12.51克。素台面，台面后缘有细碎的小疤。背面隆起，布满了疤痕，左侧边为使用刃缘，肉眼看其上布满了微小的疤痕，显微镜下可观察疤痕连续分布，刃角34°。腹面平滑，打击点集中、半锥体突起，有椎疤和清晰的同心波（图4-88，2）。

双刃类　67件。根据刃口的形状可以分为双直、双凹、双凸、直凸、直凹和凹凸6式。

双直刃　28件，原料均为黑曜岩。使用石片15件，占53.6%，使用石叶及细石叶13件，占46.4%。标本07DD.123，使用石叶中段。长28.27、宽20.76、厚5.42毫米，重4.13克。背面2条脊，两侧边平行，其上布满了细微浅平、大小不一但较为连续的疤痕，左右侧边分别长23.1、27.5毫米，刃角分别为39°、46°（图4-89，1）。

双凹刃　8件。黑曜岩者7件，均为使用石片。标本07DD.2764，长37.39、宽22.85、厚3.01毫米，重2.73克。背面有2片较大的疤痕相交，形成1纵脊，远端1疤痕将其打破，肉眼下可观察左右两侧边均布满了细小浅平、分布连续的疤痕，刃角分别为15°、23°（图4-89，3）。

双凸刃　8件，原料为黑曜岩，均为使用石片。标本07DD.3949，长58.27、宽47.81、厚13.91毫米，重27.05克。背面隆起，中间4片较大的疤痕相交，有1片疤将其

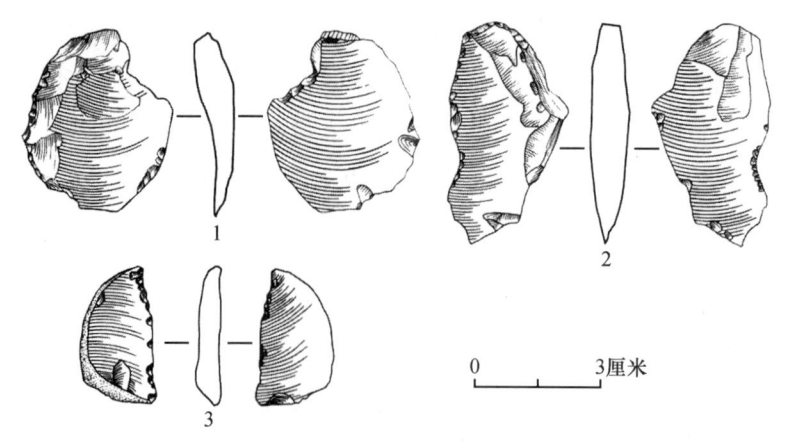

图4-88　第二类工具
1. 单凸刃（07DD.2876）　2. 单凹刃（07DD.4079）　3. 单直刃（07DD.2451）

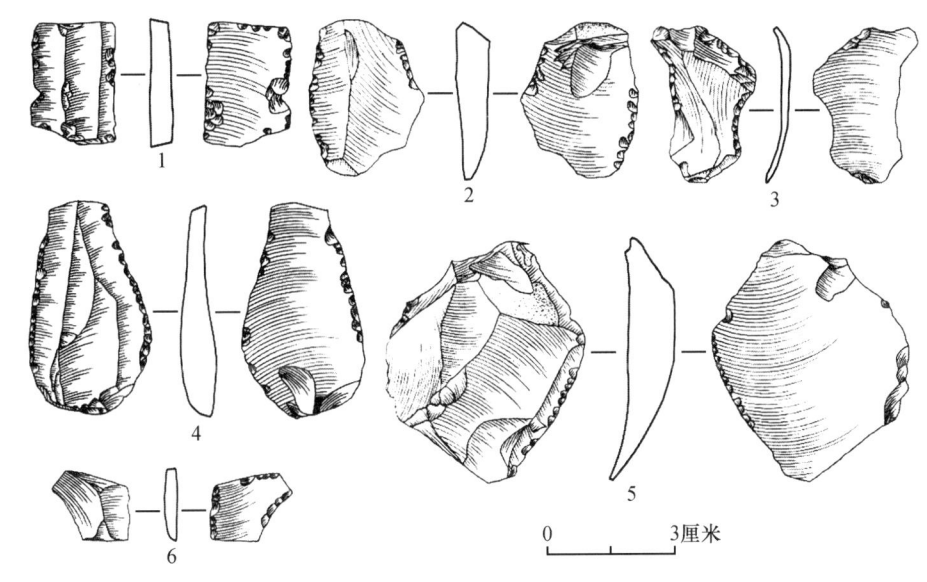

图4-89 第二类工具

1. 双直刃（07DD.123） 2. 凹凸刃（07DD.1566） 3. 双凹刃（07DD.2764） 4. 直凸刃（07DD.3811）
5. 双凸刃（07DD.3949） 6. 直凹刃（07DD.3599）

相交点打破形成1平台，左上保留部分自然面。腹面较为平滑，有清晰的同心波，左右两侧边有细碎的疤痕，在显微镜下可见疤痕浅平，连续分布，刃角分别为39°、46°（图4-89，5）。

直凸刃 11件，原料为黑曜岩，均为使用石片。标本07DD.3811，长48.49、宽30.13、厚8.74毫米，重11.47克。素台面，台面后缘有细碎的疤痕。背面有4个同向疤痕，左侧3个相交，形成1条纵脊。左右两侧边布满细小、浅平且连续分布的疤痕。直、凸刃角分别为51°、33°（图4-89，4）。

直凹刃 8件，原料为黑曜岩，均为使用石片。标本07DD.3599，长16.61、宽19.2、厚3.71毫米，重0.96克。背面由2个片疤相交形成1纵脊，腹面平滑，有清晰的同心波，左右两侧边布满细小、浅平且连续分布的疤痕。直、凹刃角分别为13°、31°（图4-89，6）。

凹凸刃 4件，原料为黑曜岩，均为使用石片。标本07DD.1566，长37.36、宽27.87、厚9.1毫米，重7.12克。台面上保留有部分自然面，背面由2片较大的疤痕相交形成1纵脊，腹面打击点集中，半锥体突起，有锥疤和清晰的同心波。左右两侧边在肉眼下观察疤痕细小、浅平、大小不一且断续分布，显微镜下观察疤痕之间还布满微小连续的小疤痕，凹、凸刃角分别为25°、36°（图4-89，2）。

7. 第三类工具

106件。根据器形可分为刮削器、雕刻器、凹缺器、尖状器、修背小刀、石镞、钻和工具残块8类。

刮削器　58件。根据刃口的数量可以分为单刃、双刃和复刃三型。

单刃　51件。根据刃口的形状可分为直刃、凸刃、凹刃和圆头四式。

直刃　7件，原料均为黑曜岩。长11.54~30.94毫米，平均23.24毫米，宽10.6~31.46毫米，平均21.67毫米，厚3.06~7.59毫米，平均5.36毫米，重0.99~5.16克，平均2.79克。标本07DD.4086，以石片断片为毛坯，长30.94、宽30.83、厚7.59毫米，重5.05克。背面保留部分自然面，腹面平滑，有清晰的同心波，左侧边采用压制法向背面加工成刃，疤痕较大而浅平，排列有序，刃缘平齐。刃长27.85毫米，刃角43°（图4-90，9）。

凸刃　21件，原料均为黑曜岩。长19.38~52.48毫米，宽7.67~45.33毫米，平均22.79毫米，厚2.71~10.39毫米，平均6.44毫米，重0.51~16.53克，平均5.68克。标本07DD.4424　以石片为毛坯。长52.48、宽33.24、厚8.79毫米，重16.17克。背面保留有部分自然面，腹面半锥体突起，有锥疤和清晰的同心波，左侧边采用压制法向背面加工成刃，疤痕较长而浅平，排列有序，刃缘平齐，刃长47.32毫米，刃角41°（图4-90，3）。

凹刃　6件，原料均为黑曜岩。长26.74~76.2毫米，平均45.74毫米，宽21.94~31.64毫米，平均27.2毫米，厚6.5~15.81毫米，平均10.97毫米，重6.47~18.53克，平均10.6克。标本07DD.1174　以石片为毛坯。长39.28、宽25.38、厚6.5毫米，重6.47克。素台面，背部保留有部分自然面，有1片疤痕，腹面半锥体突起，有清晰的同心波，右边缘采用压制法向北面加工成刃，疤痕可分为3层。第1层疤痕较大而浅平，第2、3层疤痕较为细碎，呈连续排列，刃长37.36毫米，刃角36°（图4-90，6）。

圆头　17件。根据器身的形状又可分为长方形，梯形和三角形三式。标本07DD.3650，以石叶远端为毛坯，整体呈长方形，长61.04、宽38.21、厚13.41毫米，重31.44克。腹面平滑，有清晰的同心波和放射线，背面中间有一条纵脊，刃缘采用压制法向背面加工而成，疤痕细长浅平，末端向脊的方向集中，最大修疤长18.69毫米，刃角32°，两侧边也进行了压制修理，疤痕浅平，排列连续（图4-90，10）。标本07DD.2989，以石叶远端为毛坯，整体呈梯形。长31.43、宽28.73、厚5.62毫米，重5.66克。腹面平滑，有清晰的同心波和放射线，背面左侧有1条脊，刃缘采用压制法向背面加工而成，疤痕细小、浅平，排列连续，最大修疤长6.92毫米，刃角51°，两侧边也进行了压制修理，疤痕排列整齐（图4-90，7）。标本07DD.3366，以石叶为毛坯，整体近三角形。长40.28、宽24.53、厚8.64毫米，重7.27克。素台面，腹面半锥体突起，有锥疤和清晰的同心波。背面隆起，有1条脊，在远端采用压制法向背面加工成刃，疤痕细长浅平，末端向脊的方向集中，最大修疤长9.29毫米，刃角49°。两侧边亦采用压制

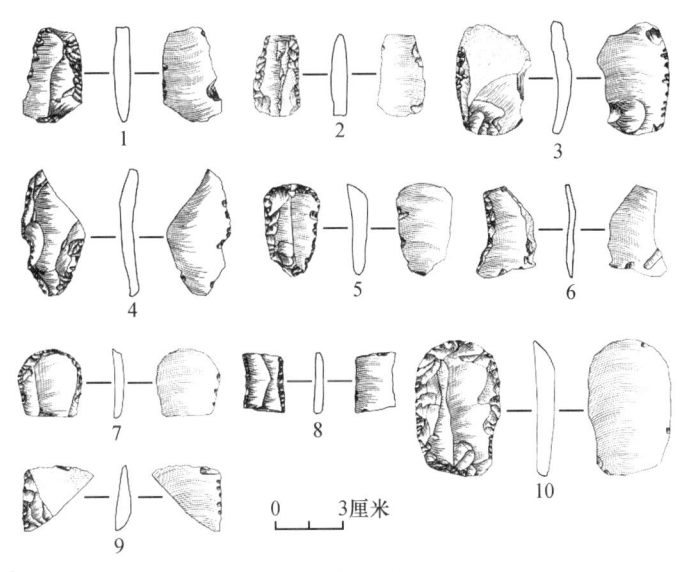

图4-90 第三类工具

1. 双直刃刮削器（07DD.3495） 2. 直凸刃刮削器（07DD.18） 3. 单凸刃刮削器（07DD.4424）
4. 复刃刮削器（07DD.4313） 5、7、10. 圆头刮削器（07DD.3366、07DD.2989、07DD.3650）
6. 单凹刃刮削器（07DD.1174） 8. 直凹刃刮削器（07DD.2630） 9. 单直刃刮削器（07DD.4086）

法进行了修理，疤痕排列整齐、连续（图4-90，5）。

双刃 6件。根据刃口的形状可分为双直刃、直凸刃和直凹刃三式。

双直刃 2件。标本07DD.3495，长43.36、宽25.88、厚5.41毫米，重6.49克。以石叶为毛坯，腹面平滑，同心波、放射线清晰，背面有1条脊，略呈扭曲状，左侧边缘采用压制法向背面加工成刃，疤痕浅平，排列连续，加工长度31.79毫米，最大深度8.31毫米，刃角18°，右侧边为直接使用刃缘，疤痕细小，大小不一，显微镜下观察排列连续。刃长40.47毫米，刃角22°（图4-90，1）。

直凸刃 3件。标本07DD.18，以石叶为毛坯远端，腹面有清晰的同心波、放射线，背面隆起，两片疤相交形成一条脊，左右两侧边均采用压制法向背面加工成刃，直刃缘疤痕多细小浅平，排列紧密，加工长度34.02毫米，加工深度7.01毫米，刃角26°，凸刃缘疤痕较大、浅平，排列连续，加工长度32.81毫米，加工深度7.96毫米，刃角22°（图4-90，2）。

直凹刃 1件。07DD.2630，长25.66、宽18.89、厚3.62毫米，重2.42克。以石叶中段为毛坯，腹面平滑，有清晰的放射线、同心波，背面有1条扭曲的脊，左右两侧边均采用压制法向背面加工成刃，疤痕浅平、排列连续，左侧为直刃口，右侧为凹刃口，直、凹加工长度分别为25.55、24.6毫米，刃角分别为15°、12°（图4-90，8）。

复刃 1件。07DD.4313，长56.48、宽27.69、厚5.14毫米，重7.62克。腹面平滑，有清晰的同心波和放射线，背面有5个片疤，左上部保留部分自然面，左侧刃口根据形状可分成三部分，皆为直接使用刃，在显微镜下可观察到微小、浅平、连续的疤痕，右侧边采用压制法向背面修理成刃，疤痕较大，排列连续（图4-90，4）。

雕刻器　22件。可分为屋脊形和修边斜刃雕刻器二型。

屋脊形　1件。07DD.4242，长49.16、宽28.09、厚11.62毫米，重12.12克。以石片为毛坯，在石片远端分别向左右两侧斜向削片形成刃口，削片疤与器身形成两个平台，易于把握。两侧边未进行任何修整（图4-91，2）。

修边斜刃　21件。其中完整者仅有5件，由于该遗址中此型雕刻器的有固定的形制，因此可以根据完整器的形制辨识出残器。标本07DD.60，长39.61、宽19.62、厚5.11毫米，重4.33克。以石叶为毛坯，雕刻器身周边（侧边和尾部）全部由劈裂面向背面修理，修疤细小、浅平、连续分布，雕刻面是在石叶远端一次斜向打击而成，但在正面留有2条浅平的与雕刻器削片方向一致的削片疤（图4-91，6）。

凹缺器　8件。原料均为黑曜岩。标本07DD.198，长24.25、宽16.12、厚6.73毫米，重3.07克。以石叶中段为毛坯，左侧边由腹面向背面修理成刃，疤痕浅平，连续分布，刃口中间疤痕较大，两边较小（图4-91，10）。标本07DD.1959，长22.11、宽25.36、厚6.28毫米，重2.42克。以石片为毛坯。背面布满了疤痕，腹面平滑，半锥体突

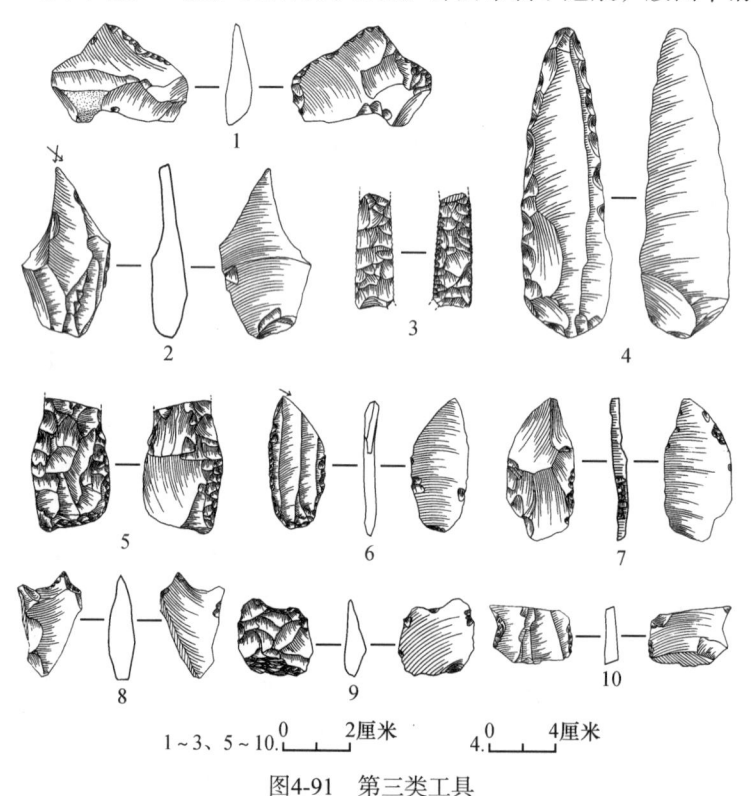

图4-91　第三类工具

1、4. 尖状器（07DD.2553、07DD.4001）　2、6. 雕刻器（07DD.4242、07DD.60）　3. 石镞（07DD.3716）
5. 工具残块（07DD.3247）　7. 修背小刀（07DD.1447）　8. 钻（07DD.1815）　9、10. 凹缺器（07DD.1959、07DD.198）

起。有清晰的同心波，远端向背面加工成刃，疤痕浅平，连续分布，刃口中间疤痕较大，两边较小（图4-91，9）。

尖状器 8件。标本07DD.2553，长30.16、宽43.17、厚8.69毫米，重10.18克。以石片为毛坯，背面隆起，左下部保留有部分自然面，将石片的远端与左侧边缘加工成刃，刃角95°（图4-91，1）。标本07DD.4001，长161、宽48、厚15.01毫米，重111.67克。原料为凝灰岩，以石叶为毛坯，整体呈桂叶形。腹面半锥体隆起，背面较平，两侧边向背面修理在远端相接成刃。疤痕较大，浅平、连续分布，可以看用软锤锤击和指垫法结合修整而成。刃角43°（图4-91，4）。

修背小刀 2件。标本07DD.1447，长42.91、宽21.01、厚5.8毫米，重4.83克。以石片为毛坯，腹面平滑，有清晰的同心波和放射线，背面布满疤痕，石片远端向左削片形成一弧形平面，该平面末端向背面进行加工成刀背，易于把握。右侧边近端向背面加工与原先边缘相接，形成一刃口，较为薄锐，在显微镜下可以看到使用后留下的细小疤痕，刃角30°（图4-91，7）。

石镞 1件。07DD.3716，凹底、残。长31.99、宽11.6、厚3.82毫米，重1.6克。原料为硅质岩，以石叶为毛坯，通体进行加工，在边缘可以看见压制法留下的疤痕，疤痕细小，连续分布，呈锯齿状。顶部与右侧翼残缺（图4-91，3）。

钻 1件。07DD.1815，长27、宽18.7、厚6.88毫米，重2.8克。以石片为毛坯，远端向背面加工压制成刃。显微镜下可观察到有细小的使用疤痕，刃角63°（图4-91，8）。

工具残块 6件。该类器物均为残块，无法将其归入到某一类型的器物中，但是还可以观察到某些加工特征，故将其单独分出。标本07DD.3247，为残断的两面器。长36.79、宽24.09、厚6.79毫米，重6.77克。采用压制法进行通体加工，有多层修疤，疤痕浅平，连续分布（图4-91，5）。

（三）结语

1. 石器工业的主要特征

（1）原料以黑曜岩为主。黑曜岩种类繁多，但以黑色纯净黑曜岩为主。

（2）石片断片和不可分类的碎片在石器组合中占绝对优势，石片的尺寸均以小型及微型为主，石片的平均长度和宽度接近于相等。石片的剥离主要采用锤击法。

（3）石叶和细石叶技术是剥片技术的主体，其中中段断片所占的比例最高，形制也最为规整。

（4）工具类（包括第二类工具）所占的比例偏低。以圆头刮削器和修边斜刃雕刻器为典型代表，其他类型的工具数量不多，工具的修理以边缘式正向修理为主，通体修理的工具数量不多。存在两面器技术。

2. 对比与讨论

（1）遗址的性质

通过对大洞遗址试掘区石制品组合的比较分析：第三类工具占石制品总数的2.4%，第二类工具占石制品总数的4.5%，石核类的比例仅为0.36%，石片的比例高达77.6%。石片中断片与废片所占的比例最高，且个体多以微型和小型为主，很难看见有大型个体，这应是古人在进行剥片与修理工具的过程中产生的副产品，古人在该地区采用黑曜岩这种优质原料制造石器时，对其利用的程度已经到达极限，加工精良的工具多随身携带，副产品及则弃之原地，直接导致大洞遗址石制品组合中断片和废片占据主要地位。

从石叶及细石叶的统计数据分析：大洞遗址中含有一定数量的石叶及细石叶，共计175件，占石制品总数的4%，其中中段断片116件，占石叶及细石叶总数的66.3%。这些中段的特征是：背面基本有2条平行脊，两侧边平行，整体呈长方形，长度和宽度呈渐变趋势。如此规整的形状和尺寸应该是人为筛选的结果。对细石器而言[1]，将其截断取平整者镶嵌在骨柄或者木柄上作为刀刃使用，这已经是定论，大洞遗址所发现的这些中段断片也不例外，但是在显微镜下观察这些断片未有任何使用痕迹。在黑曜岩这种优质原料非常珍贵及剥离技术相对高级的前提下，大量截断未使用的中段断片可能在当地加工然后输出或作他用，不可能是废弃的。从这方面分析，大洞遗址可能是一处石器制造场。

从遗址的地理位置分析，遗址位于河流的Ⅲ级阶地之上，背靠图们江，有丰富的水资源，面朝相对开阔的山间小平原，西面和背面被低山环绕，夏秋时节山上常常出没野猪和獐等动物，橡子、野葡萄等植物资源也十分丰富，应是一处十分理想的活动区。我们可以推测古人在该区利用优质原料进行精细石器加工的同时，亦进行采集、狩猎等经济活动。试掘区内低比例的工具种类以及不可利用的工具断块可为直接证据。

综上分析大洞遗址性质应为工具制造场兼具季节性经济活动场所。但是从田野调查的情况来看，大洞遗址的面积巨大，超过100万平方米，本次试掘区面积仅为49平方米，相对于整个遗址来说似乎是"九牛一毛"，单从试掘区的情况来推断整个遗址的性质，似乎有所不妥，随着将来发掘面积的扩大，不排除遗址存在不同功能区的可能性。

---

[1] 贾兰坡：《中国细石器的特征和它的传统、起源与分布》，《古脊椎动物与古人类》1979年第2期。

（2）对遗址石制品原料产源地的推测

黑曜岩本身属于岩浆岩中的喷出岩类，其中的矿物颗粒细小，质地较为细腻，是制作石制品的优质原料。这种岩石的产地只能是在火山口附近，大洞遗址地处于长白山腹地，距天池仅80千米，图们江流域的广坪、军舰山隶属于天池火山[1]，因有如此优势的地质条件，遗址中的黑曜岩完全可能产自长白山火山区。有众多火山群的日本列岛就含有丰富的黑曜岩遗址群，但从外观观察日本的黑曜岩的颜色多为黑色、黑色中夹杂酱红色和粉红色[2]，而大洞遗址中的黑曜岩与日本的有明显区别，虽有极个别夹粉红色条纹，但这种夹条纹的黑曜岩在砾石原料中也有发现。

大洞遗址中部分石制品还保留有砾石面，说明古人直接采集河滩上的黑曜岩砾石进行应用，但只是小部分。在遗址地层中含有黑曜岩砾石块的第6、7层是当时的河床，在图们江Ⅲ级阶地的陡坎上有显露，里面夹杂的黑曜岩砾石应是次生的，图们江发源于长白山麓，流经玄武岩高原，在玄武岩高原中夹杂的黑曜岩条带被河流冲蚀形成砾石是完全可能的，这种现象在俄罗斯滨海边疆区南部也有发现。此外根据当地村民讲述挖设管道时曾经挖出大块的黑曜岩，这在一定程度上支持遗址中的黑曜岩来自长白山的猜想。

遗址中含有大量的石片断片和断块，占据了石制品总数的88.7%，这说明该遗址附近应该富含黑曜岩。此外由黑曜岩的特性决定：剥离的石片、石叶及细石叶边缘都非常的锋利，完全可以不用进行第二步加工即可使用，因此古人在选择工具使用时，若没有特殊的需要，完全可以采用未加工的石片或石叶来处理日常生活中的切、割、刮、削。大洞遗址中多数二类工具上面的疤痕只能在显微镜下才能观察清楚，这说明很多第二类工具只使用过一两次就抛弃了，这是在原料极大丰富的情况下才可能发生的事情，这从侧面表示该遗址应距原料产地不远。

虽然我们在遗址附近调查时还未发现有裸露的黑曜岩岩体，只采集到了次生的黑曜岩，但是综合以上分析，大洞遗址中的黑曜岩应产于长白山。

3. 与周边文化的关系

（1）与周围遗址的关系

在大洞遗址周围存在的以黑曜岩为主要原料的细石器遗址有和龙石人沟[3]、珲

---

[1] 樊祺诚等：《长白山火山活动历史、岩浆演化与喷发机制探讨》，《高校地质学报》2007年第2期。
[2] 属个人交流。
[3] 陈全家等：《延边地区和龙石人沟发现的旧石器》，《人类学学报》2006年第2期，第106页。

春的北山[1]、和龙柳洞[2]、抚松新屯西山[3]、安图沙金沟[4]和龙青头[5]等遗址。这些遗址为东北地区典型的细石叶工业类型，其主要的特征是，剥片技术除了锤击法外还使用了间接剥片技术。工具修理上采用了压制法、指垫法及间接法，工具类型以刮削器为主，雕刻器、琢背小刀、石钻等较少，还出现了复合工具，整个器形加工规整，大多数工具小而精致。

石人沟遗址在石制品组合中石片（包括断片、废片、碎屑和断块）所占的比例最高，剥片技术主要为锤击法，出现了石叶与细石叶共存的现象，其中细石叶也多保留中段，工具组合中以各类刮削器为主，精致工具的加工以压制法为主，修理方式以单向的正向加工为主，值得一提的是在第三类工具中出现与大洞遗址中修边雕刻器一致的技法。

北山遗址的石制品多为采集品且数量较少，但是第三类工具组合以各类刮削器为主，工具毛坯以石片为主，石叶次之，工具的修理以压制法为主，出现了两面器技术，这种迹象在大洞遗址中亦有显现。

柳洞遗址的石制品组合中石片所占的比例也最高，工具组合中也以各类型的刮削器为主，工具的修理方向以单向的正向加工为主，最具有代表性的刮削器为圆头刮削器，此类型的刮削器无论在形制上还是加工方法上与大洞遗址的圆头刮削器如出一辙。

对比东北细石叶工业的总体特征和典型遗址的个性特征，我们不难看出大洞遗址的工业特征在总体上与东北细石叶工业特征是不谋而合的，而在典型器物特征方面与各个遗址的同类器物有着千丝万缕的联系，因此我们可以说，大洞遗址在工业类型上属于东北旧石器时代晚期的细石叶工业类型[6]，但从石制品的制作以及器形方面来讲，大洞遗址似乎要比其他遗址技高一筹。

（2）与华北下川细石叶工业的关系

大洞遗址是东北旧石器时代晚期一处典型的细石叶工业遗址，有成熟的石叶技术和细石叶技术，在典型工具的修理上多采用压制法，有少量的通体技术，也存在有两面器技术。典型的代表性器物为器形规整、加工精致的圆头刮削器和修边斜刃雕刻器，这些特点承继了东北地区旧石器时代晚期细石叶工业传统的特征，但在文化面貌

---

[1] 陈全家等：《吉林延边珲春北山发现的旧石器》，《人类学学报》2004年第2期，第138页。

[2] 陈全家等：《吉林和龙柳洞2004年发现的旧石器》，《人类学学报》2006年第3期，第208页。

[3] 陈全家等：《抚松新电子西山旧石器遗址试掘报告》，《人类学学报》2009年第2期，第147~153页。

[4] 陈全家等：《安图沙金沟旧石器遗址发现的石器研究》，《华夏考古》2008年第4期，第51~58页。

[5] 陈全家等：《吉林延边和龙青头2006年发现的旧石器》，《考古与文物》2008年第1期。

[6] 赵宾福：《东北石器时代考古》，吉林大学出版社，2003年，第1~155页。

上与华北地区旧石器时代晚期典型细石叶工业[1]传统也有着密切的联系。

提及华北典型的细石叶工业技术就不能不提到下川遗址[2]。该遗址的发现，在中国细石器考古中有里程碑的意义，它的发现和研究使中国旧石器考古工作者第一次清楚地认识了细石器[3]，并把它和小石器区别开来。更有学者认为下川遗址是中国细石器起源的中心[4]，这足以显示下川遗址在华北甚至中国细石器考古中的地位是不可替代的。下川遗址的石制品多采用黑燧石这种优质原料，说明当地的古人在原料筛选方面的能力是很强的，这与大洞遗址的古人选用黑曜岩这种优质原料的出发点是一致的。在初级剥片技术中存在着石叶、细石叶技术，在石器加工方向上单向的正向加工占据优势的比例，细小的石片和薄长的而规整的石片绝大部分为残次品，反映了当时把大量的石片截断，取其平整者作为镶嵌复合工具之用。这一点与大洞遗址中大量的细石叶中段断片的作用是一致的。也存在有少量的两面加工的石器，在典型器物中有比较新颖的类型，其中引人注目的就是顶端刮削器和斜边雕刻器。其中顶端刮削器以长石片作为毛坯，用压制法进行修整，圆头刃口非常整齐，这与大洞遗址的圆头刮削器几乎别无二致，但从器物图上看来，大洞遗址似乎器形还要规整一些。另外一种典型器物是斜边雕刻器，下川遗址的斜边雕刻器都是在较厚的石片两边向背面由近端至远端全部经过精细的修整之后在远端斜向打掉一个小石片之后形成刃口，这种技法和大洞遗址中的修边雕刻器技法几乎一样，略有不同的是大洞遗址的雕刻器远端一般是打掉两个细小石叶之后形成刃口。从这些特点来看大洞遗址的石器制作技术与下川遗址的石器制作技术是非常密切的，然而，下川遗址的报告中指出下川遗址中的石镞非常的古拙，始终没有见到两面加工的凹底、平底和有铤石镞，但是在大洞遗址中发现有这种石镞，虽然是一件残器，但是我们仍然可以看出它的加工是非常精良的，通体加工，左右两侧边进行压制，压制的疤痕非常细小，以至于边缘呈现锯齿状，表现出了高超的工艺水平。从这些方面来讲，大洞遗址的细石器工业的技术水平似乎比下川遗址还要略胜一筹。

下川遗址未见有共生的动物化石，因而年代确定遇到了困难，20世纪70年代末和80年代初公布过一系列的测年数据[5]，年代范围集中在距今21000～13000年和距

---

[1] 张森水：《中国北方旧石器工业的区域渐进与文化交流》，《人类学学报》1990年第4期，第322～333页。

[2] 王建等：《下川文化——山西下川遗址调查报告》，《考古学报》1978年第3期。

[3] 黄慰文等：《中国北方的旧石器晚期文化》，《旧石器时代论集——纪念水洞沟遗址发现八十周年》，文物出版社，2006年，第24页。

[4] 杜水生：《楔形石核概念内涵与细石核分类初探》，《人类学学报》2021年第2期，第307～319页。

[5] 中国社会科学院考古研究所：《中国考古学碳十四年代数据集（1965～1991）》，文物出版社，1992年。

今36000～23000年两个时段,由于样品不是采自同一个地点而各地未建立明确的可以对比的地层层序,因而给这些数据的利用带来了困难,或许因石器技术和类型给人以非常进步的印象,很多学者倾向于将遗址年代定位在距今24000～16000年。而另一处"细石器成分与下川文化别无二致"的丁村77:01地点的测年为26400年±800年[1],但是从器物的特征看其年代明显偏早。但在另一处与下川遗址面貌接近的山西榆社孟家庄遗址年代距今为10290年±150年[2]。综合这些我们可以看出下川遗址的年代不会很早。大洞遗址目前还没有测年数据,对其年代的探讨也只是一种推测,我们无法从时间上和下川遗址确切地比出早晚,所以这两者之间的具体关系,我们要等大洞遗址材料进一步丰富之后再进行详细的破解。但是二者在文化面貌上的密切联系是不容置疑的。

4. 遗址的年代

大洞遗址目前还没有测年数据,所以对其年代的探讨只是一种推测。

遗址位于图们江的Ⅲ级河流阶地之上,该阶地直接披覆在一层玄武岩台地上,该层玄武岩又称南坪玄武岩,它的K-ar稀释法年龄为13.1万±0.64万年,在直接覆盖的砂层中取热发光样本测得的年龄是9.6万±0.7万年[3]。覆盖在南坪玄武岩之上的砾石层可以与棕黄色的冰碛层(晚更新世早期)和新黄土对比[4]。推测大洞遗址的文化层应不早于晚更新世晚期。

与俄罗斯滨海边疆南部旧石器遗址的比较分析,伊利斯塔耶河流域的戈维特克-5遗址在文化面貌上与大洞遗址非常接近,俄罗斯学者将其定为旧石器时代晚期[5],这也佐证了大洞遗址应属于旧石器时代晚期。

与下川文化的比较分析,大洞遗址在文化面貌上与下川文化非常相似,但在技术水平上似乎比下川略胜一等。下川文化的年代数据集中于距今24000～16000年,因此大洞遗址的年代应不会早于此时段。

与日本相关遗址的比较分析,日本北海道晚期的工业面貌和大洞遗址相似,日本学者将日本的旧石器时代晚期定于距今1.4万～1万年前[6]。

---

[1] 中国社会科学院考古研究所实验室:《放射性碳素测定年代报告(五)》,《考古》1978年第4期。

[2] 刘景芝等:《山西榆社细石器遗存》,《人类学学报》1995年第3期。

[3] 刘祥、向天元、王锡魁:《长白山地区新生代火山活动分期》,《吉林地质》1989年第1期。

[4] 吉林省区域地层表编写组:《东北地区区域地层表(吉林省分册)》,地质出版社,1978年。

[5] A. 尤希塔尼等著,胡钰译:《俄罗斯远东地区中部的滨海南部地域内旧石器时代晚期遗址中出土的黑曜岩石片的原产地分析》,《历史与考古信息》2006年第1期。

[6] 加藤真二著,袁靖、李伊萍译:《日本学者对日本列岛及周围地区旧石器时代考古研究现状之我见》,《北方文物》1993年第1期。

综上分析从大洞遗址地质层位、加工技术以及不见磨制石器和陶片等情况分析，其文化遗存的年代不会晚于旧石器时代晚期，其绝对年代应该在1.5万～1万年。

第九节 石人沟林场旧石器地点

2007年8月中旬，吉林大学边疆考古研究中心部分师生和吉林省文物考古研究所同志在延边和龙石人沟遗址周边进行考古调查时，在石人沟林场东北的红旗河的第Ⅱ级阶地上发现了该地点，并采集石制品30件，随后正南北方向先后布两个发掘区共69平方米的探方，发掘出土86件石制品。

一、地理位置、地貌与地层

（一）地理位置

和龙石人沟林场旧石器遗址位于吉林省延边地区和龙石人沟林场东北约300米的河流阶地上。其地理坐标为东经128°50′56″，北纬42°10′59.5″（原点坐标）。东北距和龙市约45千米，东南距中朝边境图们江约16千米。

（二）地质地貌

吉林省东部是构造抬升的长白山区，崇山峻岭，森林茂密，长白山地属新华夏系隆起带，普遍存在夷平面和发育的多级河流阶地。林场遗址地处长白山山系的南岗山山脉，坐落于高出水面约16米的Ⅱ级阶地上，背靠高山，面向图们江的第二大支流红旗河以及和龙通往石人沟的乡村公路，遗址的海拔为692米，距红旗河约20米，发掘区植被为黄豆和芥菜，周边人工松树林和天然林（图4-92）。

（三）地层

该区域火山沉积相当活跃，冰碛、黄土与火山沉积物交互叠置[1]。地层堆积依A区南壁剖面自上而下分为9层。

第1层：黑色的腐殖土，质地疏松，夹有植物的根茎。厚10～30厘米。

第2层：褐色火山灰土，夹砂，非常疏松。厚18～32厘米。

第3层：浅黄色的砂质黏土，土质较硬，部分探方缺失该层，石制品主要出自该

---

[1] 吉林省地质矿产局：《吉林省区域地质志》，地质出版社，1988年。

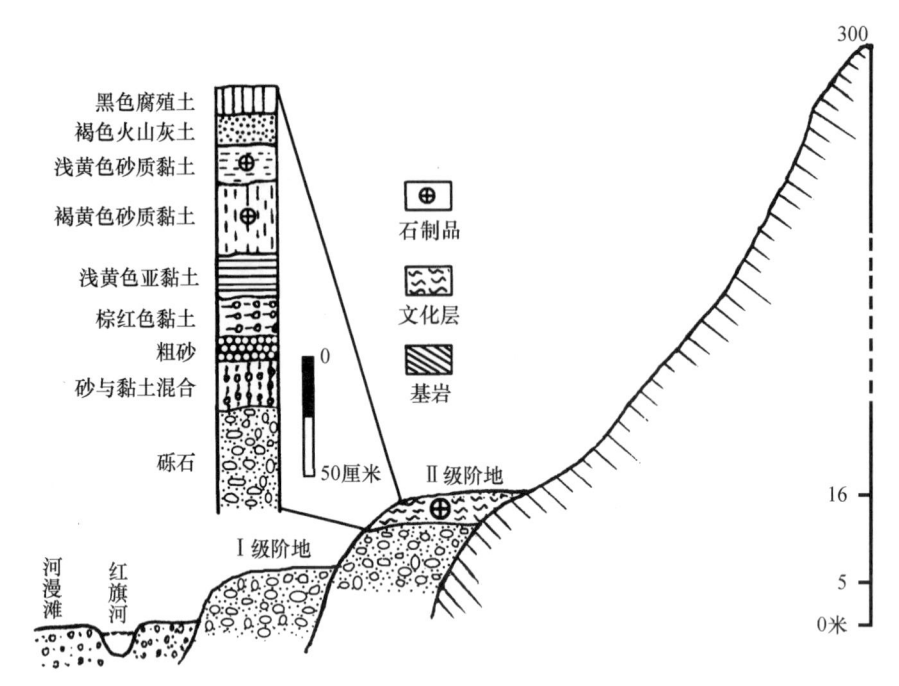

图4-92 石人沟林场旧石器遗址地层剖面示意图

层。厚0~45厘米。

第4层：褐黄色的砂质黏土，较疏松，夹有未磨圆的小石粒，含少量石制品。厚20~95厘米。

第5层：浅黄色的亚黏土，土质较紧密，未见石制品。厚0~57厘米。

第6层：棕红色的黏土，较致密，未见石制品。厚0~38厘米。

第7层：粗沙层，质地松散，未见石制品。0~13厘米。

第8层：砂与黏土的混合层，较疏松，未见石制品。厚9~55厘米。

第9层：砾石层，出露花岗岩砾石层，未见底，未见石制品。深170~195厘米。

和龙林场遗址的地层可分为9层，其中第1层为现代耕土层，第2层为火山爆发形成的粉尘堆积，第3到第4层为古代人类活动形成的文化层，第5到第9层为古河床被河流下切形成的阶地堆积。石制品出自第3~4层。

二、石制品分类与描述

此次调查和发掘共获得石制品116件（表4-25），包括石核、石片、细石叶、断片、断块、废片、第二类工具和第三类工具。石制品原料较为单纯，黑曜岩占绝对优势，占97.42%，另外，仅2件板岩断片和1件凝灰岩断块，分别占1.72%和0.86%。个别黑曜岩石制品表面有不同程度风化，失去光泽，皆棱脊清晰，少有磨蚀。

石制品种类较为简单，以废片和断片数量最多，分别占石制品总数的26.72%、25.0%，其次是断块和完整石片，分别占17.24%、12.08%。第三类工具和细石叶也占一定比重，为6.88%和6.91%。第二类工具较少，占4.31%。石核仅一件，占0.86%。石制品大小组合基本为微型和小型，个别中型，不见大型和巨型（表4-24）。

表4-24 石制品大小分类统计表

尺寸大小 石制品类型	≤20毫米 N	≤20毫米 %	20~50毫米 N	20~50毫米 %	50~100毫米 N	50~100毫米 %	≥100毫米 N	≥100毫米 %
石核	0	0	1	0.86	0	0	0	0
完整石片	10	8.62	4	3.44	0	0	0	0
细石叶	8	6.91	0	0	0	0	0	0
断片	22	18.96	5	4.31	2	1.72	0	0
断块	10	8.62	10	8.62	0	0	0	0
废片	31	26.72	0	0	0	0	0	0
第二类工具	0	0	5	4.31	0	0	0	0
第三类工具	1	0.86	6	5.16	1	0.86	0	0

本次发掘分为A、B两个区，探方分布及石制品平面和垂直分布如图4-93所示（外延出探方的个别石制品为清理探方周围表土所获）。从平面看（图4-93），石制品分布很零散，无规律。从剖面看，石制品分布不很连续而有较明显集中分布层。因而，可以推测，此遗址既不是古人类久居之地，也不是频繁活动的场所，而很可能是季节性的活动地点。

（一）石核

仅1件，占石制品总数的0.86%，07.LC.C∶1，原料为黑曜岩，为细石叶石核，剥片较少。整体形状呈楔形，石核长42.95、宽18.31、高35.28毫米，重20.84克。此石核有两个剥片面，两个剥片面彼此互为台面进行剥片，两个剥片面相交于一条略曲折的棱脊，形成的夹角约60°，石核底缘也有修整，修疤连续，生成较为薄锐的底缘，利于控制剥片长度。剥片面一侧棱也略有修整，剥片较少，采用间接剥片，剥片成功不多，个别剥片石叶窄而狭长，最大长39.5毫米，最大宽6.4毫米（图4-94）。

由此看来，此件石核对台面和底缘的预制修理，以及采用软锤或间接剥片法获取窄而狭长的石叶，表明加工者对石核经过预先设计，已掌握接近或类似于细石叶石核剥片的技术，这从遗址中出土有为数不少的细石叶也可得到印证，因此，此件石核可称作细石核的初始阶段。

表4-25 石制品分类测量与统计

项目	原料分类	石核	完整石片	细石叶 近端	细石叶 中段	细石叶 远端	断片 近端	断片 中段	断片 远端	断块	废片	第二类工具 刮削器 直刃	第二类工具 刮削器 凸凸刃	第二类工具 刮削器 直凸刃	第二类工具 刮削器 单直刃	第二类工具 刮削器 复刃	第三类工具 端刮器	第三类工具 雕刻器	第三类工具 尖刃器	第三类工具 残器	小计	百分比（%）
原料	黑曜岩	1	13	3	3	2	13	6	9	19	31	3	1	1	1	2	1	1	1	2	113	97.42
	凝灰岩		1							1											2	0.86
	板岩																				1	1.72
长度（毫米）		42.95	15.46	15.78	11.39	13.88	18.77	16.69	14.56	23.47	7.66	25.17	27.62	44.98	25.16	38.17	27.56	21.97	32.63	34.15		
宽度（毫米）		18.31	15.88	9.15	8.17	7.58	19.69	19.96	15.88	13.28	4.96	17.00	17.68	29.27	17.25	30.14	19.69	20.00	32.28	27.24		
厚度（毫米）		35.28	3.94	2.04	1.43	1.47	4.01	4.54	3.51	8.26	1.33	6.40	4.10	6.51	9.27	9.00	4.53	3.51	13.64	6.14		
重量（克）		20.84	0.99	0.27	0.11	0.13	3.65	4.39	0.76	2.55	0.04	2.19	1.91	7.30	3.82	8.98	1.95	1.43	10.41	14.50		
刃缘长（毫米）												16.79	27×26	41×43	20.5	28.26	32.3					
石片台面角（度）		82	101.8				98.6															
刃尖角（度）												21.0	19.5	20.4	53.0	33.17	12.5	57.0	68.0			
背面疤痕数			5.2	4.2	3.8	4.0	8.6	6.7	4.5			6.0	6.0	7.0	7.0	8.5						
小计		1	14	3	3	2	13	6	10	20	31	3	1	1	1	2	1	1	1	1	116	100
百分比（%）		0.86	12.08	6.91			25.00			17.24	26.72	4.31			2.58		0.86	0.86	0.86	1.72		

注：表格中测量数据为均值

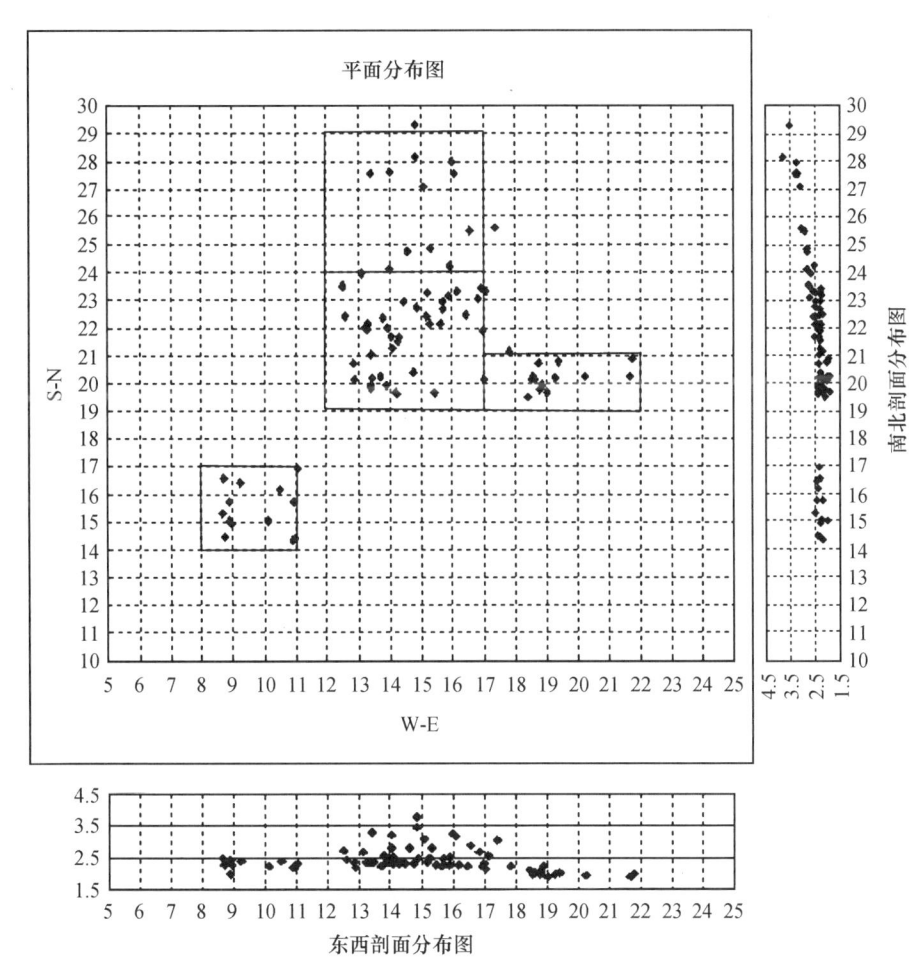

图4-93 探方布局及石制品平、剖面分布图

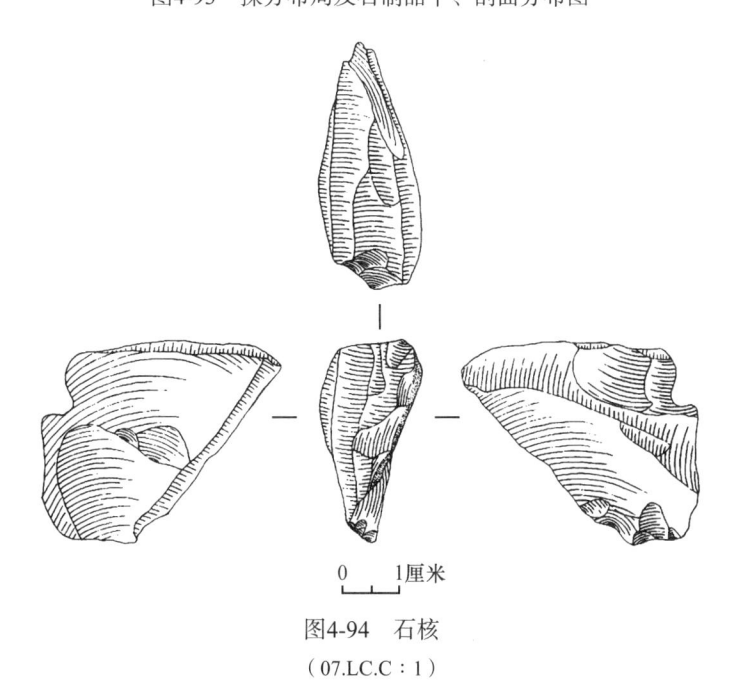

图4-94 石核
（07.LC.C：1）

(二)完整石片

共14件，占石制品总数的12.08%。原料除1件凝灰岩者外，皆为黑曜岩。均系锤击法剥片，石片均较小，形状多不规则。

石片根据台面可分为：线状台面、点状台面、有疤台面和素台面[1]。其中以线状台面居多，占石片总数的35.7%，点状台面和有疤台面次之，各占28.6%，个别素台面，占7.1%。

石片背面形态基本为全疤，个别为疤砾结合。腹面平坦或略弧。打击点都较清楚，半锥体略凸，个别有锥疤。石片长8.4~25.6毫米，平均15.46毫米，宽8~28.5毫米，平均15.88毫米，厚1.5~10.3毫米，平均3.94毫米，重0.09~3.88克，平均0.99克。标本07.LC：66，原料为黑曜岩，长29.7、宽28.54、厚4.41毫米，重2.38克，石片整体形状略呈长方形，点状台面，腹面微凹，打击点集中，半锥体较凸，有明显锥疤，同心波及放射线均较清楚。背面保留一小部分粗糙石皮，其余为大小深浅不一的凌乱疤痕，石片近台面处相对较厚，边缘薄锐（图4-95，8）。标本07.LC：28，原料为黑曜岩，石片形状不规则，台面为节理面，打击点清楚，半锥体略凸，锥疤明显，可见清晰的同心波和放射线。背面有一条纵脊，近台面处有细碎浅平疤痕，腹面平坦。长25.59、宽18.05、厚4.75毫米，重1.27克（图4-95，7）。

(三)断片

共29件，占石制品总数的25.00%，原料除一件为板岩外，其余均为黑曜岩，都是横向断片，椐部位不同又可分为近端、中段、远端断片。

近端　共13件，占石制品总数的11.22%，在断片中居多，仅一件为中型，其余为小型和微型。其中线状台面8件，点状台面3件，刃状台面2件。断面形状以钝角三角形为主。残长10.16~53.26毫米，平均18.77毫米，宽8.94~64.64毫米，平均19.69毫米，厚1.69~13.66毫米，平均4.01毫米，重0.17~39.96克，平均3.65克。标本07.LC：41，原料为黑曜岩，残长53.2、宽64.64、厚13.66毫米，重39.96克。在断片中唯一一件中型标本，台面已被现代人耕地时破坏，背面全疤，疤痕大小深浅不一，刃状台面，近台面处有浅平细小疤痕。腹面较为平坦，底端断面截面呈钝角三角形，标本表面风化侵蚀较重，失去黑曜岩光泽，边缘有新磕碰的新疤痕，系耕地等现代人为因素造成（图4-95，1）。

中段　共6件，占石制品总数的5.16%，原料均为黑曜岩，形制不规整。体积均较小，断面形状多不规则，背面疤较少。残长7.54~35.59毫米，平均16.69毫米，宽

---

[1] 李炎贤：《关于石片台面的分类》，《人类学学报》1984年第3期，第253~258页。

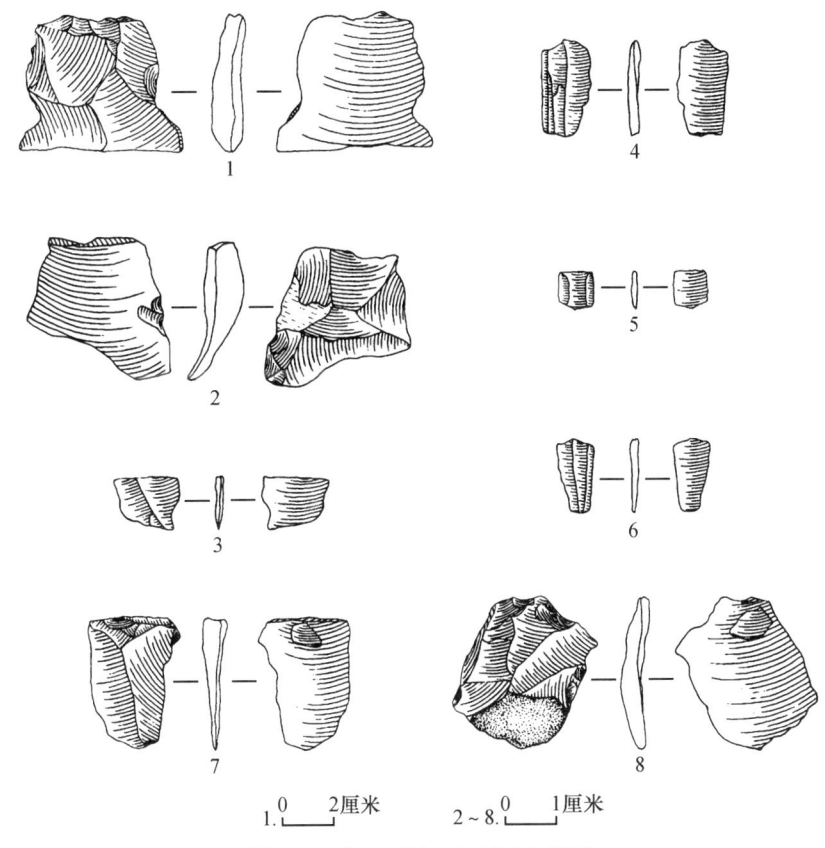

图4-95 完整石片、细石叶和断片

1~3.断片（07.LC：41、07.LC.C：16、07.LC：22）　4~6.细石叶（07.LC.C：30、07.LC：6、07.LC.C：70）
7、8.完整石片（07.LC：28、07.LC：66）

11.07~52.11毫米，平均19.96毫米，厚0.94~12.4毫米，平均4.54毫米，重0.09~23.57克，平均4.39克。标本07.LC：22，原料为黑曜岩，残长10.3、宽12.96、厚1.56毫米，重0.17克，形状不规则，两端有断面，断面一端形状呈钝角三角形，另一端不规则。背面有一条斜纵脊，腹面平坦，同心波和放射线较明显（图4-95，3）。

远端　共10件，占石制品总数的8.62%，原料除一件是板岩外，都是黑曜岩，形状区别较大，多不规整。体积较小，断面形态各异。残长8.93~27.44毫米，平均14.56毫米，宽10.35~28.5毫米，平均15.88毫米，厚1.61~7.83毫米，平均3.51毫米，重0.13~3.77克，平均0.76克。标本07.LC.C：16，形状呈近梯形，残长27.44、宽28.5、厚7.83毫米，重3.77克。断面略呈钝角三角形，背面布满大小不等的疤痕，腹面微凸，远端有一凹槽，有明显同心波，底端边缘薄锐且略翘（图4-95，2）。

（四）细石叶

共8件，占石制品总数的6.91%。原料均为黑曜岩，全部残断。根据断裂部位可分为近端、中段和远端细石叶。

近端 共3件，占石制品总数的2.58%。其中点状台面1件，线状台面1件，有脊台面1件。台面后缘均有细碎微疤。背面有1~3条纵脊。断面齐整，形状呈长条形。残长12.16~18.59毫米，平均15.78毫米，宽6.01~11.74毫米，平均9.15毫米，厚1.30~2.58毫米，平均2.04毫米，重0.06~0.4克，平均0.27克。标本07LC.C：30，原料是黑曜岩，残长18.59、宽9.7、厚2.25毫米，重0.37克。整体形状略呈矩形，打击点和半锥体较明显，可能系软锤锤击剥片，线状台面，台面后缘有修理痕迹，背面有三条基本平行的纵脊，腹面平坦，两侧边缘略平行（图4-95，4）。

中段 共3件，占石制品总数的2.58%。整体形状基本呈不规则方形，薄锐，背面有1~2条平行纵脊，腹面平坦，断面形状呈窄条状。残长7.23~16.16毫米，平均11.39毫米，宽7.21~9.19毫米，平均8.17毫米，厚1.03~1.81毫米，平均1.43毫米，重0.06~0.14克，平均0.11克。标本07LC：6，原料为黑曜岩，残长7.23、宽7.21、厚1.03毫米，重0.06克。整体形状基本呈正方形，背面有两条平行的纵脊，腹面平坦，两侧缘平行，断面齐整，呈条形（图4-95，5）。

远端 共2件，占石制品总数的1.72%。整体形状不规则，远端收缩。背面有1~2条不平行的纵脊，断面形状呈钝角三角形或线状。残长13.13~14.62毫米，平均13.88毫米，宽7.41~7.74毫米，平均7.58毫米，厚1.34~1.59毫米，平均1.47毫米，重0.11~0.14克，平均0.13克。标本07LC.C：70，原料为黑曜岩，残长14.62、宽7.41、厚1.59毫米，重0.14克。整体形状不规则，背面有两条稍收缩的纵脊，腹面平坦，两侧缘在远端略有收缩，断面呈钝角三角形（图4-95，6）。

（五）断块

共20件，占石制品总数的17.24%，其中黑曜石者19件，凝灰岩者1件，体积较小，形态重量不一。其中最小者长12.71、宽5.12、厚4.43毫米，重0.15克，最大者长35.15、宽29.51、厚18.76毫米，重10.98克，平均长23.47、宽13.28、厚8.26毫米，重2.55克。

（六）废片（碎屑）

是在打片或工具加工、修理的过程中附带产生的一些微小的碎片，其碎小程度达到难以观察其具体特征，因此将其归入废片。共31件，占石制品总数的26.72%，原料均为黑曜岩，碎小薄锐，形态各异，最小者长3.3、宽2.52、厚1.48毫米，重0.01克，最大者长17.05、宽4.43、厚2.28毫米，重0.14克。平均长7.66、宽4.96、厚1.33毫米，重0.04克。

（七）第二类工具（使用石片）

共5件，占石制品总数的4.31%，原料均为黑曜岩，全是小型和微型制品，工具均为刮削器类，根据工具刃缘的多少可以分为单刃型、双刃型两种。主要以完整石片直接使用者居多，部分是断片直接使用，多具明显使用痕迹。

单刃型　共3件，原料为黑曜岩，单刃型中仅见单直刃式。

单直刃式　3件，原料为黑曜岩。形态各异，刃缘均具有明显使用痕迹，疤痕大小不一，少有多层重叠，均较浅平且不连续。长22.13~30.79毫米，平均25.17毫米，宽12.54~19.94毫米，平均17毫米，厚3.86~9.54毫米，平均6.4毫米，重0.66~3.93克，平均2.19克，刃缘长14.4~19.82毫米，平均16.79毫米，刃角13°~28°，平均21°。标本07.LC：63，原料为黑曜岩，系石片远端断片直接使用，长22.13、宽18.53、厚5.97毫米，重1.98克，刃缘长19.82毫米，刃角28°。石片断面的截面呈钝角三角形，左侧较厚钝，右侧刃缘薄锐，使用痕迹清晰，在背面和腹面刃缘均有表现，疤痕较小且平，整体形态类似于琢背小刀，背面有一条纵脊，一条斜脊，腹面微内弧，可见清晰的同心波，放射线不明显（图4-96，3）。

双刃型　共2件，原料为黑曜岩，根据刃缘形态可分为直凸刃和凸凸刃式。

直凸刃式　仅1件，07.LC.C：25，原料为黑曜岩，系石片远端断片直接使用，残长44.98、宽29.27、厚6.51毫米，重7.3克，刃缘长分别为41.2、43.25毫米，凸刃刃缘较弯曲，布满碎小细疤，背面和腹面疤痕均较浅，大小不等，且不连续，没有多层疤痕现象，有两条纵脊，腹面略内弧，同心波放射线清晰（图4-96，1）。

凸凸刃式　仅1件，07.LC：2，原料为黑曜岩，系石片近端断片直接使用，台面为点状台面，半锥体凸，腹面较平坦，同心波和放射线较清楚，背面疤痕较浅，有一条纵脊，两侧刃缘较薄锐，刃缘使用处疤痕明显，一侧较连续一侧不连续，疤痕均浅平细碎。残长27.62、宽17.68、厚4.1毫米，重1.91克，刃缘长分别为27.2、26.3毫米，刃角为19.5°（图4-96，2）。

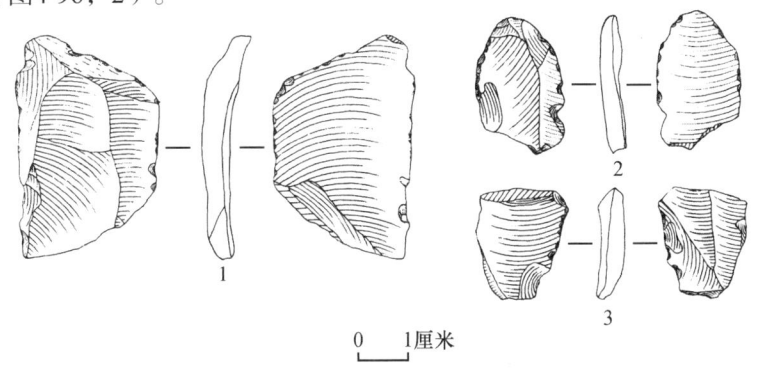

图4-96　第二类工具
1. 直凸刃刮削器（07.LC.C：25）　2. 凸凸刃刮削器（07.LC：2）　3. 单直刃刮削器（07.LC：63）

（八）第三类工具

共8件，占石制品总数的6.91%，原料均为黑曜岩，可分为刮削器、端刮器、尖状器、雕刻器、残器5类。

刮削器　共3件，占石制品总数的2.58%，原料为黑曜岩。主要是小型和微型制品。加工方式主要是正向加工，个别反向加工，修理方法主要是锤击修理。根据刃口数量可分为单刃和复刃二型。

单刃型　仅1件，07.LC：23，原料黑曜岩，形制不甚规整，截面为三角形，毛坯为石片，石片背面有节理面，加工方式为正向，系锤击修理，疤痕大小深浅不一，具有双层修疤，修理连续。背面亦有修理或使用时崩落的碎小疤痕。长25.16、宽17.25、厚9.27毫米，重3.82克，刃缘长20.53毫米，刃角53°（图4-97，2）。

复刃型　共2件，07.LC.C：29，原料为黑曜岩，以石片为坯料，形制比较精致，正向加工，锤击修理，三个刃缘，一边为修理的凹刃，系硬锤锤击修理，疤痕深浅大小不一，两层修疤。另两边为直接使用的直刃，边缘具有细碎不很连续的使用疤痕。腹面较平坦，同心波和放射线清晰。背面布满石片疤，靠近左侧边缘有一斜纵脊，形成左侧钝厚，右侧薄锐的形态。长43.31、宽32.18、厚9.65毫米，重11.66克，刃缘长42.2毫米×29.1毫米×18.3毫米，刃角分别为37°、26°和43°（图4-97，4）。07.LC.C：7，原料为黑曜岩，石片毛坯。形制不规则。长33.02、宽28.1、厚8.35毫米，重6.29克，刃缘长30.1毫米×26.5毫米×24.2毫米，刃角分别为32°、24°和37°。加工方式为正向，修理方法为锤击法，三个刃缘，端刃为修理刃缘，修疤大而且深，连续修理。两侧刃缘为直接使用刃缘，使用疤痕清楚，小而且浅平，不连续。腹面稍内弧，同心波和放射线清晰可见，背面全疤，大小不等，呈现中间厚边缘薄的形态（图4-97，5）。

端刮器[1]　仅1件，占石制品总数的0.86%，07.LC：65，黑曜岩为原料，形状略呈拇指形，长27.56、宽19.69、厚4.53毫米，重1.95克，刃缘长32.3毫米，刃角12.5°。标本系石片远端加工而成，整体较薄锐，端刃缘未作修理直接使用，刃缘具有崩落的碎小疤痕，底端作修型加工和修理，加工方式为正向，锤击修理（图4-97，8）。

尖状器[2]　共1件，占石制品总数的0.86%。07.LC.C：21，原料为黑曜岩，整体形状近杏仁形，石片毛坯，背面呈龟背状突起，腹面略内弧，长32.63、宽32.28、厚13.64毫米，重10.41克，尖角68°。器刃经过简单的锤击修理，底端也有修型修理，加工方式为正向，并且边缘有明显使用痕迹（图4-97，7）。

---

[1]　也叫圆头刮削器，因其修理和使用部位均与普通刮削器有明显区别，且形制规整特殊，故单独划分出来。

[2]　即尖刃器，依功能作为第一级别的分类标准（根据其使用部位通常建议使用尖刃器更为合理）。

雕刻器　仅1件，占石制品总数的0.86%，07.LC：40，原料为黑曜岩，形状略呈等腰三角形，长21.97、宽20、厚3.51毫米，重1.43克。毛坯为石片，背面布满浅平的疤痕，腹面微弧，同心波和放射线清晰。其中，在石片近端分别向两侧边打片，形成屋脊形雕刻器刃角，另外，利用石片远端断面的一角向石片近端方向打片，形成角雕刻器刃（图4-97，3）。

残器　是不能明确界定的器类，但具有第三类工具特征的残断工具者。共2件，占石制品总数的1.72%。原料均为黑曜岩。07.LC：17，原料为黑曜岩，上部残断，根据其器形走向，推测可能为矛形器，毛坯为片状，通体加工，锤击修理和压制修理并用，多层修疤，边缘修理更为细致，修疤大小不等，且比较浅平。残长56.7、宽47.12、厚8.81毫米，重28.8克（图4-97，1）。07.LC.C：18，原料为黑曜岩，尖部和底端都稍有残断。残长11.59、宽7.36、厚3.47毫米，重0.19克。整体形状呈三角形，通体加工，压制修理，加工比较精致规整，从整体器形、断裂走向及修理精细程度来判断，可能与镞有关，但也不排除可能为尖状器的尖部（图4-97，6）。

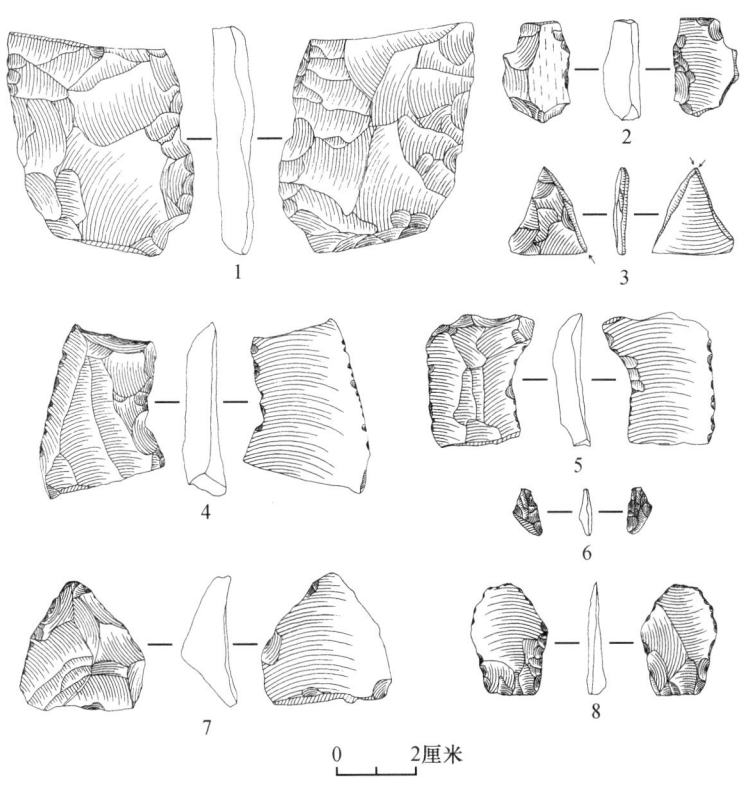

图4-97　第三类工具
1、6. 残器（07.LC：17、07.LC.C：18）　2、4、5. 刮削器（07.LC：23、07.LC.C：29、07.LC.C：7）
3. 雕刻器（07.LC：40）　7. 尖状器（07.LC.C：21）　8. 端刮器（07.LC：65）

三、结　　语

（一）石器工业的主要特征

（1）石制品原料以黑曜岩占绝对优势，占总数的97.42%，个别板岩和凝灰岩，分别占1.72%、0.86%。

（2）石制品类型多样，包括石核、石片、细石叶、断片、断块、废片、第二类工具和第三类工具。但工具数量较少，只占石制品总数的11.19%，而断片、断块和废片占较大比重，为68.96%。

（3）石制品以小型和微型为主，个别中型，未见大型[1]。

（4）细石叶占石制品总数的6.91%，且均被截断，近端、中段和远端均有发现，同时，细石叶还与细石核共存。

（5）工具以石片毛坯占绝大多数，占98.62%，仅个别石叶和块状毛坯。

（6）工具加工主要是正向加工，其次是反向加工；工具修理主要是硬锤锤击修理，少量压制修理和软锤修理；剥片技术主要是锤击法，也存在间接法。

（二）对比与讨论

从石制品的特征、组合分析，和龙林场遗址的石制品具备较多旧石器时代晚期细石叶工业类型传统的特征[2]，具体表现在：首先，在传统的组合中，具有刮削器、尖刃器、雕刻器、端刮器等以及剥离长薄的细石叶和细石核；其次，工具整体小而精致，全部截断的细石叶表明可能出现复合工具；另外，工具修理采用锤击法以外，还有压制法和间接法。

从原料以黑曜岩占绝对优势的细石叶工业遗存来看，对黑曜岩这种优质原料的认识和利用已相当成熟，对石核及工具的预先设计、加工步骤等理念也逐步形成传统或

---

[1] 卫奇：《石制品观察格式探讨》，《第八届中国古脊椎动物学学术年会论文集》，海洋出版社，2001年，第209～218页。

[2] 贾兰坡：《中国细石器的特征和它的传统、起源与分布》，《古脊椎动物与古人类》1979年第2期，第137～143页。

者说习惯,这与延边珲春北山[1]、和龙青头[2]以及和龙石人沟遗址[3]在文化内涵上有更多相似,尤其与石人沟遗址更具亲缘关系,主要表现在地域环境的邻近与相似、石制品特征组合以及加工技术等方面颇为一致,甚至将林场遗址视为石人沟遗址的另一临时性休息或活动地点也未尝不可。

另外,从林场遗址的位置和石制品出土情况看,该地点距红旗河水面太近(不及20米),汛期涨水及野兽饮水的威胁均不适合人类长期活动和居住。而石制品组合中工具数量较少,二类和三类工具总和才占石制品总数的11.22%,合格的工具多被带走,并且部分工具还残断,多是被废弃,细石叶均残断,还有断块、断片及废片数量较多,占到石制品总数的68.96%,多是加工修理时产生的附属品。通过以上推证,林场地点的性质可能为临时性的休息活动地点。

(三)年代分析

根据发掘的地层情况来看,石制品主要出自浅黄色和褐黄色的砂质黏土层,也有部分采集自地表。从出土层位来看,石制品的原生层位应为浅黄和褐黄色砂质黏土层,根据吉林省第四纪地层的堆积年代分析,其原生层位属于上更新统。同时根据石制品的工具组合、加工技术以及和周边遗址和地点的对比分析,可以推测该遗址年代为旧石器时代晚期。

第十节 枫林旧石器地点

长白山管委会池南区管委会为了摸清漫江一带的历史文化资源,成立以张福有为领队的野外调查队,于2014年10月10~29日开展调查。张福有在距长白山42千米的漫江镇枫林村,意外发现旧石器时代晚期的1件手斧及数十件石制品。由于意义重大,调查队随后于2015年6月23~25日,再次在抚松县漫江镇枫林村发现手斧地点附近,继续调查,又发现近200件黑曜岩石制品。为了配合基本建设,2016年6月,吉林省文物考古研究所对该遗址进行了第三次调查,随后在8月正式进行发掘,并命名为"枫林遗址"[4]。本节仅对2014年、2015年的两次调查采集到的石制品进行简要介绍。

---

[1] 陈全家、张乐:《吉林延边珲春北山发现的旧石器》,《人类学学报》2004年第2期,第138~145页。

[2] 陈全家等:《吉林和龙青头旧石器遗址的新发现及初步研究》,《考古与文物》2008年第2期,第3~9页。

[3] 陈全家等:《延边地区和龙石人沟发现的旧石器》,《人类学学报》2006年第2期,第106~114页。

[4] 徐廷:《吉林抚松发现枫林旧石器遗址》,《中国文物报》2016年10月21日第8版。

一、地理位置、地貌与地层

抚松县位于吉林省东南部、长白山西北麓，全县下设14个乡镇，境域相对辽阔，地势东南高，西北低。漫江镇地处抚松县东南部、长白山腹地，与朝鲜民主主义人民共和国接壤。此次发现的旧石器地点位于吉林省白山市抚松县漫江镇枫林村，西距白山市约90千米，西北距抚松县约45千米，北距长白山机场约13千米，东距长白山天池约43千米，东距漫江镇约7千米，南距中朝边境约53千米。地理坐标为东经127°31′20″、北纬41°57′6″。海拔为935米。

枫林遗址位于一处断崖之上，风化壳上的黄土层极薄。虽然石器为地表采集，但通过观察地形地势可判断，由于修筑前进村至枫林村"村村通"公路，此处产生断崖开口。经雨水不断冲刷，导致黄土不断脱落，手斧等石器才露出表面。因此，该地点的石器均是出于黄土层的旧石器。

二、石制品分类与描述

该遗址所发现的石制品共217件。石器类型包括石核、石片、细石叶、断块和工具[1]。

（一）石核

共7件。分为锤击石核（1件）和细石叶石核（6件）。

单台面锤击石核，15JFMF：124，原料为泥岩。石核长62.3、宽73.2、厚24.7毫米，重117.8克。台面A经过修理，台面角63°~85°。剥片面有三个完整的剥片疤（图4-98，1）。

细石叶石核，包括单台面5件和双台面1件。原料均为黑曜岩。

单台面，15JFMF：122，长41.3、宽6.3、厚20毫米，重4.4克。台面A为修理台面，台面角63°，A1为剥片面，共三个剥片疤。剥片方式类似雕刻器技法（图4-98，2）。

双台面，15JFMF：123，长27.5、宽6.1、厚13.2毫米，重2.4克。台面A、B互为台面，台面角70°。剥片疤较小，宽度最小者约2毫米（图4-98，3）。

---

[1] 陈全家：《吉林镇赉丹岱大坎子发现的旧石器》，《北方文物》2001年第2期，第1~7页。

(二)石片

共99件。均为锤击石片,原料除1件为燧石外,其余均为黑曜岩。根据完整程度分为完整石片(27件)和断片(72件)。

完整石片平均长18.2毫米,平均宽16.8毫米,平均厚4毫米,平均重1.3克,均为人工台面,背面均为石片疤。15JFMF:170,长18.5、宽21.3、厚3.7毫米,重1克(图4-98,4)。

断片包括近端25件,15JFMF:52,长15.9、宽15.9、厚3.3毫米,重0.72克(图4-98,5);中段18件,15JFMF:70,长19.4、宽19.6、厚2.3毫米,重0.83克(图4-98,8);左侧3件,15JFMF:73,长14.9、宽11.9、厚3.2毫米,重0.57克(图4-98,6);右侧2件,15JFMF:75,长27.1、宽21.9、厚3.7毫米,重1.7克(图4-98,7);远端24件,15JFMF:99,长16.9、宽17.9、厚2.3毫米,重0.64克(图4-98,9)。

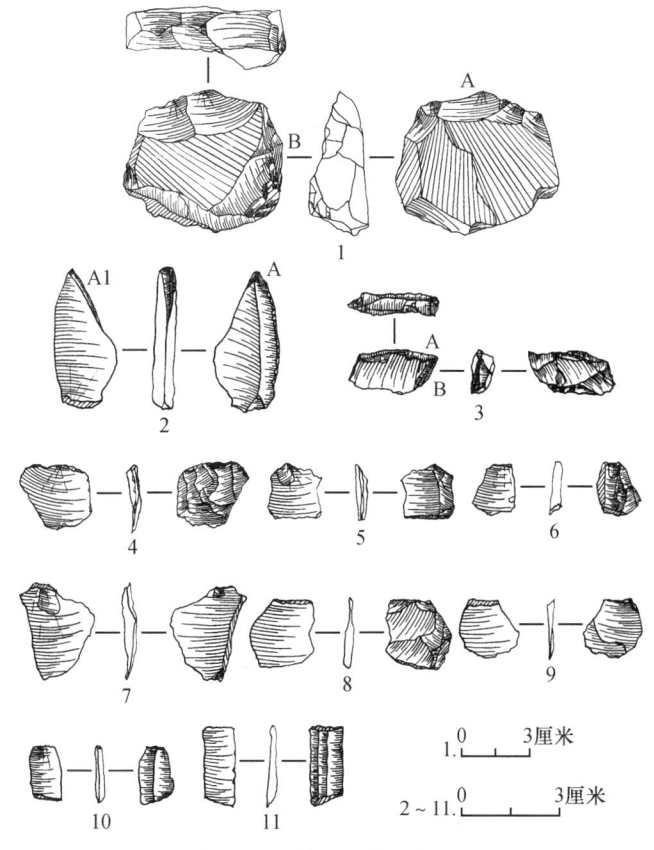

图4-98 石核、石片、细石叶

1. 单台面石核(15JFMF:124) 2. 细石叶石核(15JFMF:122) 3. 细石叶石核(15JFMF:123) 4. 完整石片(15JFMF:170) 5. 近端断片(15JFMF:52) 6. 左断片(15JFMF:73) 7. 右断片(15JFMF:75) 8. 中段断片(15JFMF:70) 9. 远端断片(15JFMF:99) 10. 近端细石叶(15JFMF:105) 11. 中段细石叶(15JFMF:117)

（三）细石叶

共18件，平均宽7.3毫米。根据断裂方式的不同分为近端（6件），平均长14.1毫米；中段（12件），平均长13.7毫米。

细石叶近端，15JFMF：105，长17.1、宽9.9、厚2.9毫米，重0.42克。背面有一条棱脊（图4-98，10）。

细石叶中段，15JFMF：117，长22.7、宽9.6、厚2.2毫米，重0.52克。背面有两条棱脊（图4-98，11）。

（四）断块

共33件。原料几乎都为黑曜岩，普遍较小、形状不规则。

（五）工具

共60件。包括二类工具和三类工具，不见一类工具。

二类工具（使用石片）：13件。

砍砸器　1件，15JFMF：137，长94.2、宽85.6、厚42.1毫米，重275.4克。原料为砂岩，器体厚重，刃部较钝（图4-99，1）。

刮削器　12件，原料均为黑曜岩。毛坯均为片状毛坯。可分为单刃、双刃、复刃3类。单直刃，15JFMF：130，长20、宽15.3、厚4.7毫米，重0.9克（图4-99，2）；单尖刃，15JFMF：131，长19.3、宽15.7、厚4.5毫米，重1克（图4-99，3）；直凹刃，15JFMF：133，长22.1、宽11.7、厚3.8毫米，重0.7克（图4-99，4）；尖凹刃，15JFMF：134，长47.3、宽32.2、厚10.5毫米，重10.1克（图4-99，7）；复刃，15JFMF：135，长27.2、宽31.6、厚5.2毫米，重3.9克，刃缘形态为直-直-直（图4-99，5）；复刃，15JFMF：136，长44.6、宽19.7、厚5.8毫米，重3.2克，刃缘形态为直-直-凸（图4-99，6）。

三类工具　47件。包括刮削器、凹缺器、手斧和残器。

刮削器　33件（图4-100，1~9、12）。分为单直刃（21件）、双直刃（10件）、复刃（2件）。

单直刃，15JFMF：145，长15.1、宽23.4、厚3.8毫米，重1.4克，两端为有意折断（图4-100，1）；单凸刃，15JFMF：153，长29.7、宽23.3、厚5.3毫米，重2.6克（图4-100，2）；单凹刃，15JFMF：157，长48.3、宽24.2、厚9毫米，重7.6克，刃部经过修理（图4-100，3）；单尖刃，15JFMF：159，长43.6、宽20.5、厚5.5毫米，重3.3克，一侧经过修理，一侧为自然边（图4-100，4）；

双直刃，15JFMF：164，长26.1、宽14.8、厚3.2毫米，重1.5克，远端为有意折断

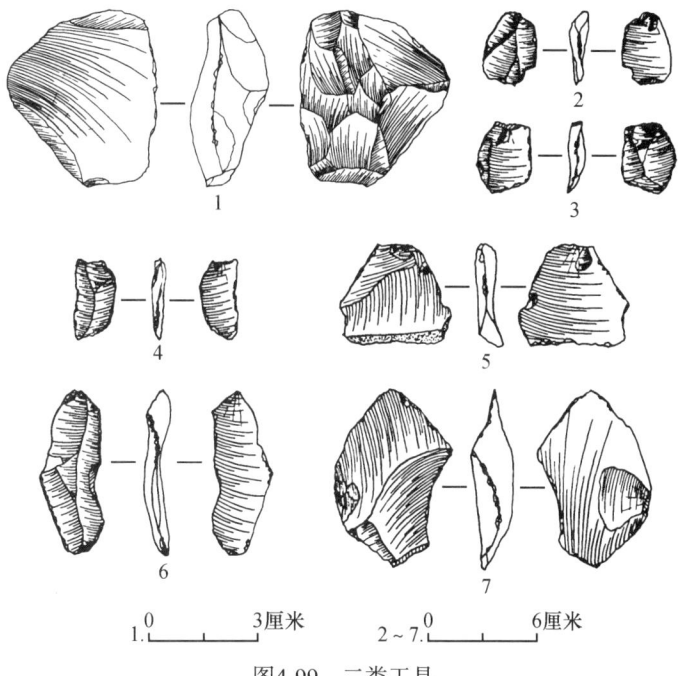

图4-99 二类工具
1. 单直刃砍砸器（15JFMF：137） 2. 单直刃刮削器（15JFMF：130） 3. 单尖刃刮削器（15JFMF：131）
4. 直凹刃刮削器（15JFMF：133） 5. 复刃刮削器（15JFMF：135） 6. 复刃刮削器（15JFMF：136）
7. 尖凹刃刮削器（15JFMF：134）

（图4-100，8）；尖直刃，15JFMF：165，长34.1、宽23.2、厚8.6毫米，重5.1克，尖部两侧均经过修理（图4-100，5）；直凹刃，15JFMF：132，长24.5、宽20.3、厚6毫米，重1.7克（图4-100，7）；直凹缺刃，15JFMF：168，长37.2、宽28.8、厚9.5毫米，重9.5克，凹缺处经压制修理，直刃为自然边直接使用（图4-100，9）；

复刃，15JFMF：169，长32.3、宽29.1、厚7.4毫米，重4.4克，刃缘形态为直-凸-凹（图4-100，6）；复刃，15JFMF：170，长65.4、宽27.5、厚6.8毫米，重11.6克，刃缘形态为直-凸-尖-凹缺-凹缺。此件工具刃部经压制修理，形成多个刃口，方便使用（图4-100，12）。

端刮器 8件。15JFMF：178，长34.8、宽22.9、厚6.2毫米，重4.96克。器体适中，刃部修理精致（图4-100，11）。

凹缺器 4件。15JFMF：182，长31.5、宽36、厚6.8毫米，重5.6克。毛坯为石片，刃部经过修理（图4-100，10）。

手斧 1件。15JFMF：217，原料为流纹岩，长251.5毫米，宽50～94.8毫米，厚48.5毫米，重1318.2克。经两面打制修理，周身布满浅平疤痕，采用软锤加工，使器身薄锐，尖部扁薄，尖部和两侧缘修疤层叠连续，器形规整匀称。根部经多次打片做钝化处理，易于抓握。器身没有自然面保留（图4-100，14）。

残器 1件。15JFMF：183，底部有些许加工痕迹，无法具体分类（图4-100，13）。

图4-100　三类工具

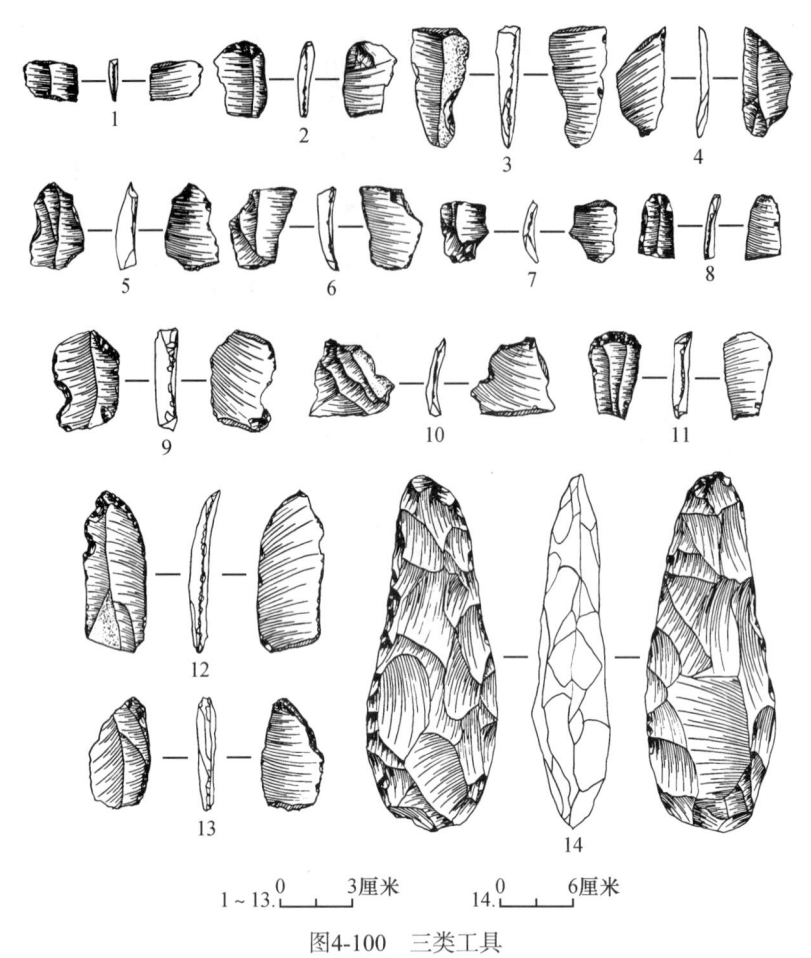

1. 单直刃刮削器（15JFMF：145）　2. 单凸刃刮削器（15JFMF：153）　3. 单凹刃刮削器（15JFMF：157）
4. 单尖刃刮削器（15JFMF：159）　5. 尖直刃刮削器（15JFMF：165）　6. 复刃刮削器（15JFMF：169）
7. 直凹刃刮削器（15JFMF：132）　8. 双直刃刮削器（15JFMF：164）　9. 直-凹缺刃刮削器（15JFMF：168）
10. 凹缺器（15JFMF：182）　11. 端刮器（15JFMF：178）　12. 复刃刮削器（15JFMF：170）
13. 残器（15JFMF：183）　14. 手斧（15JFMF：217）

三、结　语

（一）石器工业特征

枫林遗址的石器原料几乎全部为黑曜岩，占比达到97.2%，其他原料包括流纹岩、燧石、玛瑙、泥岩等。石核共发现7件，其中细石叶石核6件，锤击石核1件。石片数量最多，断片占石片总数的72.7%；细石叶包括近端和中段两种。二类工具以刮削器为主；三类工具器形多种多样，包括刮削器、端刮器、凹缺器、手斧等，存在软锤的修理技术（图4-101）。综合来看，此遗址的石器面貌应属细石叶工业类型，但大型工具

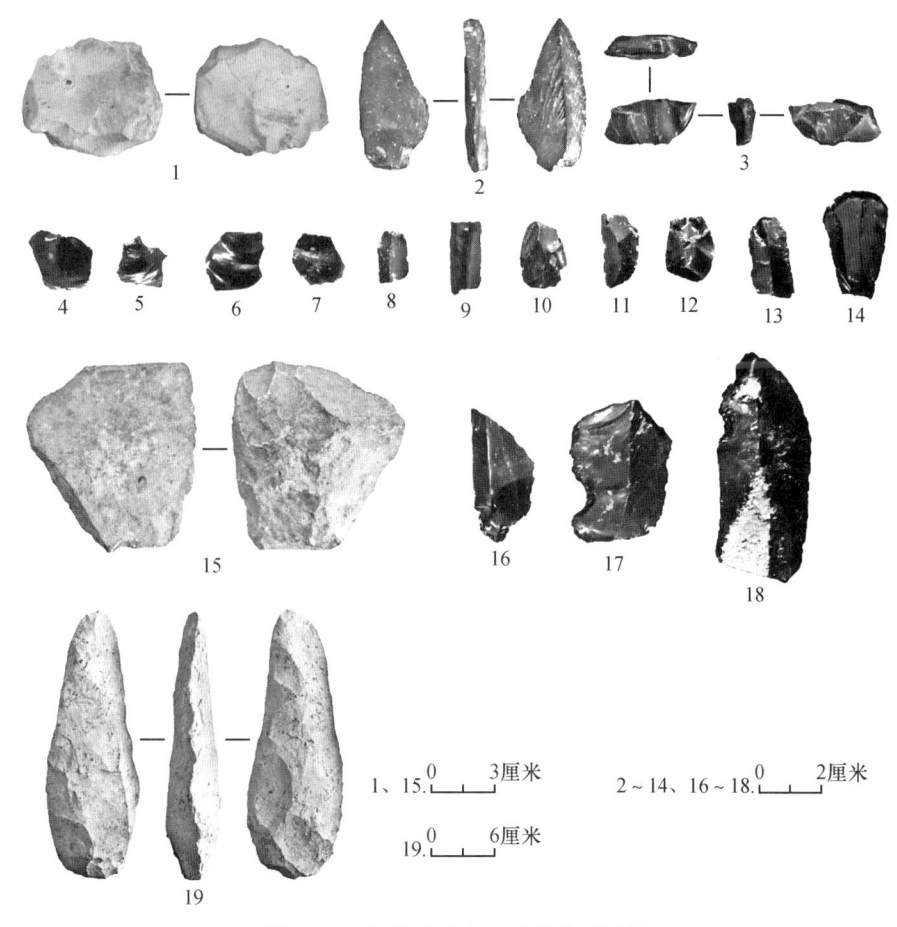

图4-101 枫林遗址出土的部分石制品

1. 单台面石核（15JFMF：124） 2. 细石叶石核（15JFMF：122） 3. 细石叶石核（15JFMF：123） 4. 完整石片（15JFMF：27） 5. 近端断片（15JFMF：52） 6. 中段断片（15JFMF：70） 7. 远端断片（15JFMF：99） 8. 近端细石叶（15JFMF：105） 9. 中段细石叶（15JFMF：117） 10. 单直刃刮削器（15JFMF：130） 11. 直凹刃刮削器（15JFMF：133） 12. 单尖刃刮削器（15JFMF：131） 13. 双直刃刮削器（15JFMF：164） 14. 端刮器（15JFMF：178） 15. 单直刃砍砸器（15JFMF：137） 16. 单尖刃刮削器（15JFMF：159） 17. 直-凹缺刃刮削器（15JFMF：168） 18. 复刃刮削器（15JFMF：170） 19. 手斧（15JFMF：217）

并没消失，也有少量存在。

近些年，在吉林东部地区发现了多处旧石器时代晚期、以黑曜岩为主要原料的遗址（地点）[1]，通过对比发现，枫林遗址无论从原料、器形、技术等方面均与吉林东部已发现的细石叶工业面貌相一致，应属同一系统，年代大致归于旧石器时代晚期。

---

[1] 陈全家、王春雪：《东北地区近几年旧石器考古的新发现和研究》，《考古学研究》（七），科学出版社，2008年，第183~204页。

（二）余论

枫林遗址所发现的石制品中，最有意义的当属意外发现的手斧。最早由于"莫维斯线"的提出，导致手斧一直在东西方引起广泛的争论。在我国，学者们围绕手斧的类型、年代及功能的讨论也是见仁见智。黄慰文[1]、林圣龙[2]等人都对有关手斧问题有很详细的论述。高星也较为系统地梳理了中国手斧的发现和对相关问题的讨论[3]。手斧在我国发现很少，主要集中在陕西、湖北的部分地区和百色盆地地区，不过，有相当数量的手斧并不标准。可以说，枫林遗址发现的手斧意义重大，是对我国手斧研究材料的重要补充。但由于此次仅发现一件手斧，本文尚无法就一些具体的问题进行更好地阐释。

此前，东北地区仅在吉林市蛟河新乡砖厂地点[4]和黑龙江省海林炮台山遗址[5]发现两件手斧，但笔者从形态来看，这两件手斧器形均不规整，且底部保留有自然面，以标准的手斧来衡量，这两件并不典型，更类似于手镐一类的器物。而此次张福有在长白山地区发现的手斧，经两面打制修理，器形规整匀称，有软锤加工的特征，减薄技术高超。可以说无论从形态上，还是修理方式上看，都可与西方标准的阿舍利手斧相媲美。不过，与西方阿舍利体系相比，枫林遗址缺乏薄刃斧或手镐等伴生工具，而且年代也相距较大。此外，"手斧"在我国的传播路线或年代问题依然存在很大缺环和争议。然而，如此"精致"的手斧绝非偶然加工的产物，在近些年东北地区发达的细石叶技术出现以后，重型工具仍然普遍存在，似乎是并行发展。那么在旧石器时代晚期，以黑曜岩为原料、以细石叶技术为主要特征的东北地区东部，伴有手斧一类的工具被发现，是否为一种有地域性特征的工业类型值得日后更深入地探讨。因此，在没有具体发掘的材料报道和地层证据的情况下，很多问题都存在疑点。不过，毋庸置疑的是这一标准手斧的新发现，对于认识东亚地区旧石器工业面貌的再审视，旧石器晚期人类生存行为的再认识，不同技术的交流与传播及东西方旧石器文化比较研究，意义重大。枫林遗址的手斧对于探究旧石器时代东北地区与邻近地区的文化交流，现代人类起源有关的环境变迁与技术行为关系等，具有重要的学术价值。

---

[1] 黄慰文：《中国的手斧》，《人类学学报》1987年第1期，第61~68页。

[2] 林圣龙：《对九件手斧标本的再研究和关于莫维斯理论之拙见》，《人类学学报》1994第3期，第189~208页。

[3] 高星：《中国旧石器时代手斧的特点与意义》，《人类学学报》2012年第2期，第97~112页。

[4] 陈全家、程新民：《吉林市地区首次发现的旧石器》，《东北亚旧石器文化》，白山文化，1996年，第247~257页。

[5] 陈全家等：《海林炮台山旧石器遗址发现的石器研究》，《边疆考古研究》（第9辑），科学出版社，2010年，第9~24页。

第十一节　吉林汪清发现一批旧石器时代遗址

自20世纪90年代以来，吉林东部长白山地区陆续发现了和龙大洞、抚松枫林等一批旧石器时代晚期遗址，极大丰富了吉林省旧石器时代文化的内涵。为了进一步了解长白山地区古人类生存特点，填补学术短板，自2015年起，吉林省文物考古研究所有计划地对长白山地区开展了一系列旧石器考古专项调查。2015年，吉林省文物考古研究所与中国科学院古脊椎动物与古人类研究所组成联合调查队，并于当年4月对长白山东麓的和龙市全境进行了旧石器考古专项调查，新发现旧石器遗址3处，采集石制品123件。

2016年，吉林省文物考古研究所配合抚松县漫江镇生态文化旅游综合开发项目建设，对枫林遗址开展了抢救性考古发掘，并对周边阶地进行了调查，共出土石制品800余件，采集石制品2000余件，包括细石叶、细石核、石叶和精加工的石器等。2017年，吉林省文物考古研究所对集安市、通化县开展了洞穴专项调查，新发现适宜人类活动的洞穴3处，试掘出土部分动物化石。

2018年，吉林省文物考古研究所与吉林大学合作，对吉林省汪清县全境进行了旧石器专项考古调查。本次调查新发现含打制石器的地点63处，采集石制品1362件，根据地表采集遗物和裸露的地层堆积特点，综合河流年龄和下切速度等多方因素，可初步确定旧石器时代遗址12处。

汪清县位于长白山东麓，境内主要有嘎呀河、绥芬河两条河流。本次调查以河流为依托，以过往发现的晚更新世古生物化石出土地点为线索，以河流沿岸的阳坡高阶地为重点，展开区域性系统考古调查。嘎呀河流域发现有春阳镇石头村北岗遗址，天桥岭镇东新遗址第Ⅰ地点，天桥岭镇马鹿沟遗址，大兴沟镇新兴遗址第Ⅰ、Ⅱ地点等5处；绥芬河流域发现有罗子沟镇上河遗址，创业遗址第Ⅰ、Ⅱ地点，下河遗址第Ⅰ、Ⅱ地点和绥芬遗址第Ⅱ、Ⅳ地点等7处。东新遗址第Ⅰ地点位于嘎呀河上游西侧Ⅱ级阶地，采集到石制品近百件，原料种类丰富，多为优质原料，包括燧石、玛瑙、角岩、石英、黑曜石等。石制品具有吉林东部旧石器时代晚期细石叶技术的普遍特点，其中一件带柄两面加工石器，以燧石为原料，通体对称压剥成型，外形规整，其特征与北美地区旧石器时代晚期的石器加工技术十分相似。

新兴遗址第Ⅰ地点曾发现过晚更新世哺乳动物化石，位于嘎呀河支流前河的北岸阶地。本次调查在该遗址采集到石制品数十件，石制品原料以硅质岩为主，石制品类型包括石叶石核、石叶、长石叶加工而成的尖状器等，主要表现出石叶技术特点，极大地丰富了长白山旧石器文化的技术类型。马鹿沟遗址位于嘎呀河东侧阶地，采集到石制品30余件，以大型砾石石器为主，器形包括石核、石锤、石铲、砍砸器、盘状器等，与安图县立新遗址、图们下白龙等遗址具有相似的文化特征。上述3处遗址均处于图们江流域，基本代表了长白山地区三种不同的旧石器时代工业类型，石制品原料的不同，体现出古人类对自然资源较强的适应特点。本次调查首次在绥芬河上游发现了多处旧石器时代遗址，均以细石叶技术为主要特点。罗子沟镇创业遗址第Ⅰ、Ⅱ地点，位于罗子沟镇创业村东侧Ⅱ级阶地上，绥芬河上游西大河的北岸。采集到石制品近200件，原料种类包括燧石、石英、玛瑙、黑曜石、硅质泥岩、角岩等。石制品以小型石器为主，细石叶数量较多，器形包括石核、石叶石核、细石叶石核、石片、石叶、细石叶、刮削器、两面器、雕刻器等。

本次在汪清地区开展的旧石器考古专项调查，首次较为系统地了解了该地区旧石器时代考古学文化的面貌，填补了汪清地区甚至延边地区部分旧石器时代考古文化的空白。随着吉林省在长白山地区旧石器考古工作的不断深入，将构建起连接俄罗斯远东滨海地区、朝鲜半岛、日本列岛的旧石器文化传播走廊，对于探索长白山地区古人类生存适应方式、技术扩散和人群迁徙等问题具有重要意义。

第十二节　和龙市新发现的三处旧石器遗址

自20世纪90年代以来，吉林省东部长白山区陆续发现了和龙大洞[1]、石人沟[2]、抚松新屯子西山[3]、枫林[4]等遗址，极大地丰富了吉林省旧石器时代文化的内涵。为了进一步了解吉林省东部长白山区古人类的生存特点，发掘学术潜力，2015年吉林省文物考古研究所与中国科学院古脊椎动物与古人类研究所组成联合调查队，并于当年4月对长白山东麓的和龙市全境进行了旧石器考古专项调查，新发现旧石器遗址3处，采集石制品123件。

一、区域背景、调查方法及路线

吉东低山丘陵以东的吉林省大部地区均属于长白山区，山地海拔在1000米左右，

---

[1] 李霞：《和龙崇善大洞据时期遗址（2007年）发掘的石器研究》，吉林大学硕士学位论文，2008年，第44～45页。

[2] 陈全家等：《延边地区和龙石人沟发现的旧石器》，《人类学学报》2006年第2期，第106～114页。

[3] 陈全家等：《抚松新屯子西山旧石器遗址试掘报告》，《人类学学报》2009第2期，第147～153页。

[4] 徐廷：《吉林抚松发现枫林旧石器遗址》，《中国文物报》2016年10月21日第8版。

为松花江、鸭绿江、牡丹江等众多水系的发源地，地貌上以平等山脉与山间盆、谷地相间分布为特征，同时熔岩高原广阔。和龙市位于吉林省东南部，隶属于延边朝鲜族自治州，地处长白山东麓，地貌特征以低山丘陵为主，地势西高东低，境内主要有图们江及其支流红旗河、海兰江等水系。目前，和龙市已发现的旧石器时代遗址包括和龙柳洞[1]、和龙石人沟、和龙青头[2]、和龙大洞、和龙西沟[3]等。这些分布在河流阶地的旷野遗址，主要以黑曜石为原料，以石叶、细石叶技术为主要特征，年代多处于晚更新世晚段。

本次调查以吉林省1:50000地形图为基础，寻找适于古人类生存并具备第四纪埋藏条件的河流阶地、谷地、山丘等，结合详细的第三次文物普查资料，确定了以河流沿线为重点的考察区域，重点考察地形平缓、第四纪沉积物分布较为集中的地段，对新发现的地点或线索用GPS定位，记录地理位置、地貌特征、地层情况、遗址分布、工作潜力和标本情况。

二、新发现遗址概要

本次调查新发现旧石器遗址3处，分别为牛心村遗址、二水坪遗址和广兴遗址。

（一）牛心村遗址

牛心村遗址位于和龙市龙城镇牛心村村东的Ⅱ级阶地上，地理坐标东经129°1′39.85″，北纬42°25′58.3″，海拔627米。遗址所在阶地高出西侧牛心河约20米，南北各有一条自山谷发育而出的河流。

地层堆积自上而下分为3层。

第1层：耕土层，厚15～20厘米，土质疏松，可采集到大量石制品。

第2层：黄褐色亚黏土层。厚40～45厘米。

第3层：浅黄色的砂砾石层，下为玄武岩基岩。

在该遗址地表采集石制品49件，包括细石叶石核1件，细石叶近端1件，石叶远端1件，普通石片33件，砸击石片1件，凹缺器1件，边刮器3件，雕刻器3件，端刮器2件，断块残片3件。其中46件原料为黑曜石，其余为燧石。

---

[1] 陈全家等：《吉林和龙柳洞2004年发现的旧石器》，《人类学学报》2006年第3期，第208～219页。

[2] 陈全家等：《吉林和龙青头旧石器遗址的新发现及初步研究》，《考古与文物》2008年第2期，第3～9页。

[3] 陈全家等：《吉林省和龙西沟发现的旧石器》，《北方文物》2010年第2期，第3～9页。

细石叶石核　1件。HNX采：06（图4-102，2），形状呈楔形，长27.9、高21.5、厚6.7毫米，重5.2克。以石片为毛坯，台面呈三角形，素台面，台面长7.7、宽5.4毫米，台面角127°。剥片面长26.2、宽6.1毫米，可见剥片疤1处。同时存在后缘和底缘，均为交互修理而成，底缘长18.8毫米，后缘长20.7毫米。石核应处于初级使用阶段。

细石叶近端　1件。HNX采：39，残长13.3、宽6.8、厚1.8毫米，重0.1克。素台面，背部有1条纵脊。

石叶远端　1件。HNX采：12（图4-102，1），残长56.7、宽23.7、厚7.9毫米。重10.5克。背部有1条纵脊，远端有使用痕迹。

普通石片　包括Ⅵ型石片12件，Ⅴ型石片3件，石片近端1件，石片远端14件，左裂片2件，右裂片1件，共计33件，有使用痕迹的6件。完整石片15件，平均长宽厚为25.3、26.9、6.2毫米，平均重5.2克。完整石片形态以宽薄型为主。

边刮器　3件。包括单直刃2件，双直刃1件。标本HNX采：2（图4-102，3），双直刃边刮器，形状为四边形，长49.6、宽48.7、厚8.9毫米，重8.9克。以石片为毛坯，两侧边修理，正向加工，修疤形态连续，短而平行，左侧加工刃长20.5毫米，右侧加工刃长24.4毫米，刃角为55°~60°。

端刮器　2件。包括三角形和汇聚形各1件。三角形是指端刮器近端宽度小于远端宽度的一般，汇聚型是指最大宽度在近端。HNX采：1（图4-102，4），三角形端刮器，长45.3、宽28.7、厚8.7毫米，重12.1克。以石片为毛坯，平面形态呈三角形，横断面形态呈梯形，台面类型为素台面，背面存在一条减薄疤痕，长35.7、宽8毫米。刃口形态为对称圆弧状，刃角80°，刃缘宽度26.8毫米，刃缘突出度6毫米，刃缘厚度8.3毫米，刃缘修疤分布为汇聚型，端刃左侧略有凹陷。右侧边修疤连续，长而平行，加工刃长37.5毫米，左侧边修疤不规则，加工刃长24.1毫米，刃角35°~38°。HNX采：3（图4-102，5），汇聚型端刮器，长26.5、宽26.8、厚5.5毫米，重4.5克。以石片远端为毛坯，平面形态呈倒U形，横断面呈梯形。刃口形态为非对称型，刃角55°，刃缘宽度22.8毫米，刃缘突出度8毫米，刃缘修疤分布为分散型，端刃左侧略有明显凹陷。左侧边修疤连续，短而平行，加工刃长18.5毫米，右侧边修疤不规则。

雕刻器　3件，均为单斜刃雕刻器。标本HNX采：16（图4-102，6），单斜刃雕刻器，长32.1、宽14.1、厚5.2毫米，重2.5克。以石片为毛坯，平面形态呈四边形，横截面形态呈梯形。雕刻器斜刃自右上向左下一次加工而成，斜刃角为30°，斜刃长24.9、宽4.2毫米。其余各边缘均经过修理，修疤连续，鳞状分布，加工刃长分别为26.2、9.4、11.6毫米，刃角50°~60°。

凹缺器　1件。HNX采：11（图4-102，7），梯形，长51.2、宽40.3、厚5.5毫米，重17克。以石片为毛坯，远端修理加工，凹缺刃口。凹缺刃宽18毫米，凹进深度7.4毫米，刃角45°。

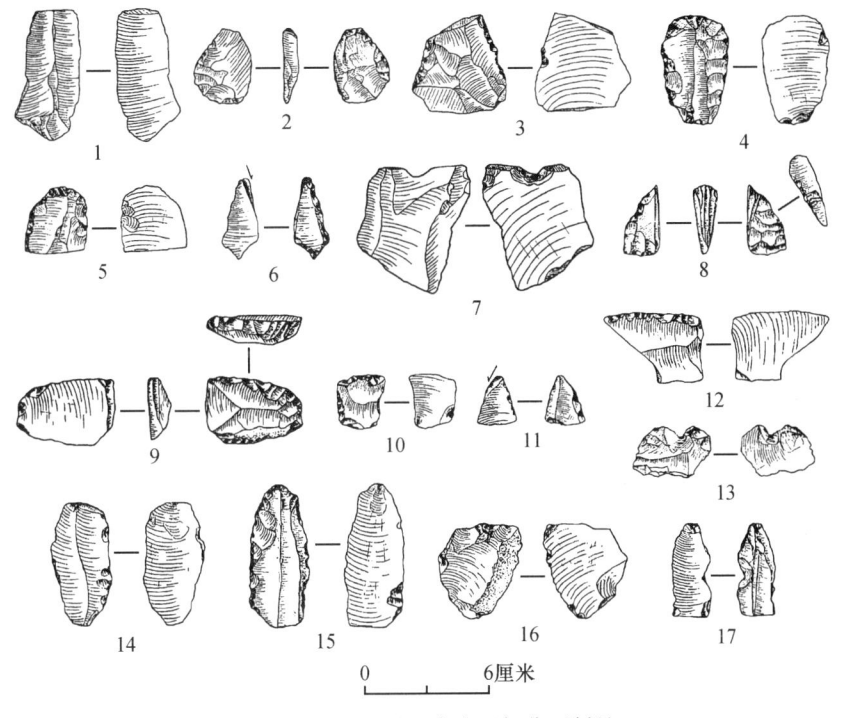

图4-102 调查过程中发现部分石制品
1. 石叶远端（HNX采：12） 2、8、9.细石叶石核（HNX采：06、HEP采：2、HEP采：1）
3、12、15、16.边刮器（HNX采：2、HEP采：3、HYH采：3、HYH采：4） 4、5、10.端刮器（HNX采：1、HNX采：3、HEP采：5） 6、11.雕刻器（HNX采：16、HEP采：18） 7、13、17.凹缺器（HNX采：11、HEP采：14、HYH采：5） 14.石叶（HYH采：6）
（1~7.牛心村遗址；8~13.二水坪遗址；14~17.广兴遗址）

（二）二水坪遗址

二水坪遗址位于和龙市崇善镇元峰村北红旗河右岸Ⅱ级阶地，地理坐标东经128°55′44.89″，北纬42°06′48.4″，海拔622米。遗址所在阶地高出红旗河约15米，东南距大洞遗址3.5千米，西北距石人沟遗址约10千米。

该遗址地层堆积与和龙大洞遗址相似，自上而下分为4层。

第1层：耕土层，厚20~30厘米。

第2层：灰黑色黏土层，厚10~15厘米。

第3层：黄褐色亚黏土层，厚40~80厘米。

第4层：灰色夹砂角砾层，下伏玄武岩基岩。

在该遗址地表采集石制品51件，包括细石叶石核2件，普通石核1件，细石叶1件，石叶1件，普通石片32件，凹缺器1件，边刮器1件，雕刻器2件，端刮器1件。石制品中仅有1件原料为闪长玢岩，其余原料均为黑曜石。

现将部分石制品介绍如下。

细石叶石核2件，均为楔形细石叶石核依据台面生成方式的不同，可将石核划分为两类，Ⅰ类楔形细石叶石核台面存在由前至后纵击的特征，Ⅱ类楔形细石叶石核台面为横向修理，存在均匀分布的修疤，修理方向多为单向。HEP采：2（图4-102，8），Ⅰ类楔形细石叶石核，三角形，长36.4、高20.3、厚11.2毫米，重7.1克。台面为纵向修理而成，台面长35.4、宽11.2毫米，台面角45°。剥片面长32.3、宽11.5毫米，可见剥片片疤5处，最大片疤长29.4、宽3.5毫米。该石核未见后缘，底缘长17.2毫米，剥片面与底缘夹角90°，底缘与台面夹角88°，修理方向主要为由楔状缘向台面修理，但也可见部分由台面向底缘修理的片疤。石核利用较为充分，应处在中期或调整阶段。HEP采：1（图4-102，9），Ⅱ类楔形细石叶石核，四边形，长48.3、高30.9、厚13.9毫米，重14.9克。以石片为毛坯，台面为石片腹面向背面修理而成，台面长38.2毫米，可见横向片疤9处，台面角90°。剥片面长26.6、宽6.4毫米，可见剥片片疤2处，最大片疤长21、宽4.8毫米。石核底缘长39.6毫米，修理方向与台面相同。石核应处在初级阶段。

细石叶　1件，长38、宽10.8、厚5.4毫米，重0.4克。点状台面，背面有1条纵脊，远端内卷。

普通石核　1件。双台面石核，长43.9、宽33.4、厚24.3毫米，重25克。

普通石片　包括Ⅵ型石片15件，Ⅲ型石片1件，石片近端2件，石片远端13件，石片中段1件，共计32件，其中有使用痕迹的5件。其中完整石片16件，平均长宽厚为21.5、18.3、5.3毫米，平均重3克。完整石片形态以窄薄型为主。

凹缺器　1件。HEP采：14（图4-102，13），四边形，长29、宽23.5、厚6.6毫米、重5.2克。以石片为毛坯，石片右侧修理加工，凹缺刃口。凹缺刃宽9.8毫米，凹进深度8.2毫米，刃角50°。

边刮器　1件。HEP采：3（图4-102，12），双直刃边刮器，梯形，原料为红色闪长玢岩，长46.4、宽32.4、厚10.9毫米，重17.2克。以石片为毛坯，两侧边修理，正向加工，修疤形态连续，鳞状，左侧加工刃长45.5毫米，右侧加工刃长21.9毫米，刃角为45°~48°。

端刮器　1件。HEP采：5（图4-102，10），汇聚型端刮器，长24.7、宽19.9、厚11.1毫米，重5.7克。以石片为毛坯，平面形态呈四边形，横断面呈梯形。刃口形态为对称平直型，刃角100°，刃缘宽度18毫米，刃缘修疤分布为分散型。左侧边修疤连续，短而平行，加工刃长18.9毫米。

雕刻器　2件，均为单斜刃雕刻器。标本HEP采：18（图4-102，11），单斜刃雕刻器，长22.5、宽18.8、厚7毫米，重2.5克。以石片为毛坯，平面形态呈三角形，横截面形态呈三角形。雕刻器斜刃自右上向右下二次加工而成，斜刃角为50°，斜刃长13.2、宽4.6毫米。右侧缘正向加工，修疤连续，鳞状分布，加工刃长为15.3毫米，刃角74°，左侧缘疑似有使用痕迹。

(三) 广兴遗址

广兴遗址位于图们江左岸广兴沟沟口的阶地上，地理坐标东经129°16′43.98″，北纬42°24′31.23″，海拔424米。遗址东距图们江1.8千米，阶地高出图们江水面60米，高出广兴沟20米。

该遗址地层堆积与和龙柳洞遗址相似，自上而下分为4层：

第1层：耕土层，厚约15~20厘米，土质疏松，可采集到大量石制品。

第2层：浅黄褐色亚黏土层，厚20~30厘米。

第3层：深黄色黏土层，夹少量碎石块，厚20~30厘米。

第4层：夹砂角砾层。

在该遗址地表采集石制品23件，包括普通石核2件，普通石片15件，石叶1件，边刮器3件，凹缺器2件。除2件石片原料为玄武岩外，其余原料均为黑曜石。

普通石核　2件，均为单台面石核，平均长宽厚为32.5、26.5、17.4毫米，平均重14.8克。

普通石片　包括Ⅲ型石片2件，Ⅴ型石片2件，Ⅵ型石片6件，石片近端3件，石片远端1件，右裂片1件，共计15件，其中有使用痕迹的1件。10件完整石片的平均长宽厚为34、30.7、10.14毫米，平均重21.1克，完整石片形态以宽薄型为主。

石叶　1件。HYH采：6（图4-102，14），长三角形，长56.4、宽28.6、厚8.1毫米，重12.3克。多疤台面，台面形状为三角形，台面宽20.6毫米，台面厚8.4毫米，台面外缘有琢磨痕迹。石叶背面有一条纵脊，两侧缘薄锐，远端略有内卷。两侧边缘有使用痕迹。

边刮器　3件，以刃缘数量和刃缘形态区分，包括单直刃2件，双凸刃1件。标本HYH采：4（图4-102，16），单直刃边刮器，三角形，长43.7、宽30.2、厚12.2毫米，重14.8克。以石片为毛坯，背面石皮比例约为20%，石片远端修理，正向加工，修疤形态连续，加工刃长24.8毫米，刃角为65°。标本HYH采：3（图4-102，15），双凸刃边刮器，长三角形，长65.6、宽28.3、厚11.6毫米，重23.8克。以石叶近端为毛坯，两侧边修理，正向加工，修疤形态连续，鳞状，左侧加工刃长45毫米，右侧加工刃长56.4毫米，刃角为35°~60°。原型石叶为点状台面，台面外缘有琢磨痕迹，石叶背面有两条纵脊。

凹缺器　2件。HYH采：5（图4-102，17），长三角形，长42.9、宽21、厚6.1毫米，重6.9克。以石叶近端为毛坯，石叶左侧缘修理加工，凹缺刃口。凹缺刃宽16.7毫米，凹进深度7.1毫米，刃角65°。原型石叶为素台面，背面有1条纵脊，两侧边缘疑似有使用痕迹。

三、小结与讨论

（一）石制品特征

本次调查在和龙市图们江、红旗河两岸阶地新发现的三处旧石器时代遗址，初步观测显示其文化面貌基本类似，故在此综合归纳如下：

（1）制作石制品的原料绝大多数为黑曜石，但均可见零星其他原料。

（2）硬锤法和软锤法均有使用，石叶产品应为软锤剥片，细石叶产品多为压制法剥片，砸击法十分少见。

（3）石制品以小型为主，残存石皮的石制品比例较低。

（4）石制品类型以石片为主，完整石片占比较高，石片形态略有差别，但总体以宽薄型为主。部分石片有直接使用痕迹。

（5）石叶、细石叶产品均有发现，细石叶石核以楔形为主。

（6）工具的毛坯以石片为主，工具修理多采用锤击法，修理方式以正向加工为主，少见向腹面加工。

（二）与周边遗址的关系

细石叶石核、雕刻器和端刮器是吉林东部地区乃至东北亚地区旧石器晚期石器技术变化较为敏感的类型[1]。

从目前的发现来看，关于东亚地区细石核的工艺技法，相关学者对此进行了长期的讨论，以华北地区楔形石核为例，被辨识出的技法包括阳原技法、河套技法、桑干技法、虎头梁技法、下川技法等，结合日本学者对于日本列岛等地区楔形石核的技法分类可知，涌别技法（Yubetsu）可划归为河套技法，峠下技法（Togeshita）可划归为阳原技法，忍路子技法（Oshoroko）可划归为桑干技法，另有兰越技法（Rankoshi）、幌加技法（Horoka）、广乡技法（Hirosato）、矢出川技法（Yadegawa）、西海技法（Saikai）等。上述技法的划分依据主要是石核核体两侧面修理情况、台面修理方向、不同部位修理顺序等区别。长白山地目前已发现的细石叶石核主要包括三种类型，第一类是以块状石片或断块为毛坯，利用腹面或较为平坦面作为台面，向下修理两个侧面，直接剥制细石叶，这类技术目前仅在和龙大洞、石人沟两处遗址有所发现。第二类是以两面器为毛坯，纵向或横向修理台面，在一端进行剥片，这类细石叶石核较为

---

[1] 李有骞、陈全家：《长白山地黑曜岩旧石器的技术模式研究》，《东北史地》2014年第5期，第3~6页。

常见，在和龙柳洞、和龙大洞、和龙石人沟等遗址中都有发现。本次调查，牛心村遗址和二水坪遗址中均发现有该类细石叶石核。第三类是选取石片或石叶为毛坯，毛坯的腹面和背面分别作为细石核的两个侧面，横向修理毛坯的一边作为细石核的台面，在一端进行剥片，这类石核在日本称之为西海技法[1]。本次调查在二水坪遗址中采集到一件该类石核，包括和龙大洞、抚松枫林等遗址均发现有这类细石核。

雕刻器根据雕刻刃口的多少可以分为单刃和双刃，单刃又可以分为修边型和屋脊型。修边雕刻器为在实施正向修理后，以此修理刃为"台面"打击形成雕刻刃口，以石叶为毛坯的修边雕刻器是长白山地黑曜岩工具中最为定型的工具之一，在日本被称为"荒屋型雕刻器"。本次调查在牛心村遗址和二水坪遗址中均可见这类"荒屋型雕刻器"[2]。

端刮器是长白山地黑曜岩工具中最为定型的工具之一[3]，根据端刃的形状可以分为对称和不对称两种类型，以前者为主。端刃对称的端刮器多以石叶为毛坯，在远端实施精致的修理，两侧边向后微收敛，底端有的为折断面。端刃不对称的端刮器多以石片为毛坯，平面呈三角形，周身均有细致修理，器形规整。牛心村遗址发现的编号为HNX采：1的端刮器即属于该类定型工具。

本次调查新发现的三处遗址均分布于河流两岸的Ⅱ级阶地上，所体现的文化面貌基本类似，与和龙市过往发现的如和龙大洞、和龙石人沟、和龙柳洞等遗址的关系密切，与中国北方其他地区所发现的石器技术和形态上具有可比性，也与西伯利亚平原、贝加尔湖地区、朝鲜半岛、日本列岛所发现细石叶工艺有着紧密关系[4][5]。

（三）时代

吉林省东部地区旧石器时代晚期诸遗址中，经过科学测年的遗址有和龙大洞和抚松枫林两处遗址，本次调查的三处遗址，与和龙大洞遗址距离较近，石制品风格也十分接近，地层堆积中的黄褐色亚黏土层均为主要文化层。因此，根据石制品特点及和龙大洞遗址的测年结果，初步推测本次调查的三处遗址应处于晚更新世晚段，年代在距今20000年前后。

---

[1] 李有骞：《日本海西北岸旧石器时代的细石叶技术及其与相邻地区的关系》，《北方文物》2011年第2期，第21~27页。

[2] 〔日〕加藤真二：《试论华北细石器工业的出现》，《华夏考古》2015年第2期，第56~67页。

[3] 李有骞、陈全家：《长白山地黑曜岩旧石器的技术模式研究》，《东北史地》2014年第5期，第3~6页。

[4] 李有骞：《日本海西北岸旧石器时代的细石叶技术及其与相邻地区的关系》，《北方文物》2011年第2期，第21~27页。

[5] 李有骞、陈全家：《朝鲜半岛旧石器材料及工业类型的初步研究》，《边疆考古研究》（第7辑），2008年，科学出版社，第10~33页。

（四）意义与前瞻

近年来，吉林东部山区发现多处晚更新世旧石器遗址，本次调查扩增了该地区旧石器遗存的数量，为研究晚更新世晚期该区域内古人类的迁徙模式、生存策略及与环境变化的响应方式等提供了良好的素材。

由于本次调查工作时间较短，并主要集中在河谷地带，部分遗址地层堆积并不清晰，各遗址的时代只能初步判断。今后应根据已有的线索，对该区域进行更为详细的区域性专项调查，对已发现的地点要进行更多的后续工作，包括试掘和环境、年代样品的采集测试等。通过这些工作，吉林省旧石器时代考古研究将具有更加坚实的基础。

第五章 相关问题探讨

第一节 人地关系问题

吉林省东部山地强烈受到第四纪全球气候变冷的影响。由于气候寒冷，出现古人类在吉林东部生存困难等多方面问题，所以导致该地区还没有发现旧石器时代早期人类活动遗迹，中期遗址也只有蛟河砖厂一处。而晚期气候较暖且有波动，古人类开始大举向北迁徙，人口密度增加，故旧石器晚期遗址共有近二十处。目前除集安市没有发现旧石器时代遗址外，整个吉林东部山地均有旧石器时代遗址的发现。

一、现代地质地貌概况

吉林省东部山地是著名的郯庐大断裂北延部分：四平-长春断裂为界，以西为松辽平原，以东为东部山地，其地理坐标为东经124°～131°，北纬41°～45°。行政区划主要包括长春市和四平市的一部分、吉林市、延边朝鲜族自治州、辽源市、白山市和通化市。

整个山地从西向东逐步增高，具西低东高的特点，最高峰为长白山天池的白云峰，海拔2691米，而且还是东北的屋脊（最高峰），最低点为图们江口，海拔仅4米。

东部山地分布有较多中生代和新生代火山，著名的新生代火山有伊通火山群、缸窑火山群、龙岗火山群和长白山火山群，其喷发时代自西向东，由老变新，其绝对年龄从大屯火山距今7000万年，伊通火山群1000万～3000万年，龙岗火山群200万～300万年到天池火山1702年的最后一次喷发。这些火山喷出岩多为玄武岩，也有少量的浮岩和黑曜岩。但中生代火山喷出的火山岩以安山岩为主，夹有流纹岩和厚层的黑曜岩（九台市上河湾镇）。

东部山地大地构造方向为北东向，主要断裂带有四平-长春断裂，伊通-舒兰断裂带，辉发河-敦化断裂带。其中分布较大的山间盆地有伊舒地堑盆地，蛟河盆地，桦甸盆地，敦化盆地和延吉盆地。

东部山地还分布有国内最大的一级构造地质单元，中朝准地台和天山-阴山地槽系，其分界就是辉发河深大断裂带，深达地幔超过60千米，形成了我国大型镍矿-磐石红旗岭镍矿。

东部山地分布有五大水系，分别为辽河水系、松花江水系、鸭绿江水系、图们江水系和绥芬河水系。主要河流有饮马河、辉发河、松花江、鸭绿江和图们江等。这些山区河流多发育有四级阶地和山区的二级夷平面等六级层状地貌，与河流阶地相对应的还有四层洞穴。

上述的山间盆地，河流阶地和洞穴都为古人类活动和栖身提供了良好的场所。

吉林省地貌按照李四光教授的地质力学的理论将亚洲东部列为新华夏构造体系，共分为三个隆起带和三个沉降带。吉林省就处在新华夏系的第二隆起带和第二沉降带内，也是以四平-长春断裂为界，以西为第二沉降带（含丰富石油），以东为第二隆起带。地貌单元分为西部松辽平原和东部山地两大地貌单元，其中东部山地又以辉发河深大断裂带为界，以西为长白山低山丘陵区和以东的长白山中低山区。

长白山中低山区，包括张广才岭，龙岗山脉及其以东的广大山区，总面积71000平方千米，占吉林省总面积的38%，海拔800~1000米，相对高差在500米以上，该区森林茂密，有大面积原始森林分布，建有国家级长白山自然保护区。

长白山低山丘陵区，西以四平-长春断裂带为界，东至辉发河断裂带，总面积41000平方千米，约占吉林省总面积的22%。海拔400~1000米，相对高差200~800米。

吉林省东部山地属温带湿润-半干旱季风气候区，冬季较长，夏季短促。春秋两季风较大，天气多变，年平均气温-3~7℃，最冷在一月份，最热为七月份，全年无霜期120~150天，山区100天以下。年平均降水量为350~1000毫米，尤以长白山天池一带及老爷岭以南地区较多，6~8月份降水量占全年降水量的60%。

二、旧石器时代遗址简介

东部山地自晚更新世以来一直是古人类活动的主要场所。目前共发现旧石器洞穴遗址4处（表5-1），田野遗址12处（表5-2）。

三、旧石器石料中的矿物学、岩石学特征

古人类遗址中最多最易保存的遗物是石制品，因其不易腐烂及风化，可以在地层中长期保存，所以成为研究古人类最直接的证据。而旧石器石料又与地质学上的矿物学和岩石学密切相关。古人类要创造工具必须选用硬度大、致密、光滑、不易崩裂、有光泽、有一定颜色的矿物或岩石作为石料。

表5-1 吉林省东部旧石器时代晚期洞穴遗址一览表

序号	遗址名称	地点	经纬度	洞口及高出河水面高度/米	洞口朝向及大小/米	洞穴围岩及时代	洞穴成因及形成时代	旧石器数量/件	石料名称	主要化石	骨制品	考古时代	主要资料来源
1	仙人洞	桦甸寿山	126°37′ 43°9′	460 110	168° 高2.87 宽3.1	灰岩	早更新世形成的构造溶蚀洞	47	主要为角岩,其次是石英和流纹岩,极少量石英	斑鬣狗,鸭,貂,鼢鼠	十多种,其中两件骨器	旧石器时代晚期	陈全家等[1]
2	仙人桥洞	蛟河拉法	127°20′ 43°50′	481	320° 高0.75宽1.8长13.1	晚侏罗世形成的白岗岩	中更新世成的构造崩塌洞	2	花岗细晶岩与硅质岩			旧石器时代晚期	陈全家等[2]
3	石门山洞	安图明月	128°55′ 43°5′		石灰岩	中更新世构造碎隙洞				安图人牙齿及猛犸象,披毛犀动物群		旧石器时代晚期	姜鹏等[3]
4	仙人洞	抚松	127°17′ 42°18′	502 50	130° 高4.5 宽4.5	震旦纪形成的叠层石灰岩	中更新世形成构造溶蚀洞	5	石英斑岩,玄武岩	最后鬣狗,披毛犀,野马,马,鹿等		旧石器时代晚期	王文兴[4],姜鹏[5]

[1] 陈全家:《吉林桦甸晚更新世洞穴堆积》,《人类学学报》1994年第1期,第12～19页。
[2] 陈全家:《吉林市地区首次发现的旧石器》,《东北亚旧石器文化》,白山文化出版社,1996年,第247～258页。
[3] 姜鹏:《吉林安图晚更新世洞穴堆积》,《古脊椎动物与古人类》1975年第3期,第197～198页。
[4] 王文兴:《吉林抚松发现旧石器时代文化遗址》,《人类学学报》1993年第2期,第89～94页。
[5] 姜鹏:《吉林抚松仙人洞旧石器时代遗址》,《东北亚旧石器文化》,白山文化出版社,1996年,第205～210页。

表5-2 吉林省东部山地旧石器时代田野遗址一览表

序号	遗址名称	地点	经纬度	地理位置及海拔/米	阶地类型及形成时代	文化层沉积物及成因	遗址面积（平方米）	旧石器数量/件	石料名称及所占百分比	考古时代	主要资料来源
1	新乡砖厂	蛟河市拉法镇	127°20′43′48″	Ⅱ级阶地海拔290	晚更新世形成的冲积阶地	河流相褐色黏土层		6	角岩、硅质灰岩与火山凝灰岩	距今约6.2万年的旧石器时代中期	陈全家[1]
2	西山	吉林市九站	126°28′43°57″	Ⅲ级阶地海拔210	中更新世形成的冲积－侵蚀阶地	风成黄色亚黏土层		16	脉石英、硅质岩、黑曜岩	旧石器时代晚期	陈全家等[2]
3	邵家店（地点）	吉林省辉南县	126°15′30″42°27′05″	Ⅱ级阶地海拔414				57	石英、黑曜岩为主、蛋白石、燧石和流纹岩	旧石器时代晚期	陈全家等[3]
4	新屯西山	抚松县	127°16′11″42°33′	山间盆地海拔572		风成的黄色亚黏土层	70	30	巨型黑曜岩石核（17.4千克）	旧石器时代晚期	陈全家等[4]
5	石人沟	和龙县	128°48′45″42°11′20″	山坡台地海拔790		风成、残积形成的含黄土的粗砂夹角砾层	52	1331	以黑曜岩为主（99.93%）	距今约1.5万年	陈全家等[5]

[1] 陈全家：《吉林市地区首次发现的旧石器》，《东北亚旧石器文化》，白山文化出版社，1996年，第247～258页。
[2] 陈全家：《吉林市地区首次发现的旧石器》，《东北亚旧石器文化》，白山文化出版社，1996年，第247～258页。
[3] 陈全家等：《辉南邵家店地点的旧石器》，《北方文物》2006年第1期，第1～7页。
[4] 陈全家等：《抚松新屯子西山旧石器遗址试掘报告》，《人类学学报》2009年第2期，第147～153页。
[5] 陈全家等：《延边地区和龙石人沟发现的旧石器》，《人类学学报》2006年第2期，第106～114页。

续表

序号	遗址名称	地点	经纬度	地理位置及海拔/米	阶地类型及形成时代	文化层沉积物及成因	遗址面积（平方米）	旧石器数量/件	石料名称及所占百分比	考古时代	主要资料来源
6	柳洞	和龙县	129°6′23″ 42°19′11″	II级阶地			400	231	黑曜岩为主，还有少量流纹岩、安山岩、玛瑙	旧石器时代晚期	陈全家[1]
7	北山	珲春市	130°15′8″ 49°8′3″	II级阶地 海拔114.1		风成黄色亚黏土层		52	黑曜岩（86.5%）、流纹岩、脉石英、角页岩及疑灰岩	距今约2万年	陈全家等[2]
8	立新	安图县	128°11′15.3″ 42°41′37.6″	IV级阶地 高出河水面50	早更新世形成冲积－侵蚀阶地	风成的粉砂质黄土层	4	71	流纹斑岩（53.5%）、黑曜岩（21.1%）、石英岩（18.3%）、石英（5.6%）、砂岩（1.4%）	旧石器时代晚期	陈全家等[3]
9	沙金沟	安图县	128°16′02.9″ 42°36′02.9″	III级阶地 海拔646 高出河水面36	中更新世形成的侵蚀阶地	风成、残积的含角砾黄色亚黏土层	2	82	以黑曜岩为主（90.2%）和少量的石英、石英岩及燧石	旧石器时代晚期	陈全家等[4]

[1] 陈全家等：《吉林和龙柳洞2004年发现的旧石器》，《人类学学报》2006年第3期，第208~219页。
[2] 陈全家，张乐：《吉林延边珲春北山发现的旧石器》，《人类学学报》2004年第2期，第138~145页。
[3] 陈全家等：《延边安图立新发现的哒石器》，《人类学学报》2008年第1期，第45~48页。
[4] 陈全家等：《安图沙金沟旧石器遗址发现的石器研究》，《华夏考古》2008年第4期，第51~58页。

续表

序号	遗址名称	地点	经纬度	地理位置及海拔米	阶地类型及形成时代	文化层沉积物及成因	遗址面积（平方米）	旧石器数量/件	石料名称及所占百分比	考古时代	主要资料来源
10	菁头	和龙县	128°58′20.7″ 42°48′51.9″	Ⅱ级阶地 海拔725 高出河水面25	晚更新世形成的冲积阶地	风成黄色亚黏土层	4	216	以黑曜岩为主（84.3%）及少量的石英、安山岩、变质页岩	旧石器时代晚期	陈全家等[1]
11	下白龙	图们市	124°35′ 48°31′	Ⅲ级阶地				31		旧石器时代晚期	陈全家等[2]
12	红嘴子（地点）	长春市郊	125°15′ 43°41′	Ⅰ级阶地	全新世形成的冲积阶地	河流相黄褐色含砾砂层		3	石英岩，水晶酸性火山岩	旧石器时代晚期	程新民等[3]

---

[1] 陈全家等：《吉林和龙菁头旧石器遗址的新发现及初步研究》，《考古与文物》2008年第2期，第3～9页。
[2] 陈全家等：《图们下白龙发现的旧石器》，《边疆考古研究》（第2辑），科学出版社，2004年，第1～14页。
[3] 程新民，陈全家：《长春郊区红嘴子发现的哺乳动物化石和旧石器》，《长春地质学院学报》1993年第2期，第71～78页。

矿物学定义是天然产出的，有一定的化学成分，具有一定内部结构的固态物体。其化学成分主要为化合物，如石英（SiO_2）、方解石（$CaCO_3$）、钾长石（K[$AlSi_3O_8$]），少数为单质（自然元素），如金刚石和石墨（C）、自然金（Au）等。矿物还具有一定形态和物理、化学性质，而这些形态和性质又取决于其化学成分和内部结构。例如金刚石和石墨仅化学成分相同，但内部原子结构不同造成其硬度相差悬殊。

目前在旧石器遗址中发现的主要矿物有石英、水晶、燧石和蛋白石，前二者化学成分都是SiO_2，后二者为含结晶水的SiO_2，石英和水晶的区别是水晶为发育完整的单晶体，燧石与蛋白石的差异在于它们成因不同，前者为沉积形成，后者为岩浆热液形成。它们硬度都是莫氏硬度7度，都非常致密、光滑、具有各种色彩，打击时不易产生崩裂或节理，常呈贝壳状断口，容易加工成各种类型的旧石器，是旧石器遗址常见的石料。

刚才提到的硬度，是指矿物抵抗外来机械作用力的程度。肉眼鉴定中采用刻划法测试矿物的莫氏硬度，方法是将欲测试的矿物与莫氏硬度计中的标准矿物相互刻划加以确定。莫氏硬度计由10种矿物组成，按相对大小把矿物的硬度分为10度（表5-3）。

表5-3 莫氏硬度计

标准矿物	滑石	石膏	方解石	萤石	磷灰石	正长石	石英	黄玉	刚玉	金刚石
莫氏硬度	1度	2度	3度	4度	5度	6度	7度	8度	9度	10度

在实际工作中，用莫氏硬度计的标准矿物来确定矿物硬度还是不太方便。因此，通常采用更简便方法，即用小刀（硬度5.5）和手指甲（硬度2.5）来测试矿物的相对硬度，并把硬度分为低（<2.5），中（2.5~5.5），高（>5.5）三级。能用来加工旧石器石料硬度都应该属于高硬度（>5.5），也就是小刀刻不动的矿物，不留下刻槽，只留下一道铁印。能留下刻槽的都不能做石料，可能是假石器。

但旧石器遗址中的石料并非都是矿物，矿物只占一小部分，而绝大多数是岩石，且岩石学上没有硬度计，那么怎样才能知道岩石的硬度呢？岩石是矿物的集合体，也就是说岩石是由矿物组成，其矿物硬度就决定了岩石硬度。例如旧石器遗址常见的石英岩、石英砂岩，它们石英含量超过95%，当然这些岩石的硬度就是7度，是加工石器的好石料。如花岗岩的主要矿物成分是石英和长石，所以它的硬度也大于6度，也可加工石器。还有一类特殊岩石，例如旧石器遗址中常见的黑曜岩和硅质岩，它们是没有结晶的SiO_2，但它们的化学成分与石英相同，所以硬度也基本是7度，也是加工旧石器的好原料。还有角岩，它是泥岩经过硅化变质产生，所以硬度也相当于7度。还有流纹岩的SiO_2含量大于75%，也可加工为旧石器。

自然界中岩石的种类很多，根据成因可分为火成岩，沉积岩和变质岩三大类，其中以沉积岩分布最广，约占陆地面积75%，火成岩和变质岩仅占25%。但就质量而言，火成岩和变质岩占地表总质量的75%，可作为加工旧石器的石料。火成岩主要是火山喷出岩和某些超浅层结晶比较细的岩石，有些火山喷出岩完全是玻璃质，称为火山玻璃或黑曜岩，常见的石料还有花岗细晶岩、流纹岩、英安岩、玄武岩和凝灰岩等。

作为吉林东部旧石器遗址的主要石料的黑曜岩，硬度大（7度），致密均一，性脆，易贝壳状断口，是最容易加工成旧石器的石料。这些黑曜岩主要来源吉林东部大规模新生代火山和中生代火山喷发的火山玻璃。

目前发现规模最大的黑曜岩产地位于九台市上河湾镇境内，其厚度超过100米，整个山头全是黑曜岩。但遗憾的是这处黑曜岩形成时代为一亿年前的中生代，黑曜岩表面经过长期风化，又严重脱水，很难加工成好的旧石器，但在风化层之下，还是比较新鲜的，可以加工成旧石器。

新生代火山玻璃的喷发规模较小，厚度从几厘米到几十厘米都有，目前发现的黑曜岩产地仅局限于长白山天池火山周围。但古人类所选择的黑曜岩石料是否都来自长白山天池，目前还不得而知。

四、旧石器时代遗址与层状地貌之间的关系

在吉林省东部共分布六级层状地貌，分别为二个夷平面、四级河流阶地。这些层状地貌是高的老，低的新，分布在这些层状地貌上的遗址也具有相关性。

分布在吉林省东部的Ⅰ级夷平面形成于古近纪。在古近纪早期，东部地区构造运动长期稳定，外动力地质作用盛行，并削高填低形成准平面，到了古近纪末，在喜山造山运动的影响下，吉林东部地区构造运动上升，外力地质作用下切，将后来的准平面切割成许多孤立的山头，这些孤立的山头基本在一个平面上，这个可以连接的平面就是东部的Ⅰ级夷平面，也就是目前吉林省的东部各个山头。

到了新近纪早期，又有一个构造运动相对较长时期的稳定，形成了Ⅱ级夷平面。这两级夷平面主要形成于古近纪和新近纪，由于那时还没有人类，就更谈不上有旧石器遗址的分布，实践也证明在东部山地的Ⅰ、Ⅱ级夷平面的各个山头上就从来没有发现过旧石器时期遗址。

在吉林省东部发育有松花江、东辽河、鸭绿江、图们江和绥芬河五大水系，这五大流域水系均分布有四级阶地。一般认为各河流的四级阶地是经四次构造的稳定和上升作用形成，在构造运动稳定时形成阶地面，构造运动上升时形成阶地陡坎，阶地越高，形成时代越老；反之，旧石器遗址分布的位置越高，时代越老，也就是说分布在Ⅳ级阶地上的安图县立新遗址应早于分布在Ⅲ级阶地的沙金沟和下白龙遗址，更早于分布在Ⅱ级阶地上的其他遗址；分布在Ⅰ级阶地遗址就更年轻些，大多属于新石器时代遗址。

洞穴遗址也具有同样的道理,因为洞穴的形成也具有河流阶地形成机制,也就是说在构造稳定时经地下水长期作用,形成洞腔,构造上升形成层状洞穴,多次构造运动上升,形成多层溶洞,而且常与河流阶地相对应的四层洞穴,例如蛟河拉法山,也是高的洞穴老,低的洞穴新。按照这种形成理论,桦甸寿山仙人洞遗址时代应该早于抚松仙人洞遗址,因为寿山仙人洞遗址高出河水面110米,而抚松仙人洞只高出河水面50米。

由于古人类没有盛水的容器,必然要选择离水源比较近的地方居住,如果要爬很高的山,会使生活很不方便。至于这些遗址现在都远离水源,是构造运动上升和地形变迁的缘故,而当初这些遗址都在离水源比较近,取水方便的地方。

当时古人类对洞穴遗址的选择标准除了取水方便,还要求洞口朝阳、暖和、干燥、不滴水,洞口有较平坦的地方等。这个理论在集安得到验证,例如国东大穴,洞口朝南,大厅也宽敞平坦,但试掘两个探方,均没有发现旧石器,后来才找到没有发现旧石器的原因是洞顶较薄,滴水严重,如果是雨季滴水会更严重,所以滴水潮湿是不适于古人类居住,找不到旧石器也理所当然。

在东部发现的旧石器阶地遗址都有一个共同的特点——地势开阔,阶地突出成舌头。这是古人类为了狩猎便于瞭望,能及时发现猎物而做出的选择。

通过地貌学研究,一般认为Ⅳ级阶地形成于早更新世;Ⅲ级阶地形成于中更新世;Ⅱ级阶地形成于晚更新世;Ⅰ级阶地和河漫滩形成于全新世。但在吉林东部发现的旧石器遗址的形成时代大大晚于阶地形成的时代,这是由于这些遗址的文化层沉积物大多都属于风成的黄色亚黏土,也就是该风成黄色亚黏土都是阶地形成之后形成的。如果是在阶地冲积层发现的旧石器,那么将与阶地的形成时代有相关性。例如在蛟河市砖厂的遗址就位于Ⅱ级冲积阶地,其文化层为红褐色黏土层,该黏土层就是冲积阶地二元结构上部的河漫滩相,下部为河床相的砾石层,文化层上部还有后期风成的浅黄色蒜瓣状亚黏土层,该层形成时代较晚,而下部冲积物二元结构形成较早,与Ⅱ级阶地同时形成晚更新世早期,上面河漫滩相就应为晚更新世早期偏晚,同位素绝对年代测定也证实了这一点。新乡砖厂出土的猛犸象牙,经北京大学考古学系实验室采用铀系法测定,其绝对年代为6.2万±0.6万年,因此其地质年代应为晚更新世早期偏晚,相当于旧石器中期的晚段,是东部唯一在冲积层中的旧石器遗址,也是目前发现的最老的旧石器时代遗址,更是吉林省唯一一处旧石器时代中期遗址。

五、结 论

(1)吉林省东部山地共发现16处旧石器遗址,其中洞穴遗址4处,田野遗址12处(含2处地点),其中只有1处旧石器时代中期遗址,其余15处均为旧石器时代晚期遗址（地点）。

（2）上述16处旧石器遗址中文化层的沉积物沉积类型有洞穴堆积物4处，冲积物原生层1处（蛟河砖厂），再搬运冲积物1处（长春红嘴子），地表无地层1处（辉南邵家店），其他遗址均属风成黄土沉积地层。

（3）16处旧石器时代遗址中的旧石器石料以黑曜岩为主，其次为流纹斑岩、石英岩、安山岩、角岩、硅质岩、石英、花岗细晶岩、石英斑岩、玄武岩、脉石英、燧石流纹岩、蛋白石、玛瑙、角页岩、砂岩、火山凝灰岩、变质页岩、水晶、酸性火山岩、硅质灰岩等多种岩石和矿物，它们的莫氏硬度均超过6度，都是制作旧石器的石料，其中最好的石料为黑曜岩。由于吉林省东部山地的火山众多，无论是中生代火山还是新生代火山，都喷出了大量的火山玻璃——黑曜岩，这样大自然就给吉林东部的古人类提供了大量石料——黑曜岩。

第二节　吉林和龙石人沟旧石器时代晚期遗址古人类的技术与行为

石人沟遗址发现于2004年，位于和龙县龙城镇石人村的西山上，地理坐标为东经128°48′45″，北纬42°11′20″，东北距和龙县约45千米。2004年5月初，吉林大学边疆考古研究中心、吉林省文物考古研究所，以及和龙市文物管理所对其进行调查和试掘，获得石制品40件[1]。2005年8月中旬至9月初，以上单位又对其进行试掘，揭露面积52平方米。共获石制品1291件，包括地层中出土的1267件和地表采集的24件[2]。这两次试掘共获得石制品1331件。该遗址出土了丰富的古人类文化遗物，使得吉林省在旧石器时代遗址的发现与研究上取得了较大进展，为研究古人类在图们江流域的适应、开发过程和该区域更新世环境演变提供了珍贵的材料。正基于此，作者在遗址的这两次发掘材料基础之上，采取定量分析方法，立足于测量、统计与相关问题分析，侧重于对全部标本的观察、分析，对该遗址技术、文化与周边环境、原料条件以及人类的适应行为方式进行深入分析，力求从材料中提取更多的有关古人类技术和行为方面的信息。

---

[1]　陈全家等：《延边地区和龙石人沟发现的旧石器》，《人类学学报》2006年第2期，第106~114页。

[2]　陈全家等：《延边和龙石人沟旧石器遗址2005年试掘报告》，《人类学学报》2010年第2期，第105~114页。

一、遗址石器工业概述

通过对遗址石制品材料进行较为详细的技术类型分析，该遗址石器工业属于细石叶工业。在1331件石制品中（表5-4），绝大多数（64.8%）为打片和加工石器过程中产生的石片、断块、碎屑等；工具共208件，占石制品总数的15.7%，其中，加工成器的标本共106件，占工具总数的50.9%。石制品原料以黑曜岩占绝对优势，仅有2件碧玉。剥片技术除了锤击法、砸击法外，还使用了间接剥片技术。石核除锤击石核外，出现了楔形细石叶石核，并且出现了石叶与细石叶共存的现象，石器以各类刮削器为主，尖状器、雕刻器、琢背小刀及钻等数量次之（表5-6）。工具加工以锤击法为主，其中软锤修理占有较大比例，出现了压制修理，修理方式以正向的单向加工为主。工具以小型[1]为主，微型、中型也占一定比例，大型不见（表5-5）。个体间变异较小。整个器形加工规整，大部分工具小而精致。石制品重量以小于1克的为主，占总数的83.9%，1~5克的次之（图5-1）。总体来说，该遗址的石制品个体小，形态变异较小，加工精致，原料的使用呈现利用率高的现象。少量个体较大、加工精制的标本证明古人类具有生产大块毛坯（诸如石叶、大石片等）和对工具进行精致加工的能力。

表5-4 石制品分类与分层统计

层位 类型	第4层 N	第4层 %	第3层 N	第3层 %	第2层 N	第2层 %	脱层石制品 N	脱层石制品 %	合计 N	合计 %
石核	2	0.5	7	0.9	2	1.4	3	10.0	14	1.1
石片	185	48.1	378	48.6	48	34.5	7	23.3	618	46.4
碎屑	70	18.2	63	8.1	22	15.8	0	0	155	11.6
断块	13	3.4	69	8.9	9	6.5	0	0	155	11.6
细石叶	84	21.8	116	14.9	24	17.3	0	0	224	16.8
石叶	2	0.5	12	1.5	3	2.2	4	13.3	21	1.6
二类工具	14	3.6	68	8.8	14	10.1	6	20.0	102	7.7
三类工具	15	3.9	64	8.3	17	12.2	10	33.4	106	8.0
合计	385	100	777	100	139	100	30	100	1331	100

---

[1] 卫奇：《泥河湾盆地半山早更新世旧石器遗址初探》，《人类学学报》1994年第3期，第223~238页。

表5-5 石制品大小(毫米)的分类统计

尺寸大小 石制品类型		<20 N	<20 %	20~50 N	20~50 %	50~100 N	50~100 %	100~200 N	100~200 %	≥200 N	≥200 %
石核		2	0.15	8	0.60	2	0.15	1	0.08	1	0.08
石片		587	44.10	31	2.32						
碎屑		155	11.65								
断块		76	5.71	15	1.13						
细石叶		213	16.01	11	0.83						
石叶		18	1.35	3	0.22						
二类工具		40	3.01	59	4.43	3	0.22				
三类工具	片状毛坯	28	2.10	61	4.58	11	0.83				
三类工具	块状毛坯	2	0.15	4	0.30						
总计		1121	84.22	192	14.43	16	1.20	1	0.08	1	0.08

表5-6 三类工具分类统计

类型	刮削器 单刃	刮削器 双刃	刮削器 复刃	刮削器 圆头	雕刻器	琢背小刀	钻	尖状器
N	32	15	1	3	32	5	3	15
%		48.11			30.18	4.71	2.83	14.17

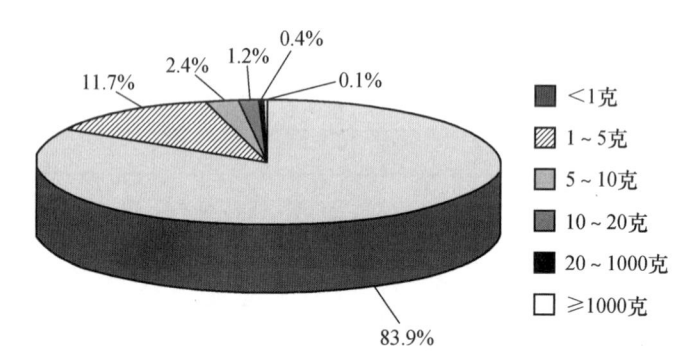

图5-1 石制品重量百分比示意图

二、石器工业技术分析

(一)对原料的开发与利用

原料的分布、质量与利用对人类工具制作技术的发挥、发展和石器工业特点的形成起着很大的制约作用。研究人类对不同石料资源的利用程度将有助于探讨该人类群体石器制作技术和对自然环境的适应能力。

黑曜岩（Obsidian）是一种致密块状褐熔渣状玻璃质岩石，具深褐、黑、红等颜色。断口为贝壳状，玻璃光泽，常具斑点褐条带状构造。比重较轻，2.13～2.42，含水量一般<2%[1]。这些物理特性反映出其特别适合古人类用来制作石器。古人类常利用它来加工石器。肯尼亚旧石器时代晚期的卡普斯人开采黑曜石矿，土耳其的凯撒里奇（Kaisarich）、亚美尼亚的凡湖（Lake Van）等地的古人类也都利用它制作工具[2]。

东北地区新生代火山约510座，主要分布在著名的吉林长白山地区，诸如吉林龙岗火山群、黑龙江五大连池火山群、二克山火山群和科洛火山群等。这些火山绝大多数由火山喷发碎屑堆积物组成，这些喷发产物的一半是由单一的火山碎屑岩组成。构成东北新生代火山碎屑的，既有广布的火山喷发空落堆积物，又有鲜为人知的火山基浪堆积物，火山泥流堆积物以及火山碎屑流状堆积物；火山碎屑及熔岩覆盖面积和受其影响的地域超过50000平方千米[3]。火山喷出岩类广泛的分布范围使得该遗址的古人类获取黑曜岩优质原料十分便利，使其在长期的实践过程中认识到黑曜岩优于其他石料，质地均匀，不含杂质。

遗址内石制品原料较为单一，以黑曜岩占绝对优势，占石制品总数的99.9%。遗址石制品类型与原料的利用率情况表明了古人类剥片和加工工具时对黑曜岩质料的偏爱，也反映了其遵循因地制宜，就地择优取材的策略。

原料的质地对工具修理影响很大，优质原料常常加工出精致的工具[4]。使用黑曜岩这种优质原料加工石器，无论是软锤或硬锤，其修理疤痕均较薄长，压制修理出的工具更为精致。因而，造就了该遗址石制品细小精致的特点。并且，黑曜岩剥片易形成贝壳状断口，较为坚韧锋利，可不用第二步加工直接使用，这也使得遗址中二类工具数量与三类工具大体相当。

目前，国外有学者对俄罗斯滨海南部地区旧石器时代晚期遗址出土的黑曜岩制品通过微量元素分析进行原材料的原产地分析[5]。我们未来也可以借助微量元素分析来进一步验证黑曜岩产自当地火山喷出物的推断。

---

[1] 裴树文：《石制品原料的分类命名及相关问题讨论》，《文物春秋》2001第2期，第17～23页。

[2] 刘祥、向天元：《中国东北地区新生代火山和火山碎屑堆积物资源与灾害》，吉林大学出版社，1997年，第7页。

[3] 刘祥、向天元：《中国东北地区新生代火山和火山碎屑堆积物资源与灾害》，吉林大学出版社，1997年，第7页。

[4] 汤卓炜：《环境考古学》，科学出版社，2004年，第243、244页。

[5] 〔俄〕A. 尤西塔尼、N. A. 克诺内科、T. 托莫达等著，胡钰译：《俄罗斯远东地区中部的滨海南部地域内旧石器时代晚期遗址出土黑曜岩石片的原产地分析》，《历史与考古信息·东北亚》2006年第1期，第61～66页（内部资料）。

（二）剥片技术

从石核和石片观察，至少有两种剥片技术在该地点被使用过。一种是锤击法（包括软锤法和硬锤法）直接剥片，以锤击石核及锤击石片为代表；另一种为间接法剥片，以细石叶石核、石叶石核、细石叶及石叶为代表。另外，考虑到黑曜岩硬度大、致密均一、脆性大等物理特性，无法真正完全地将锤击、砸击石片完全区分开来，因而本文认为不能排除砸击技术在该遗址应用的可能性。

石核的台面特征及工作面遗留的石片疤数量与剥片技术及原料利用率有着直接的关系。从遗址内发现的一件石叶石核（04HSP.02，长×宽×厚为175毫米×188毫米×105毫米，重3.5千克）来看（图5-3），该石核共有三个台面，均属修理台面，三个工作面上可见14次剥落石叶后留下的阴痕，其中仅有3次失败，而剥片阴痕最大长170、宽88毫米，可见进行剥片的工匠技术较为娴熟。

从楔形石核台面来看，该遗址存在虎头梁技法[1]和河套技法[2]（日本称"涌别技法"[3][4]）。标本05SRGDT5151④：001，台面修整时采取从一侧向另一侧横修，产生一倾斜之平面，该件标本为刚进入石核的剥片过程（图5-2，1）。标本05SRGBT5150②：001在剥取细石叶时，倾斜台面经过调整，向后纵击从而形成一有效台面（图5-2，3）。标本05SRGC：18，核体加工成D形，然后纵击产生一纵贯核身之台面，并在剥片时，台面进行调整，形成一有效台面（图5-2，5）。

目前，有学者将楔形细石叶石核从使用程序和程度上划分为4个发展阶段，即预制（Prepared stage）、剥片（Flaking stage）、中止（Suspended stage）和终极（Exhausted stage）阶段[5]。

该遗址内发现的石核能够体现出工艺流程中的预制、剥片、中止三个阶段。首先，将石块或石片的外形加工成楔形，对其台面底缘、侧缘进行修整，修理出可控制

---

[1] Chen Chun, Wang Xiangqian. Upper Paleolithic Microblade Industries in North China and Their Relationships with Northeast Asia and North American. *Arctic Anthropology*, 1989, 26 (2): 127-157.

[2] Chen Chun, Wang Xiangqian. Upper Paleolithic Microblade Industries in North China and Their Relationships with Northeast Asia and North American. *Arctic Anthropology*, 1989, 26 (2): 127-157.

[3] Chen Chun, Wang Xiangqian. Upper Paleolithic Microblade Industries in North China and Their Relationships with Northeast Asia and North American. *Arctic Anthropology*, 1989, 26 (2): 127-157.

[4] 〔日〕加藤真二著，袁靖译：《对日本、渤海湾周围地区细石叶文化的几点认识》，《考古学文化论集》，文物出版社，1997年，第20～25页。

[5] 朱之勇、高星：《虎头梁遗址楔形细石核研究》，《人类学学报》2006年第2期，第129～142页。

图5-2 石核

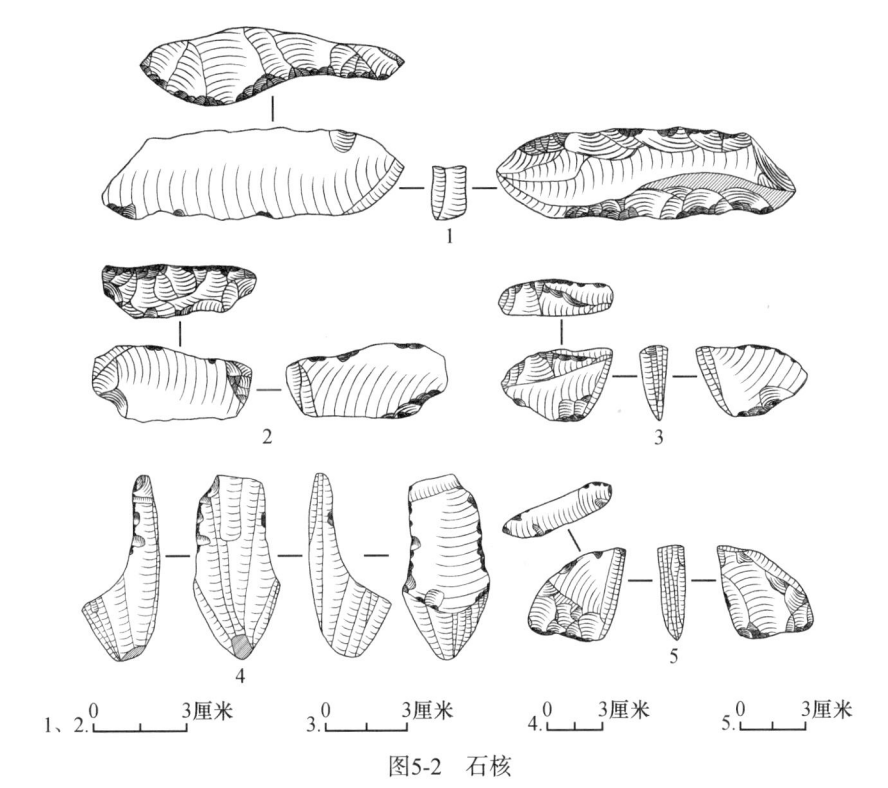

1~3、5. 楔形细石叶石核（05SRGDT5151④：001、05SRGAT5152③：006、05SRGBT5150②：001、05SRGC：18） 4. 破损的锥形石核（05SRGC：02）

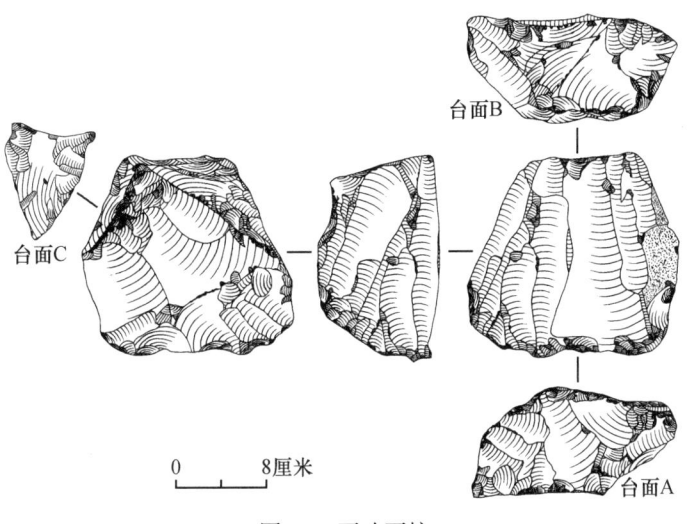

图5-3 石叶石核

（04HSP.02）

剥片的"龙骨"部分[1]，此为工艺流程的第Ⅰ阶段——预制阶段。从遗址内发现的预制石核来看（图5-2，1、2），又可细分为2个步骤：步骤Ⅰ，可能是从锤击石核上打下的较厚石片再经过粗加工，主要修理毛坯的台面、底缘和后缘。一般底缘和后缘采用交互法或对向加工方式，修理出边缘呈锐角的楔形，修理出石核的龙骨部分，以便能够在剥片时发挥控制作用；而台面有的略修平整，有的不修。该阶段并未作整体的修理，即毛坯的体部尚未做修理。步骤Ⅱ，台面和核体再进行细致修整，这时的修痕都较浅平，是用软锤和压制修理的结果；第Ⅱ阶段，即为剥片阶段（图5-2，3、5）。石核剥片进行比较充分，从工作面上的细石叶阴痕来看，剥片成功率较高，多数核体上的石片疤为2~5个，且台面角范围在62°~97°之间，仍可继续剥片。以上都说明了石核精细加工技术被广泛采用，石核利用率较高；工艺流程的第Ⅲ阶段为中止阶段，剥片时，是要沿着前一次剥片脊来剥离细石叶或石叶的。有时剥片失误是不可避免的，或是用力太小，或是用力方向不准确，或是碰到石核的节理从而造成剥片只剥下来一部分，而另一部分仍留在核体上，这样就会使下一次剥片无法再沿着该条脊进行，因为如果继续进行的话，将会使剥片受力不均或受到的阻力更大，最后导致再次的失败。出于该阶段的石核要么被废弃、中止使用，要么就需要调整出新的台面或更新工作面继续剥片。

标本05SRGC：02为一件破损的或打废了的残石核，残长×宽×厚为36.83毫米×16.93毫米×14.53毫米，重85.46克。这种标本在细石器遗址中比较常见，造成的原因很多，一般来说应当是打制细石叶时失误或者是调整工作面造成的（图5-2，4）。

此外，从体型较大的锤击石核（05SRGDT5152③：005，长×宽×厚为64.24毫米×82.22毫米×35.69毫米，重175.31克）来看，黑曜岩在当地并不缺少。这说明石人沟的古人类无论是在原料的选择还是石器加工技术方面来说都已具有了较高的认识水准。

（三）加工技术

总体上来看，该遗址的三类工具主要由锤击法加工而成，压制法也占有一定比例，其中雕刻器类存在有意截断的加工方法，颇具特色（表5-7）。加工方向以单向为主，其中正向加工数量最多，反向加工次之，复向等加工方式较少。大多数标本修疤排列规整、连续。

表5-8统计了三类工具中刮削器修理方法、修理方式的情况，显示出刮削器主要采用锤击法修整，压制法次之，修理方式以单向加工为主，且修理部位大多数发生在毛坯的侧边而非端部，这说明加工不很彻底，对原料充分利用的压力不大。

---

[1] 侯亚梅：《"东谷坨石核"类型的命名与初步研究》，《人类学学报》2003年第4期，第279~292页。

表5-7 雕刻器统计表

修理方法	数量	锤击	有意截断
	30	21	9
	100%	70%	30%
修理加工方向	数量	两侧	单侧
	21	7	14
	100%	33.33%	66.67%

表5-8 三类工具中刮削器统计表

修理方法	数量	硬锤	软锤	压制		
	51	12	21	18		
	100%	23.5%	41.2%	35.3%		
修理加工方向	数量	背面	劈裂面	复向	错向	两面
	51	32	7	4	5	3
	100%	62.7%	13.7%	7.8%	9.8%	6%

（四）废片分析

废片分析的主要功能是用来观察和分辨遗址中石核剥片或工具精致加工等不同的行为和生产活动，因为石器加工为主的生产活动一般会留下大量的碎片和碎屑，而石核剥片也会产生大量的初级石片和碎屑[1]。由于石人沟遗址的石料单一，主要为质量优质的黑曜岩，且二次加工活动较明显，因此本文的废片分析主要被进一步用来观察古人类在生产活动（剥片过程和加工过程等）中对原料的利用程度以及对石器工业的影响。

根据Sullivan和Rozen的废片分析标准[2]，我们排除了石核、砸击制品和工具，将石片、碎屑加以比较分析，具体结果如图5-4显示。

从废片分析的结果可以看到，石人沟遗址石器工业拥有比例极高的近端残片、中间残片、碎屑，完整石片比例也较高。其中，比例较高的残片应该为石核剥片或工具二次加工的副产品，从石片角的统计结果来看，大多数残片都是在石核台面角不大的情况下剥取的。

大多数残片为点台面、刃状台面等人工台面，线台面、素台面次之，有脊、有疤、自然台面者很少，说明石核的预制台面技术较高，这也与石核的统计分析结果一

---

[1] 陈淳等：《小长梁石工业研究》，《人类学学报》2002年第1期，第23~40页。
[2] Sullivan A P, Rozen K C. Debitage analysis and archaeological interpretation. *Am Antiquity*, 1985, 50: 755-779.

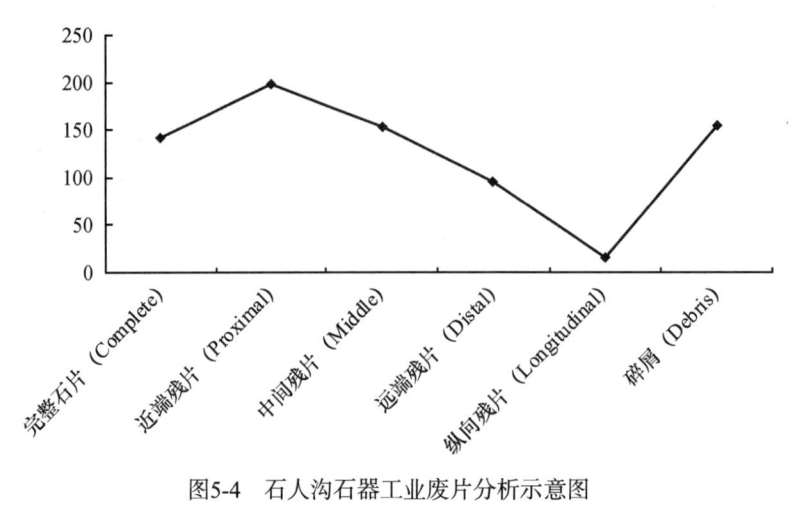

图5-4　石人沟石器工业废片分析示意图

致。石片背面非自然面的比例最大，这表明石片多为非初级剥片，反映了遗址石核产片率较高。

虽然碎屑仅仅是石制品加工过程中出现的副产品，但是它们对研究石器加工技术和分析人类行为有着重要的意义。当使用脆性大的黑曜岩进行剥片或二次加工三类工具时将会产生较多的碎屑，可以进行模拟试验，来计算出石片及工具在数量上与碎屑及断块的比例关系，进而进行遗址的功能分析，判断它究竟是一处石器制造场还是野外宿营地。在石人沟遗址中，石片及工具与碎屑及断块的比例为2.94∶1。

我们通过观察碎屑可以看出，一些碎屑的台面、半锥体、腹面等特征清晰可见，并在台面与腹面相交处有明显的唇面，应是古人类使用软锤加工工具时产生的。但考虑到黑曜岩硬度大、致密均一、脆性等物理特性，无法真正完全地将锤击修理（硬锤、软锤）、压制法修整与石核剥片完全区分开来。

此外，通过对不同范围石片角的完整石片与完整石片总体数值分析对比（图5-5），长度在10～20毫米的比例较高。这种情形随着石片角的增大而有所改变，大于20毫米的完整石片情况也是如此，对比图显示黑曜岩质地的完整石片长度较大的，石片角也较大，但遗址内发现了大量体长的点状和刃状台面石片，这在石人沟遗址内是个有意义的发现，它们的背面近台面处均布满石片碎疤，推测系剥片前用软锤在石核台面边缘处进行修整所致，使得剥片时的受力点前移。通过模拟剥片试验，获得石片与遗址中出土标本特征一致，近端薄锐，远端宽厚。这种剥片方式的目的应是获得能够直接使用的近端薄而体长的石片。

综上，废片分析进一步验证了优质原料对于石人沟石器工业性质和结构的重大影响，体现了遗址内古人类生产活动的性质。这也证明了石料的质地对工具的修理影响很大，优质原料常常加工出精致的工具，而劣质原料则往往加工出粗糙的工具。使用黑曜岩这种优质原料加工石器，无论是软锤或硬锤，其修疤均较规整，压制修理出的

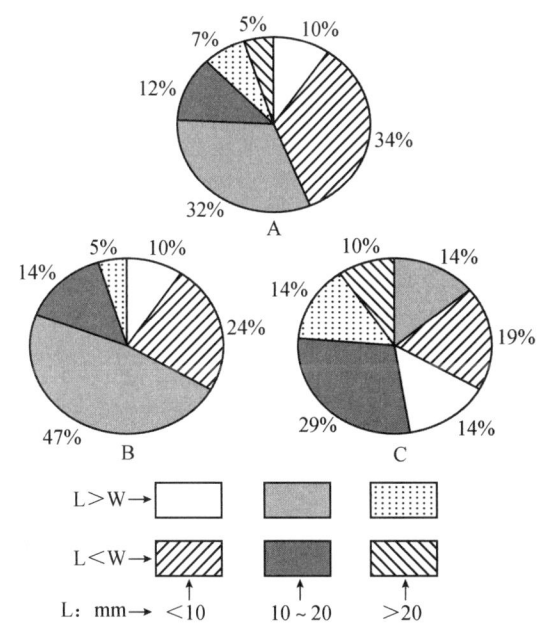

图5-5 完整石片长度（L）与石片角（A）百分比变化对比图
A. 总体完整石片　B. 石片角50°~100°　C. 石片角100°~135°

工具更为精致。因而，该遗址石制品细小精致的特点。并且，黑曜岩剥片易形成贝壳状断口，较为坚韧锋利，可不用第二步加工直接使用，这使得遗址中存在一定比例的二类工具。

三、工具类型分析

（一）工具的大小和形态

依据标本的最大长度，大致将工具类划分为微型（小于20毫米）、小型（大于等于20毫米，小于50毫米）、中型（大于等于50毫米，小于100毫米）共3个等级[1]。在208件工具中，以小型标本为主，占54.8%，微型和中型各占33.7%和11.5%，未见大型和巨型标本。图5-6是该遗址出土工具长宽坐标图。

工具外表体型的划分依据标本的长宽指数和宽厚指数（图5-7），应用黄金分割率（0.618）划分为4种类型：Ⅰ-宽厚型；Ⅱ-宽薄型；Ⅲ-窄薄型；Ⅳ-窄厚型[2]。从图

---

[1] 卫奇：《泥河湾盆地半山早更新世旧石器遗址初探》，《人类学学报》1994年第3期，第223~238页。

[2] 卫奇：《泥河湾盆地半山早更新世旧石器遗址初探》，《人类学学报》1994年第3期，第223~238页。

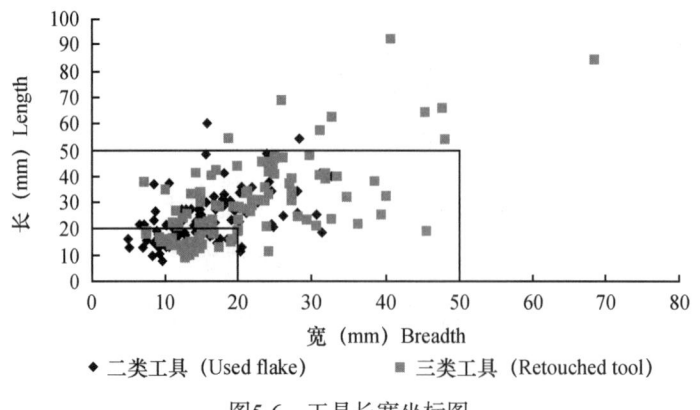

图5-6 工具长宽坐标图

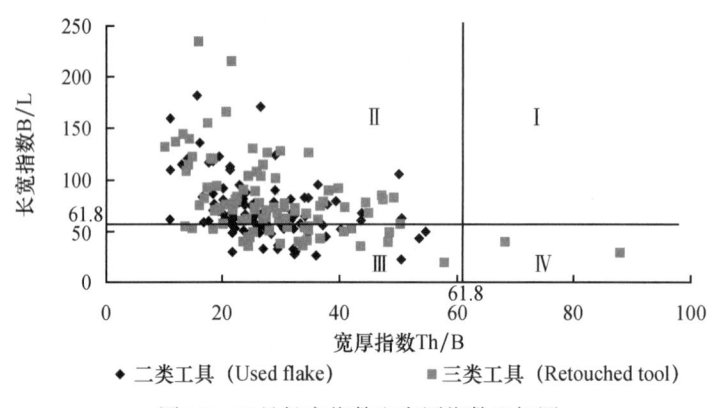

图5-7 工具长宽指数和宽厚指数坐标图

5-7不难看出，二类[1]和三类工具均以宽薄型为主，窄薄型次之。

工具重量总体上以1~5克为主，占49.1%。其中，二类工具以小于1克的为主，这与工具毛坯较薄有关，如古人类有目的地选择细石叶较直的中段，可能作为复合工具的刃部来使用。而三类工具则以1~5克的为主，小于1克的次之（图5-8）。

（二）刃角

二类工具刃部形态以单刃为主，其中以单直刃为主，单凸刃、尖刃、双刃次之。图5-9是对二类工具刃角测量图示。刃角以20°~40°为主。这说明古人类已经认识到这些石片可以直接使用，有意选择边缘锋利的剥片来使用。大多数标本手感刃口仍较锋利，可继续使用。

---

[1] 陈全家：《吉林镇赉丹岱大坎子发现的旧石器》，《北方文物》2001年第2期，第1~7页。张森水教授最先将工具分为两类，即第一、第二类工具。本节在此基础上又将工具分为三类：一类工具，天然砾石未经加工而直接使用者（石锤等）；二类工具，石片未经加工而直接使用者（使用石片）；三类工具，毛坯经过第二步加工成工具者（刮削器、雕刻器等）。

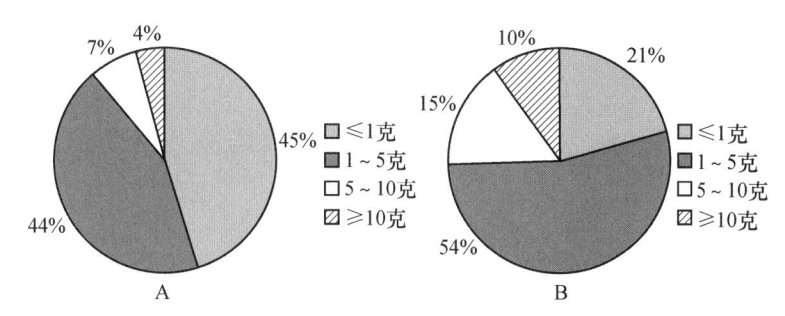

图5-8 工具重量百分比示意图
A. 二类工具 B. 三类工具

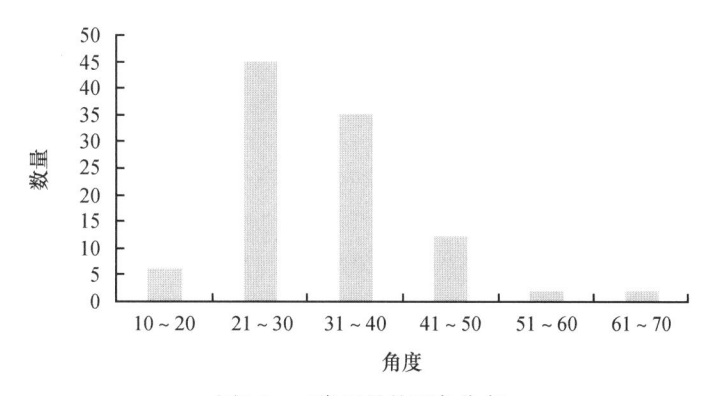

图5-9 二类工具的刃角分布

黑曜岩这种原料硬度大，断口呈细致的贝壳状，未经二次加工修理的石片刃缘，完全可以直接投入使用。这些石片手感刃缘有的已较钝或很钝，分布明显的、连续的细小疤痕。当然，这种观测还需要将来的微痕观察结果来进一步验证。

图5-10是对三类工具刃角（不含雕刻器，尖状器和石钻测其侧刃角）测量图示。刮削器的刃角集中在31°~50°，而琢背小刀只对器身厚背处进行加工，利用自然锋利边缘为刃缘，故其刃角集中于20°~35°。这样的结果说明古人类应该是有意制造不同的刃角来进行不同的活动，当然，遗址内发现的工具大都是使用过的，其测量的刃角应该是使用后的，不排除有一定程度的磨损。

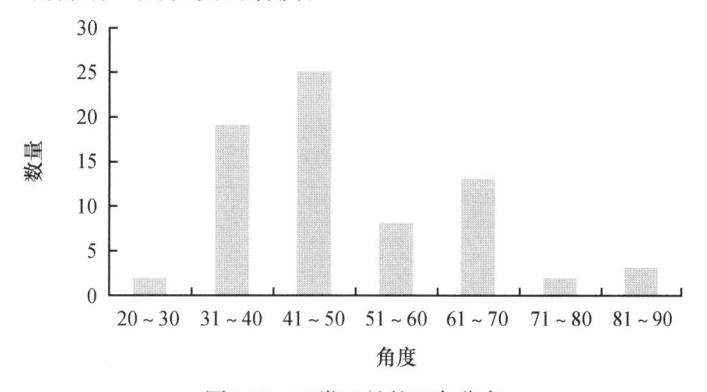

图5-10 三类工具的刃角分布

（三）加工长度指数

为了更加形象地体现工具毛坯边缘横向上的利用程度，笔者在此使用高星博士创设的"加工长度指数（Retouch length index）"[1]概念。

在石人沟遗址的刮削器中，少数标本的边缘利用率低，加工长度指数小于0.6，但大多数刮削器的加工长度指数在0.7以上，全部刮削器加工长度指数的平均值为0.88，而全部三类工具加工指数的平均值为0.89（图5-11），表明古人类在总体上对于工具毛坯有效边缘的大部分都做了加工。笔者也对加工指数较小的工具进行了观察分析，发现之所以加工指数较小，原因是工具的有效刃缘足够锋利，不需加工，只对有效刃缘较厚处稍微进行修整，使得整个刃缘看起来显得笔直，呈一条直线。

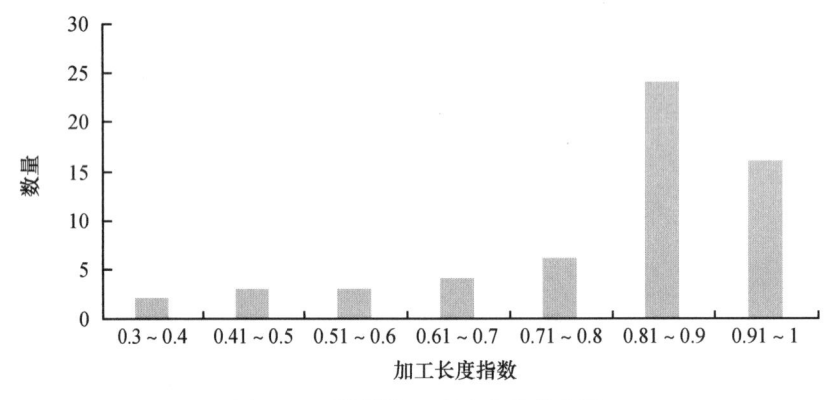

图5-11　刮削器加工长度指数分布图

（四）加工深度指数

对毛坯在纵向上修整的程度，本文使用了Kuhn首创的"加工深度指数（Index of sharpening）"概念[2][3]。在研究中作者只将片状毛坯的标本（共100件）纳入此项测量和计算，以求减少误差。图5-12显示大部分标本的加工深度指数在0.3~0.5之间。该指数的平均值为0.35，这表明这些标本总体上还可以继续加工。此外，需要指出的是，一些标本毛坯为黑曜岩石叶或者细石叶，这些毛坯背部通常有一条或两条纵脊，而纵脊部即为毛坯中部最大厚度，且整体都较薄，因此测量统计所获得的有些指数偏大。

---

[1]　高星：《解析周口店第15地点古人类的技术与行为》，《第八届中国古脊椎动物学学术研讨会论文集》，海洋出版社，2001年，第183~196页。

[2]　高星：《解析周口店第15地点古人类的技术与行为》，《第八届中国古脊椎动物学学术研讨会论文集》，海洋出版社，2001年，第183~196页。

[3]　Kuhn S L. Mousterian Lithic Technology: An Ecological Perspective. Princeton: Princeton Univ Press, 1995.

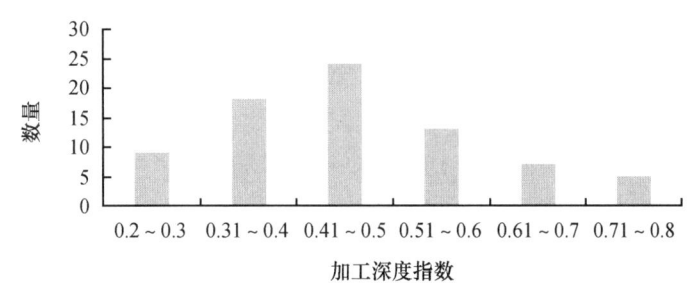

图5-12 三类工具（片状毛坯）加工深度指数分布

综上所述，遗址内三类工具的加工长度指数较高，而加工深度指数则相对较低，且工具大部分为单刃标本，这说明遗址内古人类对工具毛坯倾向于横向利用，而纵向利用方面则较差，分析显示工具多未进行重复利用，这说明该遗址原材料的获取应该较容易，这可能与当地原材料较为丰富有关，所以古人类对其不够珍惜。

（五）单个标本刃口的数量

单个标本被加工出的刃口的数量是表明原料供给的条件和衡量原料是否被充分利用的一个重要标准[1]。该遗址出土三类工具中的刮削器共51件，其中单刃刮削器32件，双刃刮削器15件，复刃刮削器1件，圆头刮削器3件。单刃刮削器和双刃-复刃刮削器的比例为2∶1，较高的比值说明该遗址的古人类倾向于制作新的工具，而非对原有废弃的工具进行再加工使用，也说明了该遗址的原料资源较为丰富。

此外，遗址内还存在一件刮削器一边进行修整而另一边直接使用的现象，为了更为科学地对工具进行分类，这种标本也被认为是双刃刮削器，这也反映出古人类认识到黑曜岩石片锋利的边缘可直接使用，甚至与修理的刃口相比也毫不逊色，完全可以免去加工程序，这也使得遗址内二类工具与三类工具的数量大体相当。

四、讨论与结语

通过对该遗址的剥片、石器加工技术及原料利用情况的分析，可以看出其属于东北地区以细石叶、石叶石核及其制品为主要特征的细石叶工业类型，其代表性遗址为黑龙江呼玛十八站[2]和齐齐哈尔的大兴屯[3]遗址。本文通过对石核的利用率、石片

---

[1] 高星：《解析周口店第15地点古人类的技术与行为》，《第八届中国古脊椎动物学学术研讨会论文集》，海洋出版社，2001年，第183~196页。

[2] 张镇洪：《辽宁地区远古人类及其文化的初步研究》，《古脊椎动物与古人类》1981年第1期，第189~190页。

[3] 黄慰文等：《黑龙江昂昂溪的旧石器》，《人类学学报》1984年第3期，第234~242页。

的成器率以及工具毛坯在其刃部对原料的消耗程度的测量、统计和分析可以看出,该遗址的古人类在总体上对于原材料的开发与利用率是较高的(图5-13)。这与当地黑曜岩较为丰富是密切相关的。而对于原料采取的不同利用方式也反映了古人类对原材料有着较高的认知、领悟和驾驭能力。

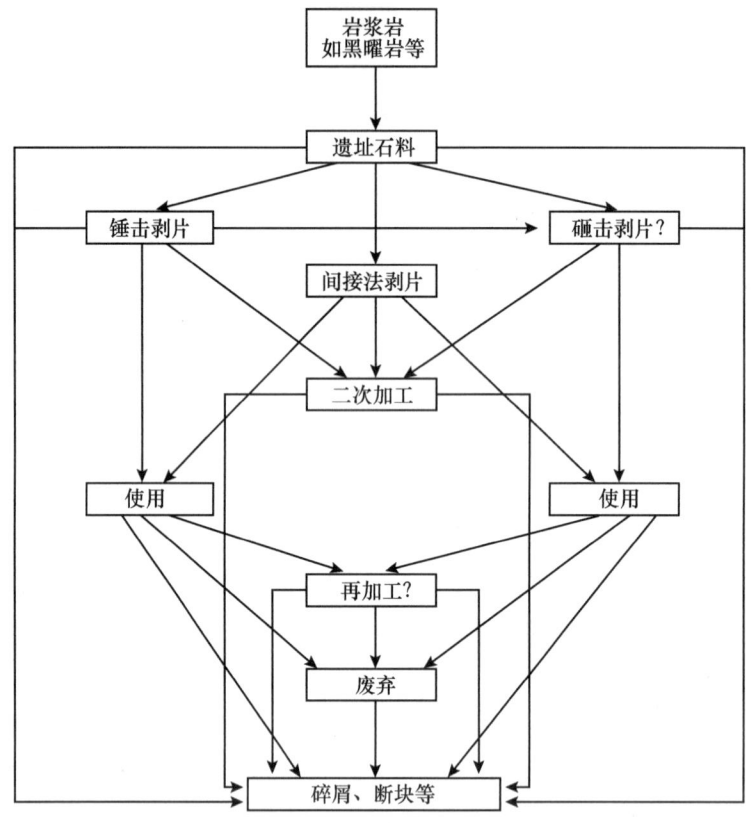

图5-13 应用操作链概念对石人沟遗址石器工业生命流程的动态重建[1]

另外,根据宾福德(Binford)的聚落组织论(settlement organization)[2]、库伦(Kuhn)的技术装备论(technological provisioning)[3]以及安德利斯基(Andrefsky)的原料决定论[4],我们可以看出,该遗址虽然存在较多的断块、废片及碎屑等,但是在遗址内也出有较多加工精制的工具,且还出有重达15千克的石叶石核,这不利于古

---

[1] 陈淳等:《小长梁石工业研究》,《人类学学报》2002年第1期,第23~40页。

[2] Binford L R. Willow smoke and dog's tails: hunter-gatherer settlement systems and archaeological site formation. Am. Antiq., 1980, 45: 2-20.

[3] Kuhn S L. Mousterian Lithic Technology: An Ecological Perspective. Princeton: Princeton Univ Press, 1995.

[4] Andrefsky W. Raw material availability and the organization of technology. Am. Antiq., 1994, 59 (1): 21-34.

人类随身携带，因此，该遗址的石器工业在总体上具有明显的精细加工（curation）[1]的技术特点，但该遗址具体的技术装备方略难以判断，总体上来看，装备地点（provisioning sites）[2]的意味较重。这些应该与该遗址的性质或功能以及原材料条件是密切相关的，同时也反映出了该遗址古人类的适应生存方式。

Chaîne Opératoire或"操作链"概念最早于1968年被法国考古学家所采用，但是一直到20世纪80年代才开始流行[3]。其与美国学者的"行为链"和剥片程序分析非常相似[4]，在方法论上主要是从石制品技术生命的动态角度来分析每个环节，包括原料的采办、剥片的程序、使用、维修、废弃的全过程[5]。与类型学的静态观察不同，操作链的概念为我们提供了一种人类行为的动态视野，通过石制品生产和使用的相互关系来了解加工技术的操作轨迹。根据以上的分析，我们可通过操作链来进行阐释：①石人沟遗址的石制品虽然表现为存在大量剥片及碎屑，但其工具数量却相对较多。剥片方式规范，工具加工目的与功能之间的关系较为清晰。石人沟遗址古人类的生产策略是在剥片过程中，选择边缘锋利的石片直接使用，但同时也精细加工一定数量的三类工具。②从遗址内出土的石核及剥片来看，存在锤击法和间接剥片法，根据石片特征及黑曜岩的物理特性，也不能排除存在砸击剥片的可能性，根据图们江流域其他旧石器时代晚期遗址内（如和龙柳洞[6][7]与珲春北山[8]遗址）也曾发现过砸击石核，进而推测锤击法剥片进行到一定程度后，因剥片角度及手握不适感，剥片无法继续进行，故转换为砸击法继续进行。

总之，石人沟遗址的石器工业为探究晚更新世图们江流域乃至整个东北地区的古人类对于资源开发利用的能力、策略及适应生存方式提供了重要资料，这也说明了这一地区有古人类学和旧石器时代考古学发现与研究的巨大潜力，具有重要的学术价值。

---

[1] Binford L R. Willow smoke and dog's tails: hunter-gatherer settlement systems and archaeological site formation. Am. Antiq., 1980, 45: 2-20.

[2] Kuhn S L. Mousterian Lithic Technology: An Ecological Perspective. Princeton: Princeton Univ. Press, 1995.

[3] 陈淳等：《小长梁石工业研究》，《人类学学报》2002年第1期，第23~40页。

[4] 高星：《旧石器时代考古学》，《化石》2002年第4期，第2~4页。

[5] Seller F. Chaine operatoire: the concept and its application. Lithic Technol, 1993, 18 (1, 2): 106-112.

[6] 陈全家等：《吉林和龙柳洞2004年发现的旧石器》，《人类学学报》2006年第3期，第208~219页。

[7] 陈全家等：《和龙柳洞旧石器地点发现的石制品研究》，《华夏考古》2005年第3期，第50~59页。

[8] 陈全家、张乐：《吉林延边珲春北山发现的旧石器》，《人类学学报》2004第2期，第138~145页。

第三节　吉林省东部旧石器晚期大洞遗址黑曜岩石器判源元素特征分析

一、考古学背景

对于考古遗址里发现的石器，人们最关心的课题之一就是石料的来源，是就地取材还是异地获取；如果是后者，常常蕴含着有关迁徙、交换、贸易、资源开采与利用等方面的信息，具有非常重要的研究价值[1]。石料的种类很多，黑曜岩无疑因其身具判源（产源判断）禀赋而获得考古学家的青睐[2][3]，究其原因不外乎有以下两点：

（1）黑曜岩是优质石料，质地均匀边锋锐利，常被史前人类用作工具或武器随身携带；

（2）不同时期不同地域的火山喷发形成的黑曜岩具有不同的地球化学特征；通常可以由"特征元素组"来指征某一特定源[4]。

吉林省和龙大洞遗址位于红旗河汇入图们江的河口地带，沿红旗河右岸和图们江左岸的狭长地带分布。2007年8~9月，吉林大学边疆考古研究中心联合吉林省考古研究所对该遗址进行了调查和试掘，从地层中获得石器4389件，采集石器5752件，其原料以黑曜岩为主。本节即对这批黑曜岩石器进行判源元素特征分析，以获得该遗址的判源元素特征组成规律，为其他遗址中黑曜岩制品的产源判断奠定基础。

二、实验方法

本次实验使用的仪器是美国尼通NITON公司生产的XL3t手持式（便携式）X射线荧光分析仪，该仪器采用50kV、2-watt微型X射线管，结合多重过滤片技术和高性能半导体制冷检测器，可快速完成对分析数据的计算处理、存储等功能，通过选择不同的

---

[1] 张富强：《地中海和西亚地区黑曜石考古含义述略》，《世界历史》1988年第4期，第123~132页。

[2] 刘爽等：《黑曜岩产源研究的国内外研究现状及发展趋势综述》，《边疆考古研究》（第7辑），科学出版社，2008年，第34~40页。

[3] 刘爽等：《黑曜岩的考古学研究概述》，《边疆考古研究》（第8辑），科学出版社，2009年，第301~308页。

[4] Shackley M S. *Archaeological Obsidian Studies: Method and Theory*. New York and London: Plenum Press, 1998.

分析模式对各种类型的环境进行现场分析，具有无损、高效、快速、便携等特征，是目前国际上最先进的可以直接在博物馆、实验室以及考古发掘现场进行金属、陶瓷、壁画、玻璃等文物中的金属元素含量检测和分析的仪器之一。

研究表明，微量的特征元素可以直接反映产源信息[1]，对于黑曜岩而言，起较显著的矿源指征作用的微量元素有Rb、Sr、Y、Zr、Nb和Ba等[2]。本实验选择标准土壤模式，选取黑曜岩中对判源作用指示较强Zr、Sr、Rb、Zn、Fe、Mn、Ca、K、Ti、Th等元素进行测定，每次检测时间为60秒。

确保实验数据可靠性的关键就是要保证仪器的稳定性。我们选择日本白滝遗址群的样品sample-1作质量控制样品。该样品质地匀净，黝黑光亮，体积适中，表面有人工打制痕迹。具体方法是每测定一定数量或者每测一个新遗址之前之后都对该样品进行测试，共得到28个测试数据。测试结果见表5-9。

表5-9　质量控制样品的Zr、Rb、SrPXRF测试数据及Zr/Sr、Rb/Sr值

PXRF No	Sample-1	Zr	Rb	Sr	Zr/Sr	Rb/Sr
492	质控	89.47	161.81	32.06	0.161822	5.047099
501	质控	88.21	157.1	30.59	0.201032	5.135665
511	质控	83.89	155.59	30.5	0.110825	5.101311
520	质控	87.26	164.52	31.25	0.156419	5.26464
527	质控	82.06	157.89	31.53	0.085894	5.007612
534	质控	88.06	161.62	33.37	0.16906	4.843272
539	质控	81.22	154.5	31.51	0.153518	4.903205
548	质控	82.89	156.43	30.87	0.081291	5.067379
559	质控	82.09	156.87	30.43	0.213317	5.15511
566	质控	80.71	156.83	32.92	0.197516	4.763973
573	质控	82.89	154.46	30.27	0.201253	5.102742
588	质控	82.3	150.63	30.3	0.093509	4.971287
603	质控	84.44	156.12	29.61	0.087767	5.272543
628	质控	86.06	157.93	31.41	0.127683	5.028017
641	质控	83.09	150.24	30.12	0.144926	4.988048
671	质控	82.44	154.02	29.71	0.171205	5.184113
735	质控	85.36	158.41	29.17	0.137902	5.430579
786	质控	84.33	161.79	30.72	0.081257	5.266602

---

[1] 陈铁梅：《科技考古学》，北京大学出版社，2008年。
[2] Constantinescu B, et al. Obsidian provenance studies of Transylvania's Neolithic tools using PIXE, micro-PIXE and XRF. *Nuclear Instruments and Methods in Physics Research B*, 2002, 189: 373-377.

续表

PXRF No	Sample-1	Zr	Rb	Sr	Zr/Sr	Rb/Sr
922	质控	83.27	154.14	30.72	0.170286	5.017578
945	质控	87.18	174.12	32.43	0.258666	5.369103
968	质控	87.41	155.47	30.43	0.08764	5.109103
1043	质控	86.66	163.11	31.48	0.191911	5.181385
1065	质控	80.93	156.55	30.65	0.103022	5.107667
1092	质控	90.03	166.27	34.82	0.241752	4.775129
1279	质控	86.64	173.45	33.97	0.080528	5.105976
1292	质控	88.96	165.33	31.73	0.085246	5.210526
1342	质控	86.67	164.14	33	0.233489	4.973939
1453	质控	89.78	167.19	32.84	0.143934	5.091048

对测试数据进行分析，求出常量元素的百分比值、Zr/Sr、Rb/Sr，以及最大值、最小值、平均值及标准偏差（表5-10）。可以看出，Zr/Sr、Rb/Sr标准偏差分别为0.11、0.16，说明其具有较好的稳定性。因此，在具体遗址研究分析中选择此两组数据作为分析手段之一。

表5-10 质量控制样品的标准偏差、平均值、最大值和最小值

Reading No	标准偏差	平均值	最大值	最小值
Zr/Sr	0.107563	2.717371	2.926294	2.451701
Rb/Sr	0.159339	5.08838	5.430579	4.763973

根据对质量控制样品分析得出的结论，我们对每个遗址的黑曜岩样品进行元素特征总结，总体路线是：选择Zr、Sr、Rb三种元素，重点考察Zr/Sr、Rb/Sr值，当它们的数据主要在1~10间，为A组；在11~25间，为B组；26~50间为C组，其余为D组。对于介于临界值的数据，处理方法遵循四舍五入的原则，特殊数据进行综合考察具体分析。

三、实验结果

我们在大洞遗址随机选取553件样品，其中砾石原料10件，其余为石器，对每件黑曜岩样品进行PXRF测试，选取判源元素Zr、Sr、Rb的测试结果，并求Zr/Sr、Rb/Sr值，按照前面设定的标准进行分组，具体分析结果见表5-11。

表5-11 大洞遗址黑曜岩制品判源元素Zr、Sr、Rb PXRF测试数据、Zr/Sr、Rb/Sr值及分组结果（节选）

谱号	sample	site	Zr	Sr	Rb	Zr/Sr	Rb/Sr	分组
482	1	大洞砾石	287.49	16.72	240.84	17.19438	14.40431	B
483	2	大洞砾石	297.31	22.03	238.15	13.49569	10.81026	B
488	3	大洞砾石	293.96	18.51	245.65	15.88115	13.2712	B
490	4	大洞砾石	285.58	21.74	240.58	13.13615	11.06624	B
493	5	大洞砾石	288.28	18.71	235.77	15.4078	12.60128	B
495	6	大洞砾石	295.19	15.87	244.53	18.6005	15.40832	B
496	7	大洞砾石	293.01	15.6	236.83	18.78269	15.18141	B
498	8	大洞砾石	313.13	22.89	256.67	13.67977	11.21319	B
499	9	大洞砾石	336.13	36.42	220.12	9.22927	6.043932	A
521	10	大洞砾石	266.88	16.96	218.12	15.73585	12.86085	B
502	1	大洞石器	295.68	18.74	239.46	15.77801	12.77801	B
504	2	大洞石器	292.65	14.32	249.51	20.43645	17.42388	B
505	3	大洞石器	279.19	19.11	226.3	14.60963	11.84197	B
507	4	大洞石器	284.75	16.97	238.9	16.77961	14.07778	B
509	5	大洞石器	296.45	16.05	251.49	18.4704	15.66916	B
510	6	大洞石器	289.99	19.9	244.55	14.57236	12.28894	B
512	7	大洞石器	292.78	16.88	248.59	17.34479	14.7269	B
513	8	大洞石器	296.39	14.07	255.77	21.06539	18.17839	B
515	9	大洞石器	277.45	14.18	220.29	19.56629	15.53526	B
516	10	大洞石器	297.02	15.28	254.1	19.43848	16.62958	B
517	11	大洞石器	284.52	21.94	228.15	12.96809	10.39881	B
518	12	大洞石器	307.17	16.25	261.55	18.90277	16.09538	B
519	13	大洞石器	343.23	24.76	283.79	13.86228	11.46163	B
684	07DD.C：707	大洞采集	265.15	11.79	215.59	22.4894	18.28584	B
685	1168	大洞采集	289.78	15.92	247.96	18.20226	15.57538	B
686	3501	大洞采集	283.9	14.55	243.72	19.51203	16.75052	B
687	890	大洞采集	288.54	20.23	238.43	14.26298	11.78596	B
688	1828	大洞采集	285.16	17.23	240.11	16.5502	13.93558	B
689	1989	大洞采集	282.65	13.53	231.99	20.89061	17.14634	B
690	864	大洞采集	290.78	15.03	238.5	19.34664	15.86826	B
691	396	大洞采集	340.01	26.78	273.49	12.69642	10.21247	B
692	927	大洞采集	291.33	30.26	217.01	9.627561	7.171514	A
693	591	大洞采集	303.18	21.16	240.89	14.32798	11.38422	B
694	1482	大洞采集	271.38	16.6	221.02	16.34819	13.31446	B
695	1923	大洞采集	296.33	31.03	227.05	9.549791	7.317112	A

续表

谱号	sample	site	Zr	Sr	Rb	Zr/Sr	Rb/Sr	分组
696	2216	大洞采集	281.7875	14.28	236.0025	19.73302	16.52679	B
700	1206	大洞采集	288.39	25.54	227.58	11.2917	8.910728	A
703	872	大洞采集	294.2	20.15	243.21	14.6005	12.06998	B
704	608	大洞采集	285.62	19.54	239.88	14.6172	12.27636	B
705	2284	大洞采集	290.95	13.62	252.56	21.36197	18.54332	B
706	1699	大洞采集	294.65	16.41	258.58	17.95551	15.75746	B
707	1682	大洞采集	297	14.76	252.34	20.12195	17.09621	B
710	3183	大洞采集	210.57	15.21	145.74	13.84418	9.581854	B
711	4304	大洞采集	292.62	13.89	236.75	21.06695	17.04464	B
712	662	大洞采集	294.93	22	238.4	13.40591	10.83636	B
713	907	大洞采集	288.21	16.86	235.52	17.09431	13.96916	B
714	827	大洞采集	292.23	14.86	246.63	19.66555	16.5969	B
715	2736	大洞采集	268.54	14.63	225.1	18.35543	15.38619	B
716	2014	大洞采集	298.09	17.96	248.01	16.59744	13.80902	B
717	4531	大洞采集	293.28	29.39	223.58	9.978904	7.607349	A
718	970	大洞采集	290.48	20.3	242.54	14.30936	11.94778	B
719	1739	大洞采集	300.21	19.46	250.61	15.42703	12.87821	B
720	866	大洞采集	281.72	18.39	234.28	15.3192	12.73953	B
721	1637	大洞采集	288.14	12.55	243.24	22.95936	19.38167	B
722	1158	大洞采集	282.3	16.81	236.73	16.79358	14.08269	B
723	1649	大洞采集	291.89	14.24	247.83	20.49789	17.40379	B
724	1116	大洞采集	286.8	15.72	239.28	18.24427	15.22137	B
725	3528	大洞采集	280.19	19.47	226.4	14.39086	11.62815	B
726	41	大洞采集	273.06	14.38	234.9	18.98887	16.33519	B
727	860	大洞采集	286.47	19.26	238.85	14.87383	12.40135	B
728	1647	大洞采集	254.05	8.81	226.85	28.83655	25.74915	C
729	1093	大洞采集	271.03	26.22	204.42	10.33677	7.796339	A
731	1528	大洞采集	262.76	19.18	232.01	13.69969	12.09645	B
732	1700	大洞采集	298.58	26.91	234.31	11.0955	8.707172	A
733	3516	大洞采集	247.33	11.9	197.5	20.78403	16.59664	B
734	1882	大洞采集	286.43	17.66	234.83	16.21914	13.29728	B
736	1740	大洞采集	312.2	41.47	207.49	7.528334	5.003376	A
737	347	大洞采集	296.94	29.5	223.45	10.06576	7.574576	A
738	2215	大洞采集	289.35	15.43	238.1	18.75243	15.43098	B
739	2520	大洞采集	294.75	13.58	246.55	21.70471	18.15538	B

续表

谱号	sample	site	Zr	Sr	Rb	Zr/Sr	Rb/Sr	分组
740	1666	大洞采集	293.57	15.93	247.94	18.42875	15.56434	B
741	4516	大洞采集	292.66	15.89	238.17	18.41787	14.98867	B
742	609	大洞采集	289.54	29.24	223.09	9.902189	7.629617	A
743	4511	大洞采集	297.07	21.99	233.68	13.50932	10.62665	B
744	563	大洞采集	296.89	16.42	242.14	18.081	14.74665	B
746	745	大洞采集	304.21	16.44	260.94	18.50426	15.87226	B
747	4512	大洞采集	296.08	13.97	243	21.19399	17.39442	B
748	1088	大洞采集	402.85	4.43	435	90.93679	98.19413	D
750	4518	大洞采集	296.05	14.85	247.16	19.93603	16.64377	B
751	190	大洞采集	293.96	13.46	244.98	21.83952	18.20059	B
752	1807	大洞采集	295.15	36.9	209.97	7.998645	5.690244	A
753	1414	大洞采集	292.39	15.44	246.8	18.93718	15.98446	B

四、结　　论

便携式X射线荧光分析仪不是精确度最高的仪器，相比电感耦合等离子体发射光谱，它的准确度不是很好，但精密度较高，也就是说仪器比较稳定，数据具有重复性，对于大批量样品的统计分组结果无不良影响。由于考古发现的黑曜岩石器属于珍贵文物，既不允许破坏，也不能够随意做异地搬运测试，因此建立黑曜岩化学成分数据库的工作首先就要求分析测试仪器无损于文物的完整性，其次要方便携带，而便携式X射线荧光分析仪有效地满足这两个条件，使建立东北旧石器晚期遗址发现的大量黑曜岩石器化学成分数据库成为可能，在此基础上归纳各个遗址黑曜岩化学成分特征，总结规律进行分类，将各个遗址中特征相似的黑曜岩石器划归一组，从而可以推断特定远古时期人们对石料资源的选择利用情况，由此在一定程度上反映出不同遗址之间古人类的生产生活图景。

对于大洞遗址，根据以上实验数据分组情况得出如下结论：A组167件，占30.20%；B组372件，占67.27%；C组8件，占1.45%；D组6件，占1.08%。由此可以看出，在大洞遗址，Zr/Sr、Rb/Sr值在11～25间的B组样品占绝大多数，几为A组的2倍强。A组约占测定样品的三分之一，其余极少数为C组和D组。

由于样品是随机选取，以上规律可以视为吉林省东北地区旧石器晚期的和龙大洞遗址黑曜岩石器判源元素Zr、Sr、Rb的特征规律组成，这为进一步研究遗址中黑曜岩石器的原料来源奠定了实验基础。

第四节　便携式X射线荧光分析仪（PXRF）对吉林东部地区发现的黑曜岩测定分析的初步研究

目前X射线荧光分析仪（XRF）在世界上已经得到了广泛应用，在我国也大量应用于微量元素的分析[1][2]。许多从事这项研究的学者还专门撰文介绍了这项技术[3][4]，特别指出这项技术对文物考古研究中应用的特殊意义，其中应用于文物产地及矿源的分析是这一技术的长处所在[5]。崔强等人对这一技术在文物保护的应用曾做过介绍[6]；周少华等人更是通过对瓷器测定的实例，介绍了这一方法的具体应用[7]，暗示这项技术同样可用于鉴定瓷器[8][9]；有学者还进行过铜币[10]及珠宝玉石[11]的检测。另外，吉林大学边疆考古研究中心与中国科学技术大学合作，利用这一技术对夏家店下层文化和红山文化陶窑出土的陶器成分做过分析[12]；甘肃省文物考古研究所、甘肃省博物馆及敦煌研究院等合作对大地湾遗址出土的陶器成分做过分

---

[1]　程琳等：《一种新型的微束X射线荧光谱仪及其在考古学中的应用》，《物理学报》2007年第12期，第1000~3290页。
[2]　林晓燕：《实验和理论模拟研究共聚焦X射线荧光谱仪的性能及对古文物的层状结构分析》，北京师范大学博士学位论文，2008年。
[3]　程琳等：《一种新型的微束X射线荧光谱仪及其在考古学中的应用》，《物理学报》2007年第12期，第1000~3290页。
[4]　朱剑等：《X射线荧光光谱分析在考古中应用现状和展望》，《光谱学与光谱分析》2006年第12期，第2341~2345页。
[5]　周少华等：《EDXRF微量元素分析在文物断源断代中的研究》，《光谱学与光谱分析》2008年第5期，第1181~1185页。
[6]　崔强等：《文物保护与考古中能量色散型X荧光光谱仪的应用》，《敦煌研究》2008年第6期，第104~108页。
[7]　周少华等：《EDXRF微量元素分析在文物断源断代中的研究》，《光谱学与光谱分析》2008年第5期，第1181~1185页。
[8]　李国霞等：《钧台窑出土不同时期古汝瓷的X射线荧光分析》，《第十四届全国核电子学与核探测技术学术年会论文集（上册）》，2008年，第331~333页。
[9]　范东宇等：《寺龙口越窑青瓷的XRF研究》，《全国地球化学分析学术报告会与X射线光谱分析研讨会论文集》，2003年，第61页。
[10]　李涛等：《西藏铜币的XRF分析及其来源初探》，《西藏研究》2006年第1期，第83~89页。
[11]　张佰峰等：《便携式荧光仪在珠宝玉石检测中的应用》，《宝石和宝石学杂志》2007年第4期，第28~32页。
[12]　王政东等：《上机房营子遗址出土陶器的XRF分析研究》，《光谱实验室》2007年第4期，第725~728页。

析[1]。这些都充分说明了这一技术在考古学研究中应用的广阔前景。但是普通的X射线荧光分析仪由于体积较大，一般放置在实验室内，其测试实验周期长，测定的标本数量有限，而且对标本制作的要求较高，有时为了保证测定的准确性，还会对文物造成一定的损伤。相比之下，便携式X荧光反射分析仪是可以用于野外的一种非破坏性的、可对微量元素进行定性和半定量分析的仪器。由于这项技术是非破坏性的，加之对标本的要求不高，测量周期短，短时间内可测标本的数量非常大，而且对环境的要求不高，可直接在野外应用，所以，它非常适合对文物考古的标本测定与分析。这种方法与其他种类的少量损伤鉴定的精确分析可形成一个互补。比起十几个或几十个的损伤鉴定的标本数，利用便携式XRF对成百上千标本的无损伤鉴定，可大大提升聚类分析的可信度。在考古学研究中，利用这种无损伤PXRF技术测定诸如黑曜岩石器等人工制品的产地，在国外已有几十年的历史了，例如Sheppard等学者对新西兰27个考古遗址及地点内出土的黑曜岩制品通过PXRF进行产源地分析，认为其可能来自于4个不同产地，相互之间相距数千米[2]；Goren等对古代近东地区出土的黏土楔形文字板采用PXRF进行产地分析，并与之前较流行的中子活化分析（INAA）及光性矿物学分析（OM）进行对比，得出较为一致的结论[3]；Forster等学者对博物馆馆藏的近东地区出土黑曜岩工具通过PXRF进行产地分析，并与电感耦合等离子体质谱（ICP-MS）方法进行对比显示PXRF方法是较为有效的[4]；Frankel等人对西亚塞浦路斯早期青铜时代遗址内出土的陶器采用PXRF进行产地分析发现，部分陶器并非本地所产[5]；Doelman等学者对俄罗斯滨海地区史前遗址内出土的黑曜岩制品采用PXRF进行了产源分析，认为晚更新世晚期滨海地区可能存在黑曜岩交易网络[6][7]。因此，目前利用PXRF技术进行文物产地分析已日渐成熟。

---

[1] 马清林等：《甘肃秦安大地湾遗址出土陶器成分分析》，《考古》2004年第2期，第86~93页。

[2] Sheppard P J, Irwin G J, Lin S C, et al. Characterization of New Zealand obsidian using PXRF. Journal of Archaeological Science, 2011(38): 45-54.

[3] Goren Y, Mommsen H, Klinger J. Non-destructive provenance study of cuneiform tablets using portable X-ray fluorescence (pXRF). Journal of Archaeological Science, 2011(38): 684-696.

[4] Forster N, Grave P. Non-destructive PXRF analysis of museum-curated obsidian from the Near East. Journal of Archaeological Science, 2012 (39): 1380-1387.

[5] Frankel P, Webb J M. Pottery production and distribution in prehistoric Bronze Age Cyprus. An application of pXRF analysis. Journal of Archaeological Science, 2012, 39: 1380-1387.

[6] Doelman T, Kononenko N, Popov V, et al. Acquisition and movement of volcanic glass in the Primorye region of Far Eastern Russia. Russia and the Pacific, 2004, 46: 112-125.

[7] Doelman T, Torrence R, Popov V, et al. Source selectivity: An assessment of volcanic glass sources in the Southern Primorye Region, Far East Russia. Geoarchaeology: An International Journal, 2008, 23 (2): 243-273.

2009年5～6月，对吉林大学在历年考古调查采集到的黑曜岩人工制品及部分天然黑曜石岩块用美国BRUKER公司生产的Tracer Ⅲ便携式X荧光分析仪（PXRF）进行了初步检测。该PXRF在出厂前由美国密苏里大学的Jeffrey R. Ferguson博士对机器进行了调试，并通过多次实验得出了针对黑曜岩测定的校正表。本项研究共检测样品近500件，大多数采自遗址地表，将其结果与俄罗斯滨海地区130件标本检测的结果进行了初步分析。具体做法是将原产地标本和考古标本的测定结果分开进行统计分析，然后再将所有标本放在一起分析，比较二者之间的联系与区别。现将这次测定及分析的结果进行如下简要报道。

一、已知的样品数据测定与分类

在对黑曜岩人工制品测试前，我们对一些现代标本进行了测试，其结果作为现代黑曜岩产地的基本参考数据。在所掌握的黑曜岩产地数据里，还有俄罗斯学者认定的长白山天池组（Changbai Mountain）[1]和俄罗斯滨海区的玄武岩台地组（Basaltic Plateau），也称作玄武岩玻璃（Basaltic Glass），这两组的数据均来自俄罗斯的考古标本。另有我国境内吉林市的九台组（Jiutai）和采集的长白山天池样本（Changbai Mountain A1）以及日本北海道的白滝黑曜岩标本（Japan-BL）。所有这些标本都是用同一个便携式X荧光反射分析仪进行测定。值得说明的是，俄罗斯学者认定俄罗斯境内考古遗址中黑曜岩人工制品属于长白山天池组，但对于这个长白山天池组的具体黑曜岩矿源地点并不十分明确。而我们采集到的长白山天池标本质量较差，不能用来制作石器。尽管如此，所有这些标本仍可作为古代黑曜岩石制品分类的参考。因此，首先采用PXRF，对这些暂定的不同产地黑曜岩标本进行测定，再用SPSS软件，对所测数据进行因子分析，得出一对因子分析得分，从而做出散点图[2]（图5-14）。这些散点图可直观地反映出各个产地的聚合关系。这项分析包括了铝（Al）、钾（K）、钡（Ba）、钛（Ti）、锰（Mn）、铁（Fe）、钴（Co）、镍（Ni）、铜（Cu）、锌（Zn）、镓（Ga）、氪（Kr）、铷（Rb）、锶（Sr）、钇（Y）、锆（Zr）、铌（Nb）等17种微量元素。

从图5-14中可以看出日本北海道白滝（Japan-BL）、吉林九台（Jiutai）和俄罗斯滨海地区的玄武岩玻璃（Russian Basaltic Glass）都聚集在不同的区域，形成各自的集

---

[1] Popov V K, Sakhno V G, Kuzmin Y V, et al. Geochemistry of volcanic glasses from the Paektusan volcano. Doklady Earth Science, 2005, 403 (5): 803-807.

[2] 罗应婷、杨钰娟：《SPSS统计分析，从基础到实践》，电子科技出版社，2009年，第85、86、285～271页。

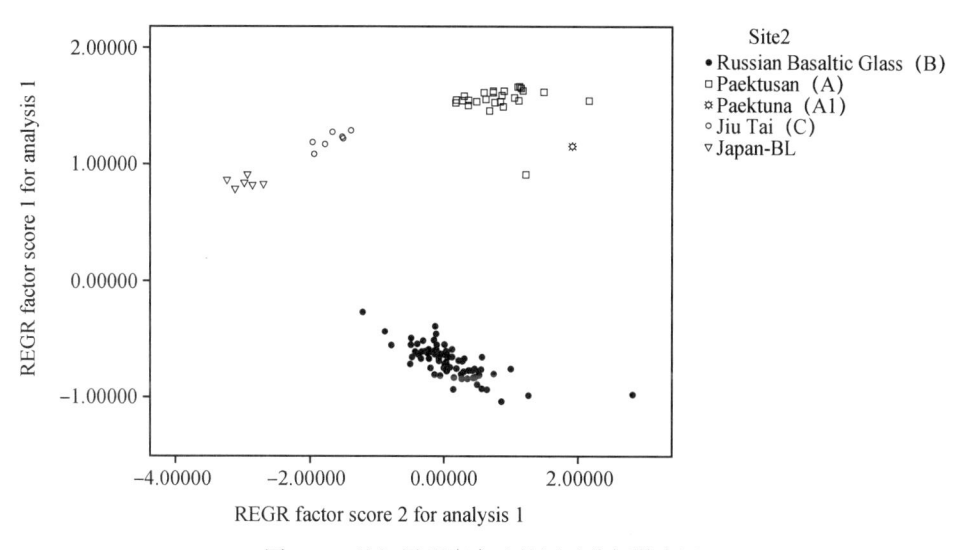

图5-14　几组黑曜岩产地的因子分析散点图

中分布范围。

俄罗斯学者认定的长白山天池组与我们采集到的长白山天池标本距离不远，且其中一件俄罗斯长白山天池组的标本数据也与其接近，很可能说明它们之间相近程度大于其他各组。然而，仅就两者的黑曜岩产地而言，其目前掌握的资料还十分有限。同样，日本北海道白滝产地、中国吉林九台产地的资料也不翔实，还需要进行大量细致的地质调查工作。目前从现有的资料来看，这几组至少形成了一个这一地区粗略的黑曜岩产地数据库。

二、考古标本的测定与分析

用上述同样方法将黑曜岩考古标本用PXRF进行测定，可以得出直观的能量水平曲线图（图5-15），可见测定得出的几种能量水平曲线存在较大差别，这也预示了分组的可能性。将其数据在SPSS软件中进行因子分析和主成分分析并制成散点图（图5-16）。从图5-16上可看出这些考古标本也相应地分成若干个聚集区：A组、B组、C组、D组，以及"+"。其中，A组最多，B组与C组次之，D组最少，"+"表示分布于不确定区域的标本。从统计学上来看，由于A组标本数量较多，所以A组的存在基本上是可信的。B组、C组的数量不多，但仍能看出其趋势。D组标本较少，仅三个，故只能暂定为一组。D组标本与"+"一样，还需将来标本数量达到一定程度时，与新的产地资料对比后才能确定其分类。

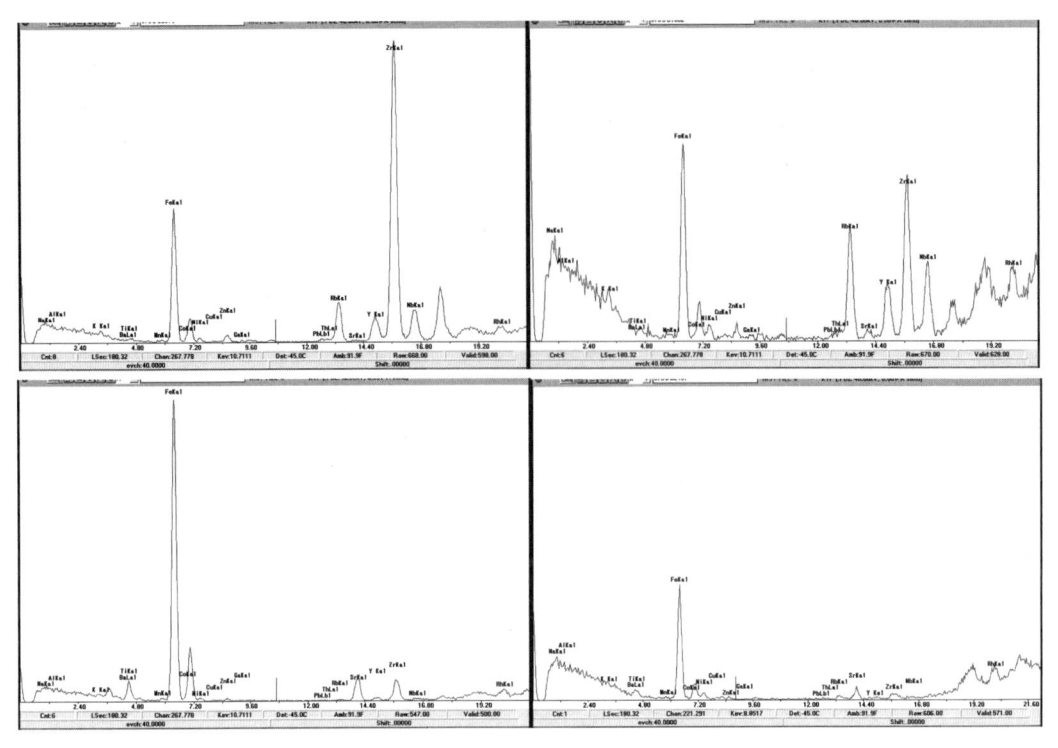

图5-15　考古标本测定时的不同能量输出图

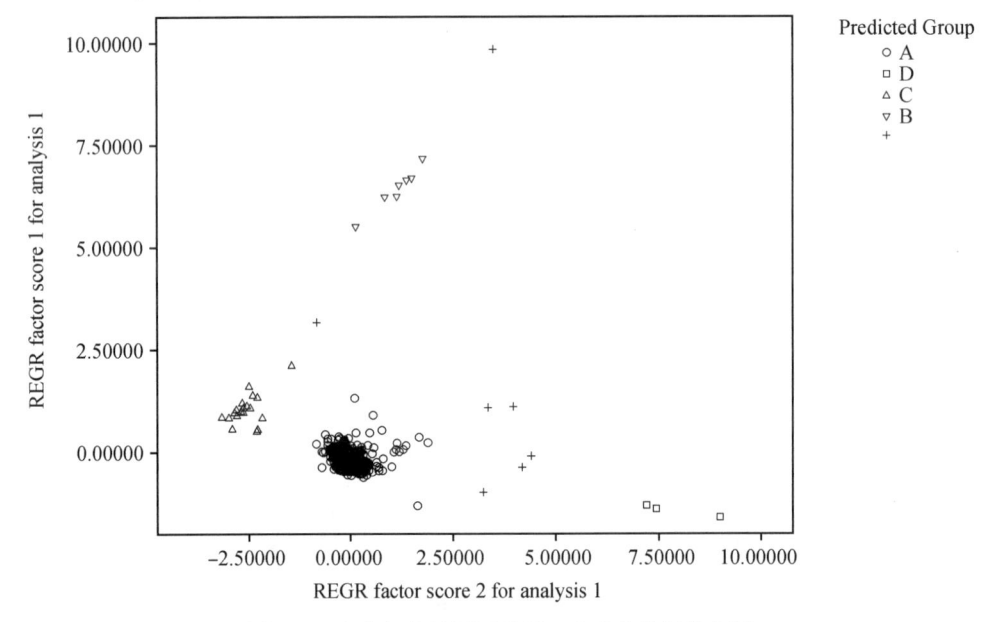

图5-16　古代标本的因子分析、主成分分析散点图

三、考古标本与黑曜岩产地标本数据的对比

通过将考古标本与所有产地标本的测定数据放在一起，再进行一次因子分析，并将其结果制成散点图（图5-17）。图5-17揭示了原来分出的考古标本A、B、C、D各组与产地各组之间的关系。A组落在俄罗斯学者认定的长白山天池范围内，也包括了采集的长白山天池标本；B组落在俄罗斯的玄武岩玻璃产地；C组集中在日本白滝附近，与日本产地的标本部分重合；而D组数据则远离其他各组；x则代表那些离各组都较远的不确定区标本，所以暂不归类。

将图5-17中的A组、B组、C组及附近区域放大，则会得到较清晰的各组散点分布图。A组考古标本数量最多，与长白山天池产地基本重合（图5-18），其分布状态呈现出既有一个多项重叠的中心，也存在较大的分布偏差范围。目前看来这个偏差范围仍处于现代产地样品分布偏差的范围内。但如前所述，由于现代产地标本还存在一定程度的不确定性，所以，还不得而知考古标本的分布偏差究竟是属于一个产地内的偏差或是不同产地所形成。B组与俄罗斯滨海地区的玄武岩玻璃也基本重合（图5-19）。俄罗斯滨海地区玄武岩高地的黑曜岩矿源——玄武岩玻璃具有良好的地质调查资料，除非在今后的细致分类时能在同一大的产地范围内分出不同的小产地中心，否则，目前标本显现出的分布偏差仍被认为是同一产地标本内的分布偏差。

图5-20中C组实际上可分为三个亚组：第一亚组C1组数量最多，可与其他标本分开自成一亚组；第二亚组C2组靠近日本北海道白滝标本。暂被认为是第三亚组C3组的实际只有一件标本，分布在相对较远的地方。分出这些亚组的目的是为今后的进一步划分打下基础。很明显，吉林九台采集的黑曜岩标本数据聚在一起，并不与任何已知的

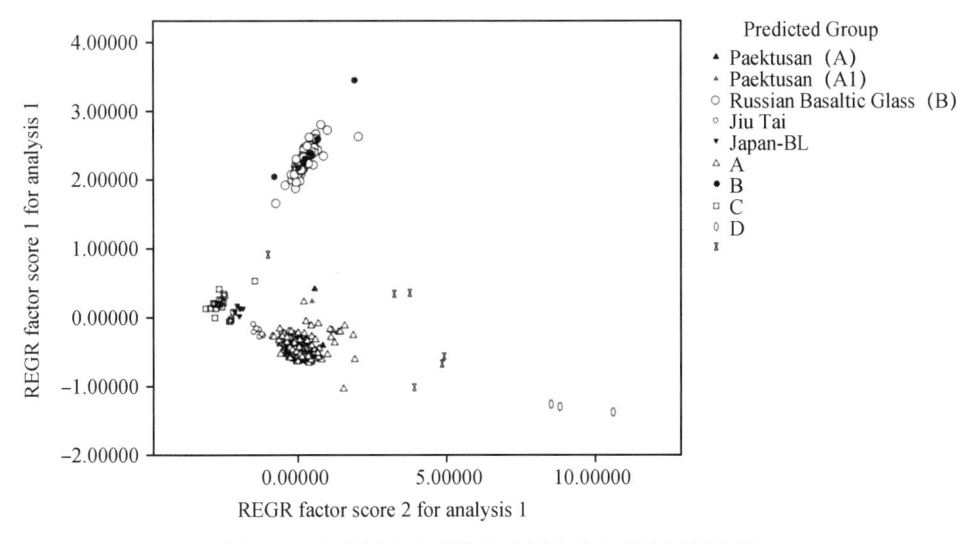

图5-17 古代标本与现代产地标本的主成分因子分析

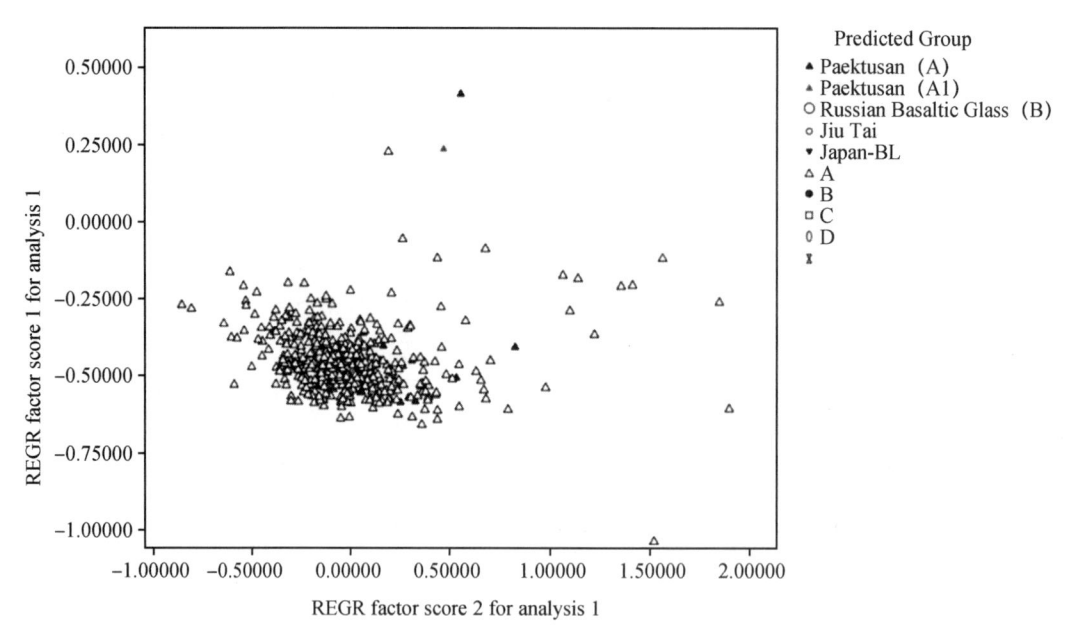

图5-18　A组与长白山天池组标本之间的主成分因子分析

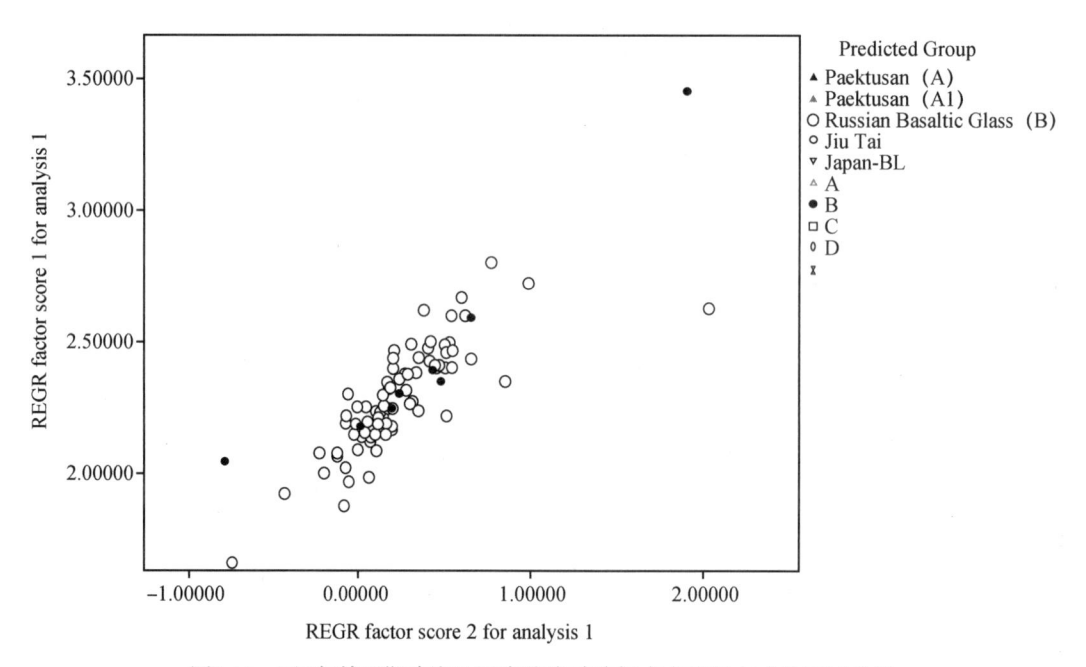

图5-19　B组与俄罗斯滨海地区玄武岩玻璃标本之间的主成分因子分析

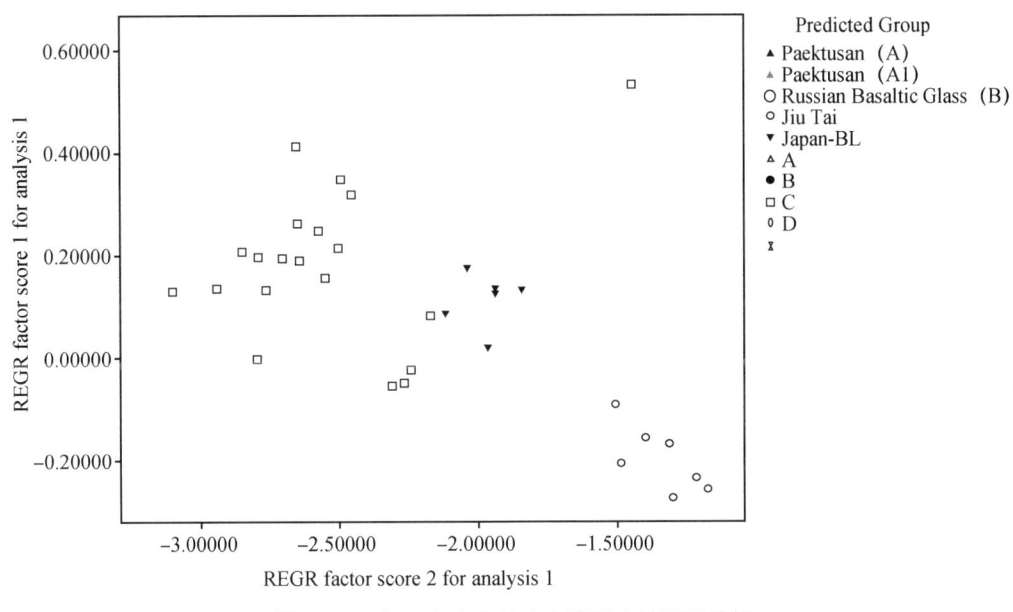

图5-20 C组、九台和日本白滝标本的因子分析

产源地或考古标本的数据重合。

综合上述分析，可大致将长白山地区黑曜岩考古标本分成A组（长白山天池组）、B组（俄罗斯玄武岩玻璃）、C1组（来源不清）、C2组（靠近日本白滝标本），以及C3组（仅一件标本）。

四、标本数据所处的时空关系

尽管这次所测定分析的标本均系地表采集，但从时代上看，这些标本多数属于旧石器时代晚期。而且，这些遗址已进行了考古发掘，从标本出土的原生地层和石器类型上也可认定它们的大体年代（表5-12）。此外，也有的遗址属于全新世。从目前初步的测定结果还看不出上述分类具有时代变化的意义，这还需要测定更多的标本和准确可靠的年代证据。或在一个使用时间较长的多层堆积遗址中，对每一层位的所有黑曜岩石制品进行测定，从而去寻找黑曜岩资源利用与分配在不同时间段上的变化。从目前资料来看，这种以单一黑曜岩资源为主（长白山天池组），兼用其他多个资源的做法是当时流行的基本资源分配方式。在空间上，这种资源相互交换在当时可以达到一个很远的距离。例如，A组若从长白山天池地区向东北抵达俄罗斯滨海地区大约有700多千米，同样俄罗斯的玄武岩玻璃运抵吉林地区也要700多千米。尽管A组向东输出的原料数量较多，但由东向西输出的黑曜岩资源更说明了当时东西700多千米的长白山北麓是古人类交换或迁徙的重要通道，而这种紧密联系可一直追溯到旧石器时代晚期。与向东北方向的辐射不同，A组在向北传输途中并不像在向东北传输那样长驱直入，它被一种潜在的力量所阻挡。这种潜在的力量是以镇赉大坎子遗址发现的C组标本为代表。大坎子遗址发现的黑曜岩石制品较少，但都属于C组。这可能是稍晚时代（全新世中期）的特征。但是，俄罗斯A组大部分标本来自青铜时代的察伊桑诺夫卡（Zaisanovka）遗址，所以，镇赉大坎子的C组看来是有自己的来源。其他如海林炮台山、珲春北山等一些包含C组标本的遗址，由于地理位置上接近长白山天池，所以A组的数量在遗址中总是占大多数，而镇赉大坎子的黑曜石岩制品全部是属于C组。这可能说明这个黑曜岩资源在地理位置上处在A组和松嫩平原的中间，比长白山天池的A组在距离上更接近镇赉大坎子。如果这个推测无误的话，对于松嫩平原的古代居民来说，开发利用C组黑曜岩资源要比从更远的长白山天池更经济实惠。因此，在今后的工作中要对C组的产地做必要的野外调查。

表5-12　吉林东部地区旧石器时代及新石器时代诸遗址的代码和地理坐标

遗址或产地名称	遗址分析代码	纬度	经度	时代
和龙青头	HQ	42°48′51.9″	128°58′20.7″	旧石器时代晚期
和龙石人沟	SRG	42°11′20″	128°48′45″	旧石器时代晚期
珲春北山	HB	43°8′3″	130°15′8″	旧石器时代晚期
辉南邵家店	HS	42°27′5″	126°15′30″	旧石器时代晚期
和龙金子沟	JZGC	42°04′17″	128°54′31.6″	旧石器时代晚期
和龙柳洞	HL	42°19′11″	129°6′23″	旧石器时代晚期
安图沙金沟	AS	42°36′5″	128°16′2.9″	旧石器时代晚期
镇赉大坎子	ZD	46°17′	123°54′	全新世中期
和龙西沟	HX	42°34′46.31″	128°58′13.85″	旧石器时代晚期
大洞	DD	42°22′21.6″	129°14′11.58″	旧石器时代晚期
海林秦家东山	QJDS	44°31′47.85″	129°25′22.11″	旧石器时代晚期
安图立新	AL	42°41′37.6″	128°11′15.3″	旧石器时代晚期
抚松新屯子西山	FX	42°33′	127°16′11″	旧石器时代晚期
抚松后崴子东台	FH	42°22′7.65″	127°16′42.5″	旧石器时代晚期

值得说明的是，由于C2组与日本北海道的标本数据接近，使人们怀疑这几个标本与日本北海道黑曜岩产地的关系。这四件标本分别发现于珲春北山和海林地区。根据俄罗斯学者的研究表明，与日本北海道黑曜岩相近的石制品也发现于滨海地区。所以，不排除史前时期日本北海道与中国东北地区的古人类存在少量的交换黑曜岩的可能性。但目前根据这四件标本的数据仅仅指出了未来研究的方向，不能就此得出任何结论。

综合上述分析，目前考古标本共分四组：A组、B组、C组（三个亚组）及D组，各组间也存在着差异。例如A组标本的测定数据中见到了一些差异，这表明A组如果扩大测定标本数量的话，有望做进一步的划分。A组标本几乎存在于除镇赉大坎子之外的所有遗址中。这方面俄罗斯[1]及韩国学者的研究也有类似结果[2]。他们将长白山天池组分为三个小组，但并未详细阐明三者之间的区别，也未给出三者产地来源的确切位置，只是简单地将其应用于考古遗址的黑曜岩制品分类中[3]。而本文的长白山天池组也仅仅是根据俄罗斯的130件考古标本所认定的，并没有明确的长白山黑曜岩产地的地质调查资料和可供测试的标本，所以在目前我们还不具备进一步划分的条件，仍将长白山天池组暂时视为一个大组。

B组是被俄罗斯学者称为玄武岩玻璃的黑曜岩，发现在俄罗斯滨海地区玄武岩高地的几个不同地点。在史前时期的俄罗斯滨海地区，这种黑曜岩曾经大量使用过[4]。目前吉林东部地区考古标本中的确存在这类B组类型，但数量很少。这些少量B组标本是否一定是源自俄罗斯的玄武岩高地，目前还尚无定论。因为俄罗斯的玄武岩高地与我国境内的东宁市瑚布图河左岸相邻，或许东宁地区的岩石性质与俄罗斯的玄武岩高地属于一个大的玄武岩台地。如果这个推测无误，则我国境内也有希望找到这种玄武岩玻璃的黑曜岩产地。不过，这还需要进一步在东宁地区进行黑曜岩地质调查才能弄清楚。

镇赉大坎子的几件黑曜岩制品属于C和C2组，但没有与C1组可直接对比的产地标本。不过采自吉林九台黑曜岩产地的标本因子分析结果与C组很相近。由于九台产地的标本只有一个大的黑曜岩块，故缺少该产地的自身变异参数，这将导致不能确定九台黑曜岩的微量元素的构成范围是否包括C组，抑或是来自完全不同的黑曜岩矿。总之，目前不能断定九台黑曜岩产地与C组的关系，需要进一步在九台黑曜岩产地范围内广泛收集标本，才能得出产地标本数据的变化范围，从而决定C组的归属。

D组只有三个标本，来自石人沟和大洞遗址。黑曜岩颜色为半透明绿色，这些标本的因子分析结果与其他组相去甚远。它是否代表着一个新的产地，由于标本太少，且缺乏产地资源的数据，所以很难确定。目前，线索只有一个，即俄罗斯学者在进行野外地质调查时，在格拉德卡亚河（Gladkaya River）流域发现了少量的绿色黑曜岩矿源*（图5-22）。但由于没有该产地标本的对照数据，也不能断定二者是否有联系。并

---

[1] Popov V K, Sakhno V G, Kuzmin Y V, et al. Geochemistry of volcanic glasses from the Paektusan volcano. Doklady Earth Science, 2005, 403 (5): 803-807.

[2] Kuzmin Y V, Glascock M D, Sato H. Sources of archaeological obsidian on Sakhalin Island (Russian Far East). Journal of Archaeological Science, 2002, 29 (7): 741-749.

[3] Kim J C, Kim D K, Youn M, et al. PIXE provenancing of obsidian artefacts from Paleolithic sites in Korea. INDO-PACIFIC Prehistory Association Bulletin, 2007 (27): 112-128.

[4] Doelman T, Torrence R, Popov V, et al. Source selectivity: An assessment of volcanic glass sources in the Southern Primorye Region, Far East Russia. Geoarchaeology: An International Journal, 2008, 23 (2): 243-273.

* 系与俄罗斯地质学家波波夫（Popov）的个人交流。

不排除，大洞和石人沟遗址内发现的黑曜岩制品的原料来源于吉林珲春境内；是否有可能在珲春境内发现这种黑曜岩矿，有待进一步调查后才能确定。目前解决的办法有两种：一是继续测定大量考古标本以寻找与其相近的标本；二是进行野外地质调查，掌握长白山地区的黑曜岩产地情况，并将其标本数据与D组标本对比，这应当是下一步的工作。

寻找黑曜岩矿源是黑曜岩科技考古的重中之重。一是要确定俄罗斯所谓长白山天池的三个产地（其中一个产地是本书测定的A组），其手段是野外调查，尤其需要结合地质部门的地质调查及火山研究，弄清天池附近的黑曜岩产地；二是针对俄罗斯的玄武岩玻璃产地（即本书中的B组）在东宁瑚布图河左岸进行全面地质调查；继续扩大对九台附近的黑曜岩岩矿进行系统地质调查，尽可能收集这一新矿源的全部资料，包括矿床形成的年代、分布范围、微量元素在矿床各处的变化，同时对照C组参数，看其是否处于九台矿源的参数变异范围内；三是在靠近格拉德卡亚河流域的珲春地区开展地质调查，寻找俄罗斯的绿色黑曜岩矿源，与D组的标本进行对比。

同时，要继续扩大考古标本的测定数量。因为根据目前的研究结果，大洞遗址几乎囊括了除D组之外的其他各组黑曜岩。由于大洞遗址标本数量最多，所以能提供的参数也较全面。就目前大洞考古标本分析来看，已显现出各组内部的一些差异，这是准确地区分这些差异范围的前提，也是弄清考古标本与现代产地之间关系的关键所在。但是，如果想准确地弄清这种差异的范围，必须增加对标本的测定数量，这也是未来研究工作的重点之一。

尽管便携式X荧光反射测定仪应用于考古遗址黑曜岩的研究在国外已有很长的研究历史，但在中国这项研究尚属首次。该仪器优势主要体现在时间短，测定数量多，操作简便，除仪器本身的成本外无其他测定成本，例如，本次研究测定属A组（长白山天池组）的标本占检测标本总数的绝大部分，超过430件。这个数量如果用PIXE-PIGME方法是不可想象的。诚然，这种仪器也不是万能的，由于其原理是半定量化测定，即用反射能量换算出微量元素的含量，这就不可避免地存在一定误差。如果用同一厂家同一种仪器测量的结果是较方便比对的；但对于不同厂家的不同种仪器以及如何将这一仪器的测定结果与PIXE-PIGME或其他的分析结果进行对比，目前还在进一步的探索中，相信在将来积累大量测定数据后，这一问题有望得到解决。

第五节 桦甸仙人洞旧石器遗址的石器技术

桦甸仙人洞遗址发现于1991年，位于吉林省桦甸市西北约23千米的寿山上，地理坐标为东经126°37′，北纬43°9′，西南距榆木桥子镇约2.3千米。1991年5～6月间，吉林大学考古学系、桦甸市文物管理所对其进行调查和试掘，获得石制品47件[1]。1993年5~6月间，以上单位对其进行发掘，揭露面积17平方米。共获石制品197件，打制骨器18件，磨制骨器1件及大量动物化石[2]。根据这两次发掘的地层对比，第一次试掘的石制品应属于第二次发掘所划分的上文化层。该遗址出土了丰富的古人类文化遗物，使得吉林省在旧石器时代遗址的发现与研究上取得了较大进展，为研究古人类在松花江流域的适应、开发过程和该区域更新世环境演变提供了珍贵的材料。正基于此，作者在遗址的这两次发掘材料基础之上，对石制品材料采取定量分析方法，立足于测量、统计与相关问题分析，侧重于对全部标本的观察、分析，将该遗址技术、文化与周边环境、原料条件以及人类的适应行为方式进行深入分析，力求从材料中提取更多的有关古人类技术和行为方面的信息。

一、遗址石器工业技术分析

（一）石器工业概述

通过对遗址石制品材料进行较为详细的技术类型分析（表5-13），该遗址石器工业属于以小石器为主体的中国北方主工业类型[3]。在244件石制品中，绝大多数（82.78%）为打片和加工石器过程中产生的石片、断块等；工具共37件，占石制品总数的15.16%，其中，加工成器的标本共27件，占工具总数的72.97%。石制品原料以角岩为主，还有石英岩、石英、流纹岩、流纹斑岩及硅质灰岩等。剥片技术以锤击法为主，偶尔使用砸击法。石器以各类刮削器为主，尖状器、雕刻器、琢背小刀、砍砸器及石钻等次之。工具加工以锤击法为主，修理方式以正向的单向加工为主。工具以小型[4]为主，微型、中型也占一定比例，大型较少。个体间变异较小。整个器形加工规整，大部分工具小而精致。石制品重量以1~10克的为主，占总数的48.67%，10~100克的次之，其他较少（图5-21）。总体来说，该遗址的石制品个体小，形态变异较小，加工较为精致，原料的使用呈现利用率较低的现象。少量个体较大、加工精制的标本证明古人类具有对大块毛坯进行精致加工的能力。

---

[1] 陈全家、李其泰：《吉林桦甸寿山仙人洞旧石器遗址试掘报告》，《人类学学报》1994年第1期，第12~19页。

[2] 陈全家等：《吉林桦甸仙人洞旧石器遗址1993年发掘报告》，《人类学学报》2007年第3期，第222~236页。

[3] 张森水：《管窥新中国旧石器时代考古学的重大发展》，《步迹录：张森水旧石器考古论文集》，科学出版社，2004年，第312~332页。

[4] 卫奇：《泥河湾盆地半山早更新世旧石器遗址初探》，《人类学学报》1994年第3期，第223~238页。

表5-13　石制品分类与分层统计

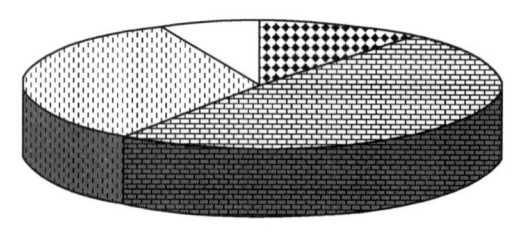

类型 \ 层位	上文化层 N	上文化层 %	下文化层 N	下文化层 %	合计 N	合计 %
石核	4	3.36	1	0.8	5	2.04
石片	72	60.5	86	68.8	158	64.75
断块	16	13.45	28	22.4	44	18.03
一类工具[1]	1	0.84			1	0.41
二类工具	6	5.04	3	2.4	9	3.68
三类工具	20	16.8	7	5.6	27	11.06
合计	119	100	125	100	244	100

图5-21　石制品重量百分比示意图

（二）对原料的开发与利用

原料的分布、质量与利用对人类工具制作技术的发挥、发展和石器工业特点的形成起着很大的制约作用。研究人类对不同石料资源的利用程度将有助于探讨该人类群体石器制作技术和对自然环境的适应能力。

遗址内石制品原料以角岩为主，占石制品总数的64.34%，其次为石英（表5-14）。遗址石制品类型与原料的利用率情况表明了古人类在剥片和加工工具时对这两种原料的偏爱，根据对遗址周围进行区域地质调查来看，这些原料除黑曜岩外，其余均可见于遗址附近的寿山河的河漫滩上，这反映了古人类遵循因地制宜，就地择优取材的策略。

根据石器原料条件、区域地质调查和遗址出土石制品分析，仙人洞遗址石器制作者获取石料的方式推测有以下两种：一是古人类直接采自于寿山河的河漫滩上；二是开采遗址周围构造破碎带处的风化基岩块或结核作为原料使用。

---

[1]　张森水教授最先将工具分为两类，即第一、第二类工具。本节在此基础上又将工具分为三类：一类工具，天然砾石未经加工而直接使用者（石锤等）；二类工具，石片未经加工而直接使用者（使用石片）；三类工具，毛坯经过第二步加工成工具者（刮削器、雕刻器等）。

表5-14 不同石制品种类对原料使用情况统计

原料\类型	石核	石片	断块	一类工具	二类工具	三类工具	总计
角岩	2（1）	49（64）	6（8）	1	8（2）	12（4）	78（79）
石英	2	10（12）	3（11）		2	3（1）	20（24）
流纹岩		2（3）			2（1）	（1）	4（5）
流纹斑岩		8（4）				1	9（4）
板岩		1	1				2
石英岩		2	1（5）			3	3（5）
硅质灰岩		（3）	5（4）				5（7）
黑曜岩						1	1

注：括号内数字为下文化层的原料统计，括号外数字为上文化层原料统计

（三）剥片技术

仙人洞遗址石核发现较少，以锤击石核为主，砸击石核较少。从石核和石片观察，应有两种剥片技术在该地点被使用过：一种是锤击法直接剥片，以锤击石核及锤击石片为代表；另一种为砸击法剥片，以砸击石核为代表，考虑到角岩等变质岩类硬度大、致密坚硬、脆性等物理特性，无法真正完全地将锤击、砸击石片完全区分开来，笔者针对采自吉林省东部山区的角岩、石英进行了剥片模拟试验（锤击、砸击法），砸击剥片过程中除了会产生预设产品——砸击石片外，还出现了大量断块及碎片等副产品，不容易控制，且砸击特征不明显。

出土的石片以断片居多，占全部石片的51.89%，完整石片次之。表5-15显示了遗址完整石片的分类统计。从石片的类型来看，以人工台面石片为主，自然台面石片较少，这表明古人类在剥片时一般对石核的台面进行修整。石片背面多为石片疤，背面

表5-15 遗址石片类型统计

遗址	类型	完整石片				断片						总计
		Ⅰ1-3	Ⅰ2-1	Ⅰ2-2	Ⅰ2-3	Ⅱ1-1	Ⅱ1-2	Ⅱ2-1	Ⅱ2-2	Ⅱ2-3	Ⅱ4	
上文化层	合计	1		15	22	8	4	2	3	7	10	72
	（%）	1.38		20.83	30.55	11.11	5.55	2.77	4.16	9.72	13.89	100
下文化层	合计		4	4	30	12	5	4		14	13	86
	（%）		4.65	4.65	34.88	13.95	5.81	4.65		16.27	15.11	100
总计		76				82						158
%		48.11				51.89						100

全为石片疤的占石片总数的14.56%，以Ⅰ2-2、Ⅰ2-3型石片[1]为主，这说明石片均为非初级剥片。石片背面片疤同向和异向数量大体相当，但大多数与剥片方向一致，这说明古人类倾向于向一个方向剥片。从石片边缘形态来看，多为边缘不甚规则者，推测可能受到石料本身的影响。剥片方法方面，特征明显的锤击石片最多，砸击石片偶尔可见。

断块及碎屑在统计分析时很难将它们划归某种特定的石制品类型。在该遗址内，断块占石制品总数的18.03%，仅次于石片类。虽然碎屑和断块仅仅是石制品加工过程中出现的副产品，但是它们对研究石器加工技术和分析人类行为有着重要的意义。当使用硬性、脆性较大的原料进行剥片或二次加工石器时将会产生较多的碎屑和断块，这可以进行模拟试验，来计算出石片及石器在数量上与碎屑及断块的比例关系，进而进行遗址的功能分析，判断它究竟是一处石器制造场还是野外宿营地。

（四）加工技术

该遗址的二类工具[2]主要选用边缘锋利的片状毛坯，以石片为主。使用石片使用后刃角以锐角为主，钝角次之。大多数标本手感刃口仍较锋利，可继续使用。这些石片的刃缘分布明显的、连续的细小疤痕。当然，这种观测还需要将来的微痕观察结果来进一步验证。

总体上来看，该遗址的三类工具主要由锤击法加工而成（表5-16）。加工方向以单向为主，其中正向加工数量最多，占52%，复向加工次之，占28%，反向、对向等加工方式较少。大多数标本修疤排列规整、连续。工具毛坯主要以片状毛坯为主，占74.07%，断块、砾石等块状毛坯较少（表5-17）。图5-22统计了刮削器修理方式的情况，显示出刮削器主要采用锤击法修整，修理方式以单向加工为主，且修理部位大多数发生在毛坯的侧边而非端部，这说明加工不很彻底，对原料未进行充分利用。

表5-16　三类工具分类统计

类型		刮削器				雕刻器	琢背小刀	钻	尖状器	砍砸器	锛形器
		单刃	双刃	复刃	圆头						
上	N	5	2	1	1	2		1	2	4	2
	%										
下	N	5					1		1		
	%										
总计		10	2	1	1	2	1	1	3	4	2

---

[1] 卫奇：《石制品观察格式探讨》，《第八届中国古脊椎动物学学术年会论文集》，海洋出版社，2001年，第209～218页。

[2] 陈全家：《吉林镇赉丹岱大坎子发现的旧石器》，《北方文物》2001年第2期，第1～7页。

表5-17 各类石器毛坯分布统计

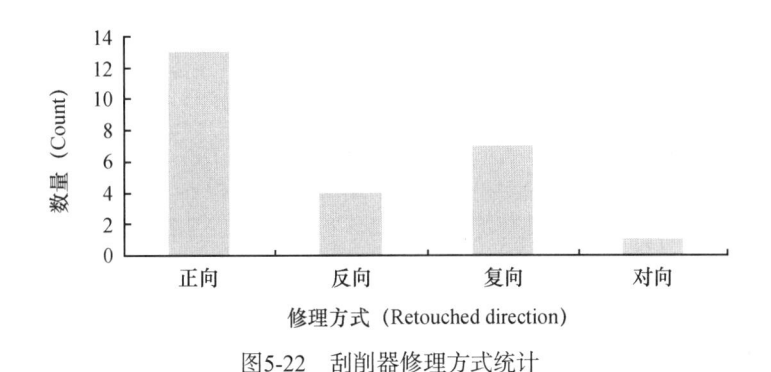

毛坯 器形		片状毛坯	块状毛坯	
			断块	砾石
刮削器		12	2	1
雕刻器		2		
砍砸器			4	
琢背小刀		1		
钻		1		
尖状器		3		
锛形器		1		
总计	N	20	6	1
	%	74.07	22.22	3.71

图5-22 刮削器修理方式统计

（五）工具的大小与形态

依据标本的最大长度，大致将工具类划分为微型（小于20毫米）、小型（大于等于20毫米，小于50毫米）、中型（大于等于50毫米，小于100毫米）共3个等级[1]。工具以小型标本为主，微型和中型次之，大型较少，未见巨型标本。工具外表体型的划分依据标本的长宽指数和宽厚指数（图5-23、图5-24），应用黄金分割率（0.618）划分为4种类型：Ⅰ-宽厚型；Ⅱ-宽薄型；Ⅲ-窄薄型；Ⅳ-窄厚型[2]。从图5-24不难看出，三类工具均以宽薄型为主，窄厚型次之。工具重量总体上以10~50克为主，占41.67%。

---

[1] 卫奇：《泥河湾盆地半山早更新世旧石器遗址初探》，《人类学学报》1994年第3期，第223~238页。

[2] 卫奇：《泥河湾盆地半山早更新世旧石器遗址初探》，《人类学学报》1994年第3期，第223~238页。

图5-23　工具长宽坐标图

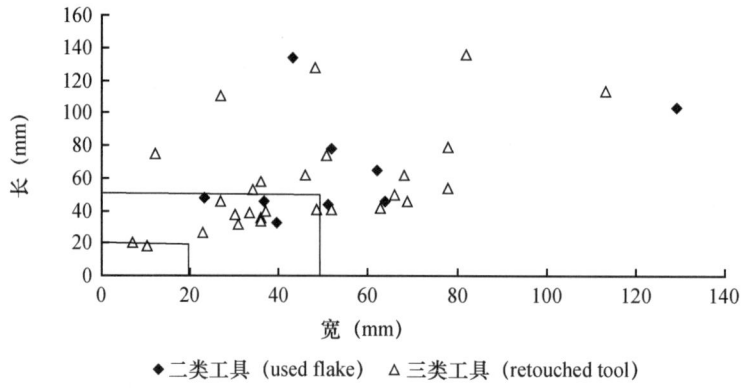

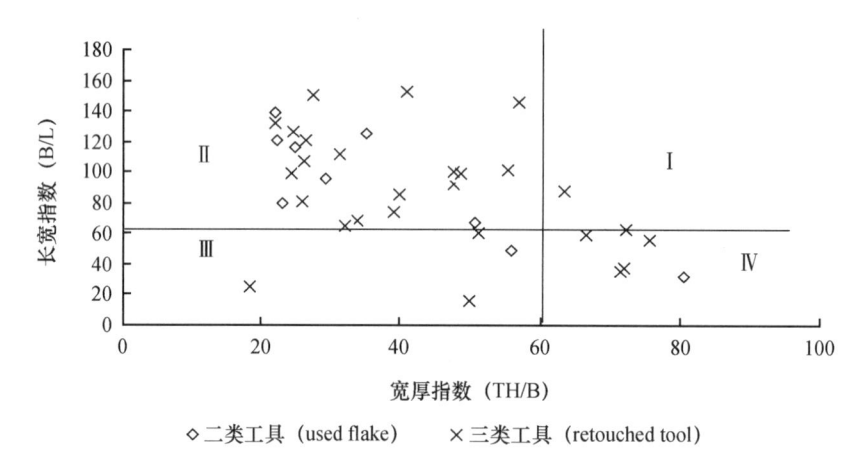

图5-24　工具长宽指数和宽厚指数坐标图

（六）工具刃角分析

图5-25是对三类工具刃角（不含雕刻器，尖状器和石钻测其侧刃角）测量图示。刮削器的刃角集中在50°~80°区间之内，而琢背小刀只对器身厚背处进行加工，利用自然锋利边缘为刃缘，故其刃角集中于30°~40°之间，而砍砸器的刃角集中在80°以上。这样的结果说明古人类可能是有意制造不同的刃缘形态来进行不同的活动，当然，遗址内发现的工具大都是使用过的，其测量的刃角应该是使用后的，不排除有一定程度的磨损。

关于工具毛坯边缘横向和纵向上的利用程度，在仙人洞遗址的刮削器中，边缘利用率较低，大多数标本的加工长度指数[1]小于0.6。大部分片状毛坯的加工深度指

---

[1] 高星：《解析周口店第15地点古人类的技术与行为》，《第八届中国古脊椎动物学学术研讨会论文集》，海洋出版社，2001年，第183~196页。

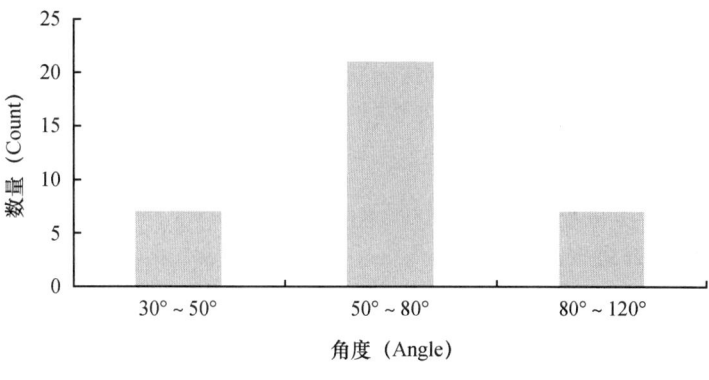

图5-25 三类工具的刃角分布

数[1]在0.3左右，且工具大部分为单刃标本，这说明遗址内古人类对工具毛坯的加工相对于纵向而言更侧重于横向利用，分析显示工具多未进行重复利用。

单个标本被加工出的刃口的数量是表明原料供给的条件和衡量原料是否被充分利用的一个重要标准[2]。该遗址出土刮削器共14件，其中单刃刮削器10件，双刃刮削器2件，复刃刮削器1件，圆头刮削器1件。单刃刮削器和双刃-复刃刮削器的比例为3.67:1，较高的比值说明该遗址的古人类倾向于制作新的工具，而非对原有废弃的工具进行再加工使用。

二、结语与讨论

通过对该遗址的剥片、石器加工技术及原料利用情况的观察，可以看出桦甸仙人洞属于东北地区以小石器为主要特征的工业类型，典型小石器工业代表型遗址有营口金牛山[3]、海城小孤山[4]、喀左鸽子洞[5]、榆树周家油坊[6]以及哈尔滨阎家岗[7]

---

[1] Kuhn S L. Mousterian Lithic Technology: An Ecological Perspective. Princeton: Princeton Univ Press, 1995.

[2] 高星：《解析周口店第15地点古人类的技术与行为》，《第八届中国古脊椎动物学学术研讨会论文集》，海洋出版社，2001年，第183~196页。

[3] 张森水等：《金牛山（1978年发掘）旧石器遗址综合研究》，《中国科学院古脊椎动物与古人类研究所集刊第19号》，科学出版社，第16~27页。

[4] 张镇洪等：《辽宁海城小孤山遗址发掘简报》，《人类学学报》1985年第1期，第71~78页。

[5] 鸽子洞发掘队：《辽宁鸽子山旧石器遗址发掘报告》，《古脊椎动物与古人类》1975年第2期，第122~136页。

[6] 孙建中等：《吉林榆树周家油坊旧石器文化遗址》，《古脊椎动物与古人类》1981年第3期，第281~290页。

[7] 黑龙江省文物管理委员会等：《阎家岗——旧石器时代晚期古营地遗址》，文物出版社，1987年。

等遗址。该工业类型石器的主要特点是剥片以锤击法为主，偶尔使用砸击法，不见碰砧法。工具以刮削器为主，其次为尖状器，砍砸器数量较少。工具以中小型为主。本文通过对石核的利用率、石片的成器率以及工具毛坯在其刃部对原料消耗程度的测量、统计和分析可以看出，该遗址的古人类在总体上对于原材料的开发与利用率相对较高。

有学者认为，东北地区的大石器和小石器工业传统至少从旧石器时代中期开始，就应该是同时存在并行发展的。细石叶工业自旧石器时代晚期才开始出现，它很可能是从小石器工业传统中派生出来的一种新的"变体类型"，但是这种"变体类型"并没有完全取代原有的小石器工业传统，而是与其并行发展[1]。该遗址自下文化层开始，工业类型即以小石器为主，发展到上文化层仍以小石器为主，只是石器按照长宽等比例趋势变小。

该遗址上文化层材料与同处于松花江流域的抚松仙人洞[2]遗址具有明显的区别，后者石器均由石英斑岩制成，加工简单，器形粗大，属于大石器为主的工业类型。仙人洞遗址下文化层与下辽河以西的营口金牛山[3]遗址早期文化较为相似：后者石制品原料以石英岩和脉石英为主，石制品包括石核、石片、工具（刮削器、尖状器）等；剥片使用锤击法和砸击法；工具个体较小，加工较为粗糙，以锤击单向加工为主，不同的是金牛山遗址早期文化层发现了数以万计的碎骨片，原研究者认为未发现骨器。另外，仙人洞遗址的材料与泥河湾盆地同时期材料的发展趋势相比，也较为相似，后者诸如峙峪[4]、西白马营[5]等旧石器晚期遗址强烈地继承早、中期传统小石器文化的特点，石器细小，加工较细，刮削器居多，尤以圆头刮削器最为发达。但值得注意的是，峙峪遗址已经具有细石叶工业的"萌芽"，石制品已经有了一些细石器化的"影子"[6]。

综上所述，桦甸仙人洞遗址的旧石器材料，为复原古人类的生存环境，探讨人类与环境的互动关系、人类在特定环境下的行为特点和适应方式，提供了丰富的资料。此外，该遗址对于研究东北地区旧石器时代早期到晚期人类生活的环境背景、旧石器文化内涵、东北亚地区旧石器文化之间的关系也具有重要的学术意义。除此之外，不能回避的就是该遗址的现实保护。我们应高度重视对遗址保护区内社会经济文化状况与区域经济发展关系的研究、自然环境条件对人类经济活动与遗址保护的影响研究；加强地被和植物景观建设，做好技术层面与社会管理层面的环境保护工作。

---

[1] 张博泉、魏存成：《东北古代民族·考古与疆域》，吉林大学出版社，1998年，第171~201页。

[2] 王文兴：《吉林抚松发现旧石器时代文化遗址》，《人类学学报》1993年第2期，第89~94页。

[3] 金牛山联合发掘队：《辽宁营口金牛山旧石器文化研究》，《古脊椎动物与古人类》1978年第2期，第129~143页。

[4] 贾兰坡等：《山西峙峪旧石器时代遗址发掘报告》，《考古学报》1992年第1期。

[5] 河北省文物考古研究所：《河北阳原西白马营晚期旧石器研究》，《文物春秋》1998年第3期。

[6] 王春雪：《泥河湾盆地旧石器时代晚期遗址石制品研究》，吉林大学学士学位论文，2003年。

第六节 桦甸仙人洞遗址出土的动物化石与孢粉分析

桦甸仙人洞遗址位于吉林省桦甸市西北约23千米的寿山上，西南距榆木桥子镇约2.3千米（山的东北角为北安屯），地理坐标为北纬43°9′，东经126°37′。1991年5～6月，吉林大学考古学系在吉林地区进行旧石器野外考古调查时，发现了该遗址并试掘，获得了较丰富的石制品、骨制品及大量哺乳动物、鸟类化石[1]。为进一步了解遗址的文化内涵，1993年5～6月，上述单位同吉林省文物考古研究所以及区、市、县等文物管理部门，对该遗址进行了正式发掘，并对发掘获得的石制品和骨制品进行了报道[2]。本节仅对此次发掘的动物骨骼化石以及采集的孢粉进行分析，并探讨其相关问题。

一、动物化石

（一）动物化石出土概况

该遗址共分5层，其中第1层为近现代堆积，未发现动物化石；第2～4层为旧石器时代堆积，出土大量石制品、骨制品和动物化石；第5层未发现人类活动遗物，仅有少量动物化石。本节研究的动物化石主要来自第2～4层，共1066件（表5-18）。在动物化石中，有384件标本可以确定其部位，113件牙齿及牙齿碎块，这两项中有155件可以鉴定动物的种属。另有569件因破碎或者风化严重，难以鉴定种属和部位，占化石总数的一半以上。

表5-18 仙人洞遗址动物化石出土统计

	第2层	第3层	第4层	脱层	总计
化石总数	334	333	153	246	1066
可鉴定部位	147	122	62	53	384
牙齿	45	34	6	28	113
可鉴定种属	54	40	17	44	155
不可鉴定	142	177	85	165	569

---

[1] 陈全家、李其泰：《吉林桦甸寿山仙人洞旧石器遗址试掘报告》，《人类学学报》1994年第1期，第12～19页。

[2] 陈全家等：《吉林桦甸仙人洞旧石器遗址1993年发掘报告》，《人类学学报》2007年第3期，第222～236页。

384块可以鉴定部位的化石共包括头骨（包含下颌骨）、椎骨、肋骨、肩胛骨、臂骨（包括肱骨、尺骨、桡骨）、前脚骨（包括腕骨、掌骨、指骨）、髋骨（包括髂骨、坐骨）、腿骨（包括股骨、胫骨、腓骨）、后脚骨（包括跗骨、跖骨、趾骨）等部位，基本上包含了动物全身的骨骼，其中数量最多的为后脚骨，其次为头骨，另有少量的肢骨化石，大量长骨已经破碎成骨片，难以确定其部位和种属（表5-19）。

表5-19 仙人洞遗址可鉴定动物骨骼部位统计

	头骨	椎骨	肋骨	肩胛骨	臂骨	前脚骨	髋骨	腿骨	后脚骨	总计
第2层	33	20	17	2	8	17	5	7	38	147
第3层	28	4	20	9	10	3		8	40	122
第4层	7	7	3	2	15	2	8	3	15	62
脱层	8	1	4		14	1	1	6	18	53
总计	76	32	44	13	47	23	14	24	111	384

（二）动物化石在遗址内的分布状况

动物化石在发掘区内的分布呈现一种散漫的状况，无特别集中的分布区出现。本文以A区第2层动物化石的平面与纵向分布图来说明（图5-26）。在平面上，动物化石基本上遍及整个发掘区，西部的四个探方内发现了相对较多的遗物，说明古人类习惯在这个区域活动；在纵向上，动物化石连续分布，无明显的集中分布层，说明该洞穴可能不是一个长期定居的场所，而是一个在不同时期不断利用的临时居址，在50~65厘米深度地层内发现的化石数量相对较多，可能在这个时期该洞穴被利用得较频繁，留下了更多的动物化石。

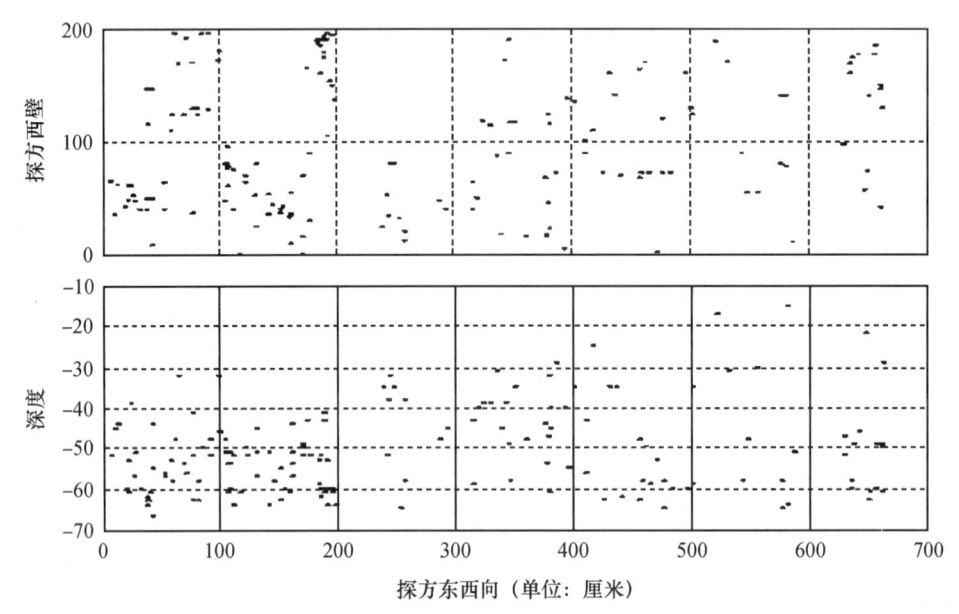

图5-26 仙人洞遗址A区第2层动物化石的分布

（三）动物化石出土状态分析

1. 动物化石的风化状况分析

该遗址的动物化石都受到不同程度的风化作用，包括物理风化和化学风化两种。物理风化作用根据骨骼表面风化的程度，大体可以分为以下三级：

Ⅰ级，骨骼表面光滑致密，棱角锋利，表面颜色多呈深灰色或者黑色。根据骨骼表面的颜色分析，该类标本被遗弃以后很快被埋藏在低洼潮湿的水坑里或者水泥土中，在水的长期浸泡下变成深灰色或者黑色，同时，由于水的浸泡使其与空气隔绝，使骨骼表面保存完好。

Ⅱ级，骨骼表面都有不同程度的风化，部分表面比较粗糙，表面颜色不一，多呈灰褐色，有的两面呈不同的颜色，应是一面朝向地面，另一面朝外受到的风化不同所致。根据其风化程度来看，该类标本被遗弃后在地表暴露了较长时间，后被埋藏。

Ⅲ级，骨骼表面比较疏松，有些致密物质已经剥落，骨骼表面呈粉末状，碎骨多无棱角，表面颜色多呈灰白色或者乳白色。根据其特征分析，该类标本在地表经过长时间的暴露和风化。

化学风化主要由洞内积水的溶蚀所致，由于洞顶岩石缝内长年滴水，使坑底部分积水，部分骨骼在其中经过长时间的溶蚀后，通体光滑而坚硬，部分骨壁表面有溶蚀形成的下穿孔。

根据表5-20统计，Ⅰ级风化的动物化石在各层都占有相当高的比例，尤其是第4层占到53.6%，说明该洞穴内经常比较潮湿，部分动物骨骼常浸泡在泥水里，在泥水的浸泡、隔绝下风化程度较低，留下了较多Ⅰ级风化的化石。而且，该洞穴也发现有经过溶蚀的部分标本，说明洞顶的滴水也是经常性的，洞底有些地方还经常积水，洞内潮湿的环境在一定程度上阻碍了古人类在此洞穴的活动，使其难以长期定居。

Ⅲ级风化的动物化石数量较少，远远低于Ⅰ级、Ⅱ级的比例，说明该遗址的动物骨骼多未经过很长时间的暴露就被埋藏，该洞穴堆积的形成速度比较快。

表5-20 仙人洞遗址动物化石风化程度统计

	Ⅰ级		Ⅱ级		Ⅲ级		溶蚀		总计
	N	%	N	%	N	%	N	%	
第2层	108	32.3	169	50.6	50	15.0	7	2.1	334
第3层	120	36.0	148	44.4	54	16.2	11	3.3	333
第4层	82	53.6	56	36.6	15	9.8	—	—	153
脱层	91	37.0	129	52.4	26	10.6	—	—	246
总计	401	37.6	502	47.1	145	13.6	18	1.7	1066

2. 动物化石的形态分析

该遗址的动物化石按其形态可以分为略完整、长骨片、骨干、块状碎骨、残扁骨、牙齿等几类。略完整的骨骼指破坏较轻、基本形状保存，多为椎骨、跗骨、指（趾）骨等，多数可以鉴定种属；长骨片指长骨的纵裂片；长骨的中间部分指长的管状骨砸掉两端的关节部分后剩余的中间较笔直的部分，如果砸骨的目的是敲骨取髓，则从中间砸断比较容易，砸掉两端则很可能是为了截取骨料；长骨两端指长骨从中间砸断形成，多为敲骨取髓；碎骨即骨骼破碎后的非片状骨状态，主要为破碎的扁骨、不规则骨、长骨两端的关节部分，以及砸骨过程中形成的碎屑，其中一部分长骨两端的关节部分可能为取骨料过程中产生；牙齿主要包括完整和破碎两种，其中完整牙齿也是鉴定种属的一部分。

根据表5-21的统计，在各个地层中长骨片的数量最多，接近于50%，这些骨片多数为管状骨的纵向裂片，长大于宽，长多在30~50毫米，少量的可以达到100毫米以上，最长的为212毫米，这些骨片形状比较规整，数量又多，很难单纯用敲骨取髓来解释。同时动物化石中还发现有一定数量的骨干部分以及两端砸掉的部分，这些应该是刻意制成，而非一般的偶然行为。该遗址内发现有成形的骨器已经有研究证实[1][2]，这些长骨片以及残的长骨除敲骨取髓外，也反映了古人类制造骨器的行为，为该遗址骨器的存在提供了另一方面的证据。

表5-21　仙人洞遗址动物化石形态分类统计

	略完整	长骨片	长骨（残） 中间	长骨（残） 两端	碎骨	牙齿	总计
第二层	60	138	3	6	82	45	334
第三层	66	153	1	7	72	34	333
第四层	21	68	6	7	45	6	153
脱层	49	19	1	6	143	28	246
总计	196	378	11	26	342	113	1066

3. 骨片断面形状分析

该遗址骨片多为长骨碎片，长轴两端的断口可以分为两种情况：尖状和平状。

---

[1] 陈全家、李其泰：《吉林桦甸寿山仙人洞旧石器遗址试掘报告》，《人类学学报》1994年第1期，第12~19页。

[2] 陈全家等：《吉林桦甸仙人洞旧石器遗址1993年发掘报告》，《人类学学报》2007年第3期，第222~236页。

尖状断口断面尖锐，棱角分明，边缘锐利；平状断口断面平整，多与长轴垂直，断口形态不一，有的呈阶梯状，有的平直，但多有折断形成的刺状骨纤维。根据断口的形状，骨片可以分为四种类型：两端尖状（Ⅰ型）、一端尖状另一端平状（Ⅱ型）、两端平状（Ⅲ型）及无法分类者（Ⅳ型）（表5-22）。

表5-22 骨片断面形状分类统计

	Ⅰ型	Ⅱ型	Ⅲ型	Ⅳ型	总计
第2层	47	16	19	56	138
第3层	49	36	24	44	153
第4层	22	11	18	17	68
脱层	8	2	4	5	19
总计	126	65	65	122	378

Ⅰ型 126件，占骨片的33.33%。该类形状多不规则，呈多边形，骨片两侧形状与两端相似，棱角分明，边缘锐利。依其特征分析，该类骨片可能是直接从长骨上砸击所致。

Ⅱ型 65件，占骨片的17.2%。骨干两侧基本平行，可能是劈裂或者风化所致。

Ⅲ型 65件，占断口特征明显骨片的17.2%。该类骨片多呈长条形，左右两边几乎平行，可能为劈裂或者风化所致。

Ⅳ型 122件，占骨片的32.27%。骨片碎小，形状不规则，可能是多种原因破碎而成。

这些骨片除了证实敲骨取髓行为外，也反映了古人类对骨料的加工利用。

4. 动物化石表面的痕迹分析

该遗址仅少量动物化石表面保留有动物和人工作用形成的痕迹，主要包括啮齿类动物和食肉类动物啃咬的痕迹，以及人工作用形成的划痕。由于风化等原因，表面的痕迹多不清晰，可以肯定带有以上明显痕迹的化石的数量很少，总数不到该遗址动物化石的5%。

（四）动物化石的种属鉴定及分析

1. 动物化石的种属及材料

发现的1066件动物化石中，仅有154件可以鉴定其种属，可鉴定率仅为14.4%，包括7目13科21属。具体种属及其材料如下：

　　　　鸟纲 Aves
　　　　　　新鸟亚纲 Neornithes

突胸总目 Carinatae
雁行目 Anseriformes
鸭科 Anatidae
鸭（未定种）*Anas* sp.

脱层：跗跖骨（1），代表1个个体。

鸡形目 Galliformes
雉科 Phasianidae
雉属 *Phasianus*
雉（未定种）*Phasianus* sp.

脱层：腕掌骨（1），代表1个个体。

哺乳动物纲 Mammalia
兽亚纲 Theria Parker et Haswell, 1897
真兽次纲 Eutheria Gill, 1872
啮齿目 Rodentia Bowdich, 1821
仓鼠科 Cricetidae Rochebrune, 1883
鼢鼠属 *Myospalax* Laxmann, 1769
东北鼢鼠 *Myospalax psilurus* (Milne-Edwards, 1974)

脱层：下颌骨（左1，右1），股骨（左3），肱骨（左3，右3），尺骨（左6，右2），胫骨（左1），共20件，最少代表6个个体。

䶄鼠属 *Clethrionomys* Tilesius, 1850
棕背䶄鼠 *C. rofucannus* Sundevall, 1846

脱层：下颌骨（左1），代表1个个体。

麝鼠属 *Ondatra*
麝鼠 *Ondatra zibethicus*

脱层：下颌骨（左1），代表1个个体。

兔形目 Lagomorpha Brandt, 1885
兔科 Leporidae Gray, 1821
野兔属 *Lepus* Linnaeus, 1785
野兔（未定种）*Lepus* sp.

脱层：门齿（右上1，左上1），共2件，最少代表1个个体。

鼠兔科 Ochotonidae Thomas, 1897
鼠兔属 *Ochotona* Link, 1795
鼠兔（未定种）*Ochotona* sp.

脱层：下颌骨（右1），股骨（左1），共2件，代表1个个体。

食肉目 Carnivora Bowdich, 1821

鼬科 Mustelidae Swainson, 1835

鼬属 *Mustela Linnaeus*, 1758

鼬（未定种）*Mustela* sp.

第3层：下颌骨（左1），代表1个个体。

第4层：下颌骨（右1），代表1个个体。

脱层：尺骨（左2），下颌骨（左1，右1），共4件，最少代表2个个体。

犬科 Canidae Gray, 1821

狐属 *Vulpes Frisch*, 1775

狐（未定种）*Vulpes* sp.

第4层：尺骨（右近1）（图5-27，4），代表1个个体。

豺属 *Cuon Hodgson*, 1837

似北豺 *Cuon cf. alpinus Pallas*, 1811

第2层：犬齿（1），门齿（2），臼齿（2），下颌骨（左2，右1）（图5-27，7），桡骨（左1），距骨（右1），共10件，至少代表2个个体。

第3层：下颌骨（右1），肱骨（远1），桡骨（左近1），跟骨（右1），共4件，最少代表1个个体。

脱层：门齿（2），最少代表1个个体。

熊科 Ursidae Gray, 1825

熊属 *Ursus Linnaeus*, 1758

洞熊 *Ursus spelaeus* (Johann Rosenmüller, 1794)

第2层：犬齿（左下2，右下3），门齿（8），臼齿（1），下颌骨（左1，右1）（图5-27，1），髂骨（右1），股骨头（左1），肩胛骨（右远1），共19件，最少代表3个个体。

第3层：犬齿（右上1），门齿（2），跟骨（右1），共4件，最少代表1个个体。

第4层：犬齿（左上1），门齿（1），臼齿（1），下颌骨（左1），共4件，最少代表1个个体。

脱层：门齿（2），犬齿（左下1，上1），臼齿（1），共5件，最少代表1个个体。

猫科 Felinae Gray, 1821

虎豹属 *Panthera Oken*, 1816

虎 *Panthera tigris altaica Linnaeus*, 1758

第4层：肱骨（左侧远端1）（图5-27，2），尺骨（左侧近端1），趾骨（1），共3件，最少代表1个个体。

奇蹄目 Perissodactyla Owen, 1848

犀超科 Rhinocerotoidea Gill, 1872

犀科 Rhinocerotidae Owen, 1845

额鼻角犀亚科 Dicerorhininae Simpson, 1945

腔齿犀属 *Coelodonta Bronn*, 1831

披毛犀 *Coelodonta antiquitatis* (Bumenbach, 1807)

第2层：胫骨（右远2），最少代表2个个体。

第3层：第Ⅲ趾蹄骨（1）（图5-27，5），最少代表1个个体。

马科 Equidae Gray, 1821

马属 *Equus* L., 1758

马（未定种）*Equus* sp.

第2层：门齿（3），最少代表1个个体。

第3层：臼齿（2），掌骨（1），共3件，最少代表1个个体。

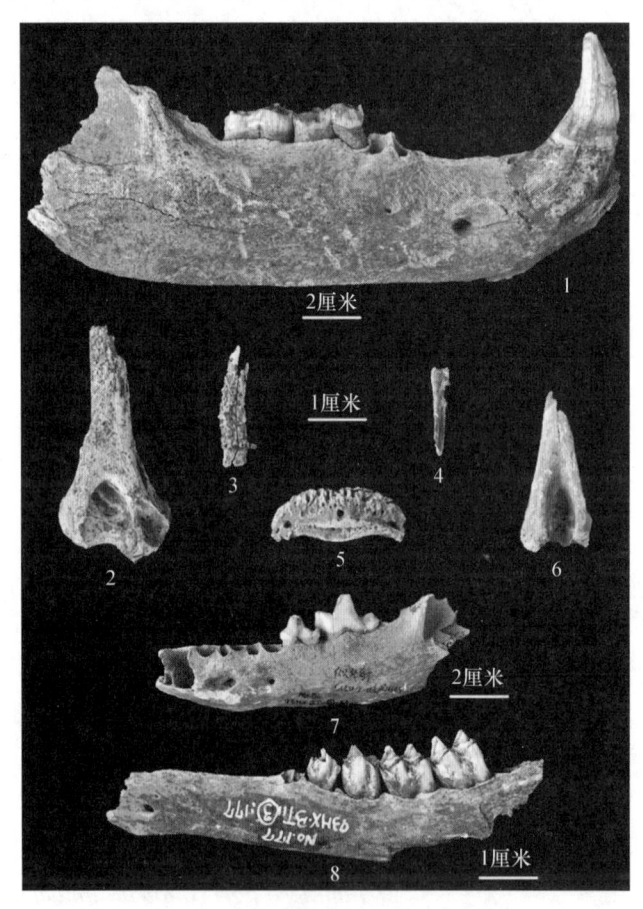

图5-27 仙人洞遗址出土的部分动物化石

1. 洞熊（右侧下颌，93HXAT62②：1） 2. 虎（左侧肱骨远端，93HXAT21④：84） 3. 东北麕子（左侧角，93HXBT11②：184） 4. 狐狸（右侧尺骨，93HXAT21④：87） 5. 披毛犀（左侧第Ⅲ趾蹄骨，93HXAT62④：40） 6. 葛氏斑鹿（右侧肱骨远端，93HXBT11②：19） 7. 似北豺（左侧下颌，93HXBT11②：51） 8. 麝（左侧下颌，93HX·BT11③：177）

第4层：掌骨（近1），代表1个个体。

偶蹄目 Artiodactyla Owen, 1848

鹿科 Cervidae Gray, 1821

麝亚科 Moschus Linnaeus, 1758

麝属 *Moschus Linnaeus*, 1758

麝（未定种）*Moschus* sp.

第2层：掌骨（右近1），桡骨（左近1，右远1），跖骨（左近1，右1），髂骨（右1），距骨（左2），跟骨（右1），共9件，最少代表2个个体。

第3层：下颌骨（左1）（图5-27，8），肩胛骨（左近1），尺骨（左近1），距骨（右1），共4件，至少代表1个个体。

脱层：距骨（左1），跟骨（左2），共3件，至少代表2个个体。

鹿亚科 Cervinae Baird, 1857

鹿属 Cervus Linnaeus, 1758

斑鹿亚属 *Cervus (Pseudaxis) Gray*, 1872

葛氏斑鹿 *Cervus pseudaxis grayi Zdansky*, 1925

第2层：角（残片1），寰椎（1），肱骨（右远1）（图5-27，6），距骨（左3），跖骨（左远1），共7件，至少代表3个个体。

第3层：上颌骨（左残2），寰椎（1），枢椎（1），肱骨（右远1），股骨头（左1），跟骨（右1），掌骨（左1，右远1），距骨（右近1，右远1），共11件，至少代表2个个体。

第4层：肩胛骨（左近1），肱骨（右远2），掌骨（左远1），跟骨（右1），距骨（左1），共6件，至少代表2个个体。

马鹿亚属 *Cervus Elaphus Smith*, 1827

加拿大马鹿 *Cervus Elaphus anadensis Erxleben*, 1777

第2层：跟骨（左1），代表1个个体。

脱层：寰椎（1），最少代表1个个体。

齿鹿亚科 Odocoileinae Pocock, 1923

狍属 *Capreolini Pocock*, 1923

东北狍 *Capreolini manchuricus*

第3层：角（残片2，左侧近残1）（图5-27，3），下颌骨（左3），距骨（左1，右2），共9件，至少代表3个个体。

牛科 Bovidae Gray, 1821

牛亚科 Bovinae Gill, 1872

牛属 *Bos Linnaeus*, 1758

牛（未定种）*Bos* sp.

第3层：角（残尖1），代表1个个体。

第4层：角（残尖1），最少代表1个个体。

脱层：门齿（1），最少代表1个个体。

山羊亚科 Caprinae Gill, 1872
岩羊属 Pseudois Hodgson
岩羊 Pseudois cf. nayaur Hodgson, 1883

第2层：角（残尖2），按其大小判断最少代表2个个体。

第3层：角（残尖2），按其大小判断最少代表2个个体。

2. 相关认识

该遗址动物群以偶蹄目鹿科的獐、麂、葛氏斑鹿、东北麋、马鹿、岩羊、牛和食肉目的洞熊、似北豺、狐、鼬、虎等为主，另有少量奇蹄目的马、披毛犀以及啮齿目动物等。从动物群的生态习性来看，该动物群可以分为草原动物和森林动物两种，其中以前者为主。这反映出该遗址周围环境以草原为主，另有少量的森林或者稀树环境，这与孢粉分析反映的环境基本一致。其中，披毛犀是干旷草原的代表类型，非常适应寒冷的气候[1]，岩羊为生存在高海拔地区的耐寒动物，洞熊生活在森林地带，为喜冷动物，这三种动物在第2、3层的出现反映该时期该遗址处于寒冷的气候环境中。

该遗址动物群中绝灭种属比较少。披毛犀是东北地区晚更新猛犸象-披毛犀动物群的典型动物[2]，该遗址第2、3层发现有披毛犀的化石，而且洞熊、葛氏斑鹿、獐、岩羊等动物也在属于猛犸象-披毛犀动物群的山城子动物群和鸽子洞动物群[3]中出现，由此来看，第2、3层的动物群也应归为猛犸象-披毛犀动物群，在地质时代属于晚更新世，而第2层骨化石的碳十四测年数据为距今34290年±510年，人工制品中石制品的特点比较进步，并且出现了磨制骨器，应为旧石器时代晚期，与动物化石反映的时代基本相符。第4层未发现披毛犀以及其他可以断代的典型动物化石，而且骨化石的铀系法测年为16.21万年±1.8万年，难以归入第2、3层代表的猛犸象-披毛犀动物群，而且地层的堆积为棕红色亚黏土，其时代可能要早得多，有可能早到中更新世。

---

[1] 邓涛：《甘肃临夏盆地发现已知最早的披毛犀化石》，《地质通报》2002年第10期，第604~608页。

[2] 夏正楷：《第四纪环境学》，北京大学出版社，2000年，第139页。

[3] 傅仁义：《东北地区第四纪哺乳动物群的时代及其特征》，《第八届中国古脊椎动物学学术年会论文集》，海洋出版社，2001年，第209~218页。

二、孢粉分析

发掘过程中，在第2~5层采集了孢粉样品11块，其中第2层2块（编号为1、2），第3层4块（编号为3~6），第4层3块（编号为7~9），第5层2块（编号为10、11）。送往孢粉室后，挑选了编号1、4、7、9、10五个样品进行分析，多数样品含孢粉较多，其中除10号样品含孢粉低于百粒外，其余均含百粒以上，共统计707粒，包括20科38属孢粉类型。其中，裸子植物花粉极少，偶见松和云杉，阔叶树花粉有桦、榛、榆、桤木、椴等花粉；草本植物花粉种类较多，其中出现较多的有蒿属、菊科、藜科、十字花科、毛茛科、蔷薇科、豆科、禾本科、莎草科等；蕨类种类少，以水龙骨科为主。

（一）各样品的孢粉组合特征

样品1，采于第2层上部的黄色亚黏土，共有孢粉134粒，其中草本花粉占优势，有67粒，占花粉总数的50%，其次为木本花粉48粒，占35.8%，蕨类为19粒，占14.1%。木本花粉中，主要为桦属和柳属（包含大型和小型两种），各为18粒和12粒，占木本花粉的37.5%和25%，另外还有少量的麻黄属、榛属、槐属、忍冬属、栎属、榆属、槭属、椴属、鹅耳枥等孢粉，都在4粒以下。草本花粉中，主要为蒿属、刺儿菜、菊科、绣线菊、十字花科、菝草等，多为6~8粒，各占草本花粉的9%~11.9%，其次有少量的蒲公英、紫菀、伞形花科、独活、蔷薇、豆科、蓼、藜科、滨藜、毛茛、唐松草、堇菜、猪殃殃和禾本科花粉等。蕨类孢子主要为水龙骨科，有14粒，占蕨类孢子的73.4%，另有少量的石松、鳞盖蕨、蕨等孢子出现。

样品4，采于第3层中部偏上的黄褐色亚黏土，共有孢粉193粒，草本花粉97粒，占花粉总数的50.2%，木本花粉61粒，为31.6%，蕨类孢子35粒，18.1%。木本花粉中最多的为桦属，共20粒，占木本花粉的32.8%，其次为榆属和柳属，各为9粒和8粒，占木本花粉的14.85%和13.1%，其余的有松属、云杉、麻黄、榛属、槭属、桤木、槐属、椴属、木樨科、枫杨、忍冬等，都在5粒以下。草本花粉中，蒿属、菊科15粒，占草本花粉的15.4%，滨藜14粒，为14.4%，其次为十字花科8粒，为8.2%，另有少量的蒲公英、刺儿菜、兔毛蒿、蔷薇、绣线菊、蓼、菟丝子、豆科、毛茛、唐松草、猪殃殃、芦苇、报春花科、瑞香科等花粉，数量少于5粒。蕨类孢子主要的为水龙骨科，有16粒，占蕨类孢子的45.7%，其次为蹄盖蕨8粒，为22.9%，另有少量蕨、鳞盖蕨、紫萁、泥炭蕨等，都少于4粒。

样品7，采于第4层中部略靠上的红褐色亚黏土，共有花粉113粒，草本花粉62粒，为54.8%，木本花粉36粒，为30.9%，蕨类孢子16粒，14.1%。木本花粉中数量最多的为桦属，22粒，占木本花粉的61.1%，柳属有5粒，为13.9%，另有少量的松属、麻黄属、榛属、栎榆、槭属、忍冬等，数量都在2粒以下。草本花粉中，蒿属和滨藜各有13粒和14粒，分别占草本花粉的21%和22.6%，其次为菊科和十字花科有7粒，为11.3%，荨麻5粒，为8.1%，另有少量的刺儿菜、绣线菊、豆科、藜科、唐松草、禾本科、瑞香科、唇形科、莎草科、千屈菜科、紫草科、大戟科等，数量在3粒以下。蕨类孢子数量最多的为水龙骨科13粒，占蕨类孢子的81.3%，另有少量鳞盖蕨和泥炭蕨。

样品9，采于第4层下部的红褐色亚黏土，共有花粉203粒，为五块样品中含孢粉最多的，草本花粉为133粒，占花粉总数的65.5%，其次为蕨类孢子，44粒，为21.6%，木本花粉26粒，占12.8%。木本花粉中，桦属数量最多，有11粒，占木本花粉总数的42.3%，榛属、无患子科各有4粒，占15.4%，忍冬3粒，占11.5%，另有麻黄、榆属各2粒，为7.7%。草本花粉中，菊科数量最多23粒，占草本花粉的17.3，其次有蒿属17粒，占12.8%，豆科、莎草科各有13粒，为9.8%，绣线菊12粒，占9%，另有少量的蔷薇、十字花科、藜科、毛茛、西草科、猪殃殃、禾本科、唇形科、莎草科、荨麻、紫草科百合科、鸢尾等花粉，数量在10粒以下。蕨类孢子有水龙骨科32粒，占72.7%，泥炭蕨11粒，鳞盖蕨1粒。

样品10，采于第5层上部的棕红色亚黏土，共有孢粉64粒，为5块样品中含量最低者，草本花粉28粒，占花粉总数的43.7%，木本花粉23粒，占花粉总数的35.9%，蕨类孢子13粒，为20.3%。木本花粉中麻黄属5粒，榛属、栎属各4粒，松属、桦属、木樨科各2粒。草本花粉中，蒿属数量较多，为10粒，占草本花粉总数的35.7%，藜科4粒，禾本科3粒，兔毛蒿、豆科各有2粒，菊科、蔷薇、十字花科、毛茛、唇形科、地榆各有1粒。蕨类孢子中数量最多的为泥炭蕨5粒，占蕨类孢子的38.5%，另有水龙骨科3粒、蹄盖蕨2粒，石松、鳞盖蕨紫萁各有1粒。

（二）主要孢粉图式

根据上述样品的主要孢粉化石类型及数量可以绘制出该遗址的剖面孢粉图式（图5-28）。

根据上面的分析，可以将该遗址的剖面划分为以下几个孢粉组合带：

Ⅰ带，以10号样品为代表，麻黄-榛属、栎属-蒿属孢粉为主，其中麻黄花粉约占7.8%，另含有少量的榛属、栎属、桦属等落叶阔叶树花粉；草本植物中，蒿属的花粉最多，占15.6%，另有水龙骨科、鳞盖蕨、泥炭蕨等蕨类孢子，反映当时的植被景观为疏林草原，植被覆盖度较低，显示寒冷干燥的气候。

Ⅱ带，以9号样品为代表，即第4层下部，以桦属-菊科、蒿属-水龙骨科孢粉为主，以草本花粉为主，占65.5%，其次为蕨类孢子，木本花粉最低，仅为12.8%，为各样品中比例最低者，其中以桦属为主。草本花粉超过60%，蕨类花粉占有一定的比

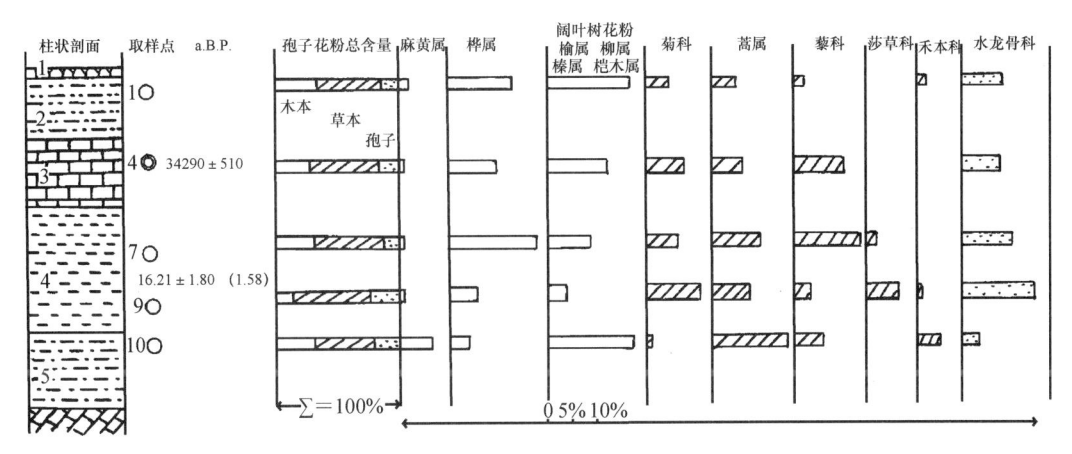

图5-28 仙人洞遗址孢粉图式

例，反映该时期的植被景观为稀树草原，以草原为主，生长着稀疏的桦树等木本植物，气候比较寒冷，但比Ⅰ带要湿润很多，荫蔽潮湿生长了大量的以水龙骨科占多数的蕨类植物。

Ⅲ带，以1、4、7号样品为代表，即第4层上部以上，桦属-蒿属、菊科-水龙骨科孢粉占优势组合。草本花粉最多，多为50%左右，主要为蒿属、菊科、十字花科、滨藜等，其次为木本花粉，其中桦占10.3%~19.3%，柳占4%~8.9%，榆占4.6%，蕨类植物中的水龙骨科也占有一定的比例，在8.2%~11.5%，该孢粉组合反映的植被景观为疏林草原，与Ⅱ带相比植被覆盖度较好一些，但气候仍然比较寒冷。该带内从7号样品到4号样品，呈现出变寒冷干燥的趋势，桦属的比例降低，而且麻黄的比例逐渐升高，出现了松、云杉等喜冷性植物，而且4、7号样品中出现的生长于水边的芦苇花粉也不见于1号样品。可能在Ⅱ带与Ⅲ带之间经历过气温的回升，进入Ⅲ带以后，气候又变得寒冷，趋向干燥。

综上所述，该遗址的气候经历了寒冷干燥、寒冷湿润、气候变暖、趋向寒冷的变化，而植被景观也经历了疏林草原、稀树草原、疏林草原的变化。该遗址第2层动物化石通过加速器质谱[14]C测定年代为距今34290年±510年，第4层动物化石采用不平衡铀系法测定年代为距今16.21万年±1.8万年，第5层未做年代测定，从以上数据来看，该遗址的第5层应该属于中更新世晚期，该遗址的孢粉分析可以作为对该地区中更新世晚期以来的古环境、古气候的一个借鉴，特别是对旧石器时代中晚期的古人类生存环境的研究有重要意义。

三、结　语

（1）该遗址的动物化石可以分为两部分，第2、3层出有披毛犀化石，属于东北地区的猛犸象-披毛犀动物群，地质时代为晚更新世；第4层时代要更早一些，可能会早到中更新世晚期。从动物化石和孢粉分析结果来看，该遗址处于寒冷干燥的气候环境中，植被以草原为主，伴有少量的森林或者稀树。从第5层到第2层，气候经历了寒冷干燥、寒冷湿润、气候变暖、趋向寒冷的变化，而植被景观也经历了疏林草原、稀树草原、疏林草原的变化。

（2）古人类对该洞穴的利用开始于第4层，从第4层到第2层遗物在地层上连续分布，说明整个时期古人类在不断利用该洞穴。该遗址时代跨度特别大（从距今16万年以上到3万年），但发现的遗物非常有限，而且在平面和地层上无集中分布，说明该洞穴并非长期定居的场所，这是由于该洞穴内比较潮湿，有些地方常年积水。从洞穴内大量碎骨片和石制品来看，该洞穴可能为临时的营地或者屠宰场。

（3）各文化层内发现的动物化石也是当时人类生计方式的一种体现，是一种以狩猎为主的经济模式。当时人类捕获的动物以各种食草类动物为主，如獐、鹿、葛氏斑鹿、东北麋、马鹿、岩羊、牛等，同时也有一些肉类动物如洞熊、似北貉等，说明当时的人类有一定的狩猎能力。

第七节　吉林东部旧石器时代晚期细石叶工业技术分析

人类在地球生物中是一个特殊的类群，其特殊性就在于他能制造和使用复杂的工具，具有特殊的生存方式。对古人类技术、行为和生存模式的研究是旧石器时代考古学的范畴。这一学科通过对埋藏于地下的古人类生产与生存活动所遗留下来的遗物、遗迹及其空间分布关系的发掘与研究，探讨人类对特定环境的适应方式、所占有的食物和生活资源的种类及获得的方法和途径，其活动区域的大小及其对土地的开发利用方式，以及与其他生物的相互依存关系[1]。

吉林省位于我国东北地区的中部，南与辽宁、北与黑龙江、西与内蒙古接壤，东与朝鲜隔江相望，东北一隅与俄罗斯接壤。这一地区是研究细石叶、石叶技术在我国的起源及其文化传播的重要区域。自20世纪50年代初至90年代末，吉林省境内已发现旧石器时代晚期石器和动物化石地点共16处（据已发表材料），主要分布在吉林境内

---

[1] 高星：《解析周口店第15地点古人类的技术与行为》，《第八届中国古脊椎动物学学术研讨会论文集》，海洋出版社，2001年，第183~196页。

的中部、东部和西部的河流阶地上。2000年以来,吉林大学边疆考古研究中心会同吉林省文物考古研究所和遗址所在区、县的文物保护管理所等单位又对吉林省图们江流域进行了几次系统的旧石器遗址调查和试掘工作,新发现了一些属于细石叶工业类型的旧石器时代晚期遗址:和龙石人沟[1][2]、和龙柳洞[3][4]、珲春北山[5]、抚松新屯西山[6]、安图沙金沟[7],以及和龙青头遗址[8](表5-23)。这些遗址出土了一批丰富的古人类文化遗物,使得吉林省在旧石器时代遗址的发现与研究上取得了较大进展,为研究古人类在东北亚地区的适应、开发过程和该区域更新世环境演变提供了珍贵的材料。本书试通过以往学者对上述遗址的系统研究以及新发现的材料,运用数理统计、图表分析等方法分析吉林省旧石器时代晚期遗址细石叶工业技术特点,在此基础上将人类技术与周边环境、原料条件以及人类的适应行为等方面进行比较分析,以期从材料中提取古人类技术行为和适应生存方式的信息。

表5-23　吉林东部地区旧石器时代晚期细石叶工业遗址或地点一览表

序号	遗址名称	地理坐标	发现时间	遗址断代	地貌部位	试掘面积	石制品 采集	石制品 地层
1	和龙石人沟	42°11′20″N 128°48′45″E	2004	距今约1万5千年●	山坡台地	52	24	1307
2	和龙柳洞	42°19′11″N 129°6′23″E	2002	UP●	Ⅱ级阶地	—	227	4
3	珲春北山	49°8′3″N 130°15′8″E	2002	距今约2万年●	Ⅱ级阶地	—	51	1

---

[1] 陈全家等:《延边地区和龙石人沟发现的旧石器》,《人类学学报》2006年第2期,第106~114页。

[2] 陈全家等:《延边和龙石人沟旧石器遗址2005年试掘报告》,《人类学学报》2010年第2期,第105~114页。

[3] 陈全家等:《吉林和龙柳洞2004年发现的旧石器》,《人类学学报》2006年第3期,第208~219页。

[4] 陈全家等:《和龙柳洞旧石器地点发现的石制品研究》,《华夏考古》2005年第3期,第50~59页。

[5] 陈全家、张乐:《吉林延边珲春北山发现的旧石器》,《人类学学报》2004年第2期,第138~145页。

[6] 陈全家等:《抚松新屯子西山旧石器遗址试掘报告》,《人类学学报》2009年第2期,第147~153页。

[7] 陈全家等:《安图沙金沟旧石器遗址发现的石器研究》,《华夏考古》2008年第4期,第51~58页。

[8] 陈全家等:《吉林延边和龙青头旧石器遗址的新发现及初步研究》,《考古与文物》2008年第2期,第3~9页。

续表

序号	遗址名称	地理坐标	发现时间	遗址断代	地貌部位	试掘面积	石制品采集	石制品地层
4	抚松新屯西山	42°33′N 127°16′11″E	2002	UP●	山间盆地	70	0	30
5	安图沙金沟	42°36′5.4″N 128°16′2.9″E	2006	UP●	Ⅲ级阶地	2	77	5
6	和龙青头	42°48′51.9″N 128°58′20.7″E	2006	UP●	Ⅱ级阶地	—	197	19

注："—"代表试掘面积不详;"UP"代表旧石器时代晚期（the Upper Paleolithic）;"●"代表推测年代

一、石器工业概述

通过对石制品进行较为详细的技术类型分析，本地区石器工业是以石叶和细石叶加工的各类石器为特征的细石叶工业类型。各遗址出土的1942件石制品中，绝大多数（81.47%）为剥片和加工工具时产生的石核、石片、石叶、细石叶、碎屑及断块等，加工成器的标本共204件，占石制品总数的10.5%（图5-29）。石制品原料以黑曜岩为主，石英次之，其他原料较少。剥片方法有锤击法和砸击法，此外，间接法剥片也占有一定比例，打片时对石核台面进行修整。工具以刮削器为主，雕刻器、尖状器次之，其他数量较少（表5-24）。工具毛坯以片状为主，修理方式以单向加工为主。在总体上，石制品以小型及中型为主，大型标本也占一定比例，个体间变异较小，加工较为精致，原料利用率较高。

表5-24 各遗址工具分类统计

类型 遗址	刮削器 单刃	刮削器 双刃	刮削器 复刃	雕刻器	尖状器	琢背小刀	矛头	石镞	两刃器	砍砸器	钻	总计
和龙柳洞	11	1	1	5	1	2	1	0	0	1	0	23
和龙石人沟	35	15	1	32	15	5	0	0	0	0	3	106
和龙青头	14	16	3	0	6	2	0	2	1	2	0	46
珲春北山	3	1	0	0	1	0	1	0	0	0	0	6
安图沙金沟	10	2	0	6	3	0	0	0	0	2	0	23
合计	73	35	5	43	26	9	2	2	1	5	3	204
%		55.39		21.07	12.74	4.41	0.98	0.98	0.49	2.45	1.49	100

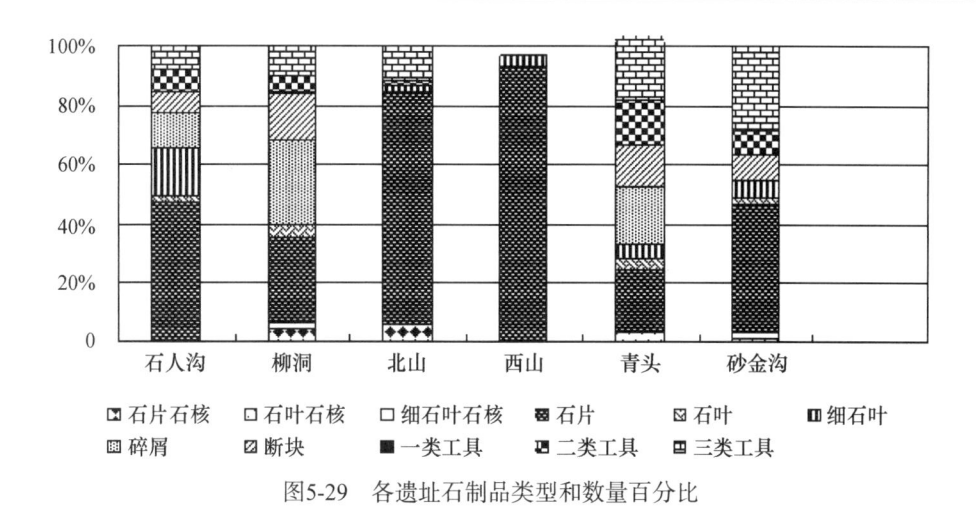

图5-29 各遗址石制品类型和数量百分比

二、剥片技术

从石核和石片的观察来看，至少有三种剥片技术在该地点被使用过。一种是锤击法（包括软锤法和硬锤法）直接剥片，以锤击石核及锤击石片为代表；另一种为间接法剥片，以细石叶石核、石叶石核、细石叶及石叶为代表（表5-25）。此外，还有少量砸击剥片技术的产品。

表5-25 不同遗址石核类型的分类统计

遗址＼类型	石片石核	石叶石核	细石叶石核	合计
和龙柳洞	11	0	5	16
和龙青头	0	0	2	2
和龙石人沟	3	1	10	14
抚松西山	0	1	0	1
珲春北山	3	0	0	3
安图沙金沟	1	0	2	3
合计	18	2	19	39
%	46.15	5.12	48.73	100

细石叶石核的台面特征及工作面遗留的石片疤数量与剥片技术及原料利用率有着直接的关系。依统计结果，存在预制及使用阶段的细石叶石核，多数核体上的石片疤为2~5个，且台面角范围在62°~97°，石核龙骨多进行两面修整，使其棱脊部位在剥片时可以发挥控制作用，这说明石核精细加工技术被广泛采用，石核利用率较高（图5-30）。从最大石核即为锤击石核来看，黑曜岩在当地并不缺少。这说明古人类无论是在原料的选择还是工具加工技术方面来说都已具有了较高的认识水准。

图5-30 石核

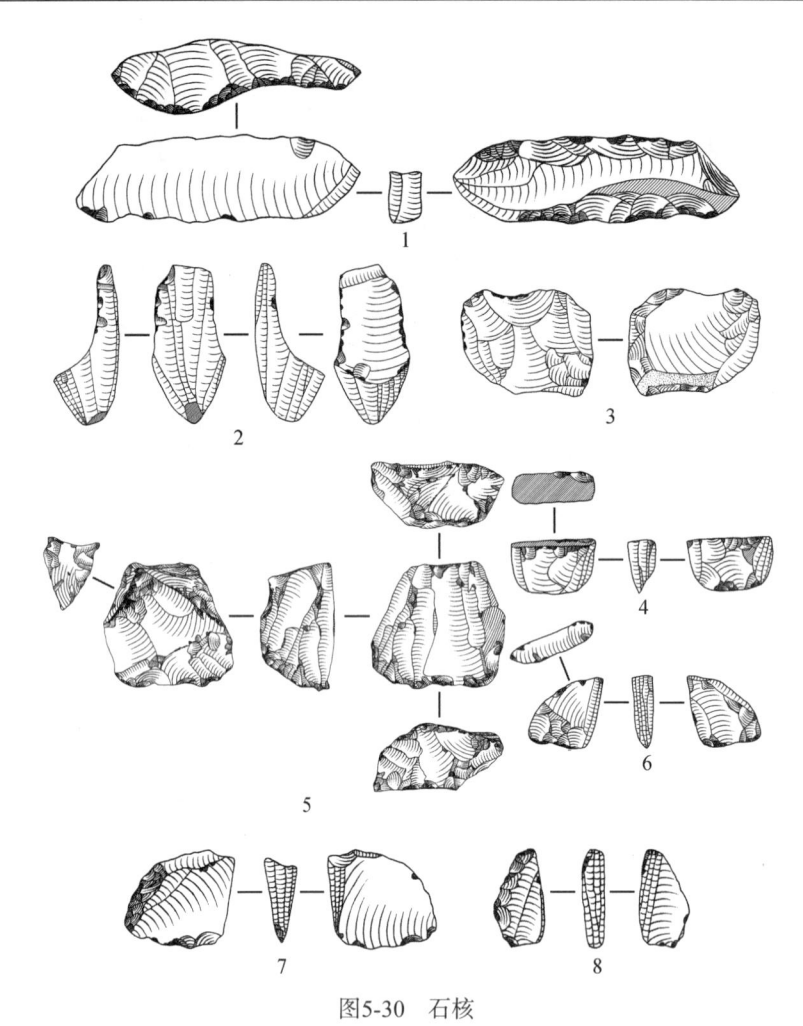

1、4、6~8.楔形细石叶石核 2.破损的锥形石核 3.锤击石核 5.石叶石核

（1~6出自和龙石人沟遗址；7、8出自和龙柳洞遗址）

出土的石片以断片居多，占全部石片的72.64%，完整石片较少。表5-26显示了不同遗址完整石片的分类统计。从石片的类型来看，以人工台面石片为主，自然台面石片较少，这表明古人类在剥片时一般对石核的台面进行修整。石片背面多为石片疤，背面全为石片疤的占石片总数的25.11%，以Ⅰ2-2、Ⅰ2-3型石片[1]为主，这说明石片

---

[1] 卫奇：《西侯度石制品之浅见》，《人类学学报》2000年第2期，第85~96页。本节所采用的石片分类方法依卫奇先生的分类方法。即：Ⅰ1-1型石片（自然台面，自然背面）；Ⅰ1-2型石片（自然台面，部分人工背面和部分自然背面）；Ⅰ1-3型石片（自然台面，人工背面）；Ⅰ2-1型石片（人工台面，自然背面）；Ⅰ2-2型石片（人工台面，部分人工背面和部分自然背面）；Ⅰ2-3型石片（人工台面，人工背面）；Ⅱ1-1型石片（从石片背面看左裂片）；Ⅱ1-2型石片（从石片背面看右裂片）；Ⅱ2-1型石片（近端断片）；Ⅱ2-2型石片（中间断片）；Ⅱ2-3型石片（远端断片）；Ⅱ3型石片（无法归类的石片）；Ⅱ4型石片（打片和修整器物时产生的碎屑或废片）。

均为非初级剥片。石片背面片疤多为单向，且绝大多数与剥片方向一致，这说明古人类倾向于向一个方向剥片。从石片边缘形态来分析，边缘平行或近似平行以及三角形的石片为主，而边缘不甚规则者较少，说明多数石片形状较为规整。剥片方法方面，特征明显的锤击石片最多，砸击石片偶尔可见。

表5-26　不同遗址石片类型统计

类型 遗址	完整石片			断片						总计
	Ⅰ1-2	Ⅰ2-2	Ⅰ2-3	Ⅱ1-1	Ⅱ1-2	Ⅱ2-1	Ⅱ2-2	Ⅱ2-3	Ⅱ4	
和龙柳洞	0	2	30	0	1	13	4	15	0	636
抚松西山	0	2	9	0	0	7	10	2	0	65
和龙石人沟	1	8	144	8	7	201	156	100	11	38
和龙青头	1	0	24	0	0	10	6	3	0	30
珲春北山	2	0	0	1	1	17	13	4	0	44
安图沙金沟	1	2	6	1	0	10	13	2	0	35
合计	5	14	213	10	9	258	202	126	11	848
%	0.58	1.65	25.11	1.18	1.06	30.42	23.82	14.86	1.29	100
总计	232			616						100
%	27.36			72.64						100

细石叶、石叶从其完残程度看，均以中段为主，近端、远端次之，完整较少。这说明古人类已经掌握了截断细石叶或石叶技术，有目的地选择较直的中段，可能作为复合工具的刃部或直接来使用。

碎屑和断块在统计分析时很难将它们划归某种特定的石制品类型。虽然碎屑和断块仅仅是石制品加工过程中出现的副产品，但是它们对研究石器加工技术和分析人类行为有着重要的意义。当使用脆性大的黑曜岩进行剥片或二次加工石器时将会产生较多的碎屑和断块，可以进行模拟试验，来计算出石片及石器在数量上与碎屑及断块的比例关系，进而进行遗址的功能分析，判断它究竟是一处石器制造场还是野外宿营地。

三、工具加工技术

吉林东部地区旧石器晚期细石叶工业遗址的第二类工具[1]主要选用边缘锋利的片状毛坯，以石片为主，其次主要选取石叶、细石叶的中段或直接使用，或作为镶嵌工

---

[1] 陈全家:《吉林镇赉丹岱大坎子发现的旧石器》，《北方文物》2001年第2期，第1~7页。张森水教授最先将工具分为两类，即第一、第二类工具。本节在此基础上又将工具分为三类：一类工具，天然砾石未经加工而直接使用者（石锤等）；二类工具，石片未经加工而直接使用者（使用石片）；三类工具，毛坯经过第二步加工成工具者（刮削器、雕刻器等）。

具的刃部加以利用。使用石片使用后刃角以锐角为主，钝角次之。大多数标本手感刃口仍较锋利，可继续使用。

总体上来看，该地区诸遗址的第三类工具主要由锤击法加工而成，压制法也占有一定比例，其中雕刻器类存在有意截断的加工方法，颇具特色。加工方向以单向为主，其中正向加工数量最多，占56.28%，复向加工次之，占17.96%，反向、错向、对向等加工方式较少（表5-27）。大多数标本修疤排列规整、连续。工具毛坯主要以石片为主，占78.54%，石叶、细石叶次之，断块及砾石较少（图5-32）。

刮削器为工具的主要类型，主要采用锤击法修整，压制法次之，修理方式以单向加工为主，且修理大多数发生在毛坯的侧边而非端部，这说明加工不很彻底，对原料未进行充分利用（图5-31）。

表5-27 不同遗址工具加工方式统计

加工方向	正向	反向	错向	复向	对向	交互	通体	两面	总计
和龙柳洞	10	1	0	4	3	2	1	0	75
和龙青头	23	5	0	15	2	0	2	0	21
和龙石人沟	45	9	8	8	0	0	0	5	6
珲春北山	2	1	1	0	0	0	0	2	47
安图沙金沟	14	1	0	3	0	0	0	0	18
合计	94	17	9	30	5	2	3	7	167
%	56.28	10.17	5.39	17.96	2.99	1.19	1.79	4.19	100

四、原料的利用

研究人类对不同石料资源的利用程度将有助于探讨该人类群体石器制作技术和对自然环境的适应能力[1]。从不同遗址石制品原料利用率对比来看，该地区优质黑曜岩原料较多，质量较优，具有高质量和高含量的特点，古人类倾向于选择其为原料正是基于此（图5-33）。

黑曜岩（Obsidian）是一种致密块状褐熔渣状玻璃质岩石，具深褐、黑、红等颜色。断口为贝壳状，玻璃光泽，常具斑点褐条带状构造。比重较轻，2.13~2.42克，含水量一般<2%[2]。这些物理特性反映出其特别适合古人类用来制作石器。古人类常利用它来加工石器。东北地区新生代火山约510座，主要分布在著名的吉林长白山地区，

---

[1] 裴树文等：《三峡地区中更新世晚期至晚更新世早期人类的适应生存方式》，《人类学学报》2004年增刊，第162~173页。

[2] 梁成华：《地质与地貌学》，中国农业出版社，2003年，第63页。

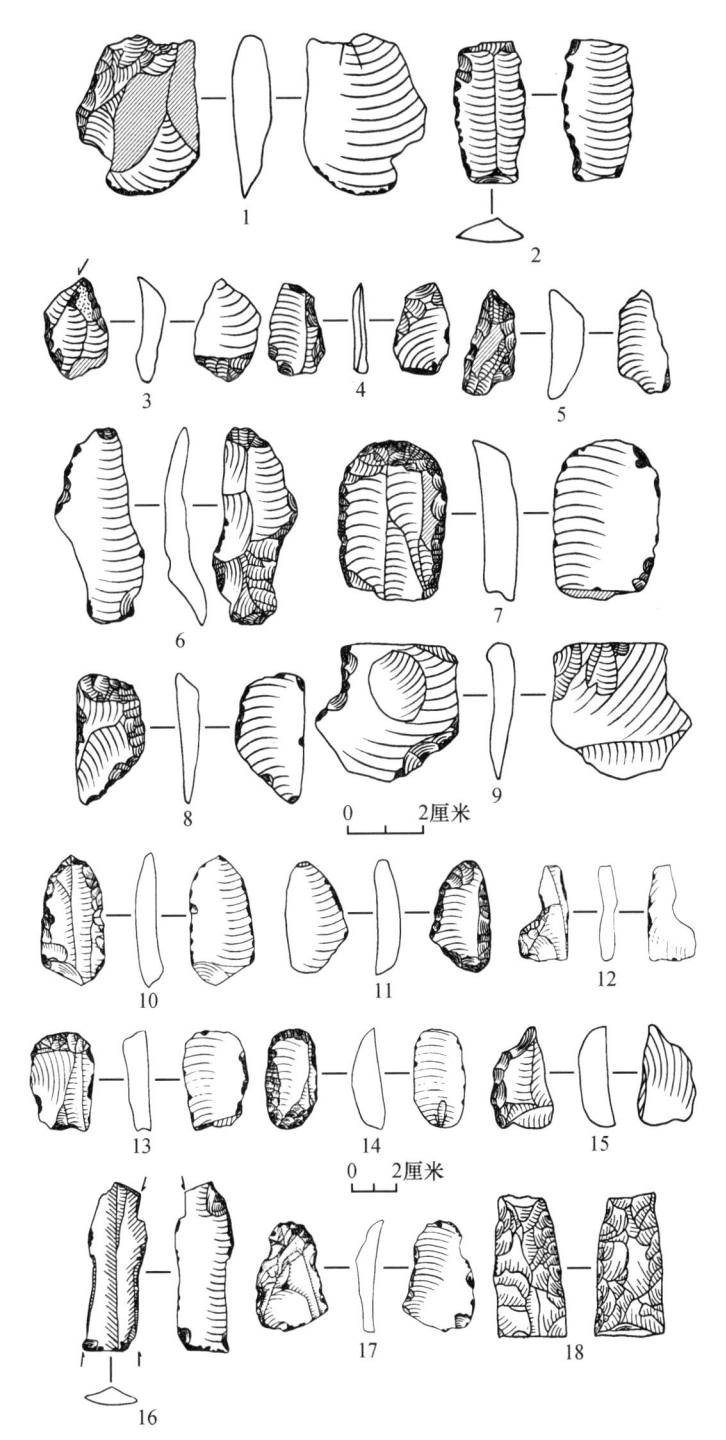

图5-31 旧石器时代晚期遗址内出土的部分石制品

1、2. 二类工具 3、16. 雕刻器 4、11. 琢背小刀 5、10. 尖状器 6~9、12~15、17. 刮削器 18. 石矛头（残）

（1~9出自和龙柳洞遗址；10~17出自和龙石人沟遗址；18出自珲春北山遗址）

图5-32 不同遗址工具毛坯对比

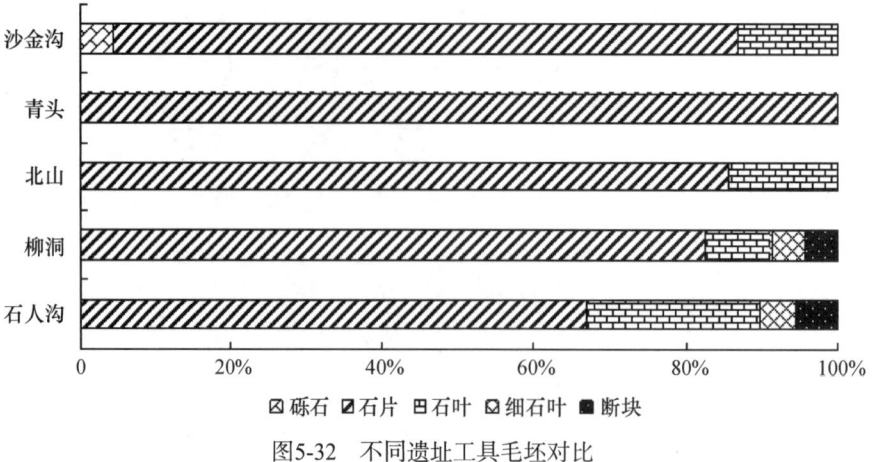

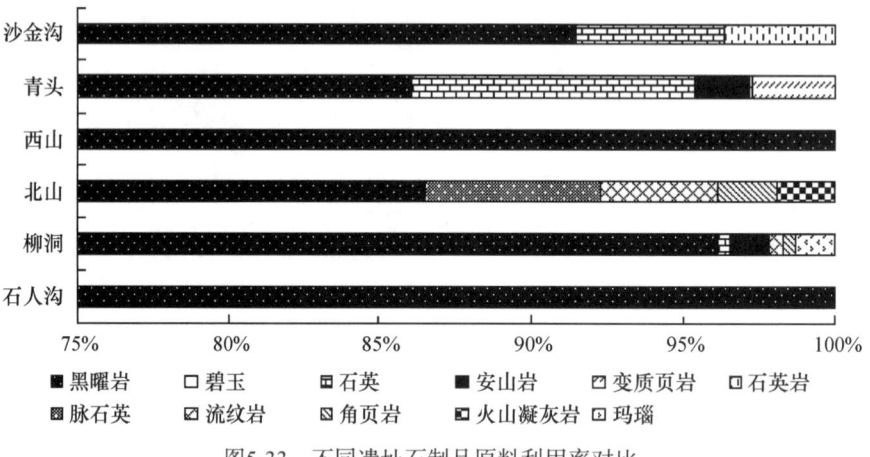

图5-33 不同遗址石制品原料利用率对比

诸如吉林龙岗火山群、黑龙江五大连池火山群、二克山火山群和科洛火山群等[1]。这些火山绝大多数由火山喷发碎屑堆积物组成,这些喷发产物一半是由单一的火山碎屑岩组成。构成东北新生代火山碎屑的,既有广布的火山喷发空落堆积物,又有鲜为人知的火山基浪堆积物、火山泥流堆积物以及火山碎屑流状堆积物;火山碎屑及熔岩覆盖面积和受其影响的地域超过50000平方千米。火山喷出岩类广泛的分布范围使得该遗址的古人类获取黑曜岩优质原料十分便利,使其在长期的实践过程中认识到黑曜岩优于其他石料,质地均匀,不含杂质。

诸遗址内石制品原料较为单一,以黑曜岩占绝对优势,占石制品总数的97.21%。从遗址石制品类型与原料的利用率情况来看,表明了古人类剥片和加工工具时对黑曜

---

[1] 刘祥、向天元:《中国东北地区新生代火山和火山碎屑堆积物资源与灾害》,吉林大学出版社,1997年,第7页。

岩质料的偏爱，也反映了其遵循因地制宜，就地择优取材的策略。

原料的质地对工具修理影响很大，优质原料常常加工出精致的工具[1]。使用黑曜岩这种优质原料加工石器，无论是软锤或硬锤，其修理疤痕均较薄长，压制修理出的工具更为精致。因而，造就了该遗址石制品细小精致的特点。并且，黑曜岩剥片易形成贝壳状断口，较为坚韧锋利，可不用第二步加工直接使用，这也使得遗址中二类工具数量较多（图5-34）。

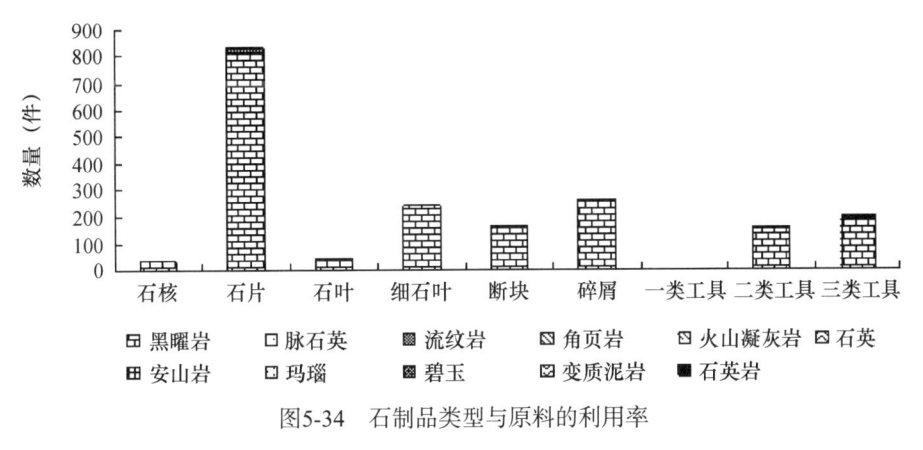

图5-34 石制品类型与原料的利用率

五、结语与讨论

旧石器时代的古人类以狩猎和采集为主，他们以群体为单位在各自相对固定的领域里，在饮食资源的驱动下时分时合，进行多种多样的活动从而形成不同类型的遗址，古人类遗址的性质与群体的大小、活动目的和环境条件密切相关[2]。

吉林地区晚更新世晚期诸遗址多数分布在山坡台地和Ⅱ级阶地上，古人类沿图们江及其支流附近活动，表明古人类充分利用图们江流域的水资源和生物资源。石制品类型中，石核、石片、断片、碎屑及断块占绝大多数，成器率较高，工具组合类型较为丰富，背面多为石片疤的石片较多，二类工具数量占有相当比例，多数工具进行精细加工。这些特点说明这些遗址可能是石器加工场所，但遗憾的是未发现与石制品伴生的动物化石，这还需要将来进一步的科学发掘。

东北地区的大石器和小石器工业传统至少从旧石器时代中期开始，就应该是同时存在并行发展的。细石叶工业自旧石器时代晚期才开始出现，它很可能是从小石器工业传统中派生出来的一种新的"变体类型"，但是这种"变体类型"并没有完全取代

---

[1] 汤卓炜：《环境考古学》，科学出版社，2004年，第243~244页。
[2] 裴树文等：《三峡地区中更新世晚期至晚更新世早期人类的适应生存方式》，《人类学学报》2004年增刊，第162~173页。

原有的小石器工业传统，而是与其并行发展[1]。通过分析吉林地区诸遗址的剥片、石器加工技术及原料利用情况，可以看出其属于东北地区以细石叶、石叶石核及其制品为主要特征的细石叶工业类型，其代表性遗址为黑龙江呼玛十八站[2][3]和齐齐哈尔的大兴屯[4]遗址。本节通过对石核的利用率、石片的成器率以及工具毛坯在其刃部对原料的消耗程度进行测量、统计和分析，可以看出该遗址的古人类在总体上对于原材料的开发与利用率是较高的。这与当地黑曜岩较为丰富是密切相关的。而对于原料采取的不同利用方式也反映了古人类对原材料有着较高的认知、领悟和驾驭能力。

然而，虽然对吉林地区近年来新发现的旧石器遗存做了大量的研究工作，但在年代学上的工作还存在一些遗憾，因为一部分遗址或地点的石制品均出自Ⅱ级阶地的黄色亚黏土层内，缺乏动物化石，无法进行古生物上的断代，而Ⅱ级阶地也被近现代人类利用耕作种田，所以堆积破坏较为严重。如果地层年代难以确定或者断代依据可信度存在问题，以这样的断代为基础，来讨论东北地区旧石器工业发展趋势和脉络，难免有如履薄冰之感。因此，东北地区部分遗址或地点的年代学问题还需要进一步的工作。如利用火山灰分析、水合法等方法进行测定。这也是以后研究工作所要努力的方向之一。除此之外，还要进行相应的微痕分析（use-wear analysis）和黑曜岩探源（利用微量元素分析手段）研究。

此外，近年来，随着北美新考古学派对遗址内出土废片的日益重视，以及科学调查中废片和剥片工具的迅速增加，使得废片变成一种重要的研究对象。从20世纪80年代开始，关于废片的考古学方法无论是在考古学方法论还是在理论方面，都取得了重要发展。近年来的研究重点已经开始集中于废片分析。

旧石器研究者可以针对东北地区旧石器时代晚期遗址石制品独特的黑曜岩原料进行相关的模拟实验。以旧石器时代遗址内发掘出土石制品的实验考古学观察为载体，系统、深入地介绍和应用西方目前较为流行的废片分析等理论与方法。通过对遗址出土石制品中废片的长、宽（全部宽度和1/2处宽度）、厚（最厚处和1/2处厚度）、重量、台面（长、宽、周长）、台面角（台面内角、台面外角）、废片弯曲度、废片远端终端形态、废片侧缘、废片背面自然面所占比例等废片类型和属性统计数据的记录，建立数据库，利用SPSS等统计软件对所采数据进行整合分析，对出土废片的空间分布、原材料的可利用性（raw material availability）、灵活性（mobility）、工具的功能（stone tool function）等进行分析，并将之与模拟实验和西方的遗址研究材料进行比

---

[1] 张博泉、魏存成：《东北古代民族·考古与疆域》，吉林大学出版社，1998年，第171~201页。
[2] 张镇洪：《辽宁地区远古人类及其文化的初步研究》，《古脊椎动物与古人类》1981年第1期，第189~190页。
[3] 张晓凌等：《黑龙江十八站遗址的新材料与年代》，《人类学学报》2006年第2期，第115~128页。
[4] 黄慰文等：《黑龙江昂昂溪的旧石器》，《人类学学报》1984年第3期，第234~242页。

较，以期阐明以下几个问题：遗址是原地埋藏还是二次堆积；推断遗址的性质，是属于石器加工场、临时营地还是长期居址；确定古人类使用的剥片技术、石器加工技术等工艺技术和复原工具的生产过程；如何区分石核预制（prepared core）、剥片（core reduction）过程中各个阶段产生的废片，进而区分生产石片（core reduction）和工具加工（retouch）、制作（tool manufacture）过程中所产生的废片；确定遗址内某些生产工具的类型，比如两面器、刮削器、雕刻器等的加工都会留下特征明显的废片；废片被埋藏后经历的改造过程（包括自然动力和人类行为对废片进行的改造）。从而最终尽一切可能从考古发现的所有遗存内提炼有关远古人类在石器生产经济和行为方式等各方面的信息，对上述这些问题进行分层次地纵向分析，进而为探讨废片分析的技术和社会意义以及复原各个遗址古人类生产、生活的场景，提供环境资料信息，从而反映古人类的生存策略和适应能力。

综上所述，近年来吉林东部地区旧石器遗存的新发现表明，该区域在晚更新世之末人类活动频繁，这些遗存不仅是研究旧石器时代晚期文化的重要资料，而且又将旧石器时代晚期和新石器时代早期连接起来。上述遗址或地点出土的石制品等遗物对于研究东北地区旧石器时代晚期以来人类生活的环境背景、旧石器文化内涵、东北亚地区旧石器文化之间的关系以及旧石器时代向新石器时代过渡具有重要的学术意义。同时，也为恢复古人类的生存环境，探讨人类与环境的互动关系、人类在特定环境下的行为特点和适应方式，提供了丰富的资料。随着该区域旧石器考古调查和研究工作的深入，我们期待着能有更大的突破，使得东北地区的旧石器时代考古工作向着更深的层次发展。

第八节　东北地区东部与朝鲜半岛旧石器时代晚期细石叶工业之间的文化关系

一、引　　言

对古人类技术、行为和生存模式的研究是旧石器时代考古学的范畴。这一学科通过对埋藏于地下的古人类生产与生存活动所遗留下来的遗物、遗迹及其空间分布关系的发掘与研究，探讨人类对特定环境的适应方式、所占有的食物和生活资源的种类及获得的方法和途径，其活动区域的大小及其对土地的开发利用方式，以及与其他生物的相互依存关系[1]。

---

[1] 高星：《解析周口店第15地点古人类的技术与行为》，《第八届中国古脊椎动物学学术研讨会论文集》，海洋出版社，2001年，第183~196页。

我国东北地区主要包括黑龙江、吉林、辽宁三省和内蒙古自治区的东部。南濒大海，西接蒙古国，北面与东面分别隔黑龙江、乌苏里江、图们江和鸭绿江同俄罗斯、朝鲜毗邻。地理坐标为东经118°以东，北纬38°以北[1]。其东部包括长白山山地和黑龙江流域，东邻俄罗斯滨海地区，东部偏南为我国辽宁省、吉林省，东南部与朝鲜半岛接壤，西、北与蒙古国和俄罗斯相接壤，是中、蒙、俄三国的交界地带。该地区地处北半球中纬度欧亚大陆东缘地带，是第四纪环境演变的敏感区域，由于其特殊的自然环境和地理位置，决定了其在第四纪晚期可能为古人类文化交流的"走廊"，对于研究东北亚地区旧石器时代文化的扩散与交流有着深远意义。以前也有学者对该地区和周边地区的文化关系进行过探讨[2][3]。

东北地区地域辽阔，地形多样。地势总的来说，周边高，中间低。该区西部有燕山、七老图山和大兴安岭，北部为伊勒呼里山和小兴安岭，东部是张广才岭、老爷岭和长白山[4]。这些山脉连在一起，构成了一个较高的半环形山地区。其内环抱的是松嫩平原和辽河平原。东北外围则有通过松花江谷地与松嫩平原相连的三江平原。得天独厚的地理环境，决定了东北地区动植物资源十分丰富。这都为生活在这里的古人类的生存与发展提供了便利条件。

东北地区旧石器考古起步较早，发现遗址众多，材料相当丰富[5][6][7]。在我国旧石器考古中占有重要地位。2000年以来，东北地区新获得了吉林和龙石人沟[8][9]、和龙

---

[1] 赵宾福：《东北石器时代考古》，吉林大学出版社，2003年，第1~155页。

[2] 冯恩学：《俄国东西伯利亚与远东考古》，吉林大学出版社，2002年，第40~53页。

[3] 姜鹏：《吉林省旧石器时代考古概说》，《东北亚历史与考古信息》1993年第1、2期合刊，第1~12页。

[4] 赵宾福：《东北石器时代考古》，吉林大学出版社，2003年，第1~155页。

[5][6][7]　姜鹏：《吉林省旧石器时代考古概说》，《东北亚历史与考古信息》1993年第1、2期合刊，第1~12页；干志耿、魏正一：《黑龙江省旧石器时代考古发现与研究》，《北方文物》1989年第1期，第3~14页；辛占山、顾玉才：《辽宁地区旧石器文化研究回顾与展望》，《东北亚旧石器文化》，白山文化出版社，1996年，第215~225页。

[8] 陈全家等：《延边地区和龙石人沟发现的旧石器》，《人类学学报》2006年第2期，第106~114页。

[9] 陈全家等：《延边和龙石人沟旧石器遗址2005年试掘报告》，《人类学学报》2010年第2期，第105~114页。

柳洞[1][2]、珲春北山[3]、抚松新屯西山[4]、安图沙金沟[5]、和龙青头[6]以及黑龙江神泉[7]、十八站遗址[8]等8处旧石器时代遗址或地点的新材料（表5-28）。这些发现不仅为我们全面认识和总结东北地区旧石器时代的文化面貌与特征、石器制作传统以及古人类、古环境和适应生存方式等诸多问题奠定了基础，而且也为进一步探讨中国东北地区与周邻地区旧石器文化的关系，提供了丰富而重要的科学资料。

表5-28 东北地区东部发现的旧石器时代晚期细石叶工业遗址一览表[9]

序号	遗址名称	地理坐标	发现时间	遗址断代	地貌部位	试掘面积（平方米）	石制品采集	石制品地层
1	吉林和龙石人沟	42°11′20″N 128°48′45″E	2004	距今约1万5千年●	山坡台地	52	24	1307
2	吉林和龙柳洞	42°19′11″N 129°6′23″E	2002	UP●	Ⅱ级阶地	—	227	4
3	吉林珲春北山	49°8′3″N 130°15′8″E	2002	距今约2万年●	Ⅱ级阶地	—	51	1
4	吉林抚松新屯西山	42°33′N 127°16′11″E	2002	UP●	山间盆地	70	0	30
5	吉林安图沙金沟	42°36′5.4″N 128°16′2.9″E	2006	UP●	Ⅲ级阶地	2	77	5
6	吉林和龙青头	42°48′51.9″N 128°58′20.7″E	2006	UP●	Ⅱ级阶地	—	197	19

注："—"代表试掘面积不详；"UP"代表旧石器时代晚期（the Upper Paleolithic）；"●"代表推测年代

[1] 陈全家等：《吉林和龙柳洞2004年发现的旧石器》，《人类学学报》2006年第3期，第208~219页。

[2] 陈全家等：《和龙柳洞旧石器地点发现的石制品研究》，《华夏考古》2005年第3期，第50~59页。

[3] 陈全家、张乐：《吉林延边珲春北山发现的旧石器》，《人类学学报》2004年第2期，第138~145页。

[4] 陈全家等：《抚松新屯子西山旧石器遗址试掘报告》，《人类学学报》2009年第2期，第147~153页。

[5] 陈全家等：《安图沙金沟旧石器遗址发现的石器研究》，《华夏考古》2008年第4期，第51~58页。

[6] 陈全家等：《吉林和龙青头旧石器遗址的新发现及初步研究》，《考古与文物》2008年第2期，第3~9页。

[7] 于汇历：《黑龙江神泉遗址发掘旧石器晚期原生文化层堆积》，《中国文物报》2003年3月19日第1版。

[8] 张晓凌等：《黑龙江十八站遗址的新材料与年代》，《人类学学报》2006年第2期，第115~128页。

[9] 陈全家、王春雪：《东北地区近几年旧石器考古的新发现与研究》，《考古学研究》（七），科学出版社，2008年，第183~204页。（本表取自此文，略有改动）

而朝鲜半岛位于亚洲大陆东缘中央，南北介于北纬33°6′和43°之间，西东介于东经124°11′和137°51′之间。朝鲜半岛三面环海，西濒黄海，东临日本海，南隔朝鲜海峡与日本相望，北以鸭绿江、图们江与中国、俄罗斯毗邻。近年来伴随如忠州水库、住岩水库和高速公路等基础建设的进行，发现了垂杨介、上舞龙里、金窟和月坪等大批重要的旧石器时代遗址[1][2]（表5-29）。随着遗址数量的增加和学术水平的提高，大大促进了朝鲜半岛旧石器研究的发展，学者们的研究主要集中在东亚早期石器工业、细石叶技术的传播、冰楔和火山灰断代等方面，并取得了许多成果[3]。

表5-29　朝鲜半岛发现的旧石器时代晚期细石叶工业遗址一览表[4]

（依Norton C. J.等，2008，略有改动）

序号	遗址名称	遗址类型	发掘时间	遗址断代	断代方法	主要原材料
1	屈浦里（Kulpori）	露天	1963～1964	晚更新世-全新世	石制品组合	未知
2	万达里（Mandalli）	洞穴	1979～1980	晚更新世/全新世	生物地层学/石制品组合	黑曜岩、石英
3	上舞龙里（Sangmuryongni）	露天	1987～1988	晚更新世	石制品组合	黑曜岩、石英
4	下花溪里（Hahwagyeri）	露天	1991	晚更新世之末	石制品组合	黑曜岩、石英
5	长兴里（Jangheungni）	露天	1998～2000	距今24200年±600年	^{14}C	黑曜岩、石英
6	民乐洞（Millakdong）	露天	1994～1995	晚更新世-全新世	石制品组合	页岩、石英
7	垂杨介（Suyanggae）	露天	1983～1985，1996，2001	距今约18630年 距今约16400年	石制品组合/^{14}C	页岩
8	老隐洞（Noeundong）	露天	1998～1999	晚更新世	石制品组合	角页岩、石英
9	花溪（Hwasun）	露天	1986～1989	c.15000	石制品组合	石英、角页岩
10	石壮里（Sokchangni）	露天	1967，1990～1992	晚更新世/距今20830年±1880年	石制品组合/^{14}C	页岩、石英、斑岩

[1] 冯宝胜：《朝鲜旧石器文化研究》，文津出版社，1990年，第68～117页。

[2] 李有骞、陈全家：《朝鲜半岛旧石器材料及工业类型的初步研究——兼谈对吉林省东部地区旧石器研究的几点认识》，《边疆考古研究》（第7辑），科学出版社，2008年，第10～33页。

[3] 李有骞、陈全家：《朝鲜半岛旧石器材料及工业类型的初步研究——兼谈对吉林省东部地区旧石器研究的几点认识》，《边疆考古研究》（第7辑），科学出版社，2008年，第10～33页。

[4] Norton C J, Bae K, Lee H, et al. A review of Korean microlithic industries. Origin and Spread of Microblade Technology in Northern Asia and North America. Archaeology Press, Simon Fraser University Burnaby B.C., 2008: 91-102.

续表

序号	遗址名称	遗址类型	发掘时间	遗址断代	断代方法	主要原材料
11	玉果（Okkwa）	露天	1990	晚更新世	石制品组合	灰岩、斑岩
12	月坪（Wolpyeong）	露天	1995，1998，2001	晚更新世	石制品组合	流纹岩
13	谷川（Kokcheon）	露天	1986~1989	晚更新世	石制品组合	石英、斑岩
14	中洞和左洞（Jungdong and Jwadong）	露天	1992~1993	晚更新世	石制品组合	灰岩、斑岩、石英
15	金坪（Kumpyung）	露天	1988	晚更新世	石制品组合	灰岩、斑岩
16	竹山（Juksan）	露天	1990	晚更新世	石制品组合	灰岩、斑岩
17	壬佛里（Imbulli）	露天	1989	晚更新世	石制品组合	灰岩、斑岩

本节主要从环境、文化等不同角度对东北地区东部区域和朝鲜半岛地区旧石器时代晚期细石叶工业进行比较，阐释这一地区旧石器时代文化的研究成果对于了解北亚、东北亚地区的远古历史也具有非常重要的意义。

二、石器工业概述

通过对石制品进行较为详细的技术类型分析，东北地区东部石器工业是以石叶和细石叶加工的各类石器为特征的细石叶工业类型。各遗址出土的石制品中，绝大多数（81.47%）为剥片和加工工具时产生的石核、石片、石叶、细石叶、碎屑及断块等，加工成器的标本占石制品总数的10.5%（图5-35）。石制品原料以黑曜岩为主，石英次之，其他原料较少。剥片方法有锤击法和砸击法，此外，间接法剥片也占有一定比例，打片时对石核台面进行修整。工具以刮削器为主，雕刻器、尖状器次之，其他数量较少。工具毛坯以片状为主，修理方式以单向加工为主。总的来说，石制品以小型及中型为主，大型标本也占一定比例，个体间变异较小，加工较为精致，原料利用率较高。

而在朝鲜半岛地区，学者们一般将其分为三部分进行区域分析，分别为朝鲜半岛北部、中部及南部[1]，三个地区间旧石器工业的主要差别在于原料，由此而使得石器

---

[1] Norton C J. The current state of Korean Paleoanthropology. Journal of Human Evolution, 2000, 38: 803-825.

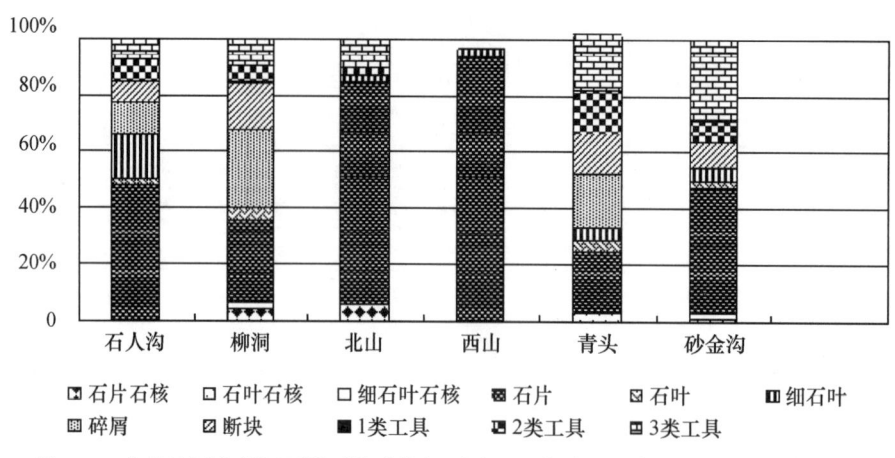

图5-35 东北地区东部旧石器时代晚期细石叶工业各遗址石制品类型和数量百分比

技术存在区域性差异。总的来说，朝鲜半岛地区细石叶工业也是以石叶和细石叶加工的各类石器为特征。细石核主要以楔形细石叶石核为主，也存在锥形石核，并被认为其是楔形石核剥片的终极阶段，石核类型不如东北地区东部多样化。石制品为剥片和加工工具时产生的石核、石片、石叶、细石叶、碎屑及断块等。石制品原料主要有黑曜岩、石英、石英岩、硅质灰岩、流纹岩、页岩等，其他原料较少。剥片方法有锤击法和砸击法，此外，间接法剥片也占有一定比例，打片时对石核台面进行修整。工具复杂多样，以刮削器为主，还有雕刻器、石钻、有柄尖状器等，后者与日本同时期的器物类型较为相似。工具毛坯以片状为主，修理方式以单向加工为主。总体上看，石制品以小型及中型为主，大型标本较少，个体间变异较小，加工较为精致，原料利用率较高。

三、石器工业技术分析

（一）原料的开发与利用

旧石器时代古人类获得石料的来源主要有三种情况：①遗址附近河滩或冲沟的砾石；②遗址附近的风化基岩块或砾石；③开采自原生岩层[1]。东北地区东部旧石器遗址周围的基岩分布是与古人类制作石器原料的来源密切相关的。吉林大学边疆考古研究中心和吉林省文物考古研究所在2005~2008年间对这一地区进行了一定的区域地质调查，试图寻找石器原料产地。长白山山脉的主体是由中、酸性火山岩以及碎屑沉积

---

[1] 王幼平：《试论石器原料对华北旧石器工业的影响》，《"迎接二十一世纪的中国考古学"国际学术讨论会论文集》，科学出版社，1998年，第75~85页。

岩等构成的，这些山脉岩石的风化露头和图们江流域及其支流含砾石的河床都帮助古人类便利地获取石料的来源。

黑曜岩是一种致密块状褐熔渣状玻璃质岩石，具深褐、黑、红等颜色。断口为贝壳状，玻璃光泽，常具斑点褐条带状构造。比重较轻，2.13～2.42克，含水量一般<2%[1]。这些物理特性反映出其特别适合古人类用来制作石器。古人类常利用它来加工石器。肯尼亚旧石器时代晚期的卡普斯人开采黑曜石矿，土耳其的Kaisarich、亚美尼亚的凡湖（Lake Van）等地的古人类也都利用它制作工具[2]。

东北地区新生代火山约510座，主要分布在著名的吉林长白山地区，诸如吉林龙岗火山群、黑龙江五大连池火山群、二克山火山群和科洛火山群等。这些火山绝大多数由火山喷发碎屑堆积物组成，这些喷发产物的一半是由单一的火山碎屑岩组成。构成东北新生代火山碎屑的，既有广布的火山喷发空落堆积物，又有鲜为人知的火山基浪堆积物，火山泥流堆积物以及火山碎屑流状堆积物；火山碎屑及熔岩覆盖面积和受其影响的地域超过50000平方千米[3]。火山喷出岩类广泛的分布范围使得该遗址的古人类获取黑曜岩优质原料十分便利，使其在长期的实践过程中认识到黑曜岩优于其他石料，质地均匀，不含杂质。这表明了古人类剥片和加工工具时对黑曜岩质料的偏爱，也反映了其遵循因地制宜，就地择优取材的策略。

综上可以看出，该地区的石器原料具有高含量和高质量的双重特点，为古人类能够生产出美观、规则、高效的工具带来了便利条件。东北地区东部细石器工业诸遗址内石制品原料较为单一，以黑曜岩占绝对优势。从遗址石制品类型与原料的利用率情况来看，当地古人类因地制宜、偏爱优质黑曜岩质料，在生产石制品时往往采用择优取材的选料策略。

而在朝鲜半岛地区，原料的开发与利用主要经历了由早期的以石英、石英岩为主要原料的砾石工业、石片工业向较晚的以黑曜岩、页岩、灰岩为主的石叶工业、细石叶工业的转变。原料的地区性差异在朝鲜半岛较为明显，可以根据遗址内发现的优势原料的不同，韩国学者将朝鲜半岛划分为三个区域：北部、中部、南部[4]。北部由于靠近长白山地，所以容易获得优质的黑曜岩原料，所以这一地区细石叶的生产均以黑曜岩为主要原料，如万达里（Mandalli）遗址；中部地区，硅质灰岩是诸遗址的主要原料，如垂杨介（Suyanggae）和石壮里（Sokchangni）遗址；南部地区遗址主要以火山凝灰岩为主，其次为粉砂岩、角岩、安山岩及黑曜岩等，如月坪（Wolpyeong）、

---

[1] 梁成华：《地质与地貌学》，中国农业出版社，2003年，第63页。
[2] 刘祥、向天元：《中国东北地区新生代火山和火山碎屑堆积物资源与灾害》，吉林大学出版社，1997年，第7页。
[3] 汤卓炜：《环境考古学》，科学出版社，2004年，第243～244页。
[4] Chang Y J. Blade technology and microcore technology on the Korean Peninsula. Kyushugogohak, 2002 (6): 24-58.

大田（Taejon）、玉果（Okkwa）等遗址[1][2][3]。关于朝鲜半岛南部地区存在一定数量的黑曜岩原料的问题，一些学者认为这些原料可能来自于半岛北部的长白山地，是由半岛北部的狩猎采集者带到这一地区的，可能存在原始的交换活动；而也有些学者认为，这些原材料是来自于与半岛南部地区相隔对马海峡（Tsushima Strait）的日本九州岛（Kyushu）[4]，要解决区域内黑曜岩原料产源问题还需要微量元素分析（Trace elements analysis）和中子活化分析（The neutron activation analysis, INAA）来确定。

（二）工艺技术和石器类型

从对东北地区东部地区细石叶工业遗址内出土的石核和石片观察来看，应该有三种剥片技术在该地区被使用过：一种是锤击法（包括软锤法和硬锤法）直接剥片，以锤击石核及锤击石片为代表；另一种为间接法剥片，以细石叶石核、石叶石核、细石叶及石叶为代表（图5-36）。另外，应该还存在砸击法，但考虑到黑曜岩硬度大、致密均一、脆性大等物理特性，无法真正完全地将锤击、砸击石片完全区分开来，因而不能排除砸击技术在该遗址应用的可能性。

根据Sullivan和Rozen的废片分析标准[5]，本文选择该地区出土材料比较丰富的石人沟、柳洞两个遗址进行了废片分析（图5-38），排除了石核、砸击制品和工具，将石片、碎屑加以比较分析，具体结果如图显示。从废片分析的结果可以看到，这两个遗址石器工业拥有比例较高的完整石片和近端残片，碎屑比例也较高。其中，比例较高的残片应该为石核剥片或工具二次加工的副产品，从石片角的统计结果来看，大多数残片都是在石核台面角不大的情况下剥取的。大多数残片为点台面、刃状台面等人工台面，线台面、素台面次之，有脊、有疤、自然台面者很少，说明石核的预制台面技术较高，这也与石核的统计分析结果一致。石片背面非自然面的比例最大，这表明石片多为非初级剥片，反映了遗址石核产片率较高。虽然碎屑仅仅是石制品加工过程中出现的副产品，但是它们对研究石器加工技术和分析人类行为有着重要的意义。当使用脆性大的黑曜岩进行剥片或加工工具时将会产生较多的碎屑，可以进行模拟试验，来计算出石片及工具在数量上与碎屑及断块的比例关系，进而进行遗址的功能分

---

[1][2][3] Lee G K. The Suncheon Wolpyeong Late Paleolithic site. Dongbukasia Gusukkigogohak. Seoul: Yeoncheongungwa Munhwa Jaeyounguso, 2002: 181-197; Seong C. Microblade Technology in Korea and Adjacent Northeast Asia. Asian Perspectives, 1998, 37: 245-278; Yi S, Kang H S, Lee K D, et al. Geumpyeong and Juksan Paleolithic sites. Juam-Dam Sumoljigu Munhwayujeok Balgulbogoseo (V) Gwangju, Korea, 1990: 21-76.

[4] Norton C J, Bae K, Lee H, et al. A review of Korean microlithic industries. Origin and Spread of Microblade Technology in Northern Asia and North America. Archaeology Press, Simon Fraser University Burnaby B.C., 2008: 91-102.

[5] Sullivan A P, Rozen K C. Debitage analysis and archaeological interpretation. Am Antiquity, 1985, 50: 755-779.

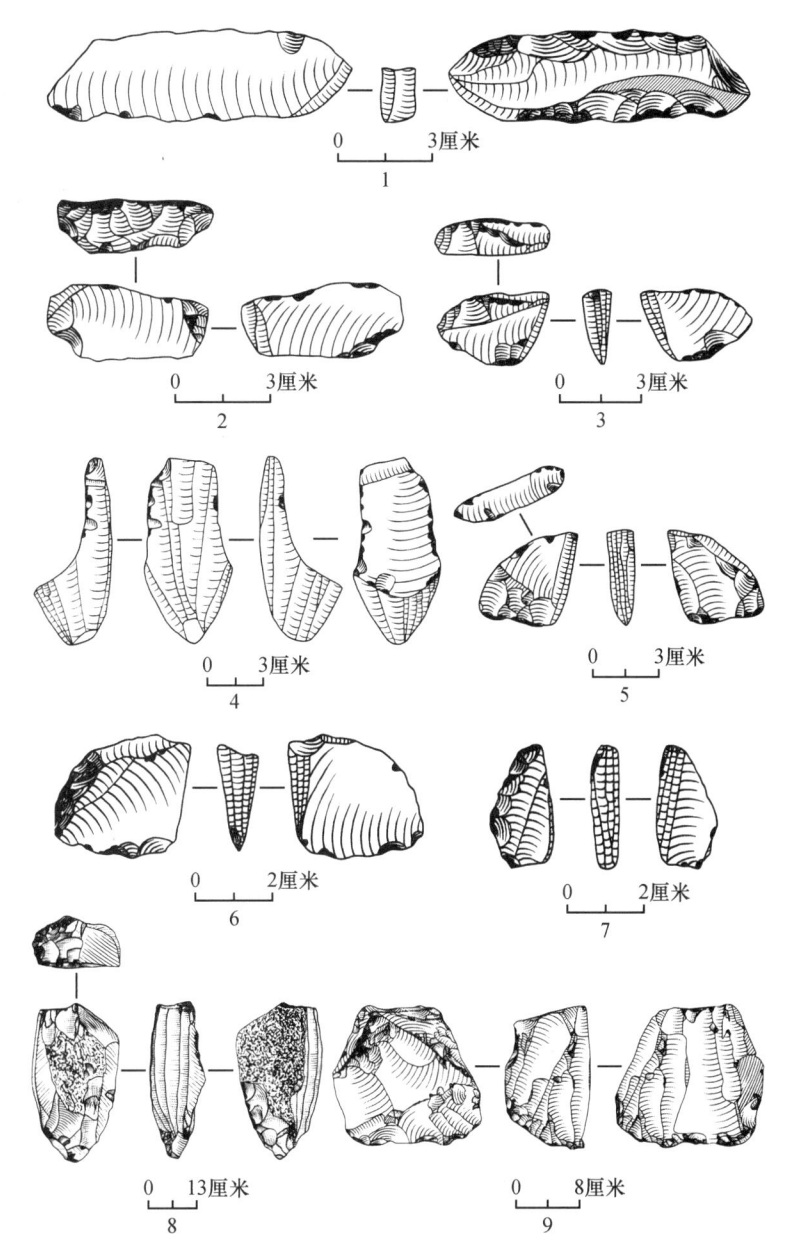

图5-36 东北地区东部发现的细石叶石核及石叶石核
1~5、9.石人沟遗址 6、7.柳洞遗址 8.抚松西山遗址

析，判断它究竟是一处石器制造场还是野外宿营地。

工具修理上采用了压制法、指垫法及间接法。工具类型以刮削器和尖状器为主，雕刻器、琢背小刀、石钻等较少，还出现了复合工具，整个器形加工规整，大多数工具小而精致（图5-39）。以该地区遗址内主要的工具类型——刮削器为例，加工方向以单向为主，其中正向加工数量最多，反向加工次之，复向等加工方式较少。大多数标本修疤排列规整、连续。

朝鲜半岛地区细石叶工业的类型学重建主要着眼于细石叶石核工艺技术的一些基本要素，如打制台面、细石叶剥离的位置、毛坯类型、是否预制等。该地区主要的剥片方法是直接法和间接剥片法。细石叶石核类型主要为楔形细石叶石核，而后被锥形细石核所取代（图5-37）。一些日本学者根据本国的细石核材料，共划分出十几种细石核类型[1]，其中一部分也得到了我国学者的承认[2]，韩国学者根据朝鲜半岛细石

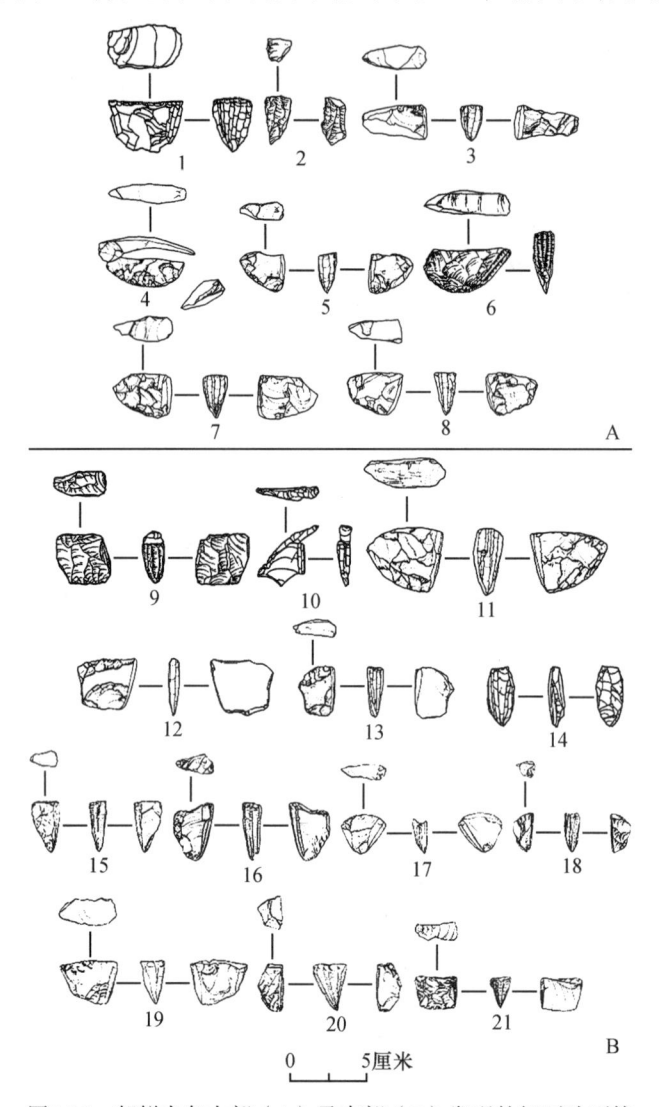

图5-37 朝鲜半岛中部（A）及南部（B）发现的细石叶石核
1.上舞龙里 2.平昌 3~8.垂杨介 9.壬佛里 10.松田里 11~13.大田 14~21.月坪

---

[1] Kato S. The development of microblade culture and its background in China. Tsukuba Kokogaku Kenkyu, 1992, 3: 1-29.

[2] Chen C, Wang X. Upper Paleolithic microblade industries in North China and their relationship with Northeast Asia and North America. Arctic Anthropology, 1989, 26 (2): 127-156.

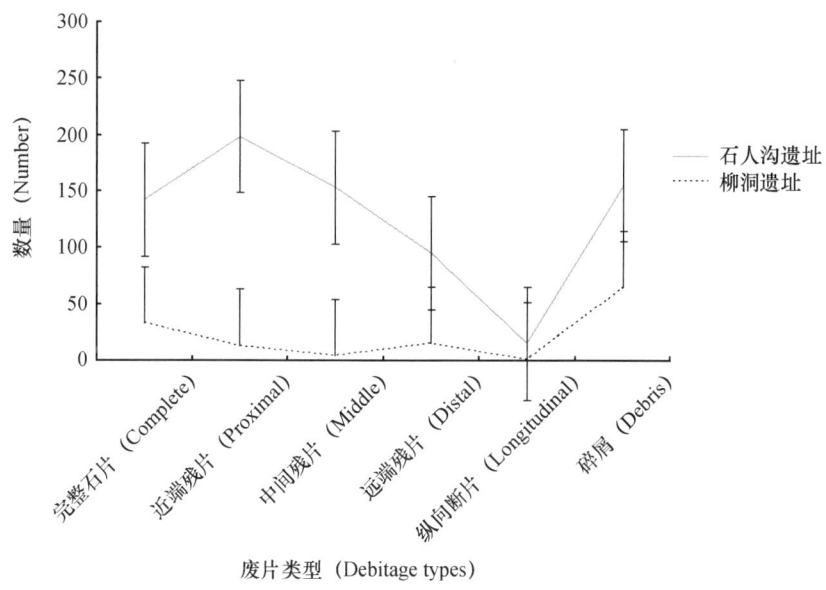

图5-38 石人沟及柳洞遗址细石叶工业废片分析示意图

核材料与周边地区对比也划分出几种类型，并将细石叶的生产分为三个阶段：毛坯制作、预制台面以及剥离细石叶[1]。由于细石叶工艺的复杂性，细石核毛坯的选择和制作阶段是尤为重要的，这将直接影响到剥片产品的质量和细石核的形态变化，由此学者们也将细石核毛坯分为几种类型：两面修整（bifacial）、单面修整（unifacial）、锥形（conical）[2]。

石器类型较为复杂多样，除了端刃刮削器、边刃刮削器、雕刻器、尖状器、石钻、锥等细小石器外，还包括一些砍砸器和手斧等大型石器，垂杨介遗址即是如此[3]，细小石器一般由均质的优质原料制成如硅质灰岩或凝灰岩、黑曜岩，而粗大石器由石英和石英岩制成[4]。虽然在细石叶工业内存在一定数量的粗大石器，但细石叶

---

[1] Chuntaek Seong. Late Pleistocene microlithic assemblage in Korea. Origin and Spread of Microblade Technology in Northern Asia and North America. Archaeology Press, Simon Fraser University Burnaby B.C., 2008: 103-114.

[2] Chuntaek Seong. Late Pleistocene microlithic assemblage in Korea. Origin and Spread of Microblade Technology in Northern Asia and North America. Archaeology Press, Simon Fraser University Burnaby B.C., 2008: 103-114.

[3] 李隆助、禹钟允：《韩国丹阳垂杨介遗址最新发掘及研究成果》，《庆祝贾兰坡院士九十华诞国际学术讨论会论文——垂杨介及她的邻居们》，科学出版社，1999年，第183~188页。

[4] Chuntaek Seong. Late Pleistocene microlithic assemblage in Korea, *Origin and Spread of Microblade Technology in Northern Asia and North America*. Archaeology Press, Simon Fraser University Burnaby B. C., 2008: 103-114.

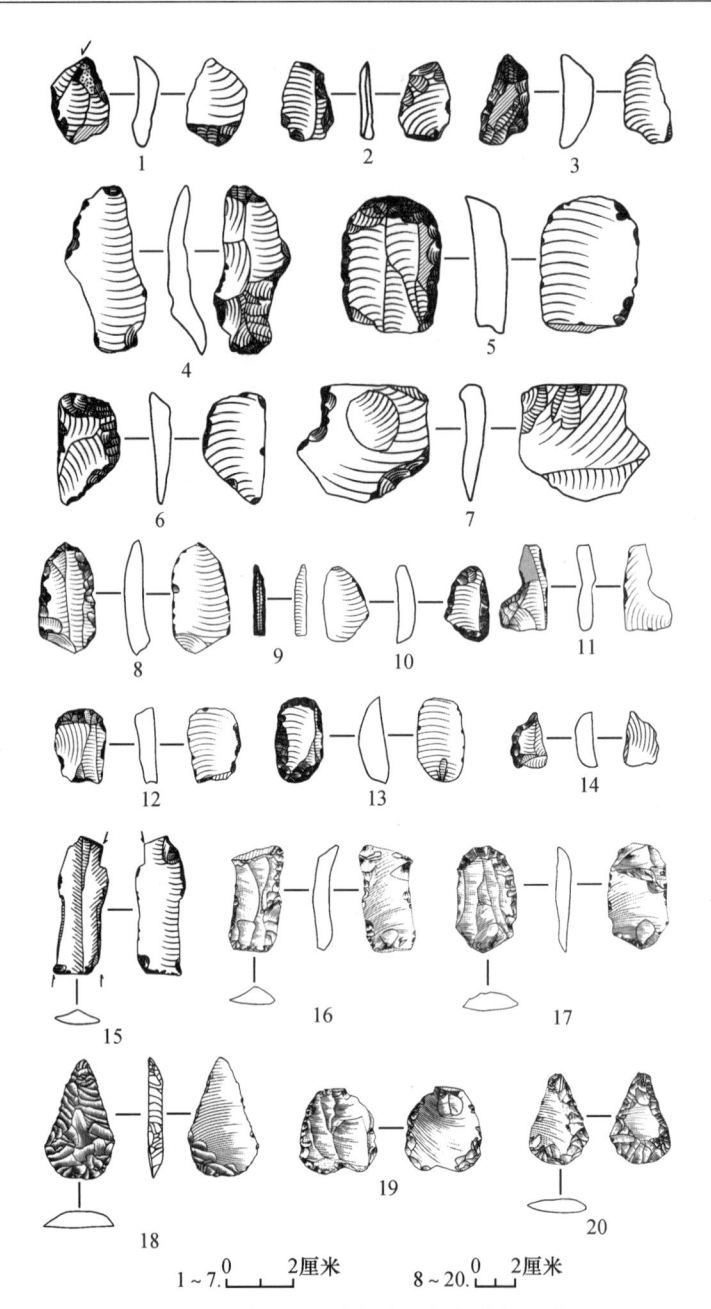

图5-39 东北地区东部发现的部分细石器
1、15.雕刻器 2、10.琢背小刀 3、8、18.尖状器 4~7、11~14、16、17、19、20.刮削器 9.石钻
（1~7.柳洞遗址；8~15.石人沟遗址；16、17、19、20.青头遗址；18.沙金沟遗址）

工艺仍占主体地位。在朝鲜半岛细石叶工业内还存在着一种较为典型的石器类型——有柄尖状器[1]（Tanged point）[2]（图5-40）。根据它们的制作方法，长石片被剥离之后，它上部宽的部分用压制法修理，修出一个装柄部和对称的器形，用来承受装柄

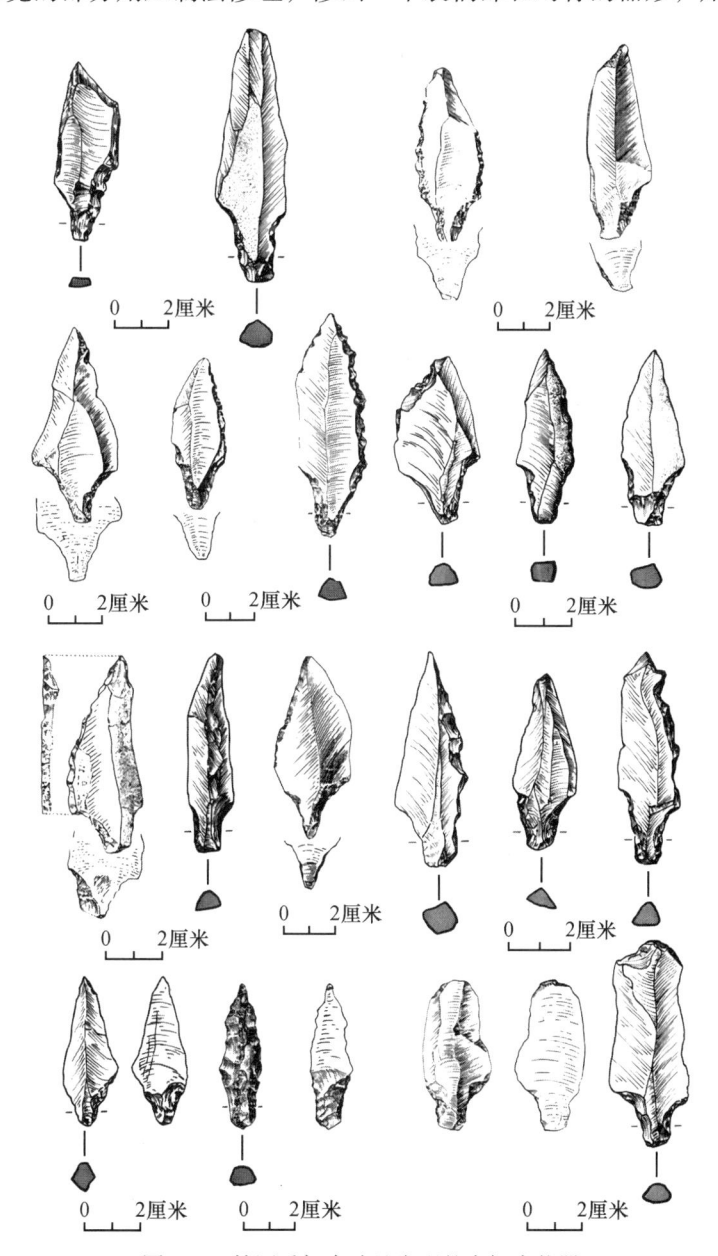

图5-40 韩国垂杨介遗址发现的有柄尖状器

---

[1] 国内也有学者将其译为"有舌尖状器"，具体见〔韩〕李隆助著，李占扬译：《朝鲜半岛的旧石器文化——主要记述秃鲁峰和垂杨介遗址》，《华夏考古》1992年第2期，第106~112页。
[2] 李隆助、尹用贤：《韩国垂杨介遗址有柄尖状器和细石叶石核研究》，欧亚北部和北美北部细石叶工业国际研讨会提交论文。

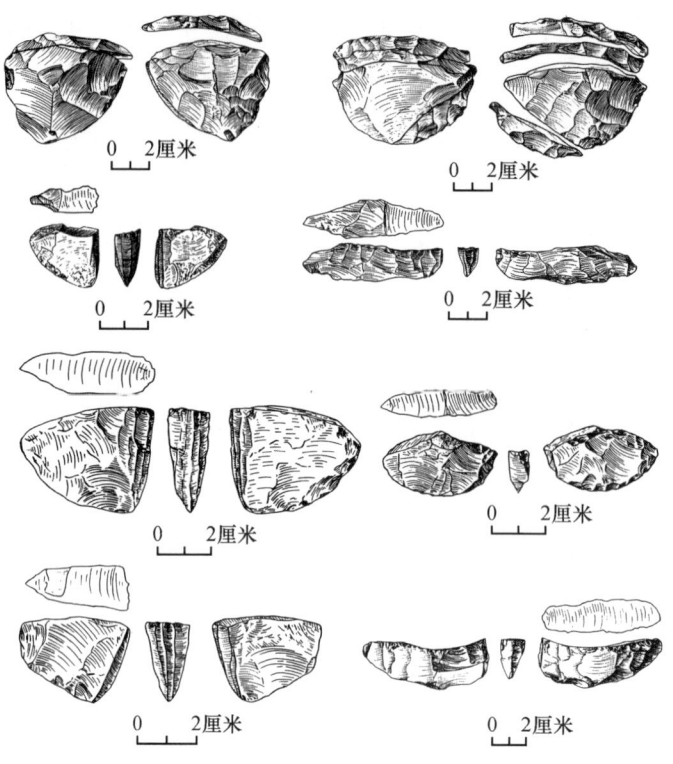

图5-41 韩国垂杨介遗址发现的细石叶石核

使用时的压力。

综上所述,东北地区东部和朝鲜半岛旧石器时代晚期细石叶工业在剥片技术和工具修理技术方面都较为相似,不同的是后者有柄尖状器较为发达,二者都存在兼有细石器和砾石工具的遗址,如韩国垂杨介遗址和吉林安图立新遗址。这两个地区的古人类均因地制宜,充分利用当地原料,而原料的质地对石器的制作修理影响很大,质地较差的原料如石英、石英岩等制作砍砸器等粗大石器,而黑曜岩、硅质灰岩等质优的原料制作精致加工的细石器。

四、结　　语

晚更新世以来,虽然区域地质构造趋于稳定,但自然环境演变仍很显著,其特点是伴随全球古气候变化,出现了干湿冷暖的交替和相应的生态系统变化。根据孢粉资料分析,我国东北地区在晚更新世晚期气候有三次波动。前后两次寒冷干燥,中间一次则表现为温暖湿润[1]。同时我国东北地区在晚更新世晚期发生了两次真猛犸象集中向南扩散事件[2]，这说明我国东北地区在晚更新世后期存在着较大的气候波动。距今4万～2万年，松嫩平原森林面积明显扩大，草原面积缩小，古气候回温转湿，广泛分布猛犸象-披毛犀动物群；距今2万～1.1万年，孢粉组合中草本植物花粉占绝对优势，主要为耐干旱属，木本花粉较少，仅为寒温带成分，构成荒漠冻原-稀树草原耐干冷环境的植被景观[3]。这一时期为北方末次冰期中最寒冷的时期，导致动物群与一部分古人类向外迁徙。朝鲜半岛地区与东北地区东部古环境较为相似，基本处于大理冰期（距今7万～1.2万年）的较晚期（距今1.8万～1.2万年），为大理冰期中最干冷的盛冰期，限制了冰川发育而扩大了冻土发展规模，海面下降到了12万年以来的最低位置，整个渤海、黄海、东海所在的大陆架，几乎全部裸露，海岸线远离现代海岸线数百海里以外，植被较为贫乏，主要以旱生植物为主，缺乏树木景观[4][5]。

在末次盛冰期的环境压力下，以往生活在北部地区的人类被迫向南迁移。迁移导致了新的文化因素的介入，使得该地区原有的文化面貌发生了很大改变。根据末次盛冰期前后东北亚地区旧石器文化变化的地层证据和史前人类遗址的时空分布特点，末次盛冰期的环境恶化对于东北亚地区的古人类文化具有普遍性。

东北地区旧石器时代遗址的埋藏类型主要为露天遗址，主要分布在旷野和河流的阶地上。东北地区东北南部较多，北部较少，平原山地交界处多，高山地区较少，河流第Ⅰ、Ⅱ阶地较多，而高阶地较少。根据该地区区域地理，并结合文化特点、技术传统等方面分析，东北地区的旧石器文化遗存可以划分为三种工业类型[6][7]：

（1）以大石器为主体的石器工业类型。主要分布在东北的东部山区。该类型以吉林图们下白龙、延边安图立新为代表，与黑龙江饶河、吉林抚松仙人洞遗址的文化面貌相近，突出特点就是工具整体器形较大，砍砸器在工具组合中所占比例较高，工具修理相对简单，加工较为粗糙。

---

[1] 王曼华：《我国东北平原晚更新世晚期植物群与古气候指标初探》，《中国东北平原第四纪自然环境形成与演化》，哈尔滨地图出版社，1990年，第51～59页。

[2] 金昌柱等：《中国晚更新世猛犸象扩散事件探讨》，《古脊椎动物学报》1998年第1期，第47～53页。

[3] 叶启晓：《黑龙江地区史前人类迁徙及其环境演变研究》，《环境考古研究》（第二辑），科学出版社，2000年，第89～94页。

[4] 叶启晓：《黑龙江地区史前人类迁徙及其环境演变研究》，《环境考古研究》（第二辑），科学出版社，2000年，第89～94页。

[5] 刘志一：《冰川冻土能栽培水稻吗？——韩国小鲁里古稻质疑》，《农业考古》2003年第3期，第80～85页。

[6] 赵宾福：《东北石器时代考古》，吉林大学出版社，2003年，第1～155页。

[7] 张博泉、魏存成：《东北古代民族·考古与疆域》，吉林大学出版社，1998年，第171～197页。

（2）以小石器为主体的工业类型。主要分布在东北中部的丘陵地带。该类型以吉林辉南邵家店，图们岐新B、C地点和龙井后山为代表。该工业类型的文化特征是剥片以锤击法为主，偶见砸击法。工具以刮削器为主，其次为尖状器，砍砸器等器形较少。工具修理较精致，并以中、小型为主。

（3）细石叶及石叶工业类型，主要分布在东北西部的草原地带。此类型以吉林和龙石人沟、珲春北山、和龙柳洞、抚松新屯西山、安图沙金沟、和龙青头，黑龙江神泉及十八站遗址为代表。剥片技术除锤击法外，还使用了间接剥片技术。工具修理上采用了压制法、指垫法及间接法。工具类型以刮削器和尖状器为主，雕刻器、琢背小刀、石钻等较少，还出现了复合工具，整个器形加工规整，大多数工具小而精致。

而朝鲜半岛则地形多山，前寒武纪的片麻岩和花岗岩基底约占半岛面积70%，为中朝古陆的组成部分，金属矿产资源丰富。山地地形约占半岛面积的75%，因久经侵蚀多呈低山丘陵，一般高度多在1500米以下。半岛可分三个地形区：①北部山地高原区，主要由古老的结晶片岩和片麻岩组成，海拔约2000米；②中东部山地丘陵区，位于妙香山以南，从元山直抵釜山、纵贯东部海岸的太白山脉，长约450千米，海拔约1000米，东坡陡峻，西坡平缓，是半岛南部地形的脊梁。本区西侧有几条平行的华夏向山脉，如广州山脉、车岭等，均属低山丘陵地带；③西部南部的丘陵低地区，海拔多在500米以下，黄海沿岸有大小平原断续相连[1]。但在朝鲜半岛没有像东北地区东部那样特殊的地貌单元相对应某种石器工业的现象或者说不是很明显。朝鲜半岛主要可以分辨出四种工业类型：①砾石工业，以砾石加工的石核工具如手斧、砍砸器为特征，以全谷里、龙谷里和金窟为代表；②石片工业，以石片作为加工工具的主要毛坯，代表遗址是昌内、泉沟；③石叶工业，以石叶的剥制和有柄尖状器的出现为特点，代表遗址是古礼里、垂杨介等；④细石叶工业，细石叶石核的使用是该工业最显著的特征，以垂杨介上层、上舞龙里上层、金坪为代表[2]。

从总体上观察，东北地区东部和朝鲜半岛地区在文化面貌上有着密切联系，可以说，同属于一个大的文化区，但是各自又有地方特色。笔者认为这种文化上的相似，应理解为类同，而非趋同，是某种文化特征在时空上连续分布所造成的传播迁徙。以细石叶石核为例，这两个区域旧石器时代晚期细石叶工业的细石叶石核均以楔形石核为主，细石叶技术发展以楔形石核的专门化和精致化为特点，几种独特的台面修理技术都出现在这一时期，存在不同类型，形态尺寸各异，核坯和台面技术有简化的趋势，这也反映了细石叶技术的娴熟程度达到了非常高的水平（图5-41）。这两个区域内细石叶工业的不同技术类型与特征，可能代表了传播过后细石叶技术传统在当地发

---

[1] 刘德生：《世界自然地理》（第2版），高等教育出版社，1986年。

[2] 李有骞、陈全家：《朝鲜半岛旧石器材料及工业类型的初步研究——兼谈对吉林省东部地区旧石器研究的几点认识》，《边疆考古研究》（第7辑），科学出版社，2008年，第10~33页。

展的结果。

综上所述,东北东部地区和朝鲜半岛地区旧石器时代晚期细石叶工业特征表明,这两个区域在晚更新世之末人类活动频繁,可能存在着一定程度的文化交流。这些遗存不仅是研究旧石器时代晚期文化的重要资料,而且也为解决石叶、细石叶技术的传播提供了充足的材料。这些遗址对于研究东北亚地区旧石器时代晚期以来人类生活的环境背景、旧石器文化内涵、东北亚地区旧石器文化之间的关系以及旧石器时代向新石器时代过渡具有重要的学术意义。同时,也为复原古人类的生存环境,探讨人类与环境的互动关系、人类在特定环境下的行为特点和适应方式提供了丰富的资料。随着这些区域内旧石器考古调查和研究工作的深入,我们期待着能有更大的突破,使得东北地区的旧石器时代考古工作向着更深的层次发展。

第九节　朝鲜半岛旧石器的材料及石器工业类型与吉林东部地区旧石器研究之间的关系

一、引　言

朝鲜半岛位于欧亚大陆东缘的中部,属温带季风气候,海洋性特征显著。境内多山地与丘陵,盆地与水系发达,在更新世的大多时间都是人类栖息的理想之所。事实也已经证明,在这块面积比我国吉林省稍大的土地上发现了1000余处旧石器地点,其中经过正式发掘的有70余处。

由于政治、语言、研究倾向等方面的原因,我国旧石器学界对这位邻居的了解还非常有限。目前,除少量译著和译文外,几乎没有我国学者对朝鲜半岛旧石器问题进行讨论的成果。中韩两国旧石器研究的交流还停留在起步阶段,韩国旧石器学者在我国用韩文和英文发表的数篇文章也如石沉大海,没有引起中国同行的共鸣。我们对朝鲜半岛旧石器的陌生与韩国学者对中国旧石器的熟悉形成了巨大的反差。在东亚的旧石器研究中,日本、俄罗斯和韩国的跨国研究的取向对我国旧石器的研究具有借鉴意义。

事实上,在不考虑朝鲜半岛旧石器资料的情况下,对东亚大陆旧石器时代人类迁徙、工业[1]类型和文化演化所做出的结论也难以全面、真实和公正。对朝鲜半岛及我国周边其他国家旧石器知识的匮乏严重阻碍着中国旧石器研究的发展。认识总有一个由浅入深、由表及里的过程,如果本书能够唤起少数从事旧石器研究人员对朝鲜半岛

---

[1]　工业(industry)在本文中除引述他人观点外仅限于中古英语的industrie[技巧(skill)]之意,非指"时代和性质相近的多个组合的集合体"。

的兴趣，那么对于笔者来讲已经是莫大的荣幸了。限于笔者的精力、能力以及我国目前对朝鲜半岛旧石器的认识基础，本节以介绍重要遗址的材料为主，兼谈对半岛旧石器工业的认识。因资料搜集、外文水平等方面存在困难，行文可能会有偏谬之处，欢迎来自多方面的批评指正。

朝鲜半岛的旧石器研究始于1935年对潼关镇遗址的发掘，但发现的2件黑曜岩石片和一些骨质、角质工具并未引起足够的重视[1]。系统的研究是从20世纪60年代屈浦里和石壮里的发掘开始的。1979年开始的全谷里遗址的发掘具有重要意义，在该遗址进行了古生态和古地质方面的研究。近30年来伴随忠州水库、住岩水库和高速公路等基础建设的进行，发现了垂杨介、上舞龙里、金窟和月坪等大批重要的旧石器时代遗址。遗址数量的增加和研究人员的增长大大促进了朝鲜半岛旧石器研究的发展，他们在东亚早期石器工业、细石叶技术的传播、冰楔和火山灰断代等方面取得了巨大的成就。但是在石器的辨识、重要遗址的年代和石器的分类等方面的问题以及南北方的长期隔离状态仍是朝鲜半岛旧石器研究所面临的困难。

二、主要遗址

朝鲜半岛北部多高山、南部多丘陵，东部为山地、西部为平原。主要河流有图们江（中朝界河）、鸭绿江（中朝界河）、大同江、汉江、锦江、蟾津江和洛东江，除鸭绿江以外这些河流两岸都发现了旧石器遗址。旧石器遗址多位于Ⅱ、Ⅲ级阶地上和石灰岩洞穴内。平壤、首尔、堤川、大田和光州市附近遗址的密度较高。本节即以河流为主线介绍半岛的主要遗址。汉江流域遗址众多，面貌多样，根据韩国国内旧石器研究的实际情况，本节把汉江流域划分为临津江-汉滩江、北汉江和南汉江分别叙述。为行文方便，把位于日本海沿岸的遗址也并入相邻地区叙述。

（一）图们江流域

图们江为中朝两国的界河。除潼关镇遗址外，在该地区还发现了屈浦里遗址和鲋浦里遗址。

屈浦里遗址，位于距图们江河口约10千米的地方。隶属于咸镜北道先锋郡（雄基郡）劳西面屈浦里。1963年进行发掘，共有6个地质层，但没有到达基岩。其中Ⅴ和Ⅵ层为旧石器文化层，为以石英石器为主的早期文化层和以角页岩石器为主的晚期文化层，分别称为屈浦文化Ⅰ期和Ⅱ期。

在屈浦里Ⅰ期的文化层中发现了当时人类建造和居住的窝棚遗迹。窝棚内东北角

---

[1] 直良信夫：《朝鲜潼关镇发掘旧石器时代的遗物》，《满蒙报告》，1940年。

有玢岩的大石块，是制作石器的石砧，其周围散布着石英石片和石英石器。该层石器的种类和数量不多，包括砍砸器、刮削器、尖状器、石核和石片等（图5-42）。报告认为应该属于旧石器时代的中期（大约距今10万年）[1]。

屈浦里Ⅱ期的石料以黑绿色的角页岩和大理石为主，还有石英岩，器类包括砍砸器、端刮器等，存在间接剥片和压制修理技术。遗址研究者推测其年代为距今4万~3万年。屈浦里遗址以北5千米的鲋浦里遗址与屈浦里Ⅱ期的石器特征接近[2]。

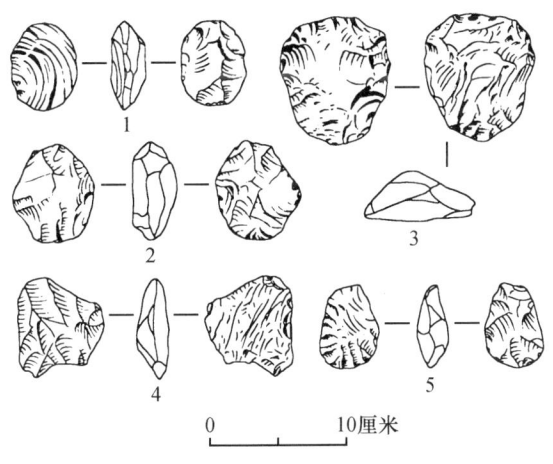

图5-42 屈浦里遗址上层的石器

（二）大同江流域

朝鲜半岛的中、北部石灰岩洞穴发达，在平壤市周边发现了如黑隅里、青青岩、大岘洞、胜湖3号等一批含大量动物化石和人骨化石的洞穴遗址，为朝鲜半岛古气候和古环境的研究提供了丰富的材料。其中比较重要的旧石器遗址有黑隅里、龙谷里和万达里洞穴。

黑隅里遗址，1966年发现，位于祥原郡西北2千米秃鲁峰（117.58米）南坡的石灰岩洞穴内，洞穴东西约30米、南北最大宽为2.5米。发掘者由西向东把洞穴分成4个区域。遗址共有5个地质层，文化遗物位于第4层，与之共出的动物化石中的绝灭种占一半以上。报告人根据出土的动物化石判断，时代相当于中更新世，即60万~40万年前。以硅质石灰岩和石英作为制作石器的主要原料，石器加工方法包括碰砧法和锤击法两种。

---

[1] 麻生优、加藤晋平、藤本强：《日本的旧石器文化（4）——日本周边的旧石器文化》，雄山阁，1984年。

[2] 朝鲜民主主义人民共和国社会科学院考古研究所，李云铎译：《朝鲜考古学概要》，黑龙江省文物出版编辑室，1983年。

典型器物有手斧形石器、梯形石器和尖状石器等，都是可见少数疤痕的类似砍砸器的大型粗糙工具。石片直接使用，二次加工的石片不多[1]。该遗址可能是朝鲜半岛年代最早的旧石器遗址，但是对该遗址的年代[2]以及石器的人工性质还没有达成共识[3]。

龙谷里遗址，位于平壤市祥原郡龙谷里，包括2个洞穴遗迹。1980～1981年进行发掘，出土了人骨、动物化石、石器和骨器。一号窟长约40米、宽约25米，堆积厚度为21.05米，共分13层，8～11地质层为旧石器时代（1～4文化层），第12堆积层（5文化层）出土有新石器时代的遗物（图5-43）。报告中第1、2文化层经热释光测得的年代为50万～40万年前，但后经铀系法测得第1文化层仅为7万年前，第2文化层为距今49900年±2710年和距今46100年±2000年。后来热释光测得第1文化层为11.1万年前。与石器共出有人类化石。第1文化层发现砍砸器11件，以单面砍砸器为主，除1件为砂岩外，其余均为石英质；第2文化层共出土石器21件，主要为多面体石核、砍砸器和切割器，以双面加工为主，单面加工少见。石料以硅质岩（52%）和石英（36%）为主，还有少量的砂岩（8%）和花岗岩（4%）。第1文化层和第2文化层的石器都采用碰砧法和锤击法加工。第3文化层出土石器14件，主要为小手斧和石片工具，80%为石英，其余为硅质岩和花岗岩，出现了压制剥离（pressure-flaking）技术。第4文化层出土的遗物主要包括石片和石片工具，而石片工具主要是以修理粗糙的标本和以修理工具过程中剥落的碎片制成的小工具为主，还出土了人像雕刻品，有学者认为该层应该属于新

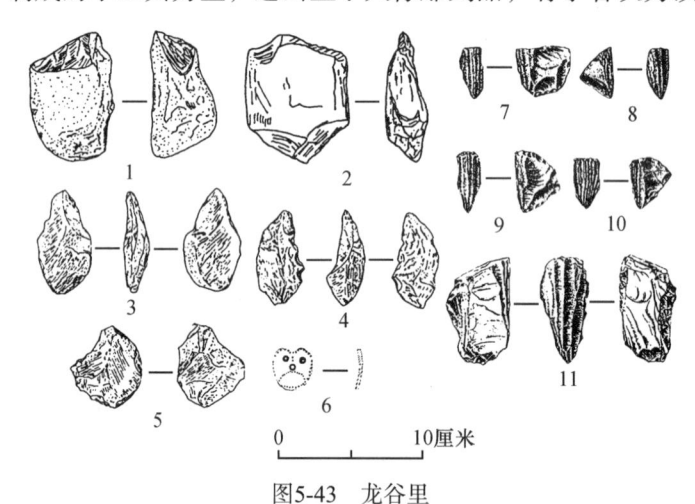

图5-43　龙谷里

1～5.第1文化层　6.第4文化层　7～11.万达里遗址石器

---

[1] 麻生优、加藤晋平、藤本强：《日本的旧石器文化（4）——日本周边的旧石器文化》，雄山阁，1984年。

[2] 한창균 신숙정 장호수：《북한선사문화연구》，백산자료원，1995。

[3] Деревянко А П. Каменный век северной, восточной и центральной Азии. Новосибирск, 1975.

石器时代。二号窟距一号窟2千米，长10米，全部堆积为3.9米，共分10个地质层，含2个文化层（第8、9地质层）。第1文化层为旧石器时代，出土了尖状器、刮削器等，第2文化层为新石器时代[1]。

万达里遗址，位于平壤市胜湖区万达里的石灰岩洞穴内，1979～1980年发掘，与石器共出的还有骨器以及动物和人骨化石。该遗址共发现13件石器。8件细石核中有7件用黑曜岩制成，细石核都为楔形，用双面器和厚大的石片简单加工而成。从石器的类型可以判断，该遗址属于旧石器时代晚期[2]。

（三）临津江-汉滩江流域

该区域30年来发现了包括著名的全谷里遗址在内众多的以具有阿舍利风格为特征的旧石器遗址。

全谷里遗址，位于首尔东北涟川郡汉滩江岸边的台地上，共由5个地点组成，海拔均在50米。分别于1979～1983、1986、1991、1992年进行发掘。除手斧外，在该遗址还发现了砍砸器、刮削器、锥、石核和石片等（图5-44，1～9）。文化堆积位于玄武岩之上，根据K/Ar法测得玄武岩的年龄为27万年[3]。但是该遗址的年代一直是学术界争论的问题。

金坡里遗址，位于京畿道坡州郡临津江南岸。包括两个地点。该遗址发现于1989年，自1989～1992年共进行了4次发掘。石器与全谷里相似，器类包括两面加工的手斧、尖状砍砸器、横刃斧、砍砸器、刮削器、多面体石球、大型石锤、石核和石片（图5-44，10、11）。石料大部分为石英岩，还有硅质岩。运用直接打击法和碰砧法加工，但后者运用的不多，二次加工的不多。在第二地点发现了石器拼合资料。

该地区与全谷里、金坡里遗址石器面貌类似的以手斧为代表的砾石工业的遗址还有元堂里[4]、舟月里和佳月里等。

此外该流域还发现了长兴里、楠溪里、长波里、长山里、高浪浦里、白衣里、三和里、麻田里、东梨里、新沓里、古文里、中里等包含少量资料的遗址。

---

[1] 崔茂藏：《韩国旧石器文化》，集文堂，1994年。

[2] Деревянко А П, Волков П В. Ли Хонджон: Селемджинская позднепалеолитическая культура, Издательство Института археологии и этнографии, 1998.

[3] 冯宝胜：《朝鲜旧石器文化研究》，文津出版社，1990年；郑永和：《韩国全谷里遗迹（下）》，《旧石器考古学》1985年第30期。

[4] 崔茂藏：《韩国京畿涟川元堂里旧石器遗址第三次发掘报告》，《庆祝贾兰坡院士九十华诞国际学术讨论会论文——垂杨介及她的邻居们》，科学出版社，1999年。

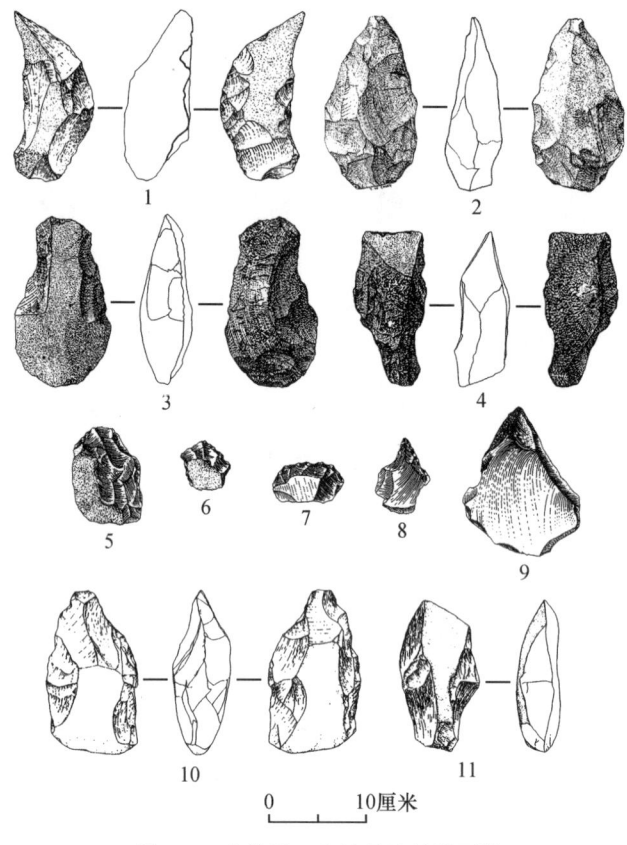

图5-44　全谷里、金坡里遗址的石器
1~9.全谷里　10、11.金坡里

（四）北汉江流域

上舞龙里和下花溪里是该地区重要的旧石器遗址。

上舞龙里遗址，位于江原道杨口郡，1987~1989年发掘，这里共集中了10处旧石器地点，但其中经过发掘的只有4处。文化层不厚，几乎就处于地表。江原大学校调查团共发掘石器2718件，地表采集3694件。第2文化层年代距今12万~7万年，大部分遗物都为石英石器，属旧石器时代中期。第1文化层为5万~2万年前，发现有细石核和细石叶等，属旧石器时代晚期。在第2地点发现有大量的黑曜岩的石叶和细石叶石器以及石叶毛坯的修边斜刃雕刻器、圆头刮削器等（图5-45，1~4），为典型的旧石器时代晚期遗址[1]。

下花溪里遗址，位于江原道洪川郡，距上舞龙里不远的洪川江岸边。1983年发现，1990、1991、2004年发掘。包括三个地点。第1地点分为9个地质层，其中第2地质

---

[1]　최복규：《강원지역의 구·중석기유적》，《우리나라의 구석기문화》，연세대학교 출판부，2002。

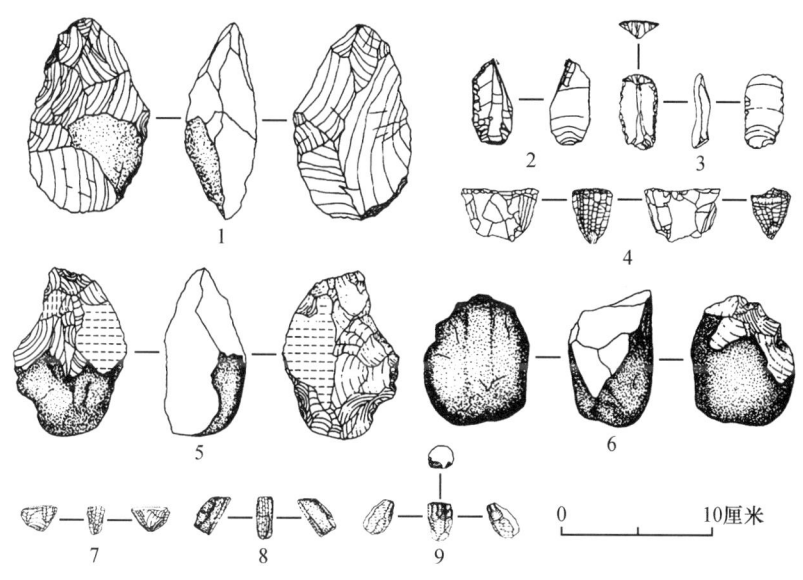

图5-45 上舞龙里、下花溪里遗址的石器
1~4.上舞龙里 5~9.下花溪里

层为文化层,发现的器类以刮削器、切割器、雕刻器和尖状器的数量为最多。还见有大部分为黑曜岩制成的细石叶及细石核,同时还发现带有古老特征的砍砸器、双面器和大型的刮削器[1](图5-45,5~9)。从细石核的特征看,该遗址应该属于旧石器时代晚期的最末阶段。

此外在北汉江流域还发现了好坪洞、民乐洞、禾岱里和深谷里(日本海岸边)等遗址。

(五)南汉江流域

忠州水库淹没区的考古调查时,在该地区发现了金窟、垂杨介等一批重要的遗址。

金窟遗址(俭窟或锦窟),遗址位于忠清北道丹阳郡忠州水库淹没区内。保留了从旧石器时代早期至青铜时代的7个文化层。其中第1、2文化层发现了具有阿布维利文化特征的石器。阿舍利、勒瓦娄哇类型的石器出自4b和4a层(图5-46)。第2文化层的年代为距今185807年(E.S.R),第3文化层的年代为距今107410年。第4文化层为后期旧石器时代[2]。

垂杨介遗址,是我国学者比较熟悉的一处韩国旧石器遗址,位于丹阳郡赤城面艾谷里。该遗址包括3个地点,其中第1地点和第3地点为旧石器时代,于1983~1985、

---

[1] Деревянко А П, Волков П В. Ли Хонджон: Селемджинская позднепалеолитическая культура. Издательство Института археологии и этнографии, 1998.

[2] 李隆助:《韩国中原地区的旧石器文化》,《辽海文物季刊》1996年第2期。

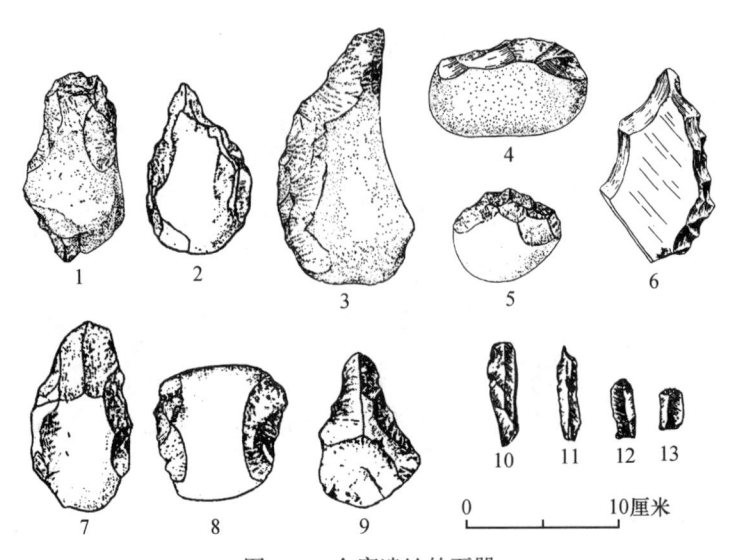

图5-46 金窟遗址的石器
1、2.第1文化层 3~6.第2文化层 7~9.第3文化层 10~13.第4文化层

1996、2001年进行发掘。第1地点共包括10个地质层，其中含5个文化层，石器主要发现在Ⅳ层（旧石器时代晚期）和Ⅴ层（旧石器时代中期）。第3地点发现了旧石器时代中期的文化层。旧石器时代中期文化层主要分布在以砂岩为主的砾石层之上，出土了用直接打击法制作的刮削器、尖状器、手锛等多用途的工具。旧石器时代晚期文化层是黏土层，90%的石器为页岩（shale），石器主要用直接打击法生产，间接打击法和压制剥片技术也被使用，有大量以精练的技术进行二次加工的工具。发掘出土的典型器物有手斧、砍砸器、刮削器、刀形石器、有柄尖状器和细石核[1]（图5-47，1~5）。该遗址对有柄尖状器和细石叶技术在东亚的传播问题的解决具有重要的意义[2]。

鸣梧里遗址，位于东经128°04′09″、北纬36°57′24″。遗址包括8个地质层，其中第2地质层为文化层，属旧石器时代中期。石器包括手斧、砍砸器、石核、切割器、刮削器、钻和雕刻器等（图5-47，7、8）。石料以石英、石英岩为主，还有板岩、脉石英和千枚岩等[3]。

昌内遗址（昌溪），位于堤川郡寒水面沙器里，1982、1983年进行发掘，Ⅱ区

---

[1] 李隆助、禹钟允：《韩国丹阳垂杨介遗址最新发掘及研究成果》，《庆祝贾兰坡院士九十华诞国际学术讨论会论文——垂杨介与她的邻居们》，科学出版社，1999年。

[2] Lee yung-jo, Ha Moon-sig, Yun Yong-hyun. Microblade cores in Korea with special reference to the tool-making techniques of suyanggae. Поздаений палеолит ранний неолит Восточной Азии и Северной Америки. Владивосток, 1996.

[3] 崔茂藏：《韩国旧石器文化》，集文堂，1994年。

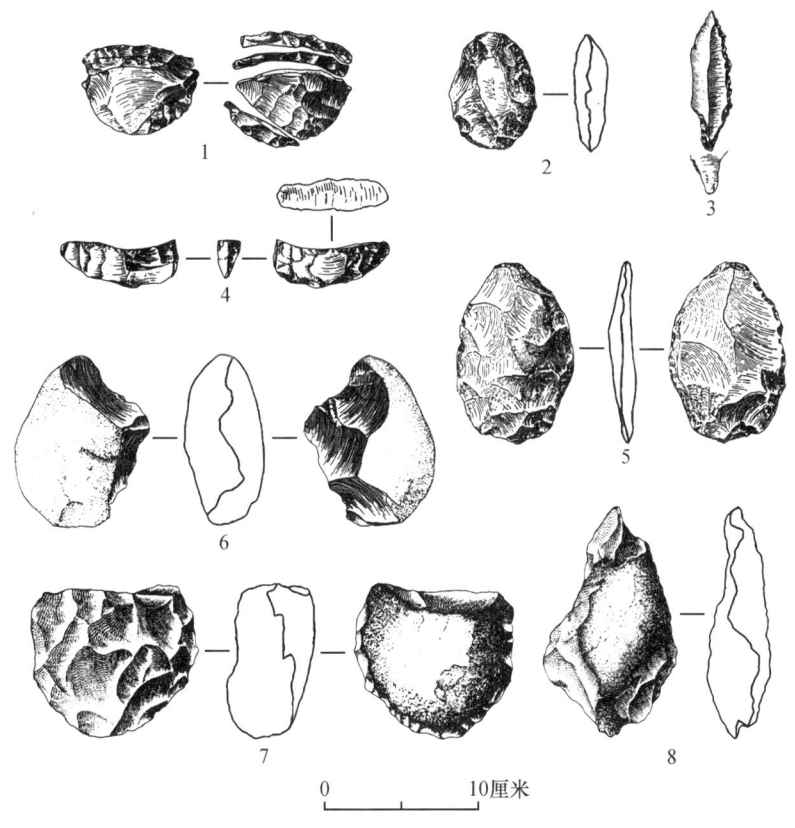

图5-47　垂杨介、昌内、鸣梧里遗址的石器
1~5.垂杨介　6.昌内　7、8.鸣梧里

的时代为旧石器时代晚期，特别是以奥瑞纳手法和鱼鳞式加工的圆形刮削器最具特点（图5-47，6）。此外还发现可供3~4人的集体居住的面积为10平方米的房址，是利用了拽石的狩猎用帐篷式房子，并发现了采集食用的核桃等果实[1]。

屏山里遗址，位于京畿道杨平郡屏山4里的南汉江左岸。1992~1994年发掘。包括3个旧石器文化层。第3文化层为旧石器时代中期。第2文化层主要有砍砸器、雕刻器、砾石石锤、圆盘形石核石器、石核和石片（图5-48，1~4）。

坪仓里遗址，位于京畿道龙仁郡。只确认了一个文化层，出土了丰富的石质工具，不但包括用燧石的砾石制成的如砍伐切割形状的大型工具，而且还有大量的石片工具：去掉茎的尖刀工具、端刮器、刮削器和凿（图5-48，5~7）。该遗址的研究者认为它处于旧石器时代中期向晚期的过渡阶段。

大路边遗址，位于忠清北道堤原郡寒水面鸣梧里，也被称作鸣梧里B地点。1983~1984年发掘，发现了与全谷里遗址类似的手斧。但是该遗址石器的人工性质存

---

[1] 李隆助：《韩国中原地区的旧石器文化》，《辽海文物季刊》1996年第2期。

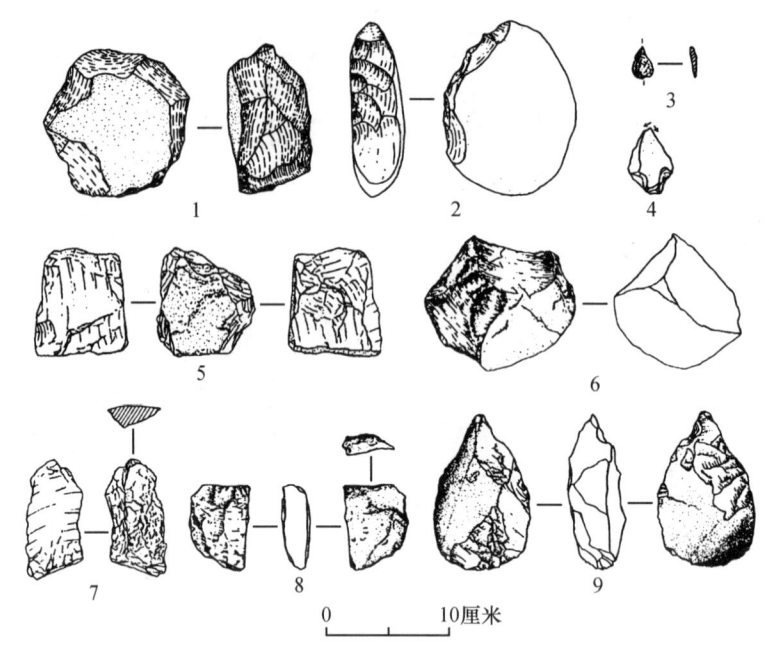

图5-48 屏山里、坪仓里、三里遗址的石器
1、2. 屏山里第2文化层　3、4. 屏山里第1文化层　5~7. 坪仓里　8、9. 三里

在疑问[1]。

宫坪里遗址，位于京畿道广州郡都尺面，1986年发掘，发现有砍砸器、切割器、刮削器等，为后期旧石器时代遗址。

三里遗址，位于京畿道广州郡，与宫坪里遗迹相似。包括3个文化层（图5-48，8、9）。

在该地区还发现了如上诗岩、九朗窟、昆池岩和龙山洞等重要的旧石器遗址。

（六）锦江流域

该区域的石壮里遗址是韩国最早发现的旧石器时代遗址。此外还发现了泉沟、小鲁里、龙湖洞、老隐洞、凤鸣洞和秃鲁峰等多处旧石器时代遗址。

石壮里遗址，朝鲜半岛重要的多层遗址，共进行了12次的发掘，分为2个区。遗址位于公州郡的锦江右岸，标高7~15米。遗址共分12个文化层。遗址获得了多个碳十四测年数据：第1区后期居住址的灰烬标本显示为20830年±1880年（AERIK-8）；第一区3.5~3.7米深的木炭标本30690年±1880年（AERIK-5），属于雕刻器-刮削器文化层[2]。

---

[1] 东潮：《关于韩国旧石器时代研究的一场争论》，《旧石器考古学》1983年第26期。
[2] 麻生优、加藤晋平、藤本强：《日本的旧石器文化（4）——日本周边的旧石器文化》，雄山阁，1984年。

1. 一区的文化遗物

（1）雕刻器-刮削器文化层

原料以石英为主，还有少量的斑岩、玢岩、流纹岩、硅长岩和燧石。工具以端刮器、刮削器和雕刻器为主（图5-49，1、2）。端刮器包括扇形（13件）、长方形（1件）、椭圆形（1件）和鼻形（3件）；刮削器包括凸刃（6件）和直刃（5件）；雕刻器包括笛咀形、喙嘴形、交互两面以及石叶雕刻器。

（2）后期旧石器时代居址

居住址内外出土了熊、狗、鲸、鸟等动物的"雕刻品"（目前韩国国内学者多数持谨慎或否定态度）。石器以刮削器、端刮器以及雕刻器为主（图5-49，3~6）。原料以石英为主（57.91%），其次为花岗片麻岩和巨晶花岗岩等。石器制作技术包括直接打法、锤击法和间接打法。遗址见有典型的细石核和细石叶。

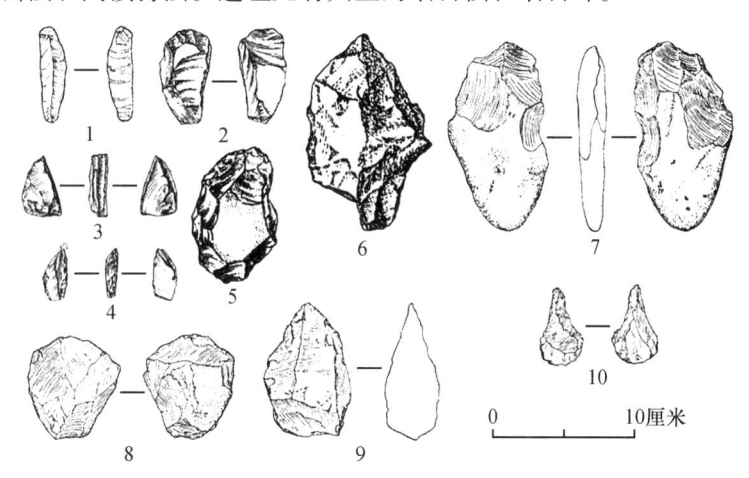

图5-49 石壮里遗址的石器
1、2. 一区雕刻器-刮削器文化层　3~6. 一区居住层　7~10. 二区第9文化层

2. 二区的文化遗物

（1）第1文化层（单面砍砸器文化层）

发掘面积1米×1.5米。出土石器21件，刮削器以石英（2件）和石英脉（4件）岩为原料。另外还有2件石英质的尖状器。与周口店13地点的下文化层相似，推断为旧石器时代前期。

（2）第2文化层［手镐（喙啄器）、手锛文化层］

（3）第3文化层（两面砍砸器、刮削器文化层）

以石英类的刮削器为主。单面加工的传统仍较强，出现错向剥离和锯齿刃的二次加工。还有两面交互加工的标本。

（4）第4文化层（手斧、手锛文化层）

以石英岩、片麻岩和角闪岩的刮削器为主。手斧出现、两面加工传统成立。

（5）第5文化层（手斧、两面砍砸器文化层）

以尖头器、砍砸器和刮削器为主，砍砸器占有比较重要的地位。

（6）第6文化层［刮削器、手锛（突出把手的刮削器文化层）］

（7）第7文化层（小型石片石器文化层）

本层与水洞沟石器技术接近。

（8）第8文化层（尖头器、刮削器文化层）

石片石器数量增加。

（9）第9文化层（砾石砍砸器文化层）

以两面砍砸器和刮削器为主（图5-49，7～10），前期与水洞沟石器相似，后期与丁村文化石器相似。

（10）第10文化层（陡刃刮削器、尖头器）

与石壮里第1区的同层，约3万年前。

（11）第11文化层（刮削器、尖头器文化层）

以刮削器、尖状器、砍砸器为主，偶见手斧。

（12）第12文化层（细石叶石核文化层）

第一区的"雕刻器-刮削器文化层"与之相对。

研究者认为第1～6文化层为前期旧石器时代，第7～9文化层为中期旧石器时代，第10～12文化层为后期旧石器时代。在第4文化层出土了阿布维利式的手斧，第5文化层出土了阿舍利式的手斧，第9文化层出土了采用克拉克当技法与勒瓦娄哇技法的石器。在晚期的文化层中发现了细石核。实际上，石壮里遗址下层石器的人工性质还存在疑问。

泉沟，位于清源郡，1978年进行发掘。包括5个地质层，其中第3和第4层为文化层。发现910件标本，其中499件为工具。其中绝大多数以石英为原料，偶尔采用燧石和斑岩等其他原料。用这类岩石加工的工具都修理得精细。初级产品以石片为代表，但也发现有石叶。初级产品由直接打击技术获得，但也有一些产品具有非直接打击技术的特征。端刃和侧刃刮削器占全部工具的四分之三。其中一些是刮削器和雕刻器的复合体（图5-50，1～4）。还有斜刃雕刻器。端刮器是该遗址的主要特点。它们由陡向加工石片的端边制成。刮削器的端刃圆宽，向末端收缩，其中一件是典型的船形刮削器[1]。从石器特点看属旧石器时代晚期。

小鲁里遗址，位于清源郡小鲁里。该遗址已经确立了三个文化层，出土于最下面

---

[1] Деревянко А П, Волков П В. Ли Хонджон: Селемджинская позднепалеолитическая культура. Издательство Института археологии и этнографии, 1998.

的第3层（旧石器时代中期）和第2层（旧石器时代晚期）的石器是用燧石制成的。第3层的石器由各种形制的刮削器组成，包括端刮器和凿状工具，而第2文化层的遗物包括砍伐切割工具、刮削器、石片和石核等（图5-50，8、9）。

龙湖洞遗址，位于大田市，1999、2000年发掘。包含从上至下的4个文化层。其中第3、4文化层位于冰楔之下。第1文化层发现了端刮器和双尖尖状器。第2文化层发现了石叶制成的边刃刮削器和有柄尖状器。第4文化层发现了砍砸器（图5-50，5~7）。第1文化层为后期旧石器时代，第2、3文化层为中、后期旧石器时代，第4文化层为距今10万年的中期旧石器时代[1]。

老隐洞遗址，位于大田市。1998、1999年发掘。包括A、B两区。第4~7层为更新统，第7层为中期旧石器时代文化层（AMS测得为距今54720年）。发现有细石核、细石叶、圆头刮削器、雕刻器。

凤鸣洞遗址，位于清州郡。1998年发现，1999年正式发掘。包括A、B两区。发现有拼合组。

秃鲁峰遗址，位于清原郡。包括第二窟、第九窟、新窟、处女窟和兴洙窟[2]。

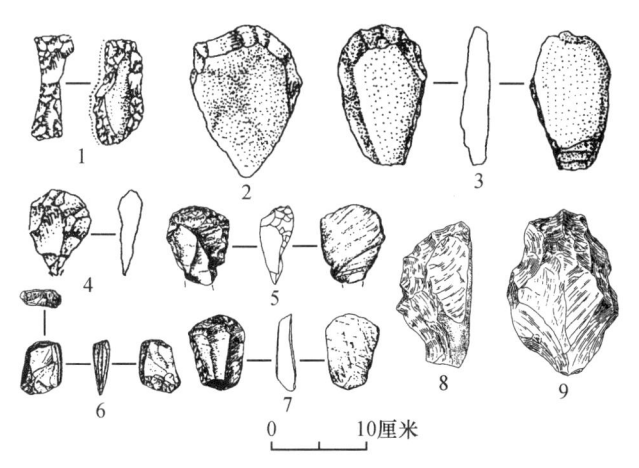

图5-50　泉沟、龙湖洞、小鲁里遗址的石器
1~4.泉沟　5~7.龙湖洞　8、9.小鲁里

（七）蟾津江流域

该区域主要位于全罗道内，实际上本节也包括了与蟾津江流域紧邻的荣山江流域。近些年在全罗南道发现了大量的旧石器时代遗址。

玉果遗址，位于谷城郡。包括舟山里和松田里两个地点。舟山里，位于谷城郡玉果面舟山里，1990年发掘，发现117件石器，大部分为泥岩，少量为硅质岩类和石英石

---

[1]　박희현：《남한강역의 구석기유적》，《우리나라의 구석기문화》，연세대학교 출판부，2002。
[2]　李隆助：《朝鲜半岛的旧石器文化》，《华夏考古》1998年第2期。

器。包括石核、石叶、石锯、刮削器等，应该不早于距今1.5万年。松田里，位于舟山里沿河而下4千米。石器共214件，以石核、石片、石叶、砍砸器、刮削器和石锯为主（图5-51，7、8），大部分为板岩，部分为石英，距今约1.5万年[1]。

谷川遗址，位于胜州牛山里，1986～1989年进行发掘。包含11个地质层，其中第4层和第7层发现了分别属于旧石器时代晚期和中期的文化层。在中期的文化层中发现了砍砸器和尖状器等。在晚期的文化层中发现了细石核、雪橇形修片、石叶和石锤等[2]（图5-51，1、2）。

金坪遗址，位于胜州新坪里，1986年在支石墓发掘时发现。共发现石器207件，以石英和泥岩为主。遗物包括石核、石片、石叶、刮削器、雕刻器和尖状器等[3]。

大田遗址，位于和顺郡南面泗洙里大田村，1987年住岩大坝淹没区调查的一部分，1987～1989年发掘。在厚1米的细砂层中的文化层包括上、下两层，下部多方形石块，上部为砂质黏土。下层出有刮削器、砍砸器等。上层出有石核、石片、手斧、砍砸器、石球、石锤等（图5-51，12～14）。上下两层的石器的组合特征极其相似，应为旧石器时代晚期早段[4]。

竹山遗址，位于顺天德山里，1988、1989年汉城大学发掘团进行发掘。第1、2层为耕土层；第3层为暗褐色的土壤层；第4层为成分复杂的红色黏土堆积层；第5层砾石层。发现200余件遗物，大部分为泥岩，只有砍砸器为石英岩。包括石核、石片、石叶、砍砸器、刮削器、有肩尖状器等。不超过距今1.3万～1.2万年，也有人认为距今16400年[5]。

竹内里遗址，位于全罗南道顺天市黄田面竹内里，蟾津江的支流——黄田川的左岸。1996、1997年发掘，厚约5米的堆积中发现了4个旧石器文化层。

以大型石片为特征的第1文化层与全谷里、金坡里、舟月里、佳月里等旧石器时代中期的文化相似。第4文化层的流纹岩制成的石叶以及脉石英的搔器（端刮器）、砂岩的刮削器与镇安的津哥讷（音）、密阳的古礼里相似（图5-51，3、4）。第2、3（在1.8万～1.5万年前的上部冰楔构造之下，约2万年）、4（在2.5万～2.4万年前的始

---

[1] Деревянко А П, Волков П В. Ли Хонджон: Селемджинская позднепалеолитическая культура. Издательство Института археологии и этнографии, 1998.

[2] 李隆助、禹钟允、河文植：《牛山里곡천선사유적》，《住岩댐水没地域文化遗迹发掘调查报告书（Ⅴ）》，全南大学博物馆，1988年；이융조 윤용현：《牛山里곡천 旧石器遗迹》，《住岩댐水没地域文化遗迹发掘调查报告书（Ⅶ）》，全南大学博物馆，1990年。

[3] 李鲜馥、姜贤淑、李教东、金容河、成春泽：《新坪里금평德山里죽산后期旧石器遗迹》，《住岩댐水没地域文化遗迹发掘调查报告书（Ⅶ）》，全南大学博物馆，1990年。

[4] 李起吉：《全南的旧石器文化》，《历史与考古信息·东北亚》2006年第2期。

[5] 李鲜馥、姜贤淑、李教东、金容河、成春泽：《新坪里금평德山里죽산后期旧石器遗迹》，《住岩댐水没地域文化遗迹发掘调查报告书（Ⅶ）》，全南大学博物馆，1990年。

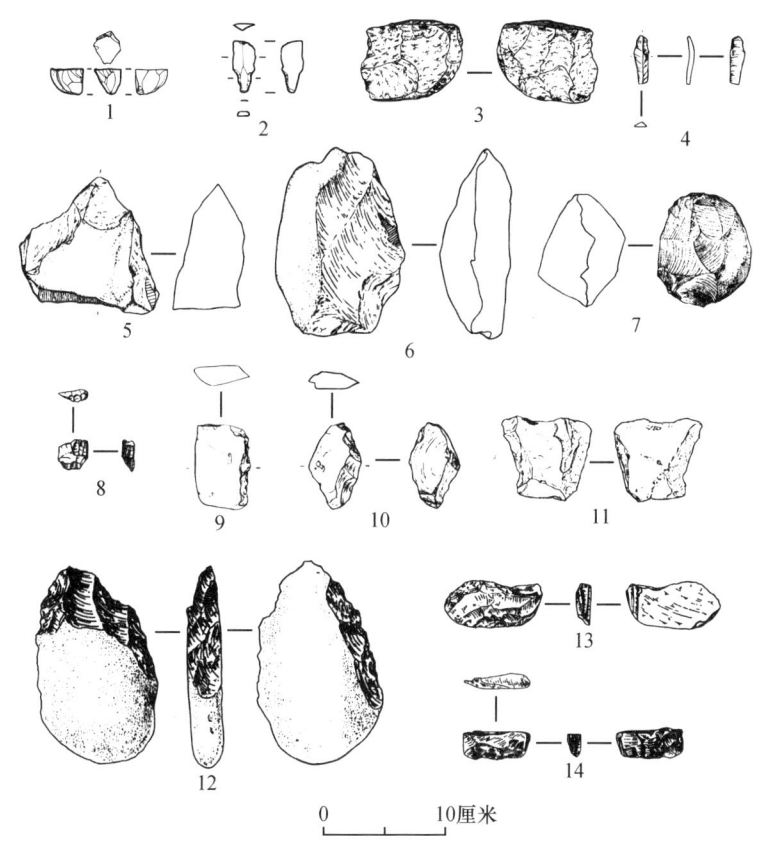

图5-51 谷川、竹内里、玉果、牟山、大田遗址的石器
1、2.谷川 3、4.竹内里第4文化层 5、6.竹内里第1文化层 7、8.玉果 9~11.牟山 12~14.大田

良Tn火山灰之上）旧石器文化层属于旧石器时代晚期。第1文化层属于旧石器中期（位于约距今20270年的下部冰楔构造之下，最后冰期的初期，约6万年）[1]（图5-51，5、6）。

牟山，位于和顺郡牟山里，1999年发掘，发掘面积1675平方米。文化层位于两个冰楔地层之间的黏土层内。石器包括剥制长石片的石核、石片、石砧、砍砸器和刮削器等（图5-51，9~11）。石料以石英脉岩为主，还有硅质岩、硅长岩和砂岩等。该遗址属于旧石器时代中期[2]。

该地区比较重要的遗址还有月坪、治平洞和山月洞[3]等遗址。

---

[1] 이기길：《韩国顺天竹内里遗迹の旧石器文化》，《旧石器考古学》2001年第62期。
[2] 이기길：《화순 도산유적》，조선대학교 박물관，2002。
[3] 李起吉：《韩国广州山月洞의旧石器》，《东北亚旧石器文化》，白山文化出版社，1996年。

（八）洛东江

洛东江为韩国第一长河流，该区域与日本本州和九州仅隔一条朝鲜海峡。该区域发现的遗址有古礼里、佐洞（日本海岸边）（图5-52，9）、中洞（日本海岸边）、壬佛里和内村里等。

古礼里遗址，位于密阳郡丹场面古礼里，1993年发现，1996、1997年发掘，发掘面积为2000平方米。包含上、下2个文化层。石料以角页岩和安山岩为主，还有少量的石英、水晶、硅质岩、角岩、斑岩和砂岩等。遗址以石叶石核、石叶以及用石叶制作的工具（尤其是有柄尖状器）为特征[1]（图5-52，1~5）。

海云台佐洞、中洞，位于釜山市海云台区，两遗址相距不足300米。两处遗址均为单文化层。佐洞发现的石器包括石砧、石锤、石核、石叶以及长石片等，石料以角页岩为主，还有石英、安山岩、凝灰岩和水晶等。中洞95%的石器都用角页岩制成，包括的器类有细石核、细石叶、石叶、刮削器、雕刻器、尖状器和斧形工具等（图5-52，6~8）。细石核的制作类似日本的涌别技法和兰越技法。从埋藏情况和石

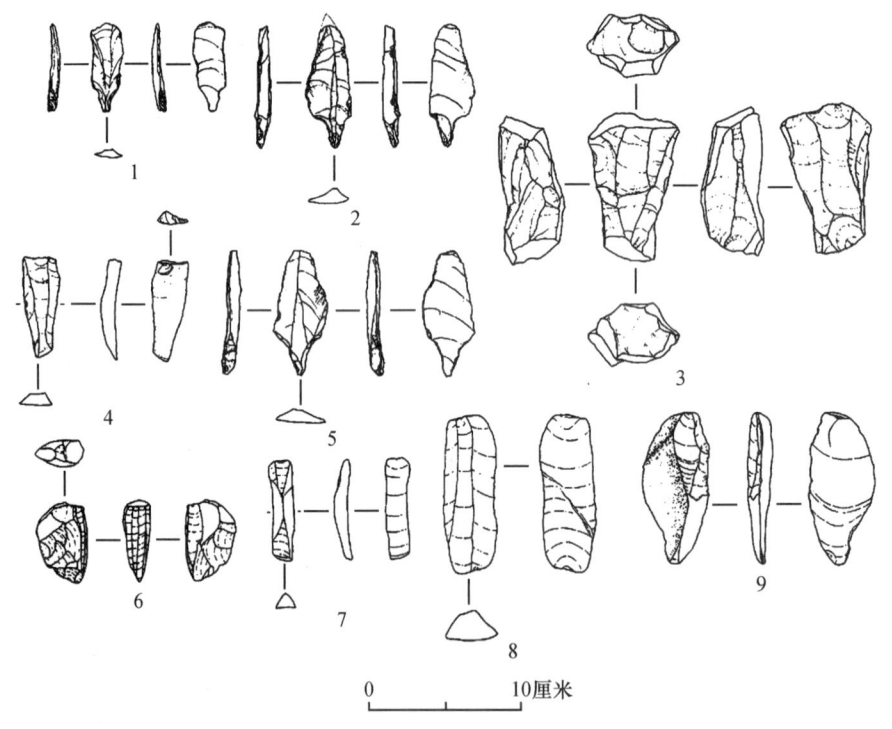

图5-52　古礼里、中洞、佐洞遗址的石器
1~5.古礼里　6~8.中洞　9.佐洞

---

[1]　朴英哲、徐姈男：《韩国密阳古礼里旧石器遗迹的发掘调查概要》，《旧石器考古学》1998年第57期。

器特征来看，佐洞早于中洞，但都属于旧石器时代晚期[1]。

该地区发现的旧石器遗址还有壬佛里、内村里、集贤和玉岘等。

三、年代与工业类型

朝鲜半岛的学者对岛内旧石器时代的划分和工业类型的认识还存在许多争议。裴基同把半岛的旧石器分为以石叶技术为特征的石器群和不规则特征的石器群，分别属于旧石器时代的后期和前期[2]。崔茂藏根据与中国旧石器材料的对比把半岛旧石器分成前、中、后三期。前期以黑隅里遗址为代表，中期以全谷里、龙谷里、鸣梧里、金窟、屈浦里Ⅰ期和楠溪里遗址为代表，后期以屈浦里Ⅱ期、鲋浦里、石壮里上层、垂杨界上层、上舞龙里上层和玉果等遗址为代表[3]。李鲜馥把旧石器的前期和中期按有无手斧分开。李隆助则把旧石器中期划分出以砍砸器、切割器和多面体工具为基础的砾石工业、使用手斧的砾石工业和石片工具工业三种类型[4]。李宪宗认为朝鲜半岛旧石器时代晚期应该包括砾石工具传统、石片工具传统和细石叶传统三种类型[5]。

造成意见分歧的最大原因是以全谷里为代表的汉滩江和临津江流域石器群的年代问题。关于全谷里遗址的年代见解十分多样，幅度为40万~4万年前。综合起来主要有三种观点[6]。第一种观点是裴基同根据基座玄武岩的年龄和遗址红土层与中国洛川红土层的对比，认为遗址应为20万~18万年前。第二种观点是李鲜馥认为遗址的年代为5万~4万年前，但最近提出的断代为13万~7.5万年前。第三种观点是李隆助认为遗址的年龄应为12.5万年。但不论何种认识，都应该把汉滩江和临津江流域的石器群为代表的具有阿舍利风格的运用砾石制作石器的方法看作是朝鲜半岛最早的旧石器工业。到目前为止，在朝鲜半岛还没有发现超出中更新世的人工石器。

根据目前我们掌握的材料仅可以对半岛内石器制作工业的发展有一个宏观的认识。我们根据加工工具毛坯的特点，认为在朝鲜半岛至少可以分辨出四种"工业类型"。第一种为砾石工业，这是朝鲜半岛已发现的最早的制作石器的工业，以砾石加

---

[1] 河仁秀：《海云台中洞·佐洞遗迹の旧石器文化》，《旧石器考古学》2000年第60期。

[2] 裴基同：《韩半岛的前期、中期旧石器时代》，《旧石器考古学》2001年第62期。

[3] 崔茂藏：《韩国旧石器文化》，集文堂，1994年。

[4] Lee Heon-Jong：《朝鲜半岛旧石器时代中期文化研究》，《历史与考古信息·东北亚》2006年第1期。

[5] Ли Хонджон. Характер, датировка и периодизация верхнего палеолита Кореи. Позданий палеолит ранний неолит Восточной Азии и Северной Америки. Владивосток, 1996.

[6] Lee Heon-Jong：《朝鲜半岛旧石器时代中期文化研究》，《历史与考古信息·东北亚》2006年第1期。

工的石核工具如手斧、砍砸器为特征，代表遗址是全谷里、金坡里、龙谷里和金窟。第二种为石片工业，以石片作为加工工具的主要毛坯，代表遗址是屈浦里上层、昌内和泉沟。第三种为石叶工业，以石叶的剥制和有柄尖状器的出现为特点，代表遗址是古礼里、竹内里、垂杨介和龙山洞。第四种为细石叶工业，细石叶石核的使用是该工业最显著的特征，代表遗址是垂杨介上层、上舞龙里上层、下花溪里、万达里、金坪和竹山等。总体来讲各工业类型在遗址的时代上是有差别的，砾石工业和石片工业应早于石叶工业和细石叶工业，但直到旧石器时代的晚期砾石工业也没有绝迹，在晚的工业中可以见到早期工业类型的因素。在石料的使用上表现出了从石英、石英岩向角页岩、黑曜岩等多种优质石料的转变。

四、余　论

朝鲜半岛与我国的东北地区山水相连，目前我国东北地区已发现旧石器遗址30余处。有学者根据文化特点、工业传统和分布地区将我国东北地区的旧石器划分为三种类型。第一种类型是主要分布在东部山区的以大石器为主的工业，包括庙后山遗址、新乡砖厂、抚松仙人洞和小南山遗址等。第二种类型是主要分布在东北中部丘陵地带的以小石器为主的工业，包括金牛山、小孤山、鸽子洞、周家油坊和阎家岗等。第三种类型是主要分布在东北西部草原地带的以细石器为主的工业，包括大布苏、大坎子、大兴屯和十八站等遗址[1]。这种"山区大、丘陵小、草原细"的观点对东北旧石器研究产生了广泛、深刻和有益的影响。但是这项认识还仅为阶段性的成果，近些年吉林大学和吉林省文物考古研究所在吉林省东部地区发现了石人沟[2]、柳洞[3]、北山[4]、下白龙[5]、立新[6]、沙金沟[7]等多处旧石器遗址，其中既包括属于东部山区大石器为主的遗址（下白龙），还包括典型的包含石叶、细石叶和细石核的遗址（石人沟、柳洞、沙金沟和北山等）。还发现了以砾石工具为主兼有细石叶的立新遗

---

[1]　陈全家：《（东北）旧石器时代考古》，《东北古代民族·考古与疆域》，吉林大学出版社，1997年。

[2]　陈全家等：《延边地区和龙石人沟发现的旧石器》，《人类学学报》2006年第2期。

[3]　陈全家等：《吉林和龙柳洞2004年发现的旧石器》，《人类学学报》2006年第3期。

[4]　陈全家、张乐：《吉林延边珲春北山发现的旧石器》，《人类学学报》2004年第2期。

[5]　陈全家等：《图们下白龙发现的旧石器》，《边疆考古研究》（第2辑），科学出版社，2004年。

[6]　陈全家等：《延边安图立新发现的砾石石器》，《人类学学报》2008年第1期，第45~48页。

[7]　陈全家等：《安图沙金沟旧石器遗址发现的石器研究》，《华夏考古》2008第4期，第51~58页。

址。随着考古发现的增多，该区域石器工业类型的问题变得更为复杂，已经不是可以用"大石器工业类型"来概括了。以前关于东、中、西三种工业类型的认识是由发现遗址数量少，且属于不同历史阶段的客观原因造成的，因为根据相邻的朝鲜半岛旧石器工业情况，各工业类型除地域差别外，更多地表现应是时间上的关系。我国东北地区各遗址的年代问题已经成为解决区域石器工业类型的最大障碍。环境适应、工业传统、遗址性质（如营地、石器制造场等）和年代都应该是探讨石器工业的重要依据。总体来讲，朝鲜半岛的四种工业类型在我国的东北地区也已经发现，由各种工业生产的石器在各遗址比重的不同和同一种工业类型的细化而显现出的各类石器组合或石器群，具有时代上的差别。

朝鲜半岛的旧石器成果对我国东北尤其是吉林省东部的研究工作具有很好的借鉴意义。主要包括以下几点：

（1）在朝鲜半岛发现了以全谷里遗址为代表的砾石工业的产品，以砾石制成的石核式工具在整个朝鲜半岛均有分布，在俄罗斯黑龙江流域的菲利莫什卡、库玛拉Ⅰ、乌斯季图和奥西诺夫卡（下层）[1]也有发现，最近在我国的安图立新遗址也有发现。无疑我国东北尤其是吉林省东部地区是解决东北亚砾石工业年代、起源、类型、传播和演变问题的中心区域。

（2）朝鲜半岛发现了如上舞龙里、下花溪里、万达里等多处含黑曜岩原料石器的遗址，在俄罗斯滨海地区也有类似发现，在我国吉林省的东部也发现了大量以黑曜岩为原料的遗址。对于黑曜岩产地的研究已经成为探讨人类在旧石器时代晚期利用自然资源、人群流动、社会组织等方面的重要手段之一。

（3）以石叶及石叶产品为代表的石叶工业在朝鲜半岛先于细石叶出现，后与细石叶共存。我国的吉林东部地区也发现了包含石叶和细石叶的遗址。石叶工业的传播以及与细石叶工业的关系也是进行吉林省东部地区旧石器研究时需要讨论的重要内容。

（4）朝鲜半岛和我国吉林省东部地区的土壤呈酸性，动物骨骼难以保存，在黄土地区根据动物化石判断年代的方法无效。韩国旧石器学者在冰楔和火山灰等方面的研究取得重要成果，为吉林省东部地区进行该类研究奠定了实践基础。

总之，朝鲜半岛的旧石器研究成果对我国东北乃至整个东北亚地区都具有重要的研究意义。只有通过中、韩、朝、俄、日各国展开国际合作，才能更完整地揭示东北亚史前历史的真实面貌。

---

[1] А. П. 克鲁沙诺夫：《苏联远东史——从远古到17世纪》，哈尔滨出版社，1993年。

第十节 结 语

吉林东部地区新发现的旧石器遗址或地点，代表了从旧石器时代中期到晚期的各个不同时期。从分布地域来看，这些遗址或地点主要分布在吉林东部山区。在已发现的十几个遗址或地点的石制品中，完整或比较完整的器物组合所占石制品比例较少，因此，准确地划分工业类型及其区系是较为困难的。目前就仅有材料，或许可以对该地区的工业类型作一粗线条地划分，并在此基础上对相关问题提出一些初步看法。从文化特点、技术传统等方面分析，该地区发现的旧石器文化遗存可以划分为三种工业类型[1]：

第一种工业类型以粗大的砾石（石核）石制品为代表。该类型以图们下白龙、延边安图立新为代表，与辽宁本溪庙后山[2]、黑龙江饶河小南山[3]、吉林抚松仙人洞[4]等遗址的文化面貌相近。突出特点就是工具整体器形较大，砍砸器在工具组合中所占比例较高，工具修理相对简单，加工较为粗糙。

第二种工业类型以小的石片石器为代表。该类型以桦甸仙人洞，辉南邵家店，图们岐新B、C地点和龙井后山为代表，与辽宁营口金牛山[5][6]、海城小孤山[7][8]，黑龙江哈尔滨阎家岗[9]等遗址的文化面貌较为相近。主要特点是剥片以锤击法为主，偶见砸击法。工具以刮削器为主，其次为尖状器，砍砸器等器形较少。工具修理较精致，并以中、小型为主。

第三种工业类型是细石叶及石叶工业类型，此类型以和龙石人沟、珲春北山、和

---

[1] 张博泉、魏存成：《东北古代民族·考古与疆域》，吉林大学出版社，1998年，第171~197页。

[2] 辽宁省博物馆等：《庙后山——辽宁省本溪市旧石器文化遗址》，文物出版社，1986年，第21~30页。

[3] 杨大山：《饶河小南山新发现的旧石器地点》，《北方文物》1981年第1期，第2~9页。

[4] 姜鹏：《吉林抚松仙人洞旧石器时代遗址》，《东北亚旧石器文化》，韩国白山文化出版社，1996年，第205~211页。

[5] 金牛山联合发掘队：《辽宁营口金牛山旧石器文化研究》，《古脊椎动物与古人类》1978第2期，第129~143页。

[6] 张森水：《金牛山（1978年发掘）旧石器遗址综合研究》，《中国科学院古脊椎动物与古人类研究所集刊》，科学出版社，1993年，第1~147页。

[7] 傅仁义：《鞍山海城仙人洞旧石器时代遗址试掘》，《人类学学报》1983年第1期，第56~61页。

[8] 张镇洪等：《辽宁海城小孤山遗址发掘简报》，《人类学学报》1985年第1期，第71~78页。

[9] 张镇洪等：《辽宁海城小孤山遗址发掘简报》，《人类学学报》1985年第1期，第71~78页。

龙柳洞、抚松新屯西山、安图沙金沟、和龙青头为代表。剥片技术除锤击法和砸击法外，还使用了间接剥片技术。工具修理上采用了压制法、指垫法及间接法。工具类型以刮削器和尖状器为主，雕刻器、琢背小刀、石钻等较少，还出现了复合工具，整个器形加工规整，大多数工具小而精致。此外，值得注意的是，从和龙西沟遗址发现的石叶、细石叶以及某些工具上存有的浅平、细长有序的压制疤痕等来看，可以说明存在间接剥片技术和已趋成熟的压制技术。该地点石叶和细石叶形体明显大于华北和东北典型的细石叶传统，同时细石叶与石叶共存，而且该地点尚未发现细石叶工业传统中典型的细石叶石核，也缺乏典型细石器地点常见的工具类型，可能受到了华北细石器工业传统的影响，但更多地表现为地方类型面貌。因而，原研究者认为其应为以小石器为主体的工业向以细石器为主体的工业过渡的类型，或者说是混合类型。但该类型材料过于单薄，因而暂将其归入细石叶工业类型中。

有学者提出，从东北地区诸遗址的年代和发展关系可以看出东北地区石器工业类型的发展脉络。东北地区的大石器和小石器工业传统至少从旧石器时代中期开始，就应该是同时存在并行发展的。细石叶工业自旧石器时代晚期才开始出现，它很可能是从小石器工业传统中派生出来的一种新的"变体类型"，但是这种"变体类型"并没有完全取代原有的小石器工业传统，而是与其并行发展[1]。在吉林省地区，情况也较为类似。桦甸仙人洞遗址从旧石器时代中期的下文化层直到旧石器时代晚期的上文化层，无论从原材料选择、剥片技术、石器个体大小、石器类型组合、石器加工技术还是毛坯选择等方面，均较为一致，体现出该遗址的文化是一脉相承的。而与该遗址上文化层同时代的其他遗址，有的仍然使用小型的石片石器，有的已经开始采用直接法或间接法剥制石叶或细石叶来加工工具。

根据以上工业类型的分析，我们似乎可以看到吉林省境内旧石器时代工业类型自旧石器时代中期至晚期有趋于多样性的迹象。那么，吉林省境内这三个工业类型与我国旧石器时代其他地区工业的关系如何？这也是我们需要讨论的一个问题。

吉林东部地区乃至整个东北地区的旧石器工业的发展脉络与华北地区的泥河湾盆地较为相似。在旧石器时代晚期的泥河湾盆地内，小石器工业和细石叶工业无论从数量多少，还是从器形的复杂程度看，二者存在着较大差距，而后者在技术上具有质的飞跃。但仔细比较却不难发现二者之间仍存在许多相同之处。从典型工具如圆头刮削器到雕刻器，小石片制成的所谓"小三棱尖状器"、凹缺刮器看，无论是中国旧石器文化传统中主流的、代代传承的文化因素、加工技法，还是它们之间所存在的特殊器形，都表现出渊源关系。另外，吉林东部地区和泥河湾盆地石器工业发展脉络相似，究竟是类同还是趋同，也是一个值得注意的问题。

细石器从分类过程中，常常被包括在"细小石器"内，其实细石器与细小石器是

---

[1] 张博泉、魏存成：《东北古代民族·考古与疆域》，吉林大学出版社，1998年，第171~197页。

不同的，细小石器中是没有"真正"细石叶技术的，而细石叶工业遗存中却存在着许多小石器。从石器的内涵分析，二者可以归入一个大的文化系统的两个分支。在比较的过程中，发现存在一定差异，小石器不似细石器那样类型丰富多样，且不够稳定，加工较为简单、原始，如圆头刮削器，仅修理刃部，而在细石叶工业中虽然也存在只修刃的情况，但还包括加工细致的同类工具和一批器身压制的复合工具。另外，还有一些器物如舌形器、桂叶形尖状器等都为细石叶工业内所特有的典型器物。

因此可以得出这样的结论：二者同属于中国北方主工业类型，是主工业类型下的两个分支——分别以小石器和细石器为主体的工业类型。当一种文化面貌在某一地区根深蒂固的时候，另一种面貌—新的文化被理解被接受显然是需要一段时间的，细石叶工业是从小石器工业中派生出来的，并与其并行发展，二者有过一段共存的时间，二者表现在文化上，就是石器的原始性与相似性。到了新石器时代早期，细石叶工业则完全取代了小石器工业，成为主流工业。

有学者分别对小石器、细石叶两种工业进行分析[1]，认为小石器工业所反映的居住系统相对稳定，流动主要局限在遗址附近，但也携带一些精致性工具外出从事一些其他活动，且大多靠近水源；细石叶工业所反映的居住形态多为流动性的，堆积较薄，从石制品来看，在遗址中楔形石核的预制品、预制过程中的废品在石制品中占有重要地位，大多数细石叶工业遗址中都有发现被废弃的楔形石核，明显反映了一种流动性极高的生活方式。

因此，从环境变化来看，在整个晚更新世时期，由于全球性冷暖气候交替频繁，海水进退的次数也相应增多，使得这时的中国东北气候进一步恶化，出现了干冷—温凉—干冷的变化[2][3]。冰缘植被在这一地区有大面积的分布，而且与猛犸象-披毛犀动物群组成了冰缘气候条件下的生物群体[4]。因而，由于晚更新世末期细石叶工业所处的环境的不稳定性较以前大大增加，人类赖以生存的食物资源也不似以前那样丰富而稳定，土地的供养能力下降，人们的生存前景变得难以预测，迫使他们必须改变原来的生存方式，由一个较小范围内相对稳定的生存方式转变为在一个较大范围内进行频繁迁徙的生存方式，只有这样，才能在相对恶劣的环境下获得足够的食物资源。

迄今为止，吉林东部地区已发现的旧石器时代遗址或地点已经超过25处，但是就全省范围来看，密度较小。如果以县为单位，已发现的县（市）仅占全部县（市）的

---

[1] 陈淳：《旧石器研究：原料、技术及其他》，《人类学学报》1996年第3期，第268~275页。
[2] 姜鹏：《中国东北旧石器时代晚期文化和狩猎生活之研究》，《更新世近期研究》1986年第3期。
[3] 姜鹏：《东北更新世动物群与生态环境的探讨》，《中国东北平原第四纪自然环境形成与演变》，哈尔滨地图出版社，1990年。
[4] 赵宾福：《东北旧石器时代的古人类、古环境和古文化》，《学习与探索》2006年第2期，第188~191页。

29.2%。但可以说明,至少自旧石器时代中期开始,就有古人类在此生存繁衍,历史悠久,绵延不绝。

无论从已有的成果,还是从吉林省乃至整个东北亚地区的发现和第四纪研究成果来看,都说明在吉林东部地区研究旧石器文化和古人类化石有着良好前景。目前已发现的旧石器遗址或地点主要分布在吉林东部山区,主要是因为近年来旧石器考古调查工作主要着重于吉林东部的长白山地区;邻近的朝鲜半岛、日本、俄罗斯远东地区、蒙古国南部和东南部都有不同时期、数量众多而丰富的旧石器时代文化遗物和人类化石的发现;况且,高纬度地区自然环境恶劣,不适合早期人类生活,在我国以北的亚洲地区,没有发现人类化石和人类早期生活的遗址,所以有学者认为,我国应该是蒙古人种的起源地,东北亚北部高纬度地区的蒙古人种应该是从我国中纬度地区向北迁移扩散后,适应当地环境发展形成的,最后迁移到北美洲阿拉斯加等地区[1][2]。从中国向与美洲对接点的楚科奇半岛迁徙的主要路线有两条,一条路线是从中国北方,经过东北和蒙古国高原到达贝加尔湖(Lake Baikal)附近,循着勒拿河(Lena)进入雅库特(Yakutiya)地区,再向东进入楚科奇半岛。另一条路线是海岸路线,即从我国东北扩散到俄国远东的南部,向北经鄂霍次克海岸(Okhotsk Coast)、堪察加半岛(Kamchatka Peninsula)到楚科奇半岛(Chukchi Peninsula)[3]。第四纪末次冰期时期生活在楚科奇地区的人们凭借陆桥与群岛向北美洲的阿拉斯加迁徙。以上都可以说明,吉林省乃至东北地区是旧石器文化交流的重要地区,如果以此为契机,深入地工作下去,应该能够在该地区发现比已知更丰富的文化遗物,必将拓展和加深东北地区旧石器考古的研究认识。

目前,吉林东部地区旧石器考古研究的基础还是比较薄弱的,在一定程度上影响了东北地区旧石器考古的发展,无论是研究旧石器文化的区域发展、文化交流以及新旧石器时代过渡等方面,由于吉林省境内缺少旧石器时代早期遗址以及延续时间长的旧石器遗址,使得一些旧石器考古综合性研究或专题研究难以开展。以旧石器遗址的年代学研究为例,由于一部分遗址或地点的石制品均出自Ⅱ级阶地的黄色亚黏土层内,缺乏动物化石,无法进行古生物上的断代,而Ⅱ级阶地也被近现代人类利用耕作种田,所以堆积破坏较为严重。因而,地层年代难以确定或者断代依据可信度可能存在着问题,这样将会使遗址研究缺乏可信性。

---

[1] 陈淳、王向前:《从细石核谈华北与东北亚及北美的史前文化联系》,原载Arctic Anthropology, 1989, 26 (2): 127-165,中译本载《山西旧石器时代考古文集》,山西经济出版社,1993年,第510~520页。

[2] 冯恩学:《人类向北美迁徙的考古观察》,《社会科学战线》2005年第3期,第129~133页。

[3] 陈淳、王向前:《从细石核谈华北与东北亚及北美的史前文化联系》,原载Arctic Anthropology, 1989, 26 (2): 127-165,中译本载《山西旧石器时代考古文集》,山西经济出版社,1993年,第510~520页。

吉林省新石器时代遗址遍布全省，研究成果丰硕，例如兴隆洼文化[1]、赵宝沟文化[2]、红山文化[3]、小珠山文化[4]、左家山文化[5]等，无论从时间、空间分布来看，还是从史前文化源流研究角度来看，应当建立东北地区新、旧石器时代考古学文化的时空框架体系。有学者根据自然条件、生态环境、生产工具及动物骨骼等方面分析，将东北地区新石器时代的生业模式分为两种：一是南部地区以农业经济为主的生业模式，二是北部地区以渔猎为主的生业模式[6]。在新旧石器时代过渡的遗址材料中，应该不可避免地会有所提示，因此，加强旧石器文化研究有它的迫切性。

综上所述，近年来吉林东部地区旧石器遗存的新发现表明，该区域在晚更新世之末人类活动频繁，这些遗存不仅是研究旧石器时代晚期文化的重要资料，而且又将旧石器时代晚期和新石器时代早期连接起来。上述遗址或地点出土的石制品等遗物对于研究东北地区旧石器时代晚期以来人类生活的环境背景、旧石器文化内涵、东北亚地区旧石器文化之间的关系以及旧石器时代向新石器时代过渡具有重要的学术意义。同时，也为恢复古人类的生存环境，探讨人类与环境的互动关系、人类在特定环境下的行为特点和适应方式，提供了丰富的资料。随着该区域旧石器考古调查和研究工作的深入，我们期待着能有更大的突破，使得东北地区的旧石器时代考古工作向着更深的层次发展。

---

[1] 杨虎：《试论兴隆洼文化及相关问题》，《中国考古学研究》，文物出版社，1986年，第236~244页。

[2] 赵宾福：《赵宝沟文化的分期与源流》，《中国考古学会第八次年会论文集》，文物出版社，1996年，第1~12页。

[3] 杨虎：《关于红山文化的几个问题》，《庆祝苏秉琦考古五十五年论文集》，文物出版社，1989年，第216~226页。

[4] 郭大顺、马沙：《以辽河流域为中心的新石器文化》，《考古学报》1985年第4期，第417~444页。

[5] 陈雍：《左家山新石器时代遗存分析》，《考古》1992年第11期，第1033~1038页。

[6] 赵宾福：《东北石器时代考古》，吉林大学出版社，2003年，第435~444页。

图　版

图版 1 半柱形石核（07DD.C1362）

图版 2 扁体石核（07DD.C1806）

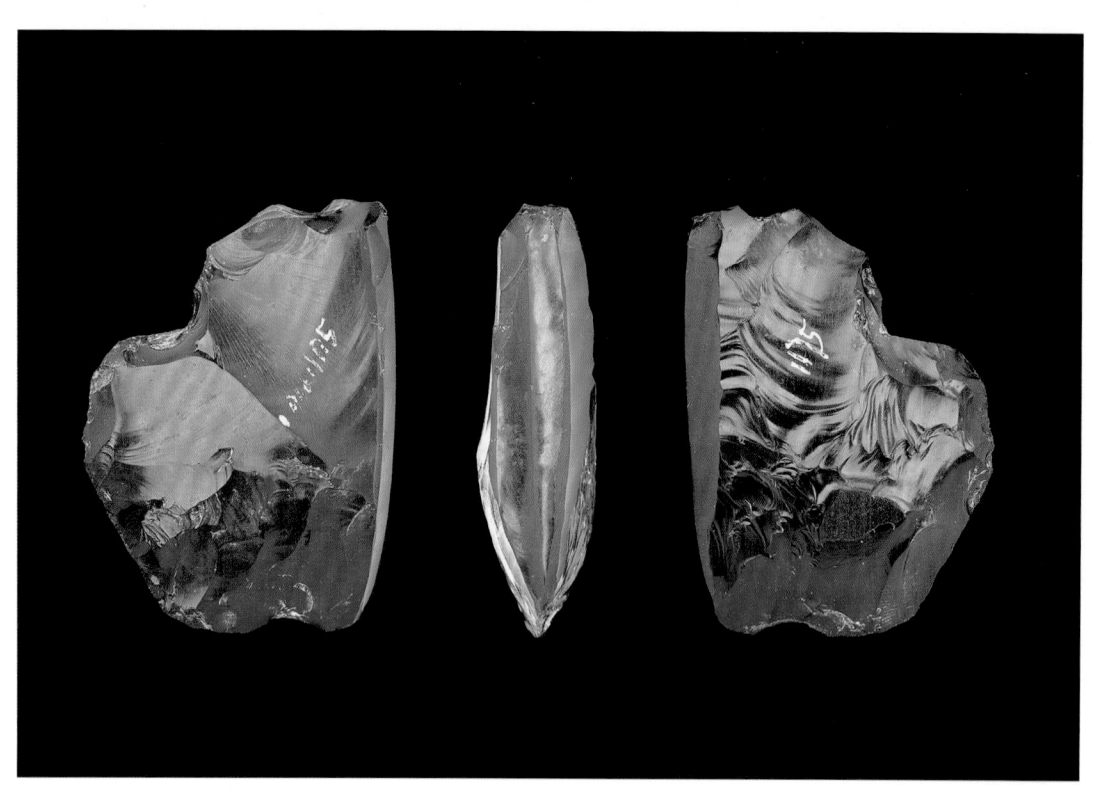

图版 3　A 型细石核（07DD.C1175）

图版 4　砸击石核（07DD.C3537）

图版 5　D 型细石核（07DD.C935）

图版 6　B 型细石核（07DD.C1529）

图版 7　F 型细石核（07DD.C191）

图版 8 E 型细石核（07DD.C111）

图版 9 修边斜刃雕刻器（07DD.C1638）

图版 10 修边斜刃雕刻器（07DD.C1636）

图版 11 修边斜刃雕刻器顶部（07DD.C854）

图版 12 修边斜刃雕刻器中部（07DD.C914）

图版 13　修边斜刃雕刻器中部（07DD.C1489） 　　图版 14　修边斜刃雕刻器的中尾部（07DD.C05）

图版 15　修边斜刃雕刻器尾部（07DD.C417） 　　图版 16　单雕刻面的角雕刻器－厚形修理台面
（07DD.C1853）

图版 17　多雕刻面的角雕刻器－混合型剥片
（07DD.C856） 　　图版 18　单雕刻面的角雕刻器－薄形修理台面
（07DD.C940）

图版 19　长身端刮器-三角长身端刮器
（07DD.C2707）

图版 20　长身端刮器-方形长身端刮器
（07DD.C1553）

图版 21　短身端刮器-三角短身端刮器
（07DD.C1081）

图版 22　短身端刮器-方形短身端刮器
（07DD.C1763）

图版 23　双面修理端刮器
（07DD.C1105）

图版 24　曲刃端刮器
（07DD.C2202）

图版 25　钻器（07DD.C240）

图版 26　锐尖尖状器（07DD.C692）

图版 27　钝尖尖状器（07DD.C1496）

图版 28　修理石叶（07DD.C1322）

图版 29　精细修理的工具残块（07DD.C1818）

图版 30　船形器侧边型（07DD.C1656）

图版 31　精细修理的工具残块（07DD.C1860）